K. H. E. KROEMER
E. GRANDJEAN

MANUAL DE ERGONOMIA

ADAPTANDO O TRABALHO AO HOMEM

QUINTA EDIÇÃO

Tradução:

LIA BUARQUE DE MACEDO GUIMARÃES, PhD, CPE
Especialista em Ergonomia pela Fundação Getúlio Vargas, RJ
Ergonomista certificada pelo Board of Certification in Professional Ergonomics
Mestre em Comunicação pela Escola de Comunicação da UFRJ
Ph.D. em Engenharia de Produção pela Universidade de Toronto, Canadá
Pesquisadora/professora do curso de Pós-Graduação em Engenharia da Produção da UFRGS

Reimpressão 2008

2005

Obra originalmente publicada sob o título *Fitting the Task to the Human*

Tradução autorizada da edição em língua inglesa publicada por
Taylor & Francis, membro de The Taylor & Francis Group.
ISBN 0-7484-0665-4

Capa:
GUSTAVO MACRI

Preparação de original:
SÔNIA COPPINI

Supervisão editorial:
ARYSINHA JACQUES AFFONSO e DENISE WEBER NOWACZYK

Editoração e filmes:
WWW.GRAFLINE.COM.BR

ARTMED® EDITORA S.A.
Av. Jerônimo de Ornelas, 670 – Santana
90040-340 Porto Alegre RS
Fone (51) 3027-7000 Fax (51) 3027-7070

SÃO PAULO
Av. Angélica, 1091 – Higienópolis
01227-100 São Paulo SP
Fone (11) 3665-1100 Fax (11) 3667-1333

SAC 0800-703-3444

IMPRESSO NO BRASIL
PRINTED IN BRAZIL

Sobre os autores

O professor Etienne Grandjean foi um dos líderes da ergonomia na Europa durante mais de 30 anos. Nascido em 1914, em Berna, Suíça, obteve seu título de médico em 1939 e tornou-se diretor do Departamento de Higiene e Ergonomia no ETH, o Instituto Federal de Tecnologia da Suíça, em Zurique, em 1950, onde permaneceu até se aposentar em 1983. Seus principais interesses de pesquisa foram a postura sentada, a fadiga e as condições de trabalho na indústria e, na última década, as estações de trabalho com computadores.

O professor Grandjean recebeu vários prêmios internacionais e os títulos de doutor honorário das universidades de Surrey, Stuttgart e Genebra. Foi um dos fundadores da International Ergonomics Association e ocupou o cargo de Secretário Geral de 1961 a 1970. Publicou em torno de 300 artigos científicos e a primeira edição de *Fitting the task to the man* (*Manual de Ergonomia — Adaptando o trabalho ao homem*) em 1963, que desde então foi traduzido para 10 idiomas diferentes. É autor também de outros dois livros em inglês — *Ergonomics of the Home* (Taylor & Francis, 1973) e *Ergonomics of the Computerized Offices* (Taylor & Francis, 1987).

Karl H. E. Kroemer nasceu em 1933 próximo a Berlin, Alemanha. Obteve o seu diploma de engenheiro e de doutor em engenharia em 1959 e 1965, respectivamente, pela Technical University Hannover, Alemanha. A partir de 1960, trabalhou como engenheiro pesquisador no Max Planck Institute for Work Phisiology em Dortmund e, de 1966 a 1973, trabalhou para a USAF Aerospace Laboratories em Dayton, Ohio. Após três anos como diretor da divisão de Ergonomia do Federal Institute Of Occupational Safety and Accident Research em Dortmund, Alemanha, foi designado professor de Ergonomia da Wayne State University em Detroit, Michigan, em 1976. Desde 1981, ele é professor de Ergonomia de Produção e Sistemas em Virginia Tech onde ele dirige o Laboratório de Ergonomia Industrial. No seu tempo de estudante, ele quase se mudou para Zurique para trabalhar com Etienne Grandjean. Embora não tenha se mudado, eles mantiveram contato particular e profissional, sempre se encontrando em congressos científicos.

Em 11 de novembro de 1991, Etienne Grandjean morreu. Sua morte foi uma grande perda para a comunidade de ergonomia. Ele foi um pesquisador pioneiro, uma pessoa com muito respaldo na indústria, um excelente professor e um autor que conseguia escrever de forma fácil e simples sobre assuntos de grande complexidade. As primeiras quatro edições desta obra atestam sua competência.

Comentando sobre a quinta edição, Richard Steele, editor da Taylor & Francis, e Dr. Kroemer decidiram manter a abordagem e o estilo do prof. Grandjean, editando e atualizando o livro quando necessário. Esta quinta edição revisada de *Manual de Ergonomia — Adaptando o trabalho ao homem* é a homenagem deles a Etienne Grandjean.

1 de maio de 1997

ISE Dept., Virginia Tech
Blacksburg, VA 24061-0118
USA
Email: KARLK@VT.EDU

Sumário

CAPÍTULO 1

O trabalho muscular

BASES FISIOLÓGICAS

Estrutura do músculo

O corpo humano é capaz de se mover graças ao seu sistema muscular distribuído em todo o corpo e que representa aproximadamente 40% do peso corporal. Cada músculo compõe-se de um grande número de fibras musculares que podem ter entre 5 mm e 140 mm de comprimento, conforme o tamanho do músculo. O diâmetro de uma fibra muscular é de aproximadamente 0,1 mm. Um músculo contém entre 100 mil e 1 milhão de fibras. Em músculos longos, ocasionalmente as fibras estão dispostas em série. Em cada extremidade do músculo, as fibras se combinam formando os tendões, resistentes e pouco elásticos, que por sua vez estão firmemente fixados no sistema ósseo.

A contração muscular

A característica mais importante dos músculos é a sua capacidade de contrair-se até a metade do seu comprimento normal em repouso, fenômeno denominado contração muscular. O trabalho do músculo em uma contração completa aumenta em função de seu comprimento, ou seja, o trabalho é tanto maior quanto maior for o comprimento do músculo. Por esta razão, os atletas tratam de alongar seus músculos com exercícios de alongamento. Outro exemplo, as pessoas tendem a pré-alongar o músculo antes da contração, que é o que ocorre ao puxar o braço para trás antes de arremessar algo.

Cada fibra muscular contém proteínas, entre as quais a actina e a miosina, que têm papel de destaque na contração muscular pela sua capacidade de deslizar uma sobre a outra. No processo de contração, os filamentos de actina se intercalam e deslizam entre os filamentos de miosina, o que provoca o encurtamento do músculo, conforme ilustrado na Figura 1.1.

A força muscular

Cada fibra muscular contrai-se com certa força e a força total do músculo é a soma da força das fibras envolvidas na contração. A força máxima de um músculo, no ser humano, está *entre 0,3 e 0,4 N por* mm^2 *da seção transversal do músculo*. Portanto, um músculo de 100 mm^2 de seção transversal pode desenvolver uma força de 30 a 40 N. Assim, a força natural de uma pessoa depende, em primeiro lugar, da seção transversal de seu músculo. Com o mesmo condicionamento físico, homens e mulheres podem ter a mesma força por seção transversal muscular, mas as mulheres geralmente têm músculos menores e, portanto, exercem, em média, em torno de dois terços da força de um homem. No entanto, deve-se notar que existem mulheres muito fortes e homens fracos. Um músculo produz sua maior força no início da contração, quando ainda está com seu comprimento de repouso. À medida que ele vai encurtando, sua capacidade de gerar força diminui. Muitas recomendações para a otimização da eficiência no trabalho, discutidas no Capítulo 3, estão baseadas nesta relação.

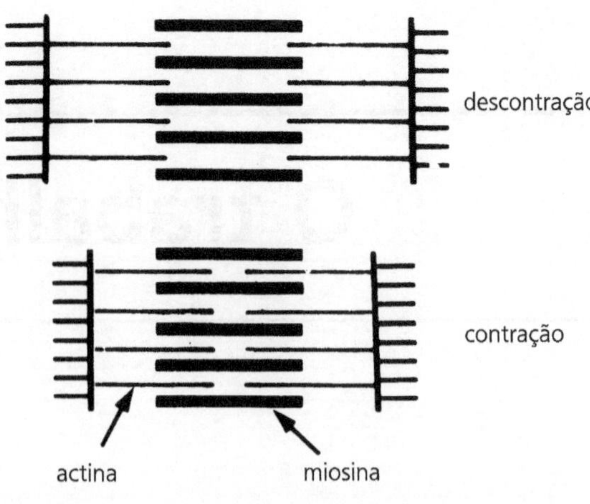

Figura 1.1 Modelo da contração muscular. As fibras actina deslizam entre as fibras miosina e as duas terminações da seção do músculo se aproximam.

A regulação do trabalho muscular

O número de fibras musculares ativas na contração determina a força desenvolvida durante o período de contração. Como será visto mais tarde, a contração da fibra muscular é desencadeada pelos impulsos nervosos. Portanto, a intensidade da força muscular depende do número de impulsos nervosos, ou seja, do número de neurônios motores que foram excitados no cérebro. A velocidade da contração muscular depende da rapidez da geração de força em um determinado intervalo de tempo.

A velocidade de um movimento é regulada pelo número de fibras musculares que se contraem. Quando uma contração muscular é lenta e prolongada (trabalho muscular estático), as fibras musculares são recrutadas para contração de forma alternada e em sucessão. Como as fibras vão se alternando durante o trabalho, elas podem, individualmente, ter períodos de repouso, o que permite uma certa "recuperação da fadiga".

Fontes de energia

A energia mecânica gerada na contração muscular é derivada das reservas químicas de energia do músculo. O trabalho muscular baseia-se, portanto, na transformação de energia química em energia mecânica. A energia desprendida nas reações químicas é transferida para as moléculas de proteína dos filamentos de actina e miosina, fazendo com que elas mudem de posição e provoquem, em conseqüência, a contração muscular. A fonte imediata de energia para contração são as ligações de fosfato, que passam de um estado rico de energia para um estado pobre de energia durante as reações químicas. A fonte de energia mais utilizada pelos organismos vivos é o *trifosfato de adenosina* (ATP), que na sua degradação transforma-se em difosfato de adenosina (ADP), liberando uma considerável quantidade de energia. O ATP não se encontra somente nos músculos, mas em quase todos os tecidos, como depósito de energia imediata. Uma outra fonte de energia da fibra muscular é a fosfocreatina, que também libera uma respeitável quantidade de energia quando quebrada em ácido fosfórico e creatina.

Estes compostos pobres em energia são continuamente regenerados para sua forma rica na musculatura, de modo que as reservas de energia estão sempre disponíveis. No entanto, essa conversão requer um ganho de energia pela ingestão de alimentos.

O papel do açúcar, da gordura e da proteína

Esta regeneração dos compostos ricos em energia consome, por si só, energia, derivada da glicose e das reservas de gordura e proteínas. A glicose, o açúcar mais importante na circulação sangüínea, é o principal fornecedor de energia durante o trabalho físico intenso, permanecendo imediatamente disponível e sendo facilmente convertido. Para o trabalho físico moderado, as reservas de gordura (ácidos graxos) e as proteínas (aminoácidos) são os principais fornecedores. *Estas substâncias nutritivas, glicose, gordura e prote-*

ína, são as fontes indiretas de energia para a contração muscular, pois liberam energia para a recomposição dos depósitos de energia na forma de ATP ou de outros compostos de fosfato de alta energia. A glicose passa da corrente sangüínea para as células, onde ela é convertida, em vários estágios, em *ácido pirúvico (piroracêmico).* A continuação da degradação pode tomar dois caminhos, dependendo da disponibilidade de oxigênio (glicólise aeróbica) ou da insuficiência de oxigênio (glicólise anaeróbica).

O papel do oxigênio

Se o oxigênio está disponível, o ácido pirúvico é degradado oxidativamente, isto é, com o consumo contínuo de oxigênio, sendo seus produtos finais a água e o dióxido de carbono. Esta degradação oxidativa da glicose até dióxido de carbono e água libera grande quantidade de energia, que vai ser armazenada na forma de ATP.

Quando falta oxigênio, a degradação normal do ácido pirúvico não acontece e ele se reduz a *ácido lático,* uma espécie de dejeto metabólico que tem um importante papel no sintoma da fadiga muscular e na assim chamada "exaustão muscular". Este processo libera uma menor quantidade de energia para a regeneração das ligações de fosfato de alta energia, mas permite grande desempenho muscular sob condições reduzidas de oxigênio, ao menos por um curto espaço de tempo.

O débito de oxigênio

Após trabalho físico intenso, a pessoa fica "sem fôlego", isto é, respira mais pesadamente, procurando repor a falta de oxigênio. Este débito de oxigênio é devido ao consumo de energia para o trabalho físico realizado; o oxigênio extra consumido agora é para a recomposição das ligações fosfatídicas de alta energia e para a transformação do ácido lático em ácido pirúvico. Depois disto, a energia pode ser novamente obtida pela degradação oxidativa do ácido pirúvico. A Figura 1.2 mostra um diagrama muito simplificado do abastecimento de energia do músculo.

Proteínas e gorduras

Conforme já mencionado, as gorduras e proteínas também estão envolvidas no metabolismo energético. Quando a degradação dessas substâncias atinge um determinado estágio, forma-se um *pool metabólico comunitário.* Os fragmentos restantes dos ácidos graxos (da degradação das gorduras) e dos aminoácidos (da degradação das proteínas) sofrem o mesmo processo de degradação do ácido pirúvico, liberando energia e resultando igualmente em dióxido de carbono e água. Neste último estágio, portanto, também fornecem energia para o trabalho muscular.

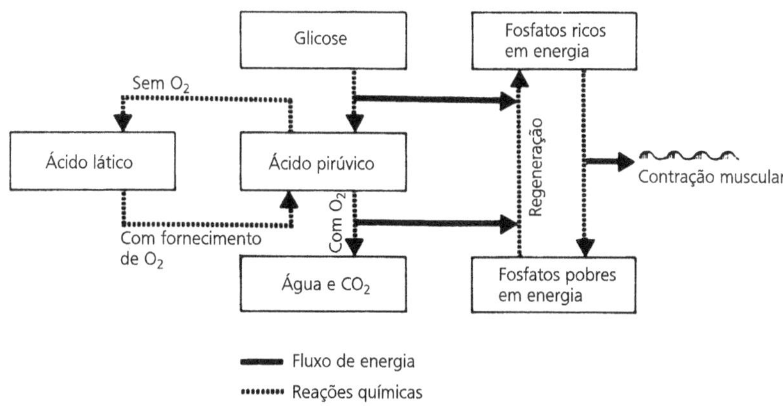

Figura 1.2 Diagrama dos processos metabólicos que ocorrem durante o trabalho muscular.

O fornecimento de sangue

As substâncias fornecedoras de energia mais importantes, a glicose e o oxigênio, estão disponíveis no músculo em quantidades limitadas. Por isso, ambas devem ser continuamente transportadas para o músculo pelo sangue. Em última instância, o fornecimento de sangue geralmente é o fator limitante da eficiência da maquinaria muscular. Durante o trabalho, o músculo aumenta sua necessidade de energia e, portanto, a necessidade de irrigação sangüínea também aumenta. O aumento do trabalho de bombeamento do coração, a elevação da pressão sangüínea e a dilatação dos vasos sangüíneos que vão para os músculos são as adaptações mais importantes do sistema circulatório para garantir um suprimento mais elevado de sangue para a musculatura.

Pode-se esperar os seguintes incrementos na circulação:

Músculo em descanso	4 mL/min/100 g de músculo
Em trabalho moderado	80 mL/min/100 g de músculo
Em trabalho pesado	150 mL/min/100 g de músculo
Após uma restrição da circulação	50 a 100 mL/min/100 g de músculo

Produção de calor

Segundo a primeira lei da termodinâmica, a energia fornecida ao músculo deve ser igual à energia consumida. Na prática, a energia fornecida é transformada em (a) trabalho realizado, (b) calor e (c) compostos químicos de alta energia. Mas, conforme será explicado, apenas uma pequena percentagem da energia fornecida é convertida em trabalho.

A armazenagem de energia na forma de ligações fosfatídicas representa a menor parte, sendo a maior, a formação de calor. Em termos do uso de energia para realização de trabalho muscular, o ser humano é um conversor bastante ineficiente. Se a geração de calor nos músculos for medida por instrumentos muito sensíveis, pode-se reconhecer o seguinte:

1. *A produção de calor de repouso* é de cerca de 1,3 kJ/min para um homem de 70 kg. Serve para a manutenção das estruturas moleculares e para a tensão elétrica das fibras musculares.
2. *O calor inicial* ultrapassa muito o calor de repouso. Ele engloba a formação de calor que ocorre durante toda a contração do músculo e é proporcional ao trabalho realizado.
3. *O calor de recuperação* começa algum tempo após o final da contração muscular (até 30 min). É claramente a expressão dos processos oxidativos da fase de recuperação e é da mesma ordem de grandeza que o calor inicial.

Fenômenos elétricos associados

Sabe-se, há muito tempo, que a contração muscular é acompanhada de fenômenos elétricos muito semelhantes aos processos de condução dos impulsos nervosos. Nas últimas décadas, foi possível examinar esses fenômenos elétricos com um método eletrofisiológico muito preciso, denominado eletromiografia, que é discutido mais detalhadamente no Capítulo 2.

De maneira simplificada, pode-se estabelecer que:

1. A fibra muscular em repouso mostra uma tensão elétrica, o assim chamado *potencial de membrana de repouso*, de cerca de 90 mV. O interior da fibra muscular é carregado negativamente em relação ao exterior.
2. O começo da contração está associado ao colapso do potencial de repouso e à despolarização da célula, que passa a ter uma carga positiva no interior. Esta alteração de tensão chama-se *potencial de ação*, porque surge durante a ação dos nervos sobre o músculo. O potencial de ação no músculo dura de 2 a 4 ms e é transportado pela fibra muscular a uma velocidade de cerca de 5 m/s.
3. O potencial de ação envolve a despolarização e a repolarização da membrana da fibra muscular. Neste período, denominado período refratário absoluto, que dura, em média, de 1 a 3 ms, a fibra

muscular não pode ser excitada. Em analogia com os processos que ocorrem nos nervos, nas fibras musculares, a despolarização e repolarização também são manifestações de duas correntes opostas de íons, uma de sódio e outra de potássio, através da membrana da fibra muscular.

Eletromiografia

A atividade elétrica de um músculo pode ser registrada com o auxílio de eletrodos e amplificadores na forma de um *eletromiograma*, geralmente abreviado como EMG. Registrar e interpretar um EMG é quase tão complicado quanto um eletrocardiograma, ECG, que registra os sinais elétricos do músculo cardíaco.

A corrente elétrica de um músculo pode ser captada por meio de eletrodos inseridos no músculo ou colocados na superfície da pele diretamente sobre o músculo em estudo. A inserção de um eletrodo de agulha ou fio em um músculo e o monitoramento de fibras individuais resulta em dados mais exatos, mas é um procedimento mais intrusivo e, portanto, não é muito difundido.

Um eletromiograma a partir de eletrodos de superfície registra a atividade elétrica total do músculo como um todo. Para isto, são dispostos, a uma distância de poucos centímetros um do outro, dois eletrodos, cada um com uma área de cerca de 100 mm^2. O sinal dos eletrodos geralmente é amplificado e, então, elevado ao quadrado, tomada a média e calculada a raiz quadrada (Basmajian and DeLuca, 1985; Soderberg, 1992). O uso de computadores representou um grande avanço comparado às técnicas manuais de análise usadas no passado. No entanto, os EMGs são estritamente válidos para um dado conjunto de eletrodos em um dado experimento e se limitam a contrações musculares isométricas (estes tipos de esforço são discutidos a seguir).

No entanto, a eletromiografia tem mostrado que a atividade elétrica aumenta com o nível da força muscular desenvolvida. Mudanças nos sinais de EMG, especialmente em relação à freqüência, podem indicar fadiga muscular; mudanças na intensidade são indicativo de tensões (forças) diferentes no músculo. Portanto, embora não seja fácil de usar, a eletromiografia é especialmente útil para investigar o envolvimento dos músculos e de sua contribuição individual em esforços para manutenção da postura corporal.

O TRABALHO MUSCULAR ESTÁTICO

Existem dois tipos de trabalho muscular: o *dinâmico (movimento)* e o *estático (postura)*.

Trabalho muscular estático e dinâmico

A Figura 1.3 ilustra os dois tipos de atividade muscular. O exemplo de trabalho muscular dinâmico é girar uma roda e o exemplo de trabalho muscular estático é segurar um peso com o braço esticado. Estas duas formas de trabalho podem ser descritas da seguinte forma:

1. O trabalho dinâmico caracteriza-se pela alternância de contração e extensão, portanto, por tensão e relaxamento. Há mudança no comprimento do músculo, geralmente de forma rítmica.
2. O trabalho estático, ao contrário, caracteriza-se por um estado de contração prolongada da musculatura, o que geralmente implica um trabalho de manutenção de postura.

Na atividade dinâmica, o trabalho pode ser expresso como o produto da força desenvolvida e do encurtamento dos músculos (trabalho = peso × altura; aqui, peso × altura que é levantado). No trabalho estático, o músculo não altera o seu comprimento e mantém-se em um estado de alta tensão, produzindo força durante todo o período de esforço (como o comprimento do músculo não muda, este tipo de esforço é denominado "isométrico", na fisiologia). No esforço estático, nenhum trabalho útil é externamente visível, não sendo possível defini-lo por uma fórmula do tipo peso × distância. Este trabalho assemelha-se à atividade de um eletromagneto, que tem um consumo constante de energia enquanto suportando um determinado peso, mas que não aparenta estar produzindo nenhum trabalho útil.

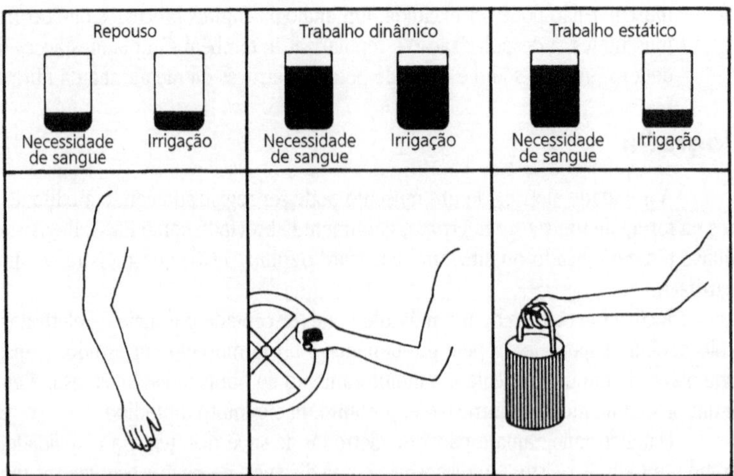

Figura 1.3 Diagrama dos esforços musculares dinâmico e estático.

Irrigação sangüínea

Existem diferenças fundamentais entre o trabalho estático e o dinâmico.

Durante um esforço estático grande, os vasos sangüíneos são pressionados pela pressão interna do tecido muscular, de forma que o sangue não consegue mais fluir pelo músculo. Por outro lado, durante esforço dinâmico (como quando se caminha), o músculo age como uma bomba sobre a circulação sangüínea: a contração expulsa o sangue dos músculos, enquanto que o relaxamento subseqüente favorece o influxo de sangue renovado. Por este mecanismo, a circulação de sangue é aumentada em várias vezes: um músculo pode receber até vinte vezes mais sangue do que quando está em repouso. No trabalho dinâmico, o músculo recebe um grande afluxo de sangue, obtendo, assim, o açúcar de alta energia e o oxigênio, enquanto que os resíduos formados são removidos.

Em contraste, o músculo que está realizando trabalho estático não recebe o açúcar e o oxigênio do sangue e deve usar suas próprias reservas. Além disso, e isto talvez seja o maior prejuízo, os resíduos não são removidos, ao contrário, acumulam-se e causam a dor aguda da fadiga muscular. A Figura 1.4 mostra como os dois tipos de esforço muscular afetam o suprimento de sangue para a musculatura em trabalho.

Por esta razão, não é possível manter esforço estático por um longo período. A dor obriga a interromper o trabalho. Por outro lado, o trabalho dinâmico, desde que realizado com um ritmo adequado, pode ser realizado por um longo período, sem fadiga. Existe um músculo que executa um trabalho dinâmico durante toda a vida, sem interrupção e sem cansaço: o coração.

Exemplos de trabalho estático

Na vida diária, o corpo precisa realizar bastante trabalho estático. Por exemplo, para manter a postura de pé, uma série de grupos musculares das pernas, dos quadris, das costas e da nuca estão continuamente pressionados. Graças a esta capacidade estática, é possível manter o corpo em qualquer posição desejada. No entanto, quando a pessoa se mantém de pé, os músculos exigidos começam a doer. Ao sentar, o trabalho estático das pernas diminui e há uma redução das exigências musculares de todo o corpo. Ao deitar, quase todo o trabalho estático é eliminado. Por isso, a posição deitada é a melhor para descansar. *Não há uma separação rígida entre o trabalho dinâmico e o estático. Geralmente, uma atividade é caracterizada como parcialmente estática e parcialmente dinâmica.* Como o trabalho estático é mais árduo do que o dinâmico, acaba-se por dar mais importância ao componente estático do esforço misto.

Em linhas gerais, pode-se falar em trabalho estático significativo nas seguintes condições:

1. Se um esforço grande é mantido por 10 s ou mais.
2. Se um esforço moderado persiste por 1 min ou mais.
3. Se um esforço leve (cerca de 1/3 da força máxima) dura 5 minutos ou mais.

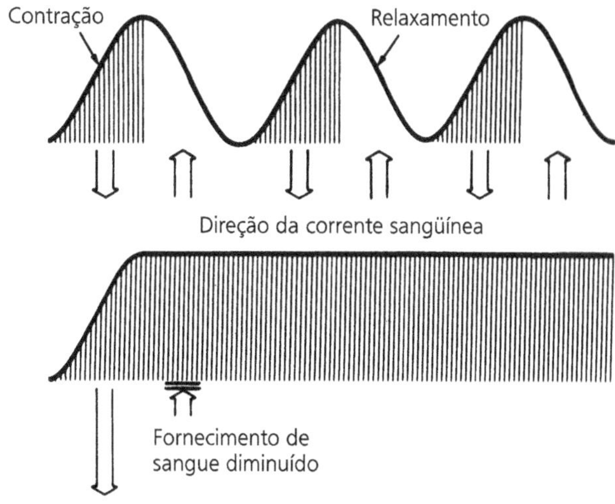

Figura 1.4 Fluxo de sangue nos músculos durante esforço dinâmico e estático. As curvas mostram a variação de tensão muscular (pressão interna). Em cima: o esforço dinâmico funciona como uma bomba que garante o fluxo de sangue para o músculo. Embaixo: o esforço estático obstrui o fluxo de sangue.

Existe o componente estático em quase todas as formas de trabalho, na indústria ou qualquer outra ocupação. Os exemplos a seguir são algumas das situações mais comuns:

1. Trabalhos que envolvem a torção do tronco para a frente ou para os lados.
2. Segurar coisas com as mãos.
3. Manipulações que requerem que o braço permaneça esticado ou elevado acima do nível do ombro.
4. Colocar o peso do corpo sobre uma perna, enquanto a outra está acionando um pedal
5. Ficar de pé em um local por um longo período.
6. Empurrar e puxar objetos pesados.
7. Inclinar a cabeça para frente ou para trás.
8. Elevar os ombros por longos períodos.

As posturas forçadas são certamente a forma mais freqüente de trabalho muscular estático. A causa mais comum é a manutenção do tronco, cabeça ou membros em posturas não naturais. A Figura 1.5 mostra alguns exemplos de trabalho estático.

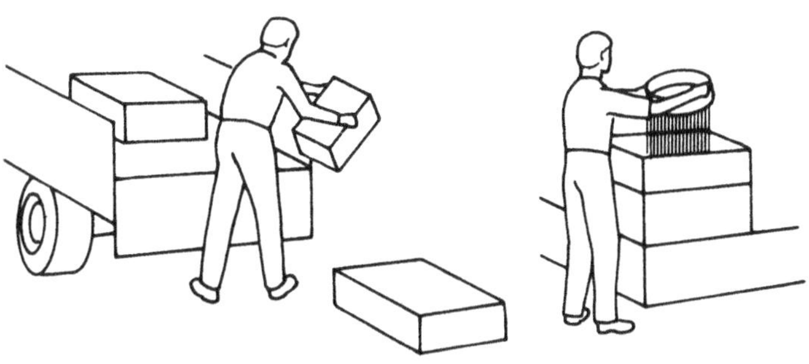

Figura 1.5 Exemplos de trabalho muscular estático. Carregando pacotes (esquerda). Peneiração de areia de moldagem em uma fundição (direita). Em ambos, há alta exigência estática dos músculos das costas, ombros e braços.

Efeitos do trabalho estático

No trabalho muscular estático, a irrigação sangüínea é tão menor quanto maior for a produção de força. Se a força representar 60% da força máxima, a irrigação sangüínea ficará quase que totalmente interrompida, mas em esforços menores uma pequena circulação é possível, porque o estado de tensão do músculo é menor. Quando o esforço é menor do que 20% da força máxima, a circulação sangüínea da musculatura em trabalho estático será praticamente normal.

Conclui-se que a fadiga muscular aparece em trabalho estático tão mais rapidamente quanto maior for a força exercida, ou seja, quão maior for a tensão no músculo. Isto pode ser expresso em termos da relação entre a duração máxima de uma contração muscular e a força empregada, conforme foi sistematicamente estudado por Moltech (1963), Rohmert (1960) e Monod (1967). A Figura 1.6 mostra os resultados obtidos por Monod em um estudo com quatro músculos. O esforço estático que exige 50% da força máxima não pode ser mantido por mais do que 1 minuto, mas se a força exercida é inferior a 20% da máxima, a contração muscular pode continuar por algum tempo. Estudos de campo, assim como a experiência, mostram que a força estática de 15 a 20% da máxima leva à fadiga dolorosa se a carga tiver que ser mantida por períodos muito longos (van Wely, 1970; Nemecek e Grandjean, 1975). Muitos especialistas acreditam que um trabalho pode ser mantido por várias horas por dia, sem sintomas de fadiga, se a força exercida não exceder 10% da força máxima do músculo envolvido.

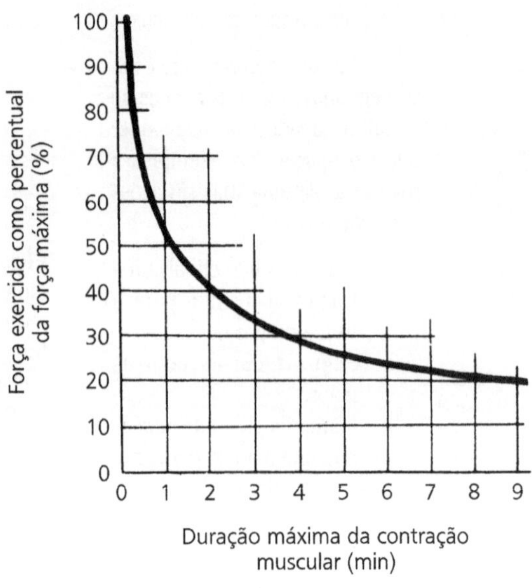

Figura 1.6 Duração máxima de um trabalho muscular estático em relação à força exercida. Segundo Monod (1967).

O trabalho muscular estático é desgastante

Em condições semelhantes, o trabalho muscular estático em comparação com o dinâmico leva a:

Maior consumo de energia.
Freqüências cardíacas mais altas.
Necessidade de períodos de repouso mais longos.

Isto é fácil de entender quando se tem em mente que o metabolismo do açúcar em presença insuficiente de oxigênio libera menos energia para a regeneração das ligações fosfatídicas ricas em energia e, por outro lado, produz muito ácido lático, o que prejudica o trabalho muscular. A falta de oxigênio, que obrigatoriamente ocorre no trabalho estático, deprime, assim, o grau de eficiência do músculo.

Um bom exemplo está na Figura 1.7, na qual são apresentados os resultados da pesquisa de Malhotra e Sengupta (1965). Os autores mostraram que os estudantes que carregavam a pasta escolar em uma das mãos tinham um gasto de energia superior a duas vezes do que quando carregavam a pasta nas costas. Este aumento do consumo de energia deve ser atribuído ao trabalho estático nos braços, ombros e tronco. A Figura 1.8 mostra outro exemplo de Hettinger (1970), sobre o plantio de batatas. Em um caso, o cesto de batatas é carregado em uma mão; no outro, o cesto é carregado com uma cinta na frente do corpo. No primeiro caso, o carregamento acarretou aumento da pulsação cardíaca na ordem de 45 pulsos/min; no segundo, o aumento foi de apenas 31 pulsos/min. O carregamento do cesto de batatas exigiu do braço esquerdo um esforço muscular correspondente a 38% da força máxima. Hettinger concluiu que a exigência maior da circulação sangüínea deveu-se totalmente ao maior trabalho estático de carregar o cesto de batatas em uma mão.

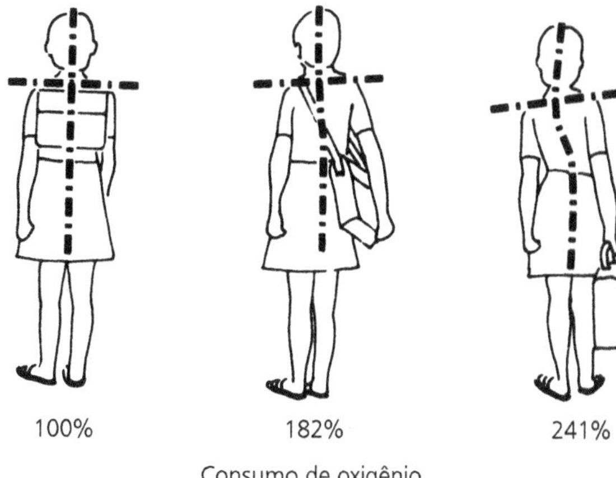

Figura 1.7 Efeito do esforço muscular estático de três tipos de carregamento do material escolar no consumo de energia (medido pelo consumo de oxigênio). Segundo Malhotra e Sengupta (1965).

Combinação dos esforços dinâmico e estático

Em muitos casos, não é possível distinguir claramente entre os esforços estático e dinâmico. Uma dada tarefa pode ser parcialmente estática e parcialmente dinâmica. A digitação é um exemplo da combinação dos dois trabalhos musculares: os músculos das costas, dos ombros e dos braços realizam principalmente trabalho estático para manter as mãos em posição sobre o teclado, enquanto os dedos das mãos realizam principalmente trabalho dinâmico quando operando as teclas. O componente estático do esforço combinado assume maior importância para a fadiga postural, ao passo que os músculos e tendões movendo os dedos podem experienciar esforços repetitivos. Existe um componente estático em quase todas as formas de trabalho físico.

Fadiga localizada e problemas musculoesqueléticos

Conforme já mencionado, mesmo o trabalho muscular estático moderado pode provocar fadiga localizada nos músculos envolvidos, que pode evoluir para dores insuportáveis. Se os esforços excessivos, tanto estáticos quanto dinâmicos, forem repetidos durante um tempo mais longo, podem ocorrer dores, de início leves e depois mais intensas, não só nos músculos, mas também nas articulações, nos tendões e em outros tecidos. Em suma, os esforços prolongados e repetitivos podem gerar desgaste e lesões das articulações, ligamentos e tendões. Estes problemas são geralmente sumarizados sob o termo "distúrbios musculoesqueléticos".

Estudos de campo e a experiência acumulada permitem concluir que esforços estáticos excessivos e repetitivos estão associados ao aumento do risco de:

- inflamação nas articulações devido ao estresse mecânico;
- inflamação nos tendões ou nas extremidades dos tendões (tendinites ou tenossinovite);

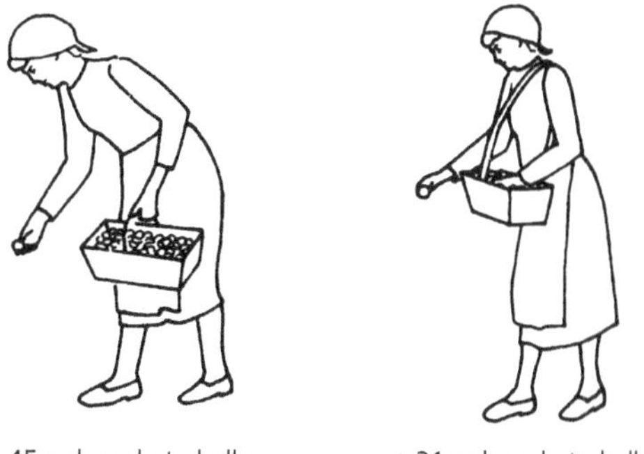

Figura 1.8 Esforço muscular estático no braço esquerdo durante o plantio de batatas. O uso de uma cinta aliviou o trabalho estático do braço esquerdo. Durante um período de 30 min, a pulsação aumentou para 45 pulsos/min (esquerda) e 31 pulsos/min (direita). Segundo Hettinger (1970).

- inflamação nas bainhas dos tendões;
- processos crônicos degenerativos, do tipo artroses nas articulações;
- espasmos musculares dolorosos (cãibras);
- doenças dos discos intervertebrais.

Problemas musculares persistentes

Estes sintomas de sobrecarga podem ser divididos em dois grupos: *problemas reversíveis* e *persistentes*.

Os *sintomas reversíveis* são de curta duração. As dores são predominantemente localizadas na musculatura e nos tendões e desaparecem assim que a carga é retirada. *Trata-se das dores de fadiga.*

Os *problemas persistentes* também são localizados nos músculos e tendões, mas também afetam as articulações e os tecidos adjacentes. As dores não desaparecem, continuam após o trabalho ser interrompido. *As queixas persistentes são atribuídas aos processos inflamatórios e degenerativos nos tecidos sobrecarregados.* Os trabalhadores mais velhos estão mais propensos a tais problemas. Se os problemas musculoesqueléticos persistem durante vários anos, podem piorar e levar a inflamações crônicas, especialmente dos tendões e das bainhas dos tendões, e até à deformação das articulações. Os problemas de saúde que podem ser decorrentes da realização de certas formas de trabalho estático estão descritos na Tabela 1.1.

Exemplos de sintomas de morbidade

Durante um curso de treinamento de doze semanas, Tichauer (1976) comparou os efeitos do uso de um alicate cuja forma foi modificada para se adaptar à mão com um alicate tradicional. O alicate comum exige uma postura forçada da mão (mão com desvio ulnar convergindo para o punho) e com pronunciado esforço muscular estático. Durante estas doze semanas, 25 dos 40 trabalhadores que tiveram de adotar a postura forçada da mão apresentaram inflamações dos pontos de inserção dos tendões ou das bainhas dos tendões. Em contraste, no grupo de trabalhadores com uma postura mais natural da mão (com o alicate modificado) somente quatro casos de inflamação das bainhas dos tendões foram observados. Os dois alicates são mostrados na Figura 1.9.

Na Figura 1.10 são representados dois locais de trabalho que apresentam riscos à saúde.

Tabela 1.1 Carga estática e dores no corpo

Postura de trabalho	Possíveis conseqüências
De pé no lugar	Pés e pernas; possibilidade de veias varicosas
Sentado ereto, sem suporte para as costas	Músculos extensores das costas
Assento muito alto	Joelhos; pernas; pés
Assento muito baixo	Ombros e pescoço
Tronco inclinado para frente, na postura sentada ou de pé	Ombros e braços; possibilidade de periartrite dos ombros
Braço estendido para os lados, para frente ou para cima	Ombros e braço; possibilidade de periartrite dos ombros
Cabeça excessivamente curvada para trás ou para frente	Pescoço; deterioração dos discos intervertebrais
Postura forçada de mão em comandos ou ferramentas	Antebraço; possibilidade de inflamação dos tendões

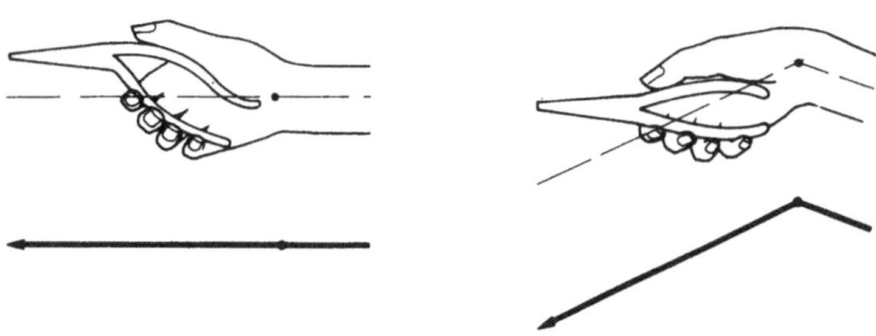

Figura 1.9 Esquerda: o alicate modificado está bem adaptado à mão; a mão fica no eixo do antebraço. Direita: o alicate tradicional exige um trabalho estático contínuo para manter o desvio do punho; a mão não trabalha no eixo do antebraço. Figura modificada de Tichauer (1976).

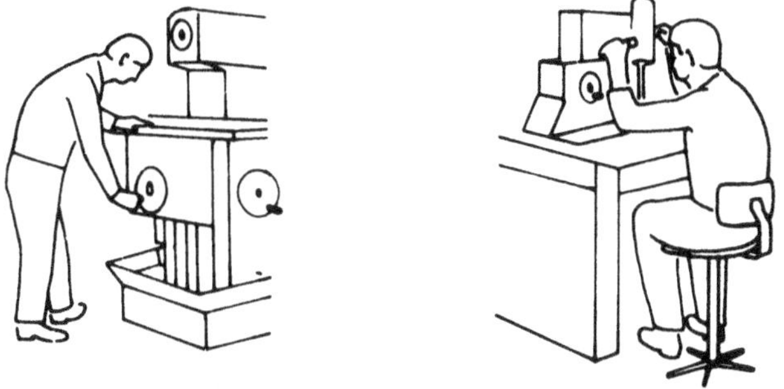

Figura 1.10 Posturas não-naturais com exigências estáticas que podem levar ao surgimento de doenças. Esquerda: riscos de dores nas costas. Direita: riscos de problemas nos ombros e braços.

Parado de pé

Ficar de pé exige um trabalho estático para a imobilização prolongada das articulações dos pés, joelhos e quadris. A força envolvida não é grande e está certamente abaixo do limite crítico de 15% da força máxima. Apesar disso, o ficar em pé por um tempo prolongado é cansativo e doloroso, não só devido ao esforço muscular estático, mas também pelo aumento importante da pressão hidrostática do sangue nas veias das pernas e a restrição geral da circulação linfática (ou seja, o progressivo acúmulo de líquidos tissulares) nas extremidades inferiores. Na prática, a pressão hidrostática nas veias, quando se fica parado de pé, aumenta conforme a seguir:

1. Na altura dos pés, em 80 mm Hg.
2. Na altura da coxa, em 40 mm Hg.

Ao caminhar, a musculatura da perna funciona como uma bomba, através da qual a pressão hidrostática do sistema venoso é compensada e o sangue retorna de modo ativo para o coração.

O ficar em pé por tempo prolongado não só causa fadiga da musculatura responsável pelo trabalho estático, mas também desconforto, causado pelas condições adversas do fluxo de retorno do sangue venoso.

Estas condições adversas da circulação são a origem de muitas doenças das extremidades inferiores, em profissões que exigem um trabalho imóvel, de pé, por tempo prolongado. Essas profissões favorecem uma maior incidência de:

1. Dilatação das veias das pernas (varizes).

2. Edema dos tecidos dos pés e das pernas (edema de tornozelo).
3. Ulceração da pele edemaciada.

Distúrbios por trauma cumulativo

O sistema musculoesquelético pode ser sobrecarregado por uma sucessão de pequenos traumas (convenientemente denominado microtraumas), os quais, considerados isoladamente, não causam prejuízos, mas seus efeitos cumulativos podem levar à sobrecarga. Eles têm sido relacionados com trabalhos repetitivos, por exemplo, com a ordenha de vacas, com o torcer roupa, com a escrita a mão, com a ação de pregar, com a operação de telégrafos e com o tocar instrumentos musicais. O compositor Robert Schumann perdeu a capacidade da mão direita devido à lesão por esforço repetitivo adquirido pelo uso do piano. Nos trabalhos de linha de produção e de montagem, na indústria moderna, os mesmos movimentos são continuamente repetidos: por exemplo, quando se corta carne ou se trabalha como caixa, quando se digita em máquinas de escrever e, hoje em dia, nos computadores, ou quando se joga golfe. A ocorrência de distúrbios musculoesqueléticos devido aos efeitos da acumulação de microtraumas tornou-se um problema difundido nos trabalhos manuais. As ações da ergonomia para evitar estes distúrbios por sobreuso foram discutidas em Grandjean (1987), Putz-Anderson (1988), Kroemer *et al.* (1989, 1994, 1997) e Kuorinka e Forcier (1995). Estas ações incluem a redução da freqüência das atividades manuais e seu conteúdo energético (força muscular), assim como a incorporação de movimentos e posturas corporais adequados.

RESUMO

Os músculos são o motor de propulsão do corpo. Eles convertem energia química, extraída da comida e bebida, em força mecânica útil, transferida para os membros. Para tanto, eles dependem dos subsistemas circulatório, respiratório e metabólico do corpo. Os músculos podem facilmente desempenhar trabalho dinâmico bem organizado, mas entram rapidamente em fadiga sob esforços estáticos. Desta forma, evitar esforços estáticos, inclusive sentar ou ficar de pé por longos períodos, é um objetivo importante da ergonomia.

CAPÍTULO 2

O comando nervoso dos movimentos

BASES FISIOLÓGICAS

Estrutura do sistema nervoso

O sistema nervoso central consiste no cérebro e na medula espinhal. Os nervos periféricos ou originam-se na medula e desembocam nos músculos (nervos motores) ou vêm da pele, dos músculos ou dos órgãos dos sentidos e dirigem-se para a medula ou para o cérebro (nervos sensoriais). Os nervos motores e sensoriais, em conjunto com suas vias e centros na medula e no cérebro, constituem o sistema nervoso somático, que assegura a comunicação do organismo com o mundo exterior através da percepção, consciência e reação.

Complementar ao sistema somático é o sistema nervoso autônomo ou vegetativo, que comanda as atividades dos órgãos internos: circulação sangüínea, órgãos da respiração, órgãos do sistema digestivo, glândulas, etc. O sistema nervoso autônomo governa os mecanismos internos do corpo, que são essenciais para a vida.

O sistema nervoso completo é formado por milhões de células nervosas, os neurônios, que basicamente são formados pelo corpo da célula e uma relativamente longa fibra nervosa. O corpo da célula tem um diâmetro de alguns milésimos de milímetros, enquanto que o comprimento da fibra nervosa pode ser maior que 1 m. A Figura 2.1 é uma representação esquemática de um neurônio.

A função dos nervos

O sistema nervoso é essencialmente um sistema de controle que regula atividades internas e externas, bem como as mais variadas sensações. O funcionamento de um neurônio depende da sua sensibilidade aos estímulos e sua capacidade de conduzir os impulsos originados pela estimulação ao longo da fibra nervosa. Quando uma célula nervosa é estimula-

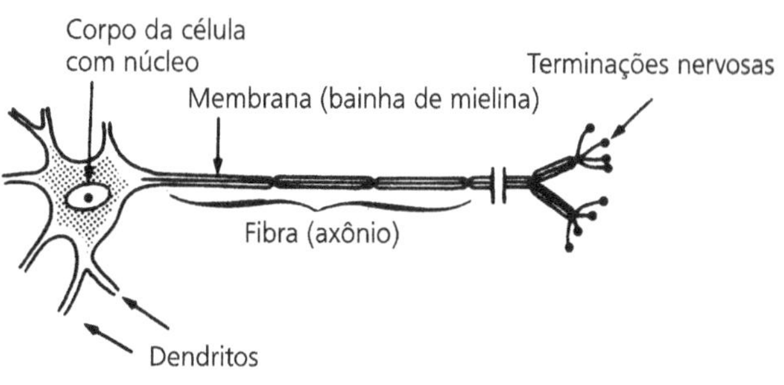

Figura 2.1 Diagrama do neurônio motor, composto por corpo celular, dendritos, uma fibra nervosa (axônio) e terminações nervosas.

da, os impulsos nervosos propagam-se através da fibra nervosa até o órgão de destino, que, entre outros, pode ser uma fibra muscular.

O impulso nervoso é de natureza eletroquímica. Os nervos não são "fios telefônicos" que conduzem passivamente os impulsos. Um impulso nervoso é um processo ativo, que se autopropaga e consome energia. A condução nervosa poderia ser comparada a um pavio: após acender uma ponta, a chama se propaga — pela queima progressiva da pólvora — até a outra ponta final. Porém, depois de o pavio ter queimado, não pode ser aceso novamente. Diferentemente, a fibra nervosa que se degenera em frações de segundo é, após o chamado período refratário, novamente capaz de conduzir o impulso. A fibra nervosa não transmite uma corrente contínua, mas apenas impulsos isolados, com breves interrupções entre eles, já que a capacidade de condução da fibra nervosa, por curtíssimo tempo, fica interrompida durante a passagem de um impulso.

A velocidade de condução varia de acordo com o tipo de fibra nervosa: as fibras nervosas motoras transmitem de 70 a 120 m/s; outras fibras transmitem na faixa de 12 a 70 m/s.

A natureza dos impulsos nervosos

O que são impulsos nervosos? Assim como a fibra muscular, a fibra nervosa também tem um potencial de repouso da membrana. *A membrana da célula nervosa em repouso está polarizada; cargas positivas predominam externamente e cargas negativas predominam no interior da fibra nervosa. O impulso nervoso é produzido pela despolarização da membrana.* O potencial de repouso de –70 mV decai e chega ao ápice da despolarização quando atinge o pico de +35 mV. Após, ocorre uma repolarização com um rápido retorno ao potencial de repouso de –70 mV. Na Figura 2.2 é mostrado o registro de um potencial de ação pela passagem de um impulso nervoso na fibra nervosa. *Esta oscilação elétrica entre despolarização e repolarização da membrana chama-se,* como já foi mencionado no Capítulo 1, *potencial de ação.*

Origens do potencial de ação

O potencial de ação é, portanto, a manifestação elétrica de uma onda de despolarização e repolarização, que percorre a fibra nervosa como um impulso na velocidade de 12 a 120 m/s. O decaimento do potencial de repouso, ou seja, a despolarização, ocorre devido a uma repentina modificação da permeabilidade da membrana, que permite que uma forte corrente de carga positiva, na forma de íons de sódio, penetre no interior da membrana da fibra nervosa. Ao mesmo tempo, íons de potássio positivamente carregados fluem de dentro da célula para fora, mas, no balanço total, existe um claro predomínio de cargas positivas no interior da membrana (fluem mais íons de sódio para dentro da célula do que íons de potássio para fora). *Esta troca de eletrólitos é a essência da despolarização, e o conseqüente potencial de ação.*

Na repolarização que se segue, os eletrólitos movem-se na direção contrária: o sódio é retirado do interior da fibra e o potássio flui de volta para dentro da membrana. Com isto, atinge-se de novo o estado inicial: o potencial da membrana é recomposto. O transporte ativo de íons de sódio para fora da fibra nervosa e de íons de potássio para dentro da membrana é chamado abreviadamente de *bomba de sódio e potássio*, sendo que este mecanismo ocorre em quase todas as células vivas do organismo. É um dos processos vitais mais elementares. A energia deste mecanismo de bomba é fornecida pelo trifosfato de adenosina (ATP). A bomba de sódio e potássio é, assim, uma condição imprescindível para a manutenção da irritabilidade e da capacidade de condução do impulso pela fibra nervosa.

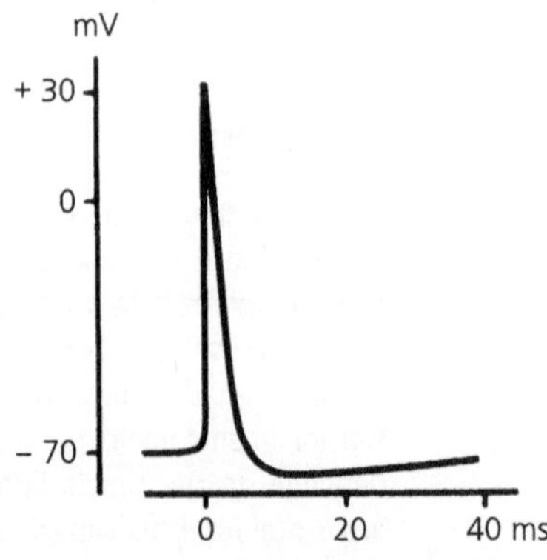

Figura 2.2 O potencial de ação em uma fibra nervosa, o que indica a passagem de um impulso nervoso.

O sistema nervoso requer um suprimento de energia, derivada do ATP, principalmente para manter o potencial da membrana. A energia metabólica demandada pelo nervo praticamente duplica durante sua atividade, o que é um incremento pequeno em comparação com a necessidade do músculo esquelético, o qual, quando em atividade, aumenta seu metabolismo em aproximadamente 100 vezes.

A inervação dos músculos

Cada músculo está conectado ao cérebro, o órgão supremo de comando, por dois tipos de nervos: os nervos motores ou nervos eferentes, e os nervos sensitivos ou nervos aferentes.

Os *nervos motores* conduzem impulsos, ou seja, as ordens de movimentação, do cérebro para a musculatura esquelética, sendo, em última instância, responsáveis pelas contrações musculares e pelo comando do trabalho muscular na sua totalidade. Na musculatura, o nervo se divide nas suas fibras nervosas isoladas, onde uma fibra nervosa pode inervar mais de uma fibra muscular. Cada neurônio motor forma com a sua fibra muscular inervada uma *unidade motora*. Em músculos para trabalhos delicados e precisos (trabalho de precisão) somente três a seis fibras musculares fazem parte de uma unidade motora, nos músculos para trabalhos de força, até 100 fibras musculares são inervadas por um neurônio.

Na Figura 2.1, o feixe de fibras nervosas motoras terminam na chamada *placa motora,* onde a membrana celular da fibra nervosa é mais espessa. Este é o local de ligação neuromuscular: aqui, o impulso nervoso passa da fibra nervosa para a fibra muscular, onde o potencial de ação finalmente provoca a contração muscular.

Os *nervos sensitivos* (ou sensoriais) conduzem os impulsos da musculatura para o sistema nervoso central, ou para a medula espinhal ou para o cérebro. *Os impulsos sensoriais são condutores de sinais ou informações* que vão ser avaliados no sistema nervoso central, em parte para dirigir o trabalho muscular adequadamente, em parte para serem armazenados como informação.

Órgãos especiais de recepção são os *fusos musculares,* que como fibras isoladas (dispostas em paralelo com as fibras do músculo) fixam-se nos tendões das duas extremidades do músculo. Os fusos musculares são sensíveis ao alongamento dos músculos e mandam sinais sobre este alongamento à medula espinhal (sistema próprio receptor).

Outros órgãos sensoriais de recepção são os *órgãos tendinosos de Golgi* (corpúsculo de Golgi-Mazzoni), localizados nos tendões, e que consistem em uma rede de terminações nervosas em forma de pequenos nós. Estes órgãos sensitivos também conduzem os impulsos à medula, sempre que o músculo está sob tensão.

Na medula espinhal, os impulsos passam através de neurônios intermediários para os neurônios motores, de modo que novos impulsos voltam às fibras musculares. Esse sistema de nervos sensoriais aferentes e nervos motores eferentes voltando para o mesmo músculo chama-se *arco reflexo.* Através do arco reflexo, a tensão do músculo e o seu comprimento estão sempre ajustados às exigências do momento. *O fuso muscular e órgão tendinoso de Golgi são os sensores deste circuito regulador.*

Outros nervos sensitivos conduzem impulsos da musculatura através de um primeiro neurônio intermediário na medula espinhal e de um segundo neurônio intermediário na base do crânio até o córtex cerebral, onde *finalmente a soma dos impulsos que chegam são reconhecidos como uma sensação.* Desta forma são reconhecidas as dores que surgem na musculatura. A inervação dos músculos esqueléticos com as fibras nervosas motoras e sensitivas são mostradas na Figura 2.3.

REFLEXOS E DESTREZA

Os reflexos são uma maneira especial de controle nervoso dos movimentos e atividades. Como esses processos de controle são independentes da consciência, são chamados, no sentido fisiológico, de *automáticos (procedimentos automatizados de regulação).* Um reflexo consiste de três partes: a) uma estimulação, um impulso nervoso sensitivo que conduz a informação do estímulo à medula espinhal ou ao cérebro; b) neurônios intermediários que passam o impulso sensitivo para o nervo motor; c) um impulso final através do nervo motor, o qual ativa o músculo. Um exemplo é o reflexo de piscar quando um objeto move-se,

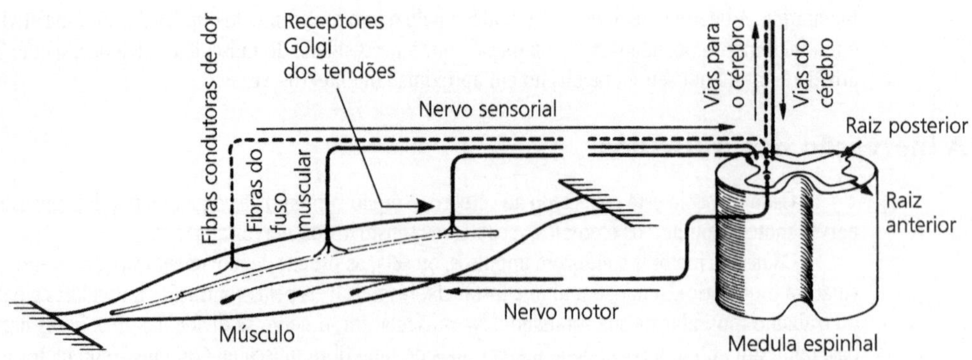

Figura 2.3 Inervação de um músculo. O nervo sensorial compreende fibras condutoras de dor (fcd), além de fibras do fuso muscular (ffm) e dos receptores de Golgi dos tendões (G). As fibras do nervo motor terminam nas placas motoras terminais nas membranas das fibras musculares.

inesperadamente, em frente a qualquer um dos olhos: ambos se fecham automaticamente. Este piscar de olhos se deve aos seguintes processos: o objeto subitamente no campo de visão representa um estímulo disparador do reflexo; os impulsos nervosos sensoriais alcançam, através do nervo ótico, determinados centros no cérebro, que, por sua vez, funcionam como neurônio intermediário e passam a informação para o nervo motor; o nervo motor, então, ativa a contração dos músculos das pálpebras. O reflexo de piscar os olhos é, assim, um mecanismo automático de defesa, que tem por função proteger o olho de lesões. De maneira semelhante funcionam milhares de reflexos no organismo, não só para a função de proteção, mas, também, na maioria dos casos, para as funções normais de controle.

Os reflexos também têm uma função importante na atividade muscular. Um exemplo já descreveu anteriormente a inervação dos músculos esqueléticos e, na Figura 2.3, é mostrado, de forma esquemática, o arco reflexo correspondente. Um outro exemplo é o complexo e importante reflexo de comando antagônico de uma atividade muscular. Quando o antebraço é flexionado, os músculos flexores são comandados para a contração pelos nervos motores; mas para que a flexão ocorra de forma suave, os músculos extensores da parte posterior do braço devem ser simultaneamente relaxados na mesma proporção. Esta distensão dos músculos é um processo reflexo, portanto, de comando automatizado, que permite a execução de um movimento de uma maneira bem controlada.

Trabalho de precisão

Para se ter uma visão geral da complexidade dos comandos nervosos, na Figura 2.4 são mostradas, em forma de diagrama, as etapas mais importantes em um trabalho de precisão. Em uma simples operação de preensão, conforme mostrado na figura, a primeira etapa é obter informação visual para orientar o movimento dos braços, das mãos e dos dedos em direção ao objeto a ser preendido. Para isso, os impulsos nervosos gerados na retina percorrem o nervo ótico até o cérebro, onde a integração dos impulsos recebidos geram uma imagem mão-dedos-objeto. Estes impulsos são enviados a outros centros, na medula e no cerebelo, que controlam a atividade muscular. Com base nos sinais visuais recebidos, o cérebro decide como será o transcurso dos movimentos seguintes. Quando o objeto é preendido, novas informações originadas pelos receptores sensíveis à preensão e presentes na pele chegam ao cérebro, para orientá-lo sobre a pressão exercida pelos dedos da pessoa sobre o objeto. Graças a esta informação, o cérebro pode conduzir e dosar a necessária pressão dos dedos.

Reflexos condicionados

Dominar com destreza uma dada operação depende, essencialmente, da formação de novos reflexos, ou seja, de um mecanismo de comando que independe de controle consciente. Eles são chamados de reflexos condicionados. Na concepção esquemática da Figura 2.4, as setas são as novas rotas reflexas que vem diretamente das sinapses (neurônios intermediários) dos sistemas sensitivos para os centros de controle dos músculos. Nestes centros de comando, *as combinações de movimentos são gravadas como padrões*. Em outras palavras, sempre que uma seqüência de movimentos é praticada por muito tempo, *o padrão completo de movimentos fica "engramado" no cérebro*. A coordenação e o ajuste fino de cada movimento dos músculos são alcançados quando um fluxo contínuo de informações sensoriais chega nestes centros de comando. A destreza alcança seu máximo quando o controle consciente é desativado pelo processo de aprendizado e os movimentos tornam-se, então, automatizados. Para a mente consciente fica a tarefa de concentrar todas as atividades nervosas no trabalho que está sendo executado e distribuir os comandos aos centros de controle.

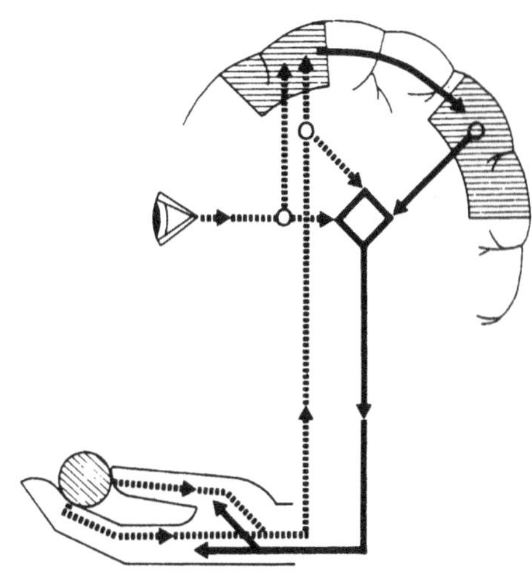

Figura 2.4 Representação esquemática do comando nervoso em um trabalho de precisão.

Um exemplo: escrever

Todo esse processo de automatização pode ser ilustrado pelo exemplo do aprendizado da escrita. A criança aprende primeiro, passo por passo, a dosar, de maneira bem apurada, os movimentos da mão e dos dedos para que os sinais da escrita apareçam no papel. Primeiro, o transcurso dos movimentos está sob controle consciente. Após um longo tempo de prática, a seqüência de movimentos necessários para cada letra torna-se um "engrama", um padrão gravado nos centros de controle motor do cérebro. O processo da escrita em si torna-se sucessivamente mais automatizado e, para a consciência, resta finalmente a tarefa de achar as palavras e construir as frases.

RESUMO

O sistema nervoso central, localizado no cérebro, controla nossas atividades. Ele recebe informação sobre eventos fora e dentro do corpo pelos sensores, que enviam sinais por meio das vias sensoriais (parte aferente do sistema nervoso periférico) ao comando central, onde são tomadas decisões e os sinais de controle são transmitidos aos músculos através das vias eferentes. A automatização destas ações por meio de repetição são os reflexos, que são parte importante na aquisição da destreza.

CAPÍTULO 3

Otimizando a eficiência do trabalho

UTILIZAÇÃO OTIMIZADA DA FORÇA DOS MÚSCULOS

Força, comprimento e alavanca

Quando uma atividade corporal exigir um esforço considerável, os movimentos necessários devem ser organizados de modo que os músculos exerçam sua força máxima com o mínimo de esforço possível. Só assim a musculatura pode atingir sua eficiência e destreza máximas.

Quando o trabalho for o de segurar alguma coisa, estaticamente, a postura do corpo deverá ser tal que envolva o maior número possível de músculos mais fortes. Esta é a maneira mais rápida de reduzir a carga de cada músculo para o limite de 15% da sua força máxima (ver Capítulo 1).

Considerando que a musculatura pode desenvolver mais força no início da contração, a partir da posição relaxada, então, em princípio, as condições iniciais de movimentação deveriam começar a partir dos músculos completamente relaxados. Porém, existem tantas exceções nessa regra geral que ela tem mais valor teórico do que prático. Deve-se levar em conta, também, os efeitos de alavanca dos ossos e, quando vários músculos participam de um trabalho, a soma dos efeitos. Neste último caso, geralmente a força é máxima quando o maior número possível de músculos contraem simultaneamente. A força máxima de um músculo, ou grupo de músculos, é dependente:

- da idade;
- do sexo;
- da constituição física;
- do grau de condicionamento físico;
- da motivação do momento.

Idade e sexo

Na Figura 3.1 é mostrado o efeito da idade e do sexo sobre a força muscular, segundo os dados obtidos por Hettinger (1960). O pico máximo da força muscular para homens e mulheres ocorre entre os 25 e 35 anos de idade. O trabalhador mais velho, entre 50 e 60 anos de idade, só exerce 75 a 85% de sua força máxima original.

Como já foi discutido no Capítulo 1, pode-se considerar que a mulher tem, em média, 2/3 da força dos homens.

Hettinger examinou, em homens e mulheres, a força máxima de três grupos de músculos, os quais ele considerou como tendo especial importância para a avaliação da força muscular humana. Os seus resultados estão resumidos na Tabela 3.1.

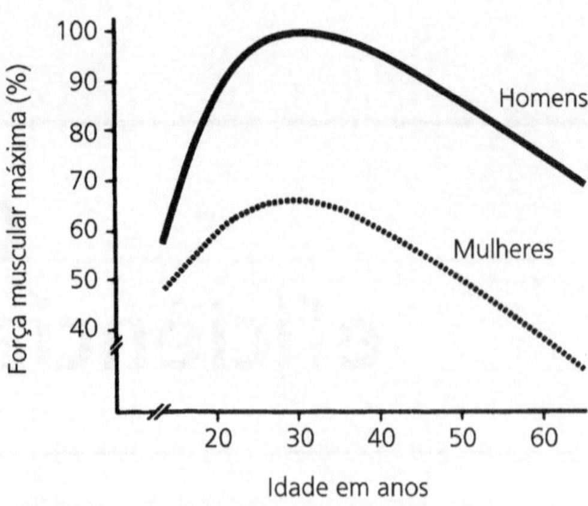

Figura 3.1 A força muscular em relação à idade e ao sexo. Segundo Hettinger (1960).

Força máxima em trabalho sentado

A partir de estudos de Caldwell (1959) com sujeitos sentados com apoio para as costas, pode-se elaborar as seguintes regras:

1. A mão com rotação para dentro — pronação do antebraço — exerce mais força (180 N) do que com rotação para fora — supinação (110 N). Deve-se notar que estes valores de força indicam apenas a ordem de magnitude. Pessoas diferentes têm forças diferentes.
2. A força de rotação da mão é maior se operando a uma distância de 30 cm à frente do eixo do corpo.
3. A mão tem mais força quando puxando para baixo (370 N) do que quando puxando para cima (160 N).
4. A força de empurrar da mão é maior (600 N) do que a força de puxar (360 N).
5. A maior força para empurrar desenvolve-se quando operando a 50 cm à frente do eixo do corpo.
6. A maior força de puxar ocorre quando operando a uma distância de 70 cm.

Força máxima com o cotovelo dobrado

A força máxima exercida pelos músculos que dobram o cotovelo (músculo bíceps) depende da elevação do braço. Os resultados dos estudos de Clarke *et al.* (1950) e Wakim *et al.* (1950) e seus colaboradores, conforme a Figura 3.2, mostra que *o maior momento ocorre quando o cotovelo está dobrado entre 90 e 120°*.

Força máxima em trabalho de pé

A força máxima de puxar e empurrar da mão, no trabalho de pé, foi detalhadamente estudada por Rohmert (1966) e Rohmert e Jenik (1972). Na Figura 3.3 são apresentados alguns resultados do seu estudo com homens. Do estudo de Rohmert (1966), pode-se tirar as seguintes conclusões:

Tabela 3.1 Força muscular máxima para homens e mulheres. De acordo com Hettinger (1960). s = desvio-padrão dos dados individuais

	Força máxima			
Funções	**Homens (N)**	**s**	**Mulheres (N)**	**s**
Apertar as mãos	460	120	280	70
Alongar a perna (com um ângulo de 90° do joelho)	400	60	320	50
Espreguiçar-se	1100	160	740	160

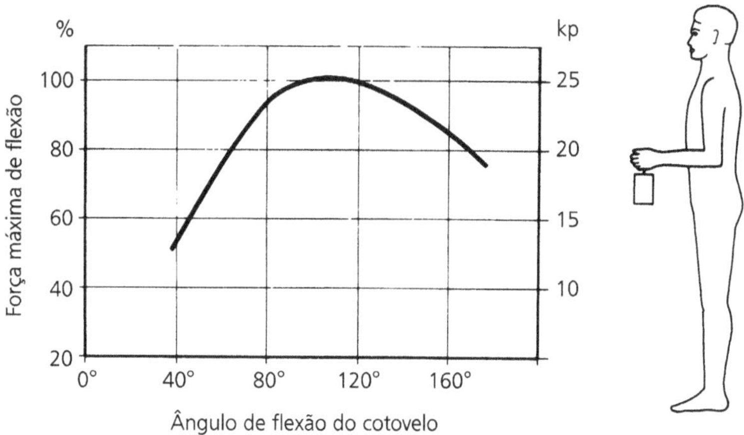

Figura 3.2 Força máxima de flexão na articulação do cotovelo, em relação ao ângulo de flexão. Segundo Clarke (1950) e Wakim (1950).

1. Estando de pé, na maioria das posições do braço, a força de empurrar é maior do que a força de puxar.
2. As forças de empurrar e de puxar são maiores nas posição vertical e menores na posição horizontal.
3. As forças de empurrar e de puxar são da mesma ordem de magnitude tanto se a posição dos braços é estendido para os lados ou para a frente do corpo (plano sagital).
4. A força de empurrar no plano horizontal é de:
   160-170 N nos homens
   80-90 N nas mulheres

RECOMENDAÇÕES PRÁTICAS PARA LEIAUTE

Princípios mais importantes

Conforme já foi enfatizado, cargas estáticas no músculo levam à fadiga dolorosa; elas são desgastantes e um desperdício. Por esta razão, um dos objetivos do projeto e leiaute de estações de trabalho, máquinas, instrumentos e ferramentas deve ser a *minimização ou abolição da necessidade de agarrar e segurar alguma coisa.*

Os esforços estáticos impossíveis de evitar devem ser reduzidos a menos de 15% do máximo e a 10% para esforços de longa duração.

De acordo com van Wely (1970), o esforço dinâmico de natureza repetitiva não deve exceder 30% do máximo, embora possa ser de até 50% se o esforço não se prolongar por mais de 5 minutos.

Sete regras

1. *Evitar qualquer postura curvada ou não-natural do corpo* (Figura 3.4). A curvatura lateral do tronco ou da cabeça força mais do que a curvatura para frente.

2. *Evitar a manutenção dos braços estendidos para frente ou para os lados.* Estas posturas geram não só fadiga rápida, mas também reduzem significativamente o nível geral de precisão e destreza das operações realizadas com as mãos e os braços (Figura 3.5).
3. *Procurar, na medida do possível, sempre trabalhar sentado.* Mais recomendável ainda seriam locais de trabalho onde se poderia ter alternância de trabalho sentado com o trabalho em pé.
4. *O movimento dos braços deve ser em sentidos opostos cada um, ou em direção simétrica.* O movimento de um braço sozinho gera cargas estáticas nos músculos do tronco. Além disso, os movimentos em sentidos opostos ou movimentos simétricos facilitam o comando nervoso da atividade.
5. *A área de trabalho deve ser de tal forma que esteja na melhor distância visual do operador.* Veja Figura 3.6 e o Capítulo 5 para mais informações.
6. *Pegas, alavancas, ferramentas e materiais de trabalho devem estar organizados de tal forma que os movimentos mais freqüentes se-*

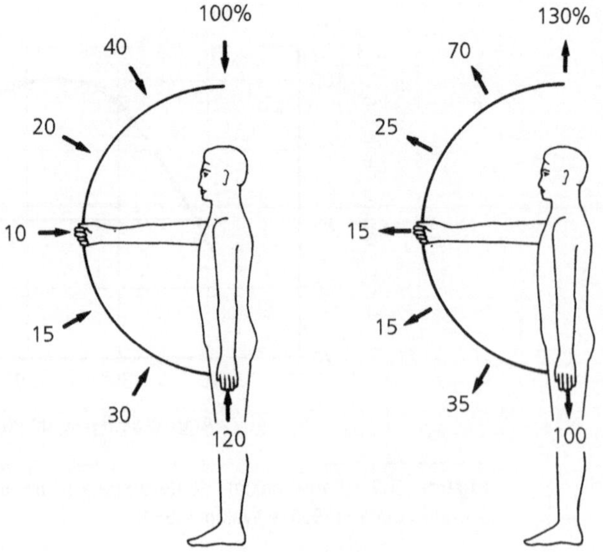

Figura 3.3 Força máxima de puxar (esquerda) e de empurrar (direita) do homem. Os pés separados entre si 30 cm. Os valores representam a força em percentagem do peso corporal. Simplificado de Rohmert (1966).

Figura 3.4 Postura fortemente curvada em uma seção de acabamento de uma fundição. A colocação vertical da peça fundida permitiria uma postura mais natural do corpo, com uma exigência estática bem menor sobre a musculatura das costas.

Figura 3.5 Postura do braço esticado na colocação de material na máquina (abastecimento). A exigência estática da musculatura do braço e ombro direito é cansativa e diminui a destreza. A máquina deveria ser concebida para que o trabalhador colocasse o material com os braços baixos e com o cotovelo em ângulo reto.

Figura 3.6 A altura de trabalho deve ser tal que permita uma postura natural, levemente inclinada para frente, com os olhos a uma distância visual ótima para o trabalho. Este local de trabalho mostra um arranjo que permite uma postura natural dos braços, de modo que qualquer exigência é descartada.

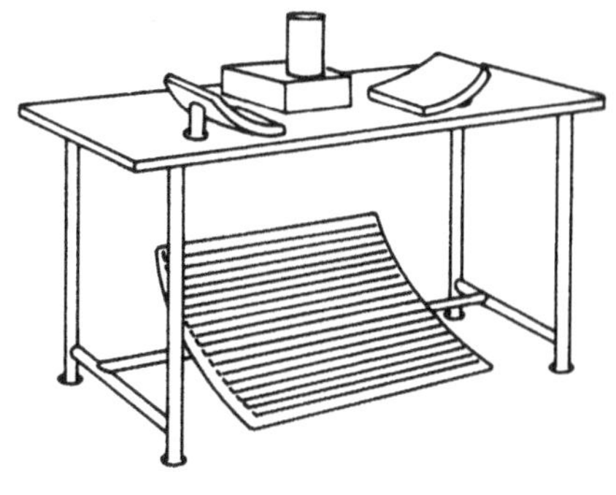

Figura 3.7 O trabalho dos braços elevados pode ser amenizado com apoios para antebraço e cotovelos, forrados e reguláveis. Um apoio confortável para as pernas é possível adaptando-se um estrado em altura regulável, que permite uma movimentação normal das pernas e com profundidade suficiente para movimentação dos pés. Para as mulheres, é necessário um estrado com pouca folga entre as ripas, para evitar que o salto fique preso.

jam feitos com os cotovelos dobrados e próximos do corpo. A maior força e destreza é exercida quando a distância olho-mão é de 25 a 30 cm, e com os cotovelos baixados e dobrados em ângulo reto.

7. *O trabalho manual pode ser facilitado com o uso de apoio para os cotovelos, os antebraços e as mãos.* Os suportes devem ser forrados com feltro ou outro material termoisolante e macio. Os apoios devem ser reguláveis para que possam se adaptar às diferenças antropométricas (Figura 3.7).

RESUMO

As pessoas têm forças musculares diferentes, dependendo de treinamento individual, idade, sexo, condições de saúde e outros fatores. No entanto, todo corpo humano segue um mesmo leiaute biomecânico. Isto permite definir alguns princípios para o projeto do trabalho e de estações de trabalho, que possibilitem o exercício da força muscular com o máximo de eficiência e o mínimo de esforço.

CAPÍTULO 4

Medidas do corpo

Medidas do corpo humano

Considerando que posturas naturais do corpo — posturas de tronco, braços e pernas que não envolvam trabalho estático — e movimentos naturais são condições necessárias para um trabalho eficiente, é imprescindível *a adaptação do local de trabalho às medidas do corpo e à mobilidade do operador.*

VARIAÇÕES NAS DIMENSÕES DO CORPO

A grande variabilidade das medidas corporais entre os indivíduos apresenta um desafio para o *designer* de equipamentos e postos de trabalho. Não se pode aceitar, como uma regra, o projeto de uma estação de trabalho para atender o fantasma da "pessoa média". Geralmente, é preciso considerar as pessoas mais altas (por exemplo, para determinar o espaço necessário para acomodar as pernas sob a mesa) ou as pessoas mais baixas (por exemplo, para ter certeza de que elas alcançarão uma dada altura). Se a altura das portas fossem dimensionadas para uma pessoa com altura média, muitas pessoas teriam marcas roxas na cabeça porque bateriam no marco ao tentar passar por elas.

Faixa de projeto e percentis

Como geralmente não é possível projetar o espaço de trabalho para atender às pessoas de dimensões extremas (muito grandes ou muito pequenas), temos que nos contentar em satisfazer às necessidades da maioria, tomando como base as medidas que são representativas da grande maioria da população. Se a decisão for projetar para o "90% central" de um dado grupo, enquadram-se as pessoas maiores que o 5% menor (na dimensão corporal considerada) e menores que o 5% maior; em outras palavras, exclui-se o 5% menor e o 5% maior da população. *A seleção do ponto de corte deve ser feita com cuidado e em função da necessidade do projeto.*

Um determinado ponto percentual na distribuição denomina-se *percentil* (p). No exemplo dado, apenas os percentis entre 5 e 95% (incluindo, portanto, o 90% amostrado) estão sendo considerados.

As maiores diferenças nas dimensões corporais ocorrem em função da diversidade étnica, do sexo e da idade. Como regra geral, as mulheres são menores que os homens, exceto com relação às dimensões dos quadris. Com a idade, muitos adultos diminuem, mas se tornam mais pesados.

A não ser quando projetado para um indivíduo em particular, os postos de trabalho devem se adequar à maioria dos usuários, mulheres e homens, entre 20 e 65 anos de idade. Geralmente isto requer ajustes, sendo que os limites inferior e superior devem ser selecionados para atender aos percentis limites, tais como o 5 e o 95.

A Figura 4.1 mostra uma distribuição típica de medidas antropométricas. Em termos estatísticos, denomina-se distribuição de Gauss ou "normal", que pode ser descrita pela média e o desvio-padrão.

As Figuras 4.2 a 4.7 ilustram dimensões tabuladas. A numeração corresponde àquela usada nas Tabelas 4.1 a 4.6.

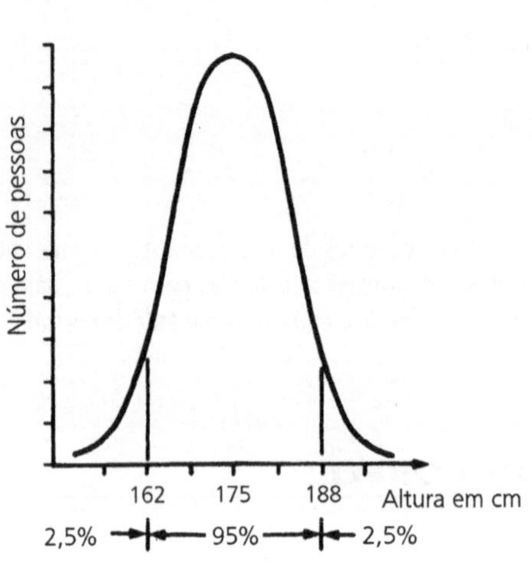

Figura 4.1 Distribuição típica de dados antropométricos: alturas de homens americanos.

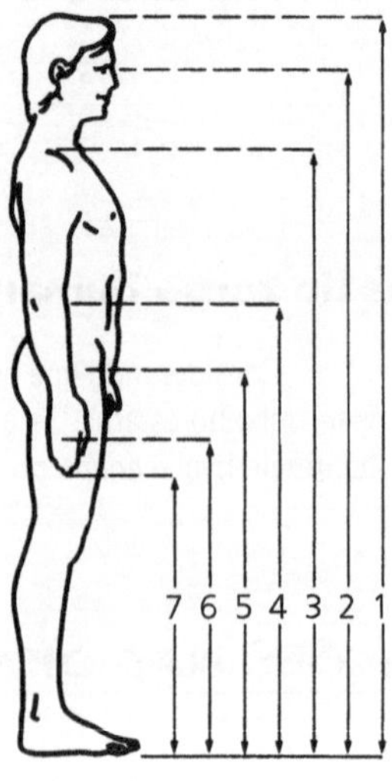

Figura 4.2 Alturas estáticas de pessoas em pé. Segundo Pheasant (1986, 1996).

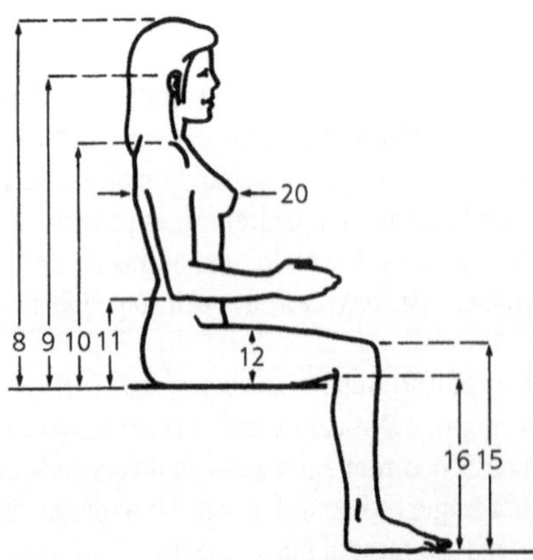

Figura 4.3 Alturas estáticas de pessoas sentadas. Segundo Pheasant (1986, 1996).

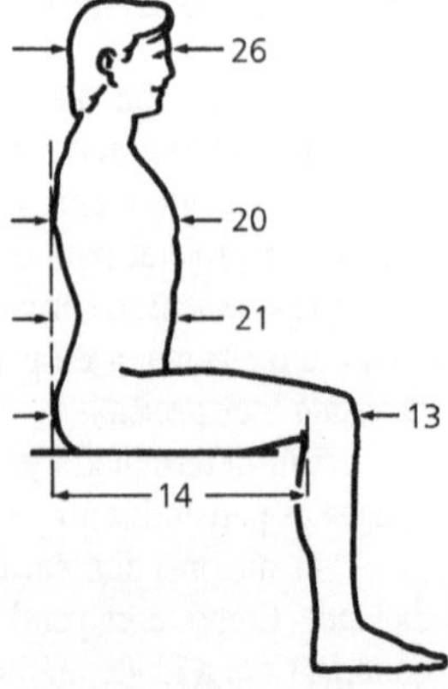

Figura 4.4 Profundidades estáticas de pessoas sentadas. Segundo Pheasant (1986, 1996).

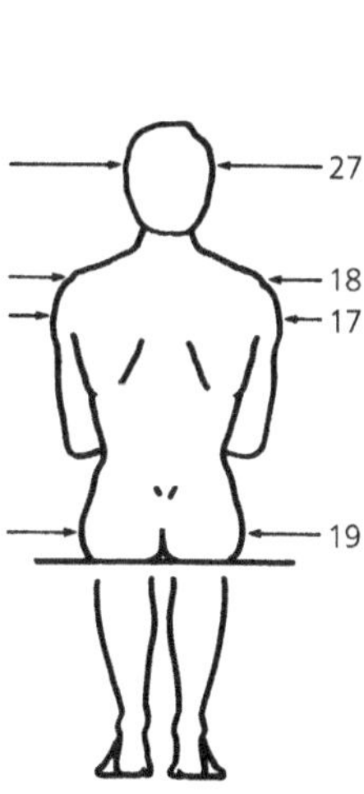

Figura 4.5 Larguras estáticas de pessoas sentadas. Segundo Pheasant (1986, 1996).

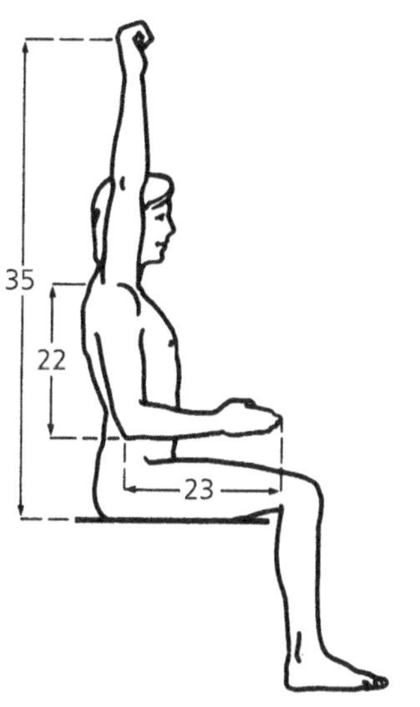

Figura 4.6 Dimensões de braço e alcance de pessoas sentadas. Segundo Pheasant (1986, 1996).

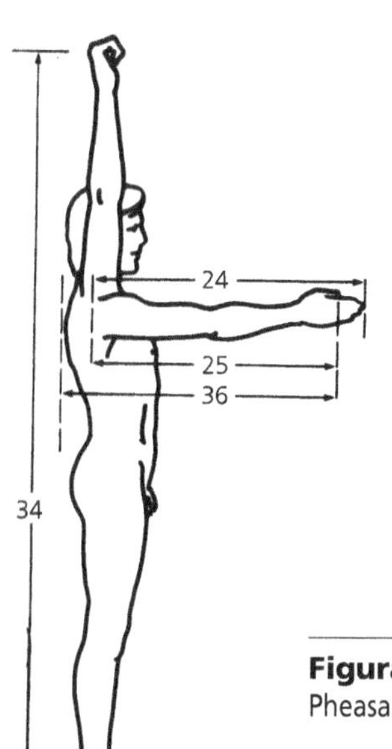

Figura 4.7 Dimensões de braço e alcance de pessoas em pé. Segundo Pheasant (1986, 1996).

Tabela 4.1 Dados antropométricos (medidas) em mm de adultos norte-americanos de 19 a 60 anos de idade, de acordo com Gordon *et al.* (1989). Os números de referência das dimensões são mostrados nas Figuras 4.2 a 4.7

	Homens				Mulheres			
	5º	50º	95º		5º	50º	90º	
Dimensões		percentil		s		percentil		s
1. Estatura	1.647	1.755	1.867	67	1.528	1.628	1.737	64
2. Altura dos olhos	1.528	1.633	1.743	66	1.415	1.515	1.621	63
3. Altura dos ombros (acrômio)	1.342	1.442	1.546	62	1.241	1.332	1.432	58
4. Altura dos cotovelos	995	1.072	1.153	48	926	997	1.074	45
5. Altura dos quadris (trocanter)	853	927	1.009	48	789	860	938	45
6. Altura da MCF*	nd	nd	nd	nd	nd	nd	nd	nd
7. Altura da ponta dos dedos	591	653	716	40	531	610	670	36
8. Altura sentado	855	914	972	36	795	851	910	35
9. Altura dos olhos (sujeito sentado)	735	792	848	34	685	738	794	33
10. Altura dos ombros (sujeito sentado) (acrômio)	549	598	646	30	509	555	604	29
11. Altura dos cotovelos (sujeito sentado)	184	232	274	27	176	221	264	27
12. Espessura das coxas	149	168	190	13	140	158	180	12
13. Comprimento nádegas-joelhos	569	615	667	30	542	588	640	30
14. Comprimento nádegas-popliteal	458	500	546	27	440	481	528	27
15. Altura dos joelhos	514	558	606	28	474	514	560	26
16. Altura popliteal	395	433	476	25	351	389	429	24
17. Largura dos ombros (bideltóide)	450	491	535	26	397	431	472	23
18. Largura dos ombros (biacromial)	367	397	426	18	333	363	391	17
19. Largura dos quadris (sentado)	329	365	412	25	343	383	432	27
20. Profundidade do tórax	210	242	280	22	209	237	279	21
21. Profundidade do abdome (sentado)	199	236	291	28	185	219	271	26
22. Comprimento ombro-cotovelo	340	369	399	18	308	335	365	17
23. Comprimento cotovelo-ponta dos dedos	448	483	524	23	406	442	483	23
24. Comprimento do braço	729	788	856	39	662	723	788	38
25. Comprimento do ombro-pega	612	665	722	33	557	609	664	33
26. Profundidade da cabeça	185	197	209	7	176	187	198	6
27. Largura da cabeça	143	152	161	5	137	144	153	5
28. Comprimento da mão	179	193	211	10	165	180	197	10
29. Largura da mão	84	90	98	4	73	79	86	4
30. Comprimento do pé	249	269	292	13	224	244	265	12
31. Largura do pé	92	101	110	5	82	90	98	5
32. Envergadura	1.693	1.821	1.960	82	1.542	1.670	1.809	81
33. Envergadura dos cotovelos	nd	nd	nd	nd	nd	nd	nd	nd
34. Alcance vertical de pega (de pé)	1.958	2.106	2.260	92	1.808	1.945	2.094	87
35. Alcance vertical de pega (sentado)	1.221	1.309	1.401	55	1.127	1.213	1.296	51
36. Alcance frontal de pega	693	750	813	37	632	685	744	34
Peso (kg), estimado por Kroemer	58	78	99	13	39	62	85	14

nd = não disponível.

* articulação metacarpo-falangeana (MCF)

Tabela 4.2 Dados antropométricos (estimados) em mm de adultos britânicos de 19 a 35 anos de idade, de acordo com Pheasant (1986, 1996). Os números de referência das dimensões são mostrados nas Figuras 4.2 a 4.7

Dimensões	Homens 5º	Homens 50º percentil	Homens 95º	s	Mulheres 5º	Mulheres 50º percentil	Mulheres 90º	s
1. Estatura	1.625	1.740	1.855	70	1.505	1.610	1.710	62
2. Altura dos olhos	1.515	1.630	1.745	69	1.405	1.505	1.610	61
3. Altura dos ombros (acrômio)	1.315	1.425	1.535	66	1.215	1.310	1.405	58
4. Altura dos cotovelos	1.005	1.090	1.180	52	930	1.005	1.085	46
5. Altura dos quadris (trocanter)	840	920	1.000	50	740	810	885	43
6. Altura da MCF*	690	755	825	41	660	720	780	36
7. Altura da ponta dos dedos	590	655	720	38	560	625	685	38
8. Altura sentado	850	910	965	36	795	850	910	35
9. Altura dos olhos (sujeito sentado)	735	790	845	35	685	740	795	33
10. Altura dos ombros (sujeito sentado) (acrômio)	540	595	645	32	505	555	610	31
11. Altura dos cotovelos (sujeito sentado)	195	245	295	31	185	235	280	29
12. Espessura das coxas	135	160	185	15	125	155	180	17
13. Comprimento nádegas-joelhos	540	595	645	31	520	570	620	30
14. Comprimento nádegas-popliteal	440	495	550	32	435	480	530	30
15. Altura dos joelhos	490	545	595	32	455	500	540	27
16. Altura popliteal	395	440	490	29	355	400	445	27
17. Largura dos ombros (bideltóide)	420	465	510	28	355	395	435	24
18. Largura dos ombros (biacromial)	365	400	430	20	325	355	385	18
19. Largura dos quadris (sentado)	310	360	405	29	310	370	435	38
20. Profundidade do tórax	215	250	285	22	210	250	295	27
21. Profundidade do abdome	220	270	325	32	205	255	305	30
22. Comprimento ombro-cotovelo	330	365	395	20	300	330	360	17
23. Comprimento cotovelo-ponta dos dedos	440	475	510	21	400	430	460	19
24. Comprimento horizontal do braço	720	780	840	36	655	705	760	32
25. Comprimento horizontal do ombro-pega	610	665	715	32	555	600	650	29
26. Profundidade da cabeça	180	195	205	8	165	180	190	7
27. Largura da cabeça	145	155	165	6	135	145	150	6
28. Comprimento da mão	175	190	205	10	160	175	190	9
29. Largura da mão	80	85	95	5	70	75	85	4
30. Comprimento do pé	240	265	285	14	215	235	255	12
31. Largura do pé	85	95	110	6	80	90	100	6
32. Envergadura	1.655	1.790	1.925	83	1.490	1.605	1.725	71
33. Envergadura dos cotovelos	865	945	1020	47	780	850	920	43
34. Alcance vertical de pega (de pé)	1.925	2.060	2.190	80	1.790	1.905	2.020	71
35. Alcance vertical de pega (sentado)	1.145	1.245	1.340	60	1.060	1.150	1.235	53
36. Alcance frontal de pega	720	780	835	34	650	705	755	31
Peso (kg)	55	75	94	12	44	63	81	11

* articulação metacarpo-falangeana (MCF)

Tabela 4.3 Dados antropométricos (estimados) em mm de adultos da Alemanha Ocidental, de acordo com Pheasant (1986). Os números de referência das dimensões são mostrados nas Figuras 4.2 a 4.7

Dimensões	Homens 5º percentil	Homens 50º percentil	Homens 95º percentil	Homens s	Mulheres 5º percentil	Mulheres 50º percentil	Mulheres 90º percentil	Mulheres s
1. Estatura	1.645	1.745	1.845	62	1.520	1.635	1.750	69
2. Altura dos olhos	nd	nd	nd	nd	nd	nd	nd	nd
3. Altura dos ombros	1.370	1.465	1.560	58	1.240	1.320	1.400	50
4. Altura dos cotovelos	1.020	1.095	1.170	46	925	1.000	1.075	46
5. Altura dos quadris	840	910	980	44	760	840	920	48
6. Altura da MCF*	nd	nd	nd	nd	nd	nd	nd	nd
7. Altura da ponta dos dedos	nd	nd	nd	nd	nd	nd	nd	nd
8. Altura sentado	865	920	975	32	800	865	930	39
9. Altura dos olhos (sujeito sentado)	750	800	850	31	680	740	800	37
10. Altura dos ombros (sujeito sentado)	nd	nd	nd	nd	nd	nd	nd	nd
11. Altura dos cotovelos (sujeito sentado)	195	235	275	25	165	205	245	23
12. Espessura das coxas	135	150	265	70	125	155	185	19
13. Comprimento nádegas-joelhos	560	600	640	25	525	580	635	33
14. Comprimento nádegas-popliteal	nd	nd	nd	nd	nd	nd	nd	nd
15. Altura dos joelhos	500	545	590	28	455	505	555	30
16. Altura popliteal	415	455	495	25	355	395	435	23
17. Largura dos ombros (bideltóide)	425	465	505	23	355	400	445	27
18. Largura dos ombros (biacromial)	nd	nd	nd	nd	nd	nd	nd	nd
19. Largura dos quadris (sentado)	nd	nd	nd	nd	nd	nd	nd	nd
20. Profundidade do tórax	nd	nd	nd	nd	nd	nd	nd	nd
21. Profundidade do abdome (sentado)	nd	nd	nd	nd	nd	nd	nd	nd
22. Comprimento ombro-cotovelo	nd	nd	nd	nd	nd	nd	nd	nd
23. Comprimento cotovelo-ponta dos dedos	nd	nd	nd	nd	nd	nd	nd	nd
24. Comprimento horizontal do braço	735	785	835	31	660	720	780	36
25. Comprimento do ombro-pega	nd	nd	nd	nd	nd	nd	nd	nd
26. Profundidade da cabeça	nd	nd	nd	nd	nd	nd	nd	nd
27. Largura da cabeça	nd	nd	nd	nd	nd	nd	nd	nd
28. Comprimento da mão	nd	nd	nd	nd	nd	nd	nd	nd
29. Largura da mão	nd	nd	nd	nd	nd	nd	nd	nd
30. Comprimento do pé	nd	nd	nd	nd	nd	nd	nd	nd
31. Largura do pé	nd	nd	nd	nd	nd	nd	nd	nd
32. Envergadura	nd	nd	nd	nd	nd	nd	nd	nd
33. Envergadura dos cotovelos	nd	nd	nd	nd	nd	nd	nd	nd
34. Alcance vertical de pega (de pé)	nd	nd	nd	nd	nd	nd	nd	nd
35. Alcance vertical de pega (sentado)	nd	nd	nd	nd	nd	nd	nd	nd
36. Alcance frontal de pega	nd	nd	nd	nd	nd	nd	nd	nd
Peso (kg)	nd	nd	nd	nd	nd	nd	nd	nd

nd = não disponível.
* articulação metacarpo-falangeana (MCF)

Tabela 4.4 Dados antropométricos (medidos) em mm de adultos da Alemanha Oriental de 18 a 59 anos de idade, de acordo com Fluegel (1986). Os números de referência das dimensões são mostrados nas Figuras 4.2 a 4.7

	Homens				Mulheres			
Dimensões	5º	50º percentil	95º	s	5º	50º percentil	90º	s
1. Estatura	1.607	1.715	1.825	66	1.514	1.606	1.707	59
2. Altura dos olhos	1.498	1.600	1.705	64	1.415	1.501	1.597	57
3. Altura dos ombros (acrômio)	1.320	1.412	1.512	60	1.232	1.319	1.403	53
4. Altura dos cotovelos	nd	nd	nd	nd	nd	nd	nd	nd
5. Altura dos quadris	nd	nd	nd	nd	nd	nd	nd	nd
6. Altura da MCF*	682	748	819	42	643	702	764	37
7. Altura da ponta dos dedos	588	651	717	39	557	615	672	35
8. Altura sentado	846	904	958	34	804	855	905	31
9. Altura dos olhos (sujeito sentado)	719	775	831	34	684	733	782	30
10. Altura dos ombros (sujeito sentado)	552	602	650	31	517	562	609	29
11. Altura dos cotovelos (sujeito sentado)	198	243	293	29	190	234	282	28
12. Espessura das coxas	126	151	176	15	125	146	175	15
13. Comprimento nádegas-joelhos	560	603	648	27	541	584	630	27
14. Comprimento nádegas-popliteal	444	485	527	25	437	479	521	26
15. Altura dos joelhos	490	530	575	27	458	496	538	24
16. Altura popliteal	410	452	496	26	380	415	455	23
17. Largura dos ombros (bideltóide)	432	472	510	24	393	436	481	27
18. Largura dos ombros (biacromial)	365	399	430	20	336	365	393	17
19. Largura dos quadris (sentado)	334	368	406	22	346	400	460	35
20. Profundidade do tórax	nd	nd	nd	nd	nd	nd	nd	nd
21. Profundidade do abdome	nd	nd	nd	nd	nd	nd	nd	nd
22. Comprimento ombro-cotovelo	nd	nd	nd	nd	nd	nd	nd	nd
23. Comprimento cotovelo-ponta dos dedos	432	464	500	20	394	425	556	19
24. Comprimento vertical do braço	704	762	820	35	650	702	758	33
25. Comprimento do ombro-pega	nd	nd	nd	nd	nd	nd	nd	nd
26. Profundidade da cabeça	179	190	201	7	170	181	191	6
27. Largura da cabeça	148	158	168	6	141	151	160	6
28. Comprimento da mão	174	189	205	9	161	174	189	9
29. Largura da mão	81	88	96	5	71	78	85	4
30. Comprimento do pé	243	264	285	13	222	241	260	12
31. Largura do pé	91	102	113	6	83	93	104	6
32. Envergadura	1.640	1.761	1.885	75	1.503	1.614	1.735	70
33. Envergadura dos cotovelos	833	895	911	39	757	816	881	38
34. Alcance vertical de pega (de pé)	1.975	2.121	2.267	89	1.843	1.973	2.103	79
35. Alcance vertical de pega (sentado)	nd	nd	nd	nd	nd	nd	nd	nd
36. Alcance frontal de pega	704	763	824	37	650	706	767	35
Peso (kg)	nd	nd	nd	nd	nd	nd	nd	nd

nd = não disponível.
* articulação metacarpo-falangeana (MCF)

Tabela 4.5 Dados antropométricos em mm de adultos japoneses, de acordo com Pheasant (1986). Os números de referência das dimensões são mostrados nas Figuras 4.2 a 4.7

	Homens				Mulheres			
Dimensões	5º percentil	50º percentil	95º percentil	s	5º percentil	50º percentil	90º percentil	s
1. Estatura	1.560	1.655	1.750	58	1.450	1.530	1.610	48
2. Altura dos olhos	nd	nd	nd	nd	nd	nd	nd	nd
3. Altura dos ombros	1.250	1.340	1.430	54	1.075	1.145	1.215	44
4. Altura dos cotovelos	965	1.035	1.105	43	895	955	1.015	36
5. Altura dos quadris (trocanter)	765	830	895	41	700	755	810	33
6. Altura da MCF*	nd	nd	nd	nd	nd	nd	nd	nd
7. Altura da ponta dos dedos	nd	nd	nd	nd	nd	nd	nd	nd
8. Altura sentado	850	900	950	31	800	845	890	28
9. Altura dos olhos (sujeito sentado)	735	785	835	31	690	735	780	28
10. Altura dos ombros (sujeito sentado)	nd	nd	nd	nd	nd	nd	nd	nd
11. Altura dos cotovelos (sujeito sentado)	220	260	300	23	215	250	285	20
12. Espessura das coxas	110	135	160	14	105	130	155	14
13. Comprimento nádegas-joelhos	500	550	600	29	485	530	575	26
14. Comprimento nádegas-popliteal	nd	nd	nd	nd	nd	nd	nd	nd
15. Altura dos joelhos	450	490	530	23	420	450	480	18
16. Altura popliteal	360	400	440	24	325	360	395	21
17. Largura dos ombros (bideltóide)	405	440	475	22	365	395	425	18
18. Largura dos ombros (biacromial)	nd	nd	nd	nd	nd	nd	nd	nd
19. Largura dos quadris	nd	nd	nd	nd	nd	nd	nd	nd
20. Profundidade do tórax	nd	nd	nd	nd	nd	nd	nd	nd
21. Profundidade do abdome	nd	nd	nd	nd	nd	nd	nd	nd
22. Comprimento ombro-cotovelo	nd	nd	nd	nd	nd	nd	nd	nd
23. Comprimento cotovelo-ponta dos dedos	nd	nd	nd	nd	nd	nd	nd	nd
24. Comprimento do braço	665	715	765	29	605	645	685	25
25. Comprimento do ombro-pega	nd	nd	nd	nd	nd	nd	nd	nd
26. Profundidade da cabeça	nd	nd	nd	nd	nd	nd	nd	nd
27. Largura da cabeça	nd	nd	nd	nd	nd	nd	nd	nd
28. Comprimento da mão	nd	nd	nd	nd	nd	nd	nd	nd
29. Largura da mão	nd	nd	nd	nd	nd	nd	nd	nd
30. Comprimento do pé	nd	nd	nd	nd	nd	nd	nd	nd
31. Largura do pé	nd	nd	nd	nd	nd	nd	nd	nd
32. Envergadura	nd	nd	nd	nd	nd	nd	nd	nd
33. Envergadura dos cotovelos	nd	nd	nd	nd	nd	nd	nd	nd
34. Alcance vertical de pega (de pé)	nd	nd	nd	nd	nd	nd	nd	nd
35. Alcance vertical de pega (sentado)	nd	nd	nd	nd	nd	nd	nd	nd
36. Alcance frontal de pega	nd	nd	nd	nd	nd	nd	nd	nd
Peso (kg)	nd	nd	nd	nd	nd	nd	nd	nd

nd = não disponível.
* articulação metacarpo-falangeana (MCF)

Tabela 4.6 Dados antropométricos médios, em mm, estimados para 20 regiões da Terra. Adaptado de Juergens *et al.* (1990)

	1. Estatura veja Fig. 4.2		8. Altura sentado veja Fig. 4.3		15. Altura do joelho, sentado veja Fig. 4.3	
	Mulheres	Homens	Mulheres	Homens	Mulheres	Homens
América do Norte	1.650	1.790	880	930	500	550
América Latina						
População indígena	1.480	1.620	800	850	445	495
População européia e negra	1.620	1.750	860	930	480	540
Europa						
Norte	1.690	1.810	900	950	500	550
Central	1.660	1.770	880	940	500	550
Leste	1.630	1.750	870	910	510	550
Sudeste	1.620	1.730	860	900	460	535
França	1.630	1.770	860	930	490	540
Ibéria	1.600	1.710	850	890	480	520
África						
Norte	1.610	1.690	840	870	500	535
Oeste	1.530	1.670	790	820	480	530
Sudeste	1.570	1.680	820	860	495	540
Oriente próximo	1.610	1.710	850	890	490	520
Índia						
Norte	1.540	1.670	820	870	490	530
Sul	1.500	1.620	800	820	470	510
Ásia						
Norte	1.590	1.690	850	900	475	515
Sudeste	1.530	1.630	800	840	460	495
Sul da China	1.520	1.660	790	840	460	505
Japão	1.590	1.720	860	920	395	515
Austrália						
Extrato europeu	1.670	1.770	880	930	525	570

Se a média (m) e o desvio-padrão (s) de um grupo de medidas são conhecidos, é possível calcular os percentis. Por exemplo:

$2{,}5p = m - 1{,}96s$	$97{,}5p = m + 1{,}96s$
$5p = m - 1{,}65s$	$95p = m + 1{,}65s$
$10p = m - 1{,}28s$	$90p = m + 1{,}28s$
$16{,}5p = m - 1{,}00s$	$83{,}5p = m + 1{,}65s$
$50p = m +/- 0s$	

Procedimentos estatísticos

Os dados antropométricos são base para extração de muita informação pelo estatístico, mas mesmo o leigo, como um engenheiro ou um *designer*, pode calcular percentis, faixas, de grupos de populações homogêneas ou compostas, usando as diretrizes dadas em livros escritos para ergonomistas, tais como os de Kroemer *et al.* (1994, 1997), Pheasant (1986, 1996) e Roebuck (1995).

DADOS NACIONAIS E INTERNACIONAIS

As Tabelas 4.1 a 4.7 mostram medidas corporais de várias populações. Infelizmente, foram realizadas poucas pesquisas antropométricas em larga escala e geralmente com populações militares. Desta forma, os dados muitas vezes precisam ser interpretados e estimados segundo pesquisas com soldados. Kroemer *et al.* (1994), Pheasant (1986, 1996) e Roebuck (1995) discutem, em detalhe, o uso de dados antropométricos disponíveis. Os dados das Tabelas 4.1 a 4.6 foram extraídos das publicações destes autores, nas quais estão disponíveis as referências às fontes originais das medidas.

TAMANHO DA MÃO

O tamanho da mão é muito importante para o projeto de controles. A Figura 4.8 e Tabela 4.7 mostram dados relevantes obtidos por Courtney (1984), Fluegel *et al.* (1986), Garrett e Kennedy (1971), Greiner (1991), Imrhan *et al.* (1993) e Pheasant (1996).

Tabela 4.7 Tamanho da mão e do punho (em mm)

		Homens		Mulheres	
		Média	*s*	Média	*s*
1. Comprimento	Soldados americanos	194	10	181	10
	Vietnamitas	177	12	165	9
	Japoneses	–	–	–	–
	Chineses, Hong Kong	–	–	–	–
	Britânicos	189	10	174	9
	Alemães	189	9	175	9
2. Largura MCF*	Soldados americanos	90	4	80	4
	Vietnamitas	79	7	71	4
	Japoneses	–	–	90	5
	Chineses, Hong Kong	–	–	92	5
	Britânicos	87	5	76	4
	Alemães	88	5	78	4
3. Largura máxima	Soldados americanos	–	–	–	–
	Vietnamitas	100	6	87	6
	Japoneses	–	–	–	–
	Chineses, Hong Kong	–	–	–	–
	Britânicos	105	5	92	5
	Alemães	107	6	94	6
4. Perímetro MCF	Soldados americanos	214	10	186	9
	Vietnamitas	–	–	–	–
	Japoneses	–	–	–	–
	Chineses, Hong Kong	–	–	–	–
	Britânicos	–	–	–	–
	Alemães	–	–	–	–
5. Perímetro do punho	Soldados americanos	174	8	151	7
	Vietnamitas	163	15	137	18
	Japoneses	–	–	–	–
	Chineses, Hong Kong	–	–	–	–
	Britânicos	–	–	–	–
	Alemães	–	–	–	–

* articulação metacarpo-falangeana (MCF)

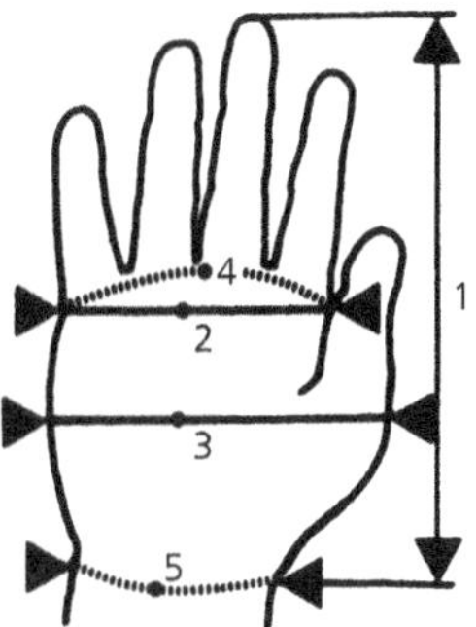

Figura 4.8 Dimensões estáticas da mão listadas na Tabela 4.7: comprimento (1), largura na articulação metacarpo-falangeana (MCF) (2), largura máxima (3), perímetro da articulação metacarpo-falangeana (MCF) (4) e do punho (5).

ÂNGULOS DE ROTAÇÃO NAS ARTICULAÇÕES

A faixa de movimentação de um membro é o produto de seu comprimento e o ângulo de rotação de sua articulação proximal. A Figura 4.9 e Tabela 4.8 mostram algumas faixas de movimento angular da mão e antebraço. A Figura 4.10 mostra as faixas de movimentação do pé, listadas na Tabela 4.9. No entanto, a real mobilidade pode ser fortemente influenciada pela flexibilidade individual da pessoa e pela força ou precisão do movimento a ser executado. A faixa "mais conveniente" geralmente é a do meio da faixa de operação.

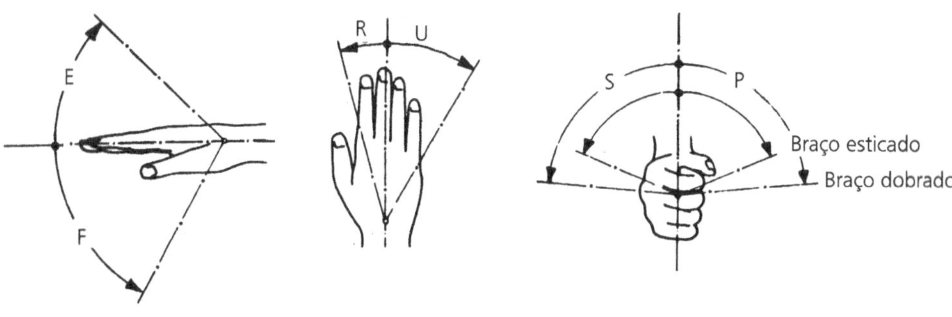

Figura 4.9 Movimento da mão e punho listados na Tabela 4.8.

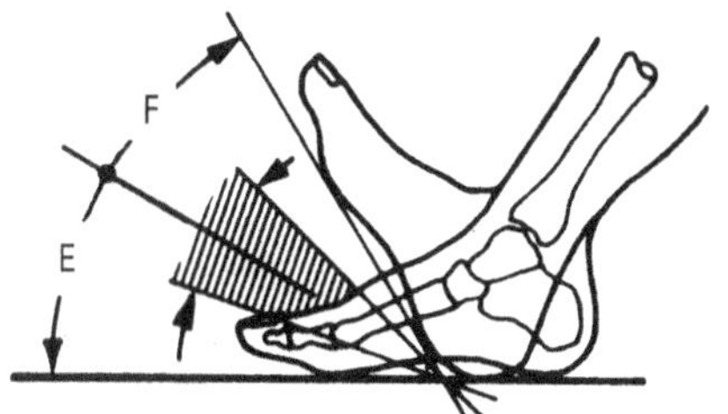

Figura 4.10 Movimentos do tornozelo listados na Tabela 4.9.

Tabela 4.8 Mobilidade do punho e antebraço (em graus). (Segundo Kroemer *et al.*, 1997)

	Homens			Mulheres		
Direção (veja Figura 4.9)	**5º percentil**	**50º percentil**	**95º percentil**	**5º percentil**	**50º percentil**	**95º percentil**
Flexão do punho F	51	68	85	54	72	90
Extensão do punho E	47	62	76	57	72	88
Desvio radial do punho (adução) R	14	22	30	17	27	37
Desvio ulnar do punho (abdução) U	22	31	40	19	28	37
Supinação do antebraço S	86	108	135	87	109	130
Pronação do antebraço P	43	65	87	63	81	99

Tabela 4.9 Mobilidade do tornozelo (em graus). (De Kroemer *et al.*, 1997)

	Homens			Mulheres		
Direção (veja Figura 4.10)	**5º percentil**	**50º percentil**	**95º percentil**	**5º percentil**	**50º percentil**	**95º percentil**
Flexão do tornozelo F	18	29	34	13	23	33
Extensão do tornozelo E	21	36	52	31	41	52

RESUMO

Para adequar um equipamento a pessoas com diferentes dimensões corporais são necessários: (a) dados e (b) procedimentos adequados. Dados de várias populações estão disponíveis; para outros grupos, eles podem ser estimados ou podem ser medidos de acordo com procedimentos padronizados. Os procedimentos projetuais envolvem a seleção de percentis a serem atendidos.

CAPÍTULO 5

O projeto de estações de trabalho

Recomendações são compromissos

As recomendações ergonômicas para dimensionamento dos locais de trabalho são baseadas apenas em parte nas medidas antropométricas, pois os modos de comportamento dos trabalhadores e as exigências específicas do trabalho também precisam ser levados em consideração. Desta forma, as recomendações publicadas em livros ou normas são soluções de compromisso que podem ser bastante arbitrárias. Uma outra observação torna-se importante quando se fala de normas, principalmente quando tem força de lei. A maioria das especificações normatizadas são elaboradas por comitês, nos quais os interesses mais variados estão representados: fabricantes, associações de indústrias, sindicatos, empresários e ergonomistas. As normas resultantes parecem razoáveis e aplicáveis na maioria dos casos, mas raramente ideais aos olhos do ergonomista atuando na prática. Por isso, não é surpreendente que os estudos de campo e a experiência prática nem sempre confirmem as recomendações das normas vigentes.

ALTURAS DE TRABALHO

A altura de trabalho para atividades de pé

A definição da altura de trabalho é de capital importância para o projeto dos locais de trabalho. Se a área de trabalho é muito alta, freqüentemente os ombros são erguidos para compensar, o que leva a contrações musculares dolorosas na altura da nuca e das costas. Se a área de trabalho é muito baixa, as costas são sobrecarregadas pelo excesso de curvatura do tronco, o que dá freqüentemente margem a queixa de dores nas costas. Por isso, a altura das mesas de trabalho deve estar de acordo com as medidas antropométricas do operador, tanto para o trabalho de pé quanto para o trabalho sentado.

Para os trabalhos manuais realizados de pé, as alturas recomendadas são de 50 a 100 mm abaixo da altura dos cotovelos. A altura média dos cotovelos (distância do chão até o lado inferior do cotovelo dobrado em ângulo reto, com o braço na posição vertical) está em torno de 1.070 mm para os homens e 1.000 mm para mulheres da Europa e Estados Unidos.

Desta forma, pode-se concluir que, em média, alturas de trabalho de 970 a 1.020 mm é conveniente para os homens "ocidentais" e 900 a 950 mm para as mulheres, na posição em pé. É claro que para populações com dimensões distintas ou hábitos de trabalho diferentes, outras alturas de trabalho podem ser melhores. Além das considerações antropométricas, deve-se considerar a natureza do trabalho:

1. Para um trabalho delicado (p. ex., o de desenho) é desejável um apoio dos cotovelos, já que desta forma a musculatura do tronco ficará aliviada da carga estática. A altura adequada está entre 50 e 100 mm *abaixo* da altura do cotovelo.
2. Em atividades manuais geralmente é necessário um espaço para ferramentas, materiais e recipientes variados, e a altura adequada de trabalho está em torno de 100 a 150 mm *abaixo* da altura do cotovelo.
3. Durante trabalho em pé, se há muita exigência de emprego de força, o que requer a ajuda da parte superior do tronco (p. ex., trabalho com madeira ou trabalhos pesados de montagem), então a altura da superfície de trabalho deve ser mais baixa: a altura adequada fica entre 150 e 400 mm abaixo da altura do cotovelo.

As alturas recomendadas para trabalho em pé estão mostradas na Figura 5.1.

As dimensões recomendadas na Figura 5.1 só têm valor de orientação geral, já que se baseiam nos valores médios de medidas antropométricas ocidentais e não levam em consideração as variações individuais. Para pessoas baixas, a altura das mesas é muito alta e, nesses casos, é recomendável o uso de estrados de madeira ou outras instalações semelhantes como um suporte de compensação. As pessoas altas, por outro lado, terão de se curvar sobre a mesa, o que pode gerar problemas para a musculatura das costas.

Mesas com altura regulável para trabalho em pé

Do ponto de vista ergonômico, é sempre desejável a adaptação individual da altura de trabalho. Ao invés de soluções improvisadas, como estrados para os pés ou o aumento das pernas das mesas, uma mesa com altura regulável é mais recomendável. Na Figura 5.2 são mostradas as alturas de trabalho desejáveis para atividades leves de pé, em relação à altura das pessoas.

Se por algum motivo a altura das mesas não puder ser ajustada, ou se o nível de operação das máquinas não puder ser regulável, então, em princípio, *a altura de trabalho deve tomar como base as pessoas altas,* porque pode-se usar plataformas mais altas como superfície de apoio de compensação para as pessoas baixas ficarem de pé.

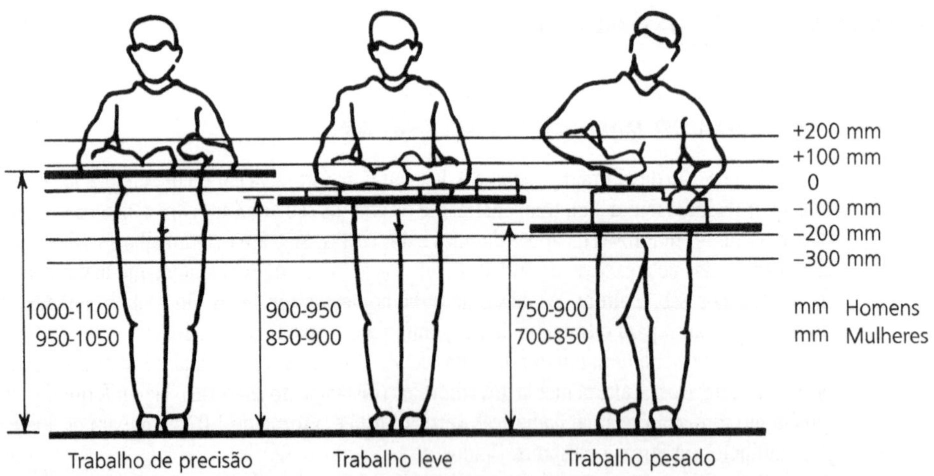

Figura 5.1 Alturas de mesas recomendadas para trabalhos em pé. A linha de referência (± 0) é a altura do cotovelo a partir do chão, e que é em média 1.050 mm para os homens e 980 mm para as mulheres.

Postos para trabalho sentado

Um estudo clássico realizado em 1951 é geralmente citado quando se discute alturas de trabalho. Ellis (1951) pôde comprovar uma regra empírica: *a velocidade máxima de um trabalho manual executado em frente ao corpo pode ser alcançada quando se trabalha com os cotovelos baixos e com os braços dobrados em ângulo reto*. Esta condição é uma base geral válida para determinação da altura de trabalho para atividades sentadas.

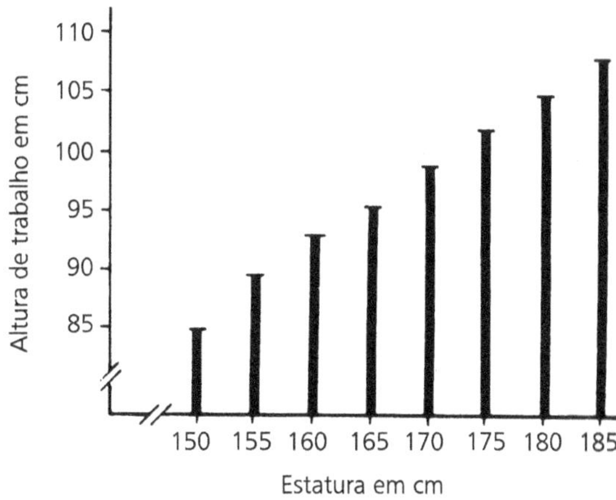

Figura 5.2 Alturas de trabalho para atividades leves, realizadas de pé em relação à estatura.

Tendo em vista que o trabalho sentado pode consistir em atividade de precisão muito fina, devem ser também consideradas as distâncias e ângulos visuais ótimos, conforme mostrado na Figura 3.6. Nessas condições, a superfície de trabalho deve ser elevada até que o trabalhador possa ver claramente o seu objeto de trabalho, sem com isso forçar demasiadamente a curvatura das costas. O contrário, isto é, a redução da altura da superfície de trabalho é necessária quando o trabalho manual exige aplicação de grandes forças ou liberdade de movimentação. Porém, uma altura de trabalho muito baixa pode conflitar com a necessidade de espaço livre para os joelhos abaixo da superfície de trabalho, o que é um fator limitante na definição da altura da mesa. Considerando a medida "altura do joelho" (que é a distância do chão à parte superior do joelho) das pessoas maiores (percentil 95) da Tabela 4.1, para a base de cálculos, e adicionando 50 mm para os saltos dos sapatos e para um mínimo de movimentação, chegamos nas seguintes medidas (arredondadas) de espaço livre para os joelhos:

homens (600 + 50 mm) = 650 mm
mulheres (560 + 50 mm) = 610 mm

Considerando-se 40 mm de espessura do tampo da mesa, então a medida mínima de altura da mesa é:

homens 690 mm
mulheres 650 mm

Estas alturas mínimas são recomendadas para atividades de montagens pesadas, que exigem espaço para recipientes e para determinados trabalhos de preparação na cozinha. Deve ser ainda mencionado que a distância mínima entre o assento e a parte inferior do tampo da mesa deve ser de 190 mm, o que corresponde à espessura da coxa de pessoas do percentil 95 da Tabela 4.1.

Como os empregados de escritório sentam

Uma pesquisa de Grandjean e Burandt (1962) com 261 empregados masculinos e 117 empregados femininos de escritório revelou interessantes relações entre a altura da mesa e problemas musculoesqueléticos. As análises da amostragem de trabalho mostraram particularidades das diferentes posturas sentadas assumidas, mostradas na Figura 5.3.

A postura ereta do tronco só foi observada em cerca de 50% do tempo, e o tronco atirado para trás sobre o encosto foi observado em cerca de 40% do tempo, embora a maioria das cadeiras não tivesse um bom encosto.

A Figura 5.4 apresenta os resultados da pesquisa feita sobre as queixas de dores musculoesqueléticas.

Relações entre altura da mesa, comportamento ao sentar e dores

As medidas antropométricas mais importantes e as alturas das mesas foram estudadas e comparadas com os relatórios de queixas de dores. Dos vários resultados obtidos e das correlações calculadas, foi possível tirar as seguintes conclusões

1. 24% reportaram dores na nuca e nos ombros, sendo que a maioria dos sujeitos, especialmente os digitadores, culpava a altura muito alta de mesa.
2. 29% reportaram dores nos joelhos e pés, a maioria das queixas reportadas por pessoas pequenas que tinham que sentar na ponta da cadeira, provavelmente porque não tinham apoio para os pés.
3. *Alturas de mesa de 740 a 780 mm dão as melhores oportunidades para a adaptação individual,* desde que haja disponibilidade de cadeiras com alturas reguláveis e apoios para os pés.
4. *Não importando a altura da pessoa, a grande maioria dos empregados graduou sua cadeira para que ficasse um vão livre de 270 a 300 mm abaixo da superfície de trabalho. Essa colocação do assento parece permitir uma postura natural do tronco, o que claramente foi de muita importância para os empregados.*
5. A freqüência de queixa de dores nas costas (57%) e a freqüência de utilização do encosto da cadeira (42% do tempo) mostram a necessidade de um relaxamento periódico da musculatura das costas, e podem ser salientadas como um indício da importância de um projeto e construção adequados de encostos.

Sentado na ponta da cadeira	15%
Sentado na metade da cadeira	52%
Sentado em toda a cadeira	33%
Recostado no encosto	42%
Com os braços apoiados na mesa	40%

Figura 5.3 Posições de sentar de 378 empregados de escritório, mostradas por uma técnica de observação multimomentos. Foram feitas 4.920 observações. Os valores percentuais correspondem à quantidade de tempo de trabalho na qual se mantiveram as referidas posições. As duas posições inferiores foram observadas simultaneamente em conjunto com as três outras posições superiores. Por este motivo, a soma das cinco posições ultrapassa a 100%. Segundo Grandjean e Burandt (1962).

Eletromiografia da musculatura dos ombros

Vários autores analisaram a atividade elétrica da musculatura dos ombros de sujeitos trabalhando com diversas alturas de mesas. Deve ser lembrado, aqui, que a atividade elétrica do músculo é uma medida da contração das fibras musculares (mais exatamente, das unidades motoras), que pode ser usada, após calibração cuidadosa, para estimar a força muscular exercida, conforme descrito por Basmajian e de Luca (1985) e Soderberg (1992). O procedimento é denominado eletromiografia. Já em 1951, Lundervold analisou eletromiograficamente a musculatura dos ombros e braços, no trabalho de datilografia, com mesas altas e baixas

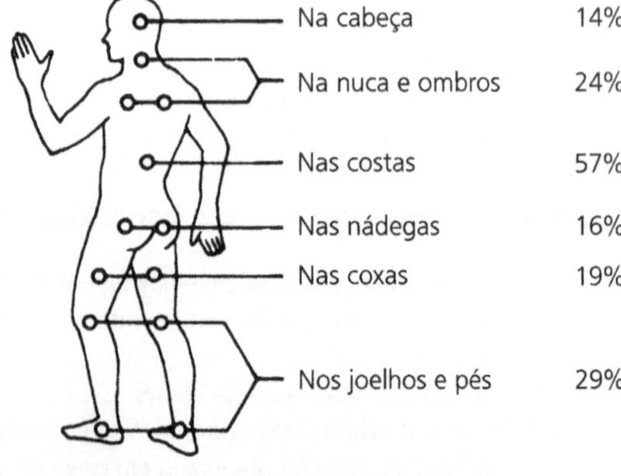

Figura 5.4 A freqüência de dores no corpo devido ao trabalho sedentário. 246 pesquisados. Era permitida mais de uma resposta para cada questão. Segundo Grandjean e Burandt (1962).

(naquela época, os impulsos elétricos eram registrados com registradoras a caneta). Lundervold chegou à conclusão que era registrada a menor atividade elétrica quando a pessoa em teste mantinha uma postura relaxada e bem equilibrada, ou quando ela fazia uso do encosto da cadeira. O trabalho de datilografia intenso era acompanhado do levantar de ombros e uma elevada atividade elétrica dos músculos trapézio e deltóide (o músculo trapézio levanta os ombros e o deltóide levanta o braço). Mais recentemente, Hagberg (1982) fez uma análise quantitativa dos eletromiogramas dos músculos dos ombros e dos braços, no trabalho de digitação realizado em diferentes alturas. Os seus resultados são apresentados na Figura 5.5.

Manter os ombros elevados é uma carga estática dolorosa

Uma superfície de trabalho que é muito alta pode ser compensada com a elevação dos ombros (principalmente pela contração do músculo trapézio) ou com a elevação do braço (pelo músculo deltóide). Quando a força de contração para manter o músculo é grande, tal como 20% da força máxima, isso pode levar ao surgimento de muitas dores.

A medida mais importante: a distância entre o assento e a mesa

Uma leve inclinação do tronco para a frente com os braços apoiados na mesa é uma postura minimamente cansativa para ler ou escrever, mas, para possibilitar uma posição relaxada para as costas, *a distância entre o assento e a superfície da mesa deve ficar entre 270 e 300 mm* para a maioria dos "ocidentais". Conforme já mencionado, os empregados de escritório procuram, em primeira instância, uma posição do tronco relaxado e confortável, e geralmente preferem uma altura não-ideal para as pernas e nádegas do que sacrificar uma posição desconfortável para o tronco. Isto está descrito em livros editados por Grandjean (1973, 1987) e mais recentemente por Lueder e Noro (1995).

A altura das mesas não-ajustáveis são definidas com base em medidas médias e não consideram as variações individuais. Desta forma, todas as mesas recomendadas com base na "média" são muito altas para as pessoas menores, que terão necessidade de um apoio para os pés. Além disso, as pessoas mais altas terão que curvar o pescoço sobre a mesa de trabalho, o que pode gerar problemas musculoesqueléticos no pescoço e nas costas. As alturas de mesa para trabalho tradicional de escritório (com a exceção da digitação) seguem, então, a regra de que é mais prático selecionar a altura para acomodar as pessoas mais altas em detrimento das mais baixas; estas últimas sempre podem usar um apoio de pés e elevar a altura do assento para se posicionar adequadamente em relação à superfície da mesa. Por outro lado, uma pessoa alta, ao sentar frente a uma mesa muito baixa, é obrigada a colocar o assento tão baixo que pode ser desconfortável para as pernas.

Conclusões sobre a mesa de trabalho sem o teclado

Conforme ilustrado na Figura 5.6, *as mesas de escritório sem o uso de máquinas de escrever ou outro tipo de teclado deve ter uma altura de 740 a 780 mm para os homens e de 700 a 740 mm para as mulheres (do extrato europeu), considerando que as cadeiras são completamente ajustáveis e há disponibilidade de apoios de pé.* Estes dados são um pouco mais altos do que a maioria das normas, que recomendam entre 720 e 750 mm, o que certamente não se adequa aos homens altos.

Espaço vertical e horizontal para as pernas

É importante que sob as mesas para escritório haja espaço suficiente para a movimentação das pernas, sendo importante que elas possam ser cruzadas, uma por cima da outra, sem dificuldade. Por esse motivo, não devem ser colocadas gavetas acima dos joelhos e nem caixilhos espessos. *O tampo da mesa não deve ser mais espesso do que 30 mm e o espaço para as pernas e pés sob a mesa deve ter, no mínimo, 680 mm de largura e 690 mm de altura. (Conforme já mencionado, estas recomendações aplicam-se à maioria da população européia e americana. Para populações com diferentes dimensões antropométricas e diferentes hábitos de trabalho, estas recomendações provavelmente não são apropriadas.)*

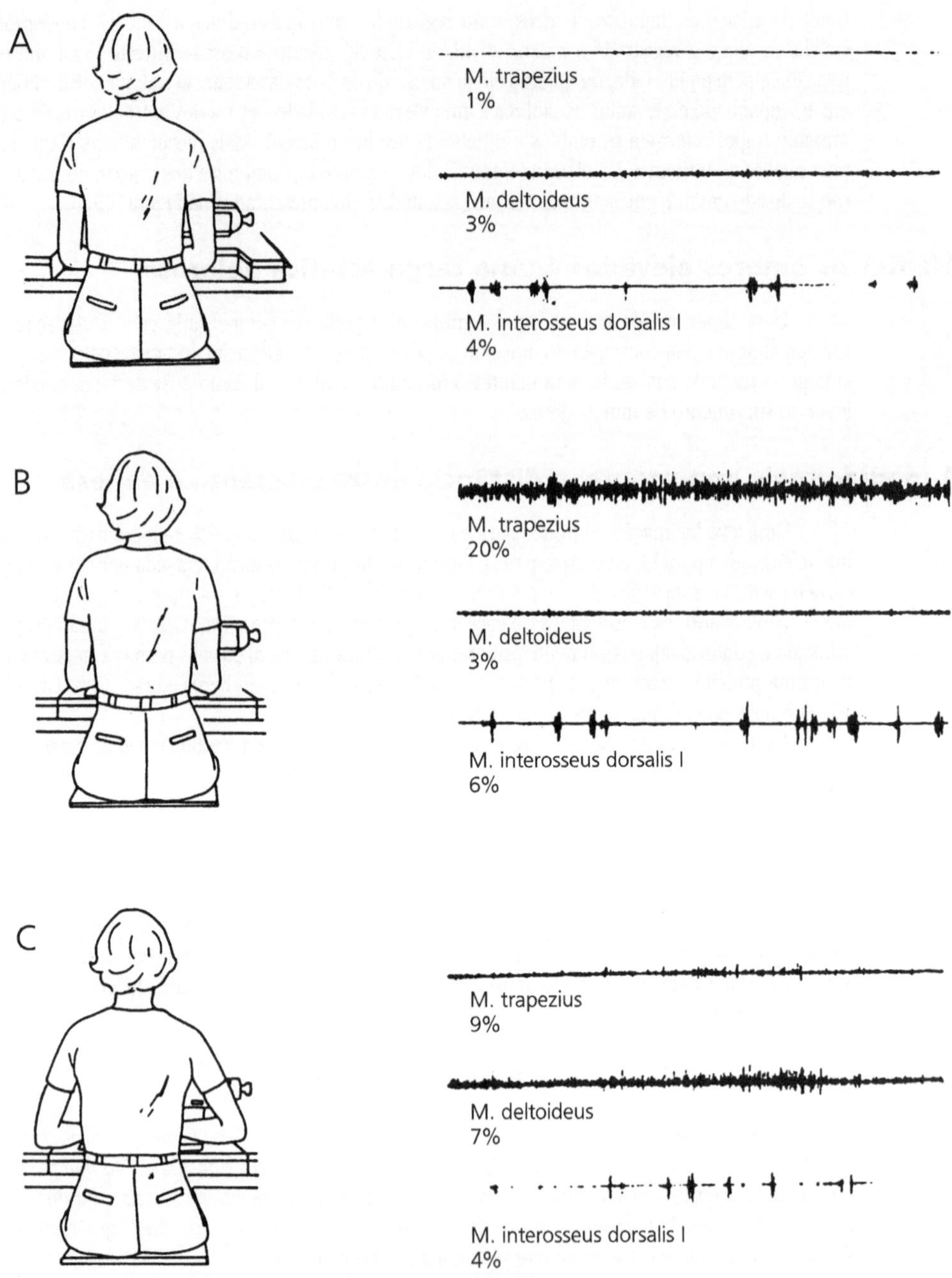

Figura 5.5 Registro eletromiográfico da atividade da musculatura dos ombros. Os valores referem-se ao percentual de contração voluntária máxima. A = altura ótima da máquina de escrever, isto é, fileira das teclas "home" na altura do cotovelo; B = muito alta, o que leva a uma elevação dos ombros pelo músculo trapézio; C = também muito alta, compensada pela elevação lateral dos braços, pelo músculo deltóide. Segundo Hagberg (1982).

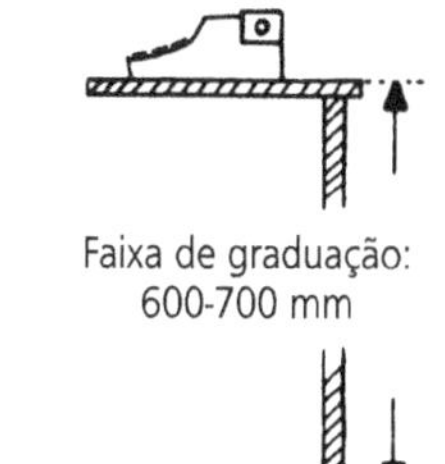

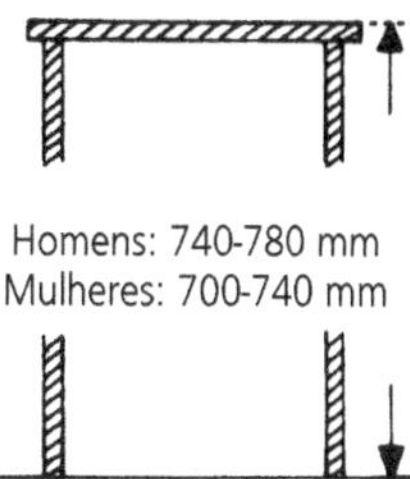

Figura 5.6 Alturas recomendáveis de mesas para trabalho tradicional de escritório. Esquerda: faixa de regulagem para mesas de máquinas de escrever. Direita: alturas de mesas para leitura e escrita sem máquina de escrever.

Muitas pessoas que trabalham sentadas, especialmente aquelas que se inclinam para trás, gostam de periodicamente esticar as pernas sob a mesa. Portanto, é necessário também prever suficiente espaço livre para a frente (no plano horizontal). Na altura dos joelhos, a distância entre a borda frontal da mesa e a parede do fundo deve ser, no mínimo, 600 mm, e na altura dos pés deve ser de 800 mm, no mínimo. Essas recomendações também são válidas para mesas com máquina de escrever ou outro tipo de teclado.

As mesas para digitação devem ter altura regulável

A recomendação clássica, mencionada anteriormente, indica a postura ereta do tronco com cotovelo lateralmente baixo e em ângulo reto, o que foi por muito tempo o fundamento para a concepção e dimensionamento de mesas para máquinas de escrever. Como a altura do teclado determina a altura de trabalho, a fileira central das teclas (a chamada fileira da tecla *home*) deve ficar na altura dos cotovelos. No entanto, uma mesa tão baixa geralmente conflita com a altura mínima para os joelhos sob a mesa. Isto é um fator limitante e que gera a *necessidade de mesas de digitação com altura regulável.* Realmente, hoje a maioria dos especialistas recomendam mesas com alturas reguláveis entre 600 e 700 mm (veja Figura 5.6).

Recomendações de mesas de digitação fixas são problemáticas

Até recentemente, muitos especialistas ocidentais recomendavam uma mesa com altura fixa de 650 mm. Esta recomendação assume duas premissas, que hoje são questionáveis por duas razões:

1. A presumida postura ereta do tronco normalmente não é adotada pelos digitadores se o trabalho é realizado por várias horas. Eles geralmente inclinam-se para frente e para trás, a fim de relaxar a musculatura das costas ou para obter uma melhor distância de visão.
2. As máquinas de escrever mecânicas mais antigas exigem uma força de pressão nas teclas de mais de 5 N. Nas máquinas de escrever elétricas modernas e teclados eletrônicos de computador, a exigência é de bem menos força, na ordem de 0,4 a 1,0 N. As teclas de hoje podem ser acionadas com muito pouco esforço dos braços e ombros, e o operador pode assumir qualquer postura que deseje. As posturas podem ser de pé, pelo menos por algum tempo, ou várias formas de postura sentada, e o teclado pode ser colocado tradicionalmente sobre a mesa ou sobre o colo.

Pode-se concluir, então, que as alturas recomendadas na Tabela 5.1 são apenas regras gerais, e que as pessoas podem ser melhor atendidas se puderem escolher a altura de trabalho, de acordo com o tamanho do próprio corpo, preferências posturais e hábitos de trabalho: a ajustabilidade permite uma série de opções.

Tabela 5.1 Alturas de mesas recomendadas para trabalhos sentados (em mm)

Tipo de trabalho	Homens	Mulheres
Trabalho de precisão com curta distância de visão	900-1.100	800-1.100
Trabalhos de escrita e leitura	740-780	700-740
Trabalhos manuais com exigência de força ou de espaço para recipientes	680	650
Faixa de regulagem de mesas para máquinas de escrever	600-700	600-700

Alternando trabalho sentado e de pé

Do ponto de vista ortopédico e fisiológico, é altamente recomendável um local de trabalho que permita ao operador alternar o trabalho sentado com a postura de pé. Uma postura sentada prolongada é realmente muito menos comprometida com trabalho estático do que a postura de pé. Apesar disso, também na posição sentada surgem complicações de dores e fadiga, que podem ser aliviadas ficando-se de pé ou movimentando-se. Ficar de pé e sentar geram cargas em diferentes músculos e, portanto, a alternância permite relaxar alguns grupos musculares, enquanto outros estão sobrecarregados. Além disso, existem bons motivos para acreditar que a troca da postura sentada com a de pé, e vice-versa, é acompanhada por mudanças no abastecimento de nutrientes dos discos intervertebrais, de forma que a alternância de postura também é recomendada para a proteção dos discos.

A Figura 5.7 mostra o esquema de uma máquina que permite a alternância de trabalho sentado com o de pé, sendo que as medidas mais relevantes são:

Espaço horizontal para os joelhos	300 × 650 mm
Altura da superfície de trabalho acima do assento	300-600 mm
Altura da superfície de trabalho a partir do solo	1.000-1.200 mm
Faixa de regulagem do assento	800-1.000 mm

Superfície de mesa inclinada e postura de tronco

A questão da superfície de trabalho especial sempre vem à tona quando se trata de mesas escolares ou mesas onde se desenvolve bastante leitura e escrita. Eastman e Kamon (1976) estudaram o comportamento de seis homens enquanto escreviam ou liam durante 2.5 h, sobre uma mesa plana e sobre mesas inclinadas em 12 e 24°. As inclinações do corpo (medidas pelo ângulo entre o plano horizontal e a linha reta que passa pela décima segunda vértebra torácica e o olho) foram as seguintes:

Mesa horizontal	35-45°
Mesa inclinada a 12°	37-48°
Mesa inclinada a 24°	40-50°

Portanto, inclinar a superfície acarreta em uma postura mais ereta, assim como menos atividade no eletromiograma. Subjetivamente, houve menos manifestação de dor.

Bendix e Hagberg (1984) examinaram os efeitos de mesas inclinadas em 10 leitores. Com o aumento da inclinação da mesa, a coluna cervical assim como a lombar eram estendidas, e a cabeça e o tronco assumiam uma postura mais ereta. A eletromiografia do músculo trapézio (que permite elevar o ombro) não mostrou alteração alguma. Uma avaliação da aceitabilidade indicou uma angulação mais acentuada para leitura e uma menos acentuada para escrita. Os autores concluíram que o material de leitura deve ficar sobre uma mesa inclinada e o papel para escrita, sobre uma mesa plana. Deve-se dar preferência a uma mesa inclinada disposta sobre uma mesa plana, ao invés de inclinar toda a mesa, já que uma inclinação maior que 10° geralmente faz o papel e lápis caírem.

Como regra geral, uma mesa inclinada é um avanço em relação à mesa plana, tanto em termos de postura quanto de visão. No entanto, estas vantagens geram certos problemas, pois é difícil impedir que as coisas rolem ou caiam de superfícies inclinadas.

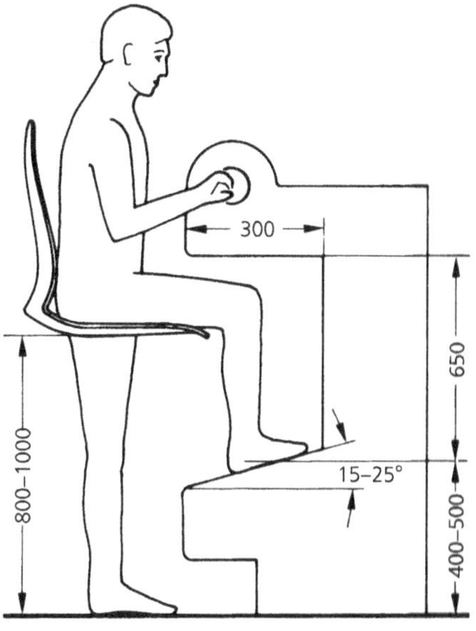

Figura 5.7 Forma de trabalho alternando postura de pé e sentada (dimensões em mm).

POSTURA DO PESCOÇO E DA CABEÇA

Não é fácil avaliar a postura do pescoço e da cabeça tendo em vista que sete articulações determinam a mobilidade desta parte do corpo. De fato, pode-se combinar uma postura de pescoço ereta, ou mesmo fletida para trás (lordótica), com uma postura de cabeça inclinada para baixo, ou ao contrário, um pescoço fletido para a frente com uma cabeça ereta.

Olhando uma pessoa pelo lado (direito), alguns autores definem a postura do pescoço/cabeça medindo o ângulo formado entre a linha que passa pelo pescoço em relação à linha horizontal (ou vertical) ou à linha que passa pelo tronco. A maioria dos autores considera 15° um ângulo aceitável para o pescoço/cabeça. Chaffin (1973) determinou o ângulo entre o pescoço/cabeça e a horizontal e observou, em 5 sujeitos, que o tempo médio para chegar à fadiga muscular era menor, à medida que o ângulo aumentava. O autor concluiu que a fadiga localizada na região do pescoço pode ser um sinal preliminar de outros problemas musculoesqueléticos mais sérios e crônicos, e que a inclinação do ângulo da cabeça não deveria exceder 30° durante um período longo de tempo. É preciso notar que as dores na nuca podem desaparecer da noite para o dia quando os documentos são colocados em estantes elevadas, ao invés de ficarem sobre a mesa de trabalho.

Uma outra forma de avaliar a postura da cabeça/pescoço é medindo o ângulo entre a linha que passa pela sétima vértebra cervical e o orifício do ouvido, e uma linha vertical. No entanto, isto é difícil de se obter porque é difícil encontrar a chamada "linha de Frankfurt", que conecta o orifício do ouvido e o aro mais baixo da órbita, isto é, a abertura no crânio onde os globos oculares ficam localizados. Por razões práticas, é mais fácil estabelecer a "linha ouvido-olho" (OO) que passa pelo orifício do ouvido e o ponto de convergência das pálpebras (Figura 5.8).

A linha OO pode ser usada com duas finalidades: descrever a postura inclinada da cabeça e como referência para o ângulo da "linha de visão". Se a linha OO está inclinada aproximadamente 15° acima do horizonte, de forma que os olhos estão mais altos do que os orifícios dos ouvidos, a cabeça está "ereta".

Linha de visão

A linha de visão conecta a pupila com o alvo visual. Assumindo que a cabeça está ereta, de acordo com o que foi definido, a direção preferencial do olhar é aproximadamente "à frente" para alvos distantes, mas cada vez mais inclinada para baixo, quanto mais próximo o olho precisa focar. A uma "distância de leitura" (em torno de 400 a 700 mm de distância da pupila), a melhor inclinação abaixo da linha OO é em torno de 45°. No entanto, o melhor ângulo de visão varia muito de pessoa para pessoa. Movimentos de olhar entre 15° acima e abaixo da linha média de visão ainda são confortáveis. Isto significa que as tarefas visuais devem ocorrer em um cone de 30° em torno da linha principal de visão, conforme a Figura 5.9.

Este arranjo acomoda a condição de repouso do olho e evita "fadiga visual". *Por esta razão, deve-se permitir que as pessoas disponham o monitor de vídeo, ou qualquer objeto a ser visualizado de perto, de tal forma que o ângulo de visão seja em torno de 45° abaixo da linha OO.*

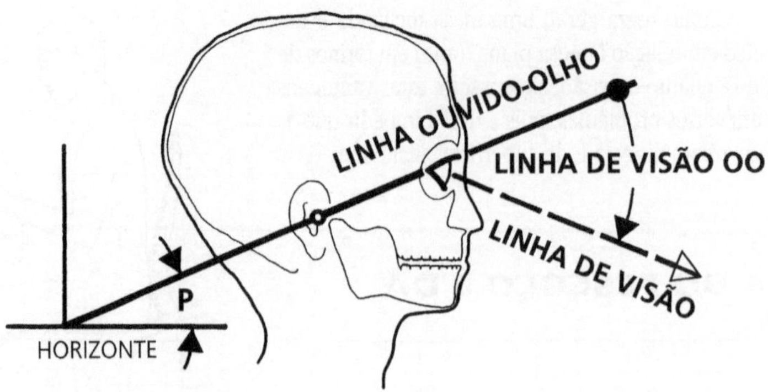

Figura 5.8 A linha de visão OO é fácil de ser determinada considerando o orifício do ouvido e a junção das pálpebras. A linha OO descreve a postura da cabeça e serve de referência para o ângulo da linha de visão.

Opiniões divergentes

A literatura recomenda que o ângulo de visão esteja entre 0 e 15° abaixo da horizontal, mas isto se aplica apenas se a cabeça é mantida ereta e quando se observa objetos distantes. Lehmann e Stier (1961) reportam que os sujeitos sentados preferiam olhar os objetos dispostos sobre uma mesa a um ângulo médio de visão de 38° abaixo da horizontal. Aproximadamente, a metade desta angulação foi atribuída à inclinação da cabeça para baixo e a outra metade, à rotação do globo ocular no crânio.

Melhor linha de visão em relação à posição da cabeça

Em um estudo mais recente, Hill e Kroemer (1986) investigaram a melhor linha de visão medindo seu ângulo em relação à um plano preso à cabeça, de modo que ele se move com a inclinação da cabeça. Trinta e dois sujeitos foram testados em vários experimentos, com uma duração total de duas horas. O assento tinha um encosto alto e podia inclinar para trás de 90° a 105 e 130°. A cabeça do sujeito ficava apoiada no encosto, mas não ficava fletida. Os resultados mostraram, em geral, um ângulo médio de 45° abaixo da linha OO (34° abaixo da linha de Frankfurt), com uma grande variação de 30° acima e 82° abaixo da linha OO; o desvio padrão foi de 12°.

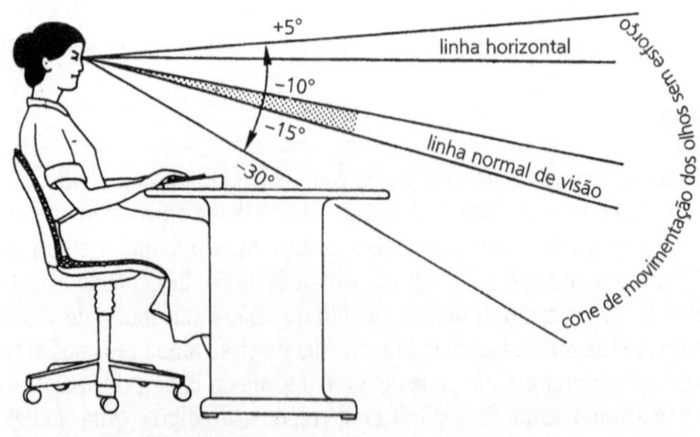

Figura 5.9 O cone de movimentação dos olhos sem esforço.

Relacionando a linha de visão com a do horizonte (e não com os planos OO ou de Frankfurt) os resultados foram os seguintes:

O ângulo da linha de visão foi:
29° abaixo da horizontal, com o ângulo do encosto a 90° (postura ereta);
19° abaixo da horizontal, com o ângulo do encosto a 105° (encosto reclinado);
8° abaixo da horizontal, com o ângulo do encosto a 130° (encosto muito reclinado).

Os resultados indicam que não se pode recomendar nenhum ângulo de visão em relação à horizontal, sem considerar a postura do corpo, especialmente a posição da cabeça. Usando a linha OO como referência, é possível definir tanto o ângulo de inclinação da cabeça quanto o ângulo da linha de visão.

Conclusões sobre a postura do pescoço e da cabeça

O atual estágio de conhecimento sugere que a cabeça e o pescoço não devem estar inclinados mais do que 30° para a frente (o que significa que a linha OO não deve estar a mais de 15° abaixo do horizonte) quando o tronco está ereto, para evitar a fadiga e problemas. Para as pessoas que mantêm a cabeça e o tronco eretos, a linha de visão média preferencial é horizontal, se o objeto alvo está longe, mas bastante abaixo da linha do horizonte, se o objeto em foco está perto. Estas conclusões aplicam-se aos ângulos preferidos pelos operadores que usam telas de computador.

ESPAÇO DE PREENSÃO E MOVIMENTAÇÃO

Envelopes de preensão e alcance

O conhecimento do espaço que as mãos e braços necessitam para preensão e movimento é importante para o projeto de controles, ferramentas, acessórios de diferentes tipos e postos de trabalho, para definir onde colocar tais elementos, como no caso de uma linha de montagem ou de inspeção. Acessos muito distantes exigem movimento excessivo do tronco, tornando a operação menos precisa e com mais demanda energética, aumentando o risco de dores nas costas e nos ombros.

O envelope de preensão e alcance é determinado pelo raio de ação dos braços, estando a mão em posição de preensão. Decisiva é a altura do eixo de articulação dos ombros e a distância entre a articulação dos ombros-mão fechada. Este é um caso em que deve-se considerar as pessoas com braços mais curtos. As medidas do percentil 5, da população americana, são:

Altura dos ombros, posição de pé
Homem pequeno 1.342 mm
Mulher pequena 1.241 mm

Altura dos ombros, a partir do assento
Homem pequeno 549 mm
Mulher pequena 509 mm

Comprimento do braço (posição de preensão)
Homem pequeno 739 mm
Mulher pequena 677 mm

Com estes dados, o envelope de ação das mãos compreende um arco de raio de cerca de 730 mm para os homens e 670 mm para as mulheres, em torno dos ombros. É claro que alcances "convenientes" não são os mais distantes, mas, sim, os mais próximos do corpo. Para cada braço, o espaço de ação é uma concha semicircular. As conchas se justapõem em frente do corpo. A Figura 5.10 mostra isto no plano sagital passando pelo ombro. A Figura 5.11 é uma vista superior.

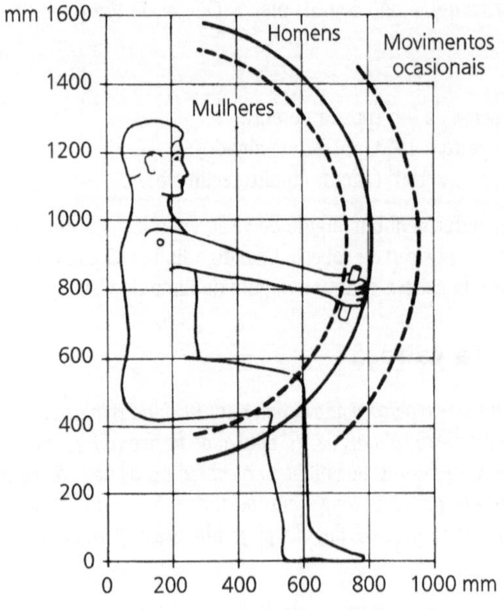

Figura 5.10 Arco de preensão vertical no plano sagital. As medidas levam em consideração o 5° percentil e, portanto, se aplicam aos homens e às mulheres menores. A preensão pode ser ampliada em 150 mm ou mais, extendendo os pés, as pernas e os ombros.

É permitido um alongamento ocasional para alcançar além destas faixas, já que um efeito momentâneo no tronco e ombros é transitório. De fato, a mudança de postura é desejável.

A Tabela 5.2 sumariza o alcance máximo vertical e altura de pega para homens e muheres americanos, na postura de pé.

Geralmente, é preciso olhar para o fundo da prateleira para enxergar o objeto a ser pego: uma garrafa, uma caixa ou qualquer outro objeto. Nestas condições, a prateleira mais alta não deve estar acima de 1.500 a 1.600 mm para os homens e 1.400 a 1.500 mm para as mulheres, conforme é mostrado na Figura 5.12. Nestas alturas, as prateleiras devem ter 600 mm de profundidade.

Espaço de preensão horizontal ao nível da superfície da mesa

Na Figura 5.11 estão mostrados os espaços de preensão e de trabalho sobre a superfície da mesa. Todos os materiais, ferramentas, controles e contenedores devem estar distribuídos neste espaço, lembrando que movimentos ocasionais até uma distância de 700 a 800 mm não geram prejuízos.

Espaço de ação das pernas

O espaço para operação com os pés é importante para a disposição de todos tipos de pedais, conforme mostrado na Figura 5.13. A disposição e o projeto de pedais são discutidos no Capítulo 9.

O TRABALHO SENTADO

Retrospectiva histórica

Muitos povos não têm necessidade de assentos porque eles se acocoram, ajoelham-se ou agacham-se. De onde vêm os assentos? A resposta antropológica é que eles foram originados como símbolo de *status* e poder. Apenas o chefe tinha o direito de sentar-se mais alto. Daí em diante, começaram a surgir assentos, cujo símbolo de *status* era revelado pelos detalhes de decoração e pelo seu tamanho. O ponto culminante deste desenvolvimento histórico e

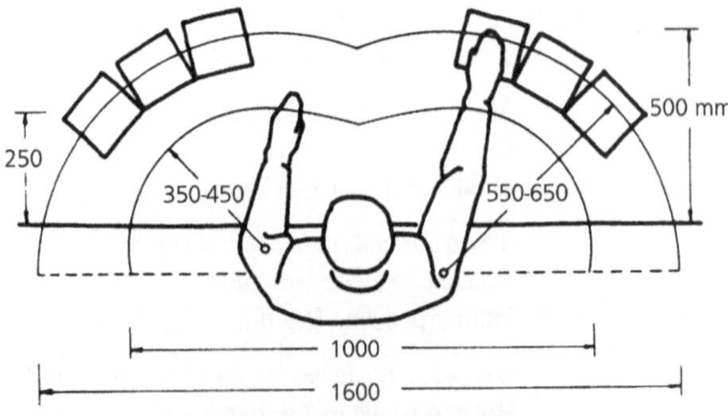

Figura 5.11 Arco horizontal de preensão e área na altura de uma mesa de trabalho. A distância de preensão corresponde à distância ombro-mão preensil; a distância de trabalho corresponde à distância cotovelo-mão preensil. Os valores consideram o percentil 5 e portanto se aplicam para homens e mulheres menores do que a média.

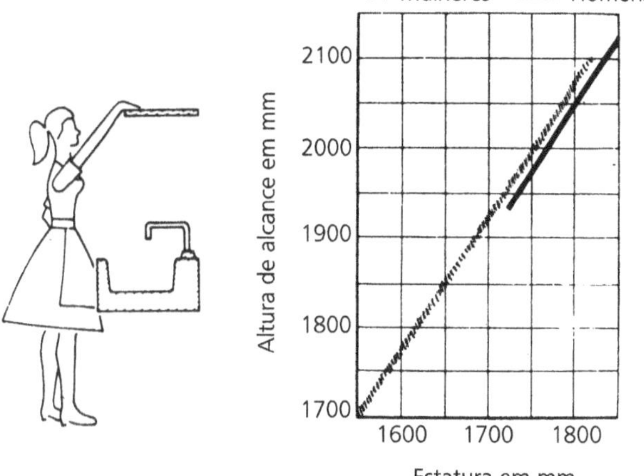

Figura 5.12 Altura que uma pessoa de pé pode alcançar e apoiar uma mão sobre uma prateleira. Desenhado segundo dados fornecidos por Thiberg (1965-70).

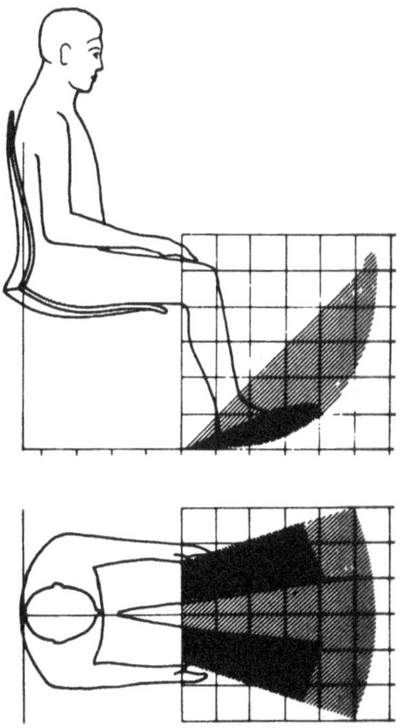

Retículo: 10 x 10cm

Figura 5.13 O espaço de ação dos pés. O campo ótimo para controle delicado de pedal, em que pouca força é requerida, é o hachurado mais escuro. Segundo Kroemer (1971).

cultural foram os magníficos tronos, exemplificado na Figura 5.14.

A simbologia de *status* é mantida até hoje. Basta visitar uma fábrica de móveis para escritório: lá se encontram, para cada faixa salarial, um tipo de cadeira. Não faz tanto tempo, havia, por exemplo, cadeiras de madeira para os datilógrafos, cadeiras de estofamento fino para os técnicos, assentos com estofamento grosso para os gerentes e, para a diretoria, poltronas giratórias de couro.

No final do século 19, começou a vigorar a idéia de que, na postura sentada, o bem-estar e o rendimento no trabalho é maior, com uma menor fadiga. Os motivos para isso são de natureza fisiológica. Quando uma pessoa fica em pé, há uma exigência de trabalho muscular estático para manter as articulações dos pés, joelhos e quadris em posições determinadas; este esforço muscular cessa quando a pessoa se senta.

Tabela 5.2 Alturas máximas de alcance para homens e mulheres (de pé)

	Percentil	Na ponta do dedo (mm) 1	Altura de pega (mm) 2
Homem			
Alto	95	2.393	2.260
Baixo	5	2.073	1.958
Mulher			
Alta	95	2.217	2.094
Baixa	5	1.914	1.808

1: 83 medidas, **2:** medida D42 em Gordon *et al.* (1989)

Esta constatação levou a uma grande aplicação de idéias médicas e ortopédicas para configuração de assentos de trabalho. Este desenvolvimento ganhou mais importância quando mais e mais pessoas aderiram ao trabalho sentado. Hoje, cerca de três quartos dos trabalhadores têm uma atividade sentada nos países industrializados.

Figura 5.14 A poltrona do prefeito de Berna foi fabricada por M. Funk em 1735. Esta magnífica poltrona era, acima de tudo, um símbolo do *status* social do prefeito. (Museu Histórico de Berna, Suíça)

Prós e contras

As vantagens do trabalho sentados são:

1. Tirar o peso das pernas.
2. Estabilidade da postura de parte superior do corpo.
3. Redução do consumo de energia.
4. Menor demanda sobre o sistema circulatório.

A estas vantagens opõem-se algumas desvantagens. O sentar prolongado leva à flacidez dos músculos abdominais (barriga do sedentário) e à curvatura da coluna vertebral, o que é desfavorável para os órgãos da digestão e da respiração.

Principal problema: a coluna vertebral

O principal problema envolve a coluna vertebral e os músculos das costas, que em várias posturas sentadas não só não são aliviados, mas, de diferentes maneiras, são sobrecarregados. Cerca de 80% dos adultos têm dor nas costas, ao menos uma vez na vida, e a causa mais comum é problema de disco intervertebral.

Discos intervertebrais

O disco intervertebral é um tipo de almofada que separa duas vértebras. Coletivamente, os discos dão flexibilidade à coluna. Um disco consiste internamente de um líquido viscoso dentro de um anel fibroso e resistente, que rodeia o disco. Uma representação esquemática do disco entre duas vértebras, sua localização próxima à medula espinhal e suas raízes nervosas é apresentada na Figura 5.15.

Problemas nos discos

Por diversas razões, geralmente relacionadas ao desgaste pela idade e pelo uso, os discos intervertebrais podem degenerar e perder sua força. Podem se tornar achatados e, em casos avançados, podem se deformar tanto que o anel fibroso se danifica. Os processos degenerativos interferem na mecânica da coluna vertebral, fazendo com que tecidos e nervos sejam comprimidos, levando a vários problemas,

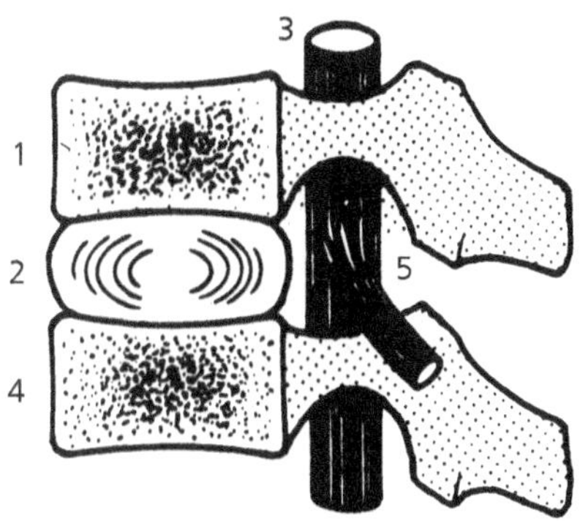

Figura 5.15 Diagrama de uma seção da coluna vertebral. O disco (2) situa-se entre duas vértebras, (1) e (4); atrás, a medula espinhal (3) e um trato nervoso. O disco é um tipo de almofada que dá flexibilidade à coluna vertebral.

sendo o mais comum a lombalgia (dores musculares) e problemas ciáticos, e, em casos mais severos, à paralisia das pernas.

Posturas não naturais, tais como levantar cargas pesadas e ficar mal sentado, podem acelerar a deterioração dos discos, resultando nos problemas anteriormente citados. Por esta razão, em meados do século 20, vários ortopedistas concentraram-se nos aspectos médicos da postura sentada, por exemplo, Akerblom (1948), Andersson e Ortengren (1974a), Keegan (1953), Krämer (1973), Nachemson (1974), Schoberth (1962) e Yamaguchi *et al.* (1972).

Pesquisas ortopédicas

Uma contribuição muito importante foi feita pelos ortopedistas suecos Nachemson (1974), Nachemson e Elfström (1970), e Andersson e Ortengren (1974b), que empregaram uma técnica sofisticada para medir a pressão interna do disco durante uma variedade de posturas de pé e sentada. Eles enfatizaram que o aumento de pressão significa que o disco está sendo sobrecarregado e que pode se desgastar mais rapidamente. Portanto, a pressão discal é um critério para avaliação do risco de distúrbios de disco e da coluna.

Pressão no disco em quatro posturas

Os efeitos de quatro posturas diferentes em nove sujeitos saudáveis são mostrados na Figura 5.16. Os resultados deixam claro *que a pressão dos discos pode ser maior na posição sentada (sem o uso de um apoio para as costas) do que quando de pé.* A explicação recai no mecanismo da pélvis e do sacro, durante a transição da postura de pé para a sentada:

a parte superior da bacia gira para trás,
o sacro se endireita,
a coluna vertebral passa de uma lordose para a forma reta ou de cifose.

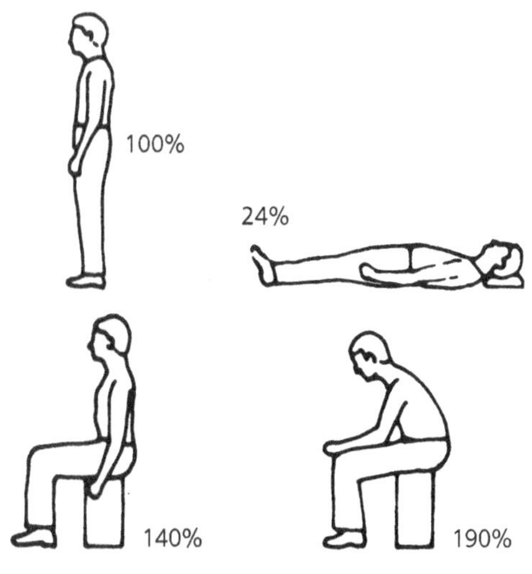

Figura 5.16 O efeito de quatro posturas sobre a pressão do disco intevertebral entre as vértebras lombares 3 e 4. A pressão medida na posição em pé foi considerada 100%. Segundo Nachemson e Elfström (1970).

A coluna na postura de pé e sentada

Deve-se lembrar que lordose significa que a coluna está curvada para frente, como ela normalmente é na região lombar, na postura de pé ereta. Cifose significa uma curvatura para trás, que é normal na região torácica quando de pé, ereto.

Estes efeitos das posturas de pé e sentada são ilustrados na Figura 5.17.

Postura sentada ereta ou relaxada

Muitos ortopedistas ainda recomendam uma postura sentada ereta, já que ela mantém a coluna na forma de um "S" alongado com uma lordose na coluna lombar. Eles acreditam que a pressão do disco é menor nesta postura do que quando o corpo está curvado para frente, em cifose, na região lombar e torácica. Um dos que recentemente advogaram a postura ereta do tronco frente às mesas de trabalho foi Mandal, que, em 1984, recomendou assentos mais altos e

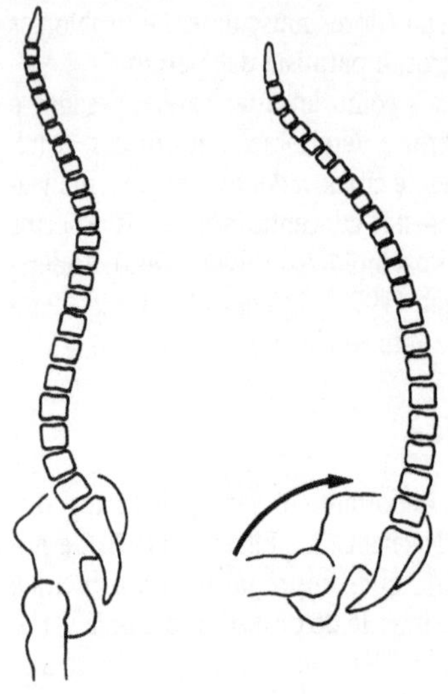

Figura 5.17 A rotação da bacia na passagem da postura de pé para a postura sentada relaxada. Esquerda: ereto, em pé. Direita: sentado. A passagem para o sentar provoca uma rotação da parte superior da bacia para trás (na direção da seta), pelo que o sacro se endireita e a lordose lombar se transforma em cifose.

mesas com maiores inclinações, o que automaticamente levava à adoção de uma postura ereta da coluna com uma redução na curvatura para frente.

Na mesma linha estão os assentos *Balans* da Noruega, que induzem a uma postura meio sentada meio ajoelhada. A superfície do assento é bastante inclinada para frente, e um suporte para os joelhos não permite que as nádegas deslizem para frente. O resultado é uma abertura do ângulo dos quadris (entre as pernas e o tronco) e uma pronunciada lordose lombar, com uma postura reta de tronco. Kruger (1984) testou quatro modelos e descobriu que a carga nos joelhos e na parte inferior das pernas era muito alta, e que o sentar tornava-se doloroso após algum tempo (algumas pessoas até se recusavam a sentar por mais de duas horas). Com mesas de 720 a 780 mm de altura, o efeito da lordose lombar era reduzido, já que os sujeitos não conseguiam evitar de curvar o tronco para frente. Drury e Francher (1985) testaram uma cadeira similar com inclinação para a frente, a qual gerou reclamações de desconforto nas pernas por usuários de computador. No geral, a cadeira não era melhor do que as convencionais e podia gerar resultados piores do que algumas cadeiras de escritório bem desenhadas. Observando essas cadeiras inclinadas para frente, pode-se questionar se elas não têm melhor uso para exercícios fisioterapêuticos do que em um escritório.

A recomendação ortopédica de manter uma postura ereta de tronco conflita com o fato de que um sentar ligeiramente para frente ou reclinado reduz o esforço nos músculos das costas, tornando o sentar mais confortável. Isso foi mostrado, em parte, por estudos de eletromiografia feitos nos anos de 1950 por Lundervold (1951, 1958). Alguns dos resultados são mostrados na Figura 5.18.

Inclinar ligeiramente para a frente mantém a parte superior do corpo em equilíbrio

Uma postura relaxada com o tronco levemente inclinado para a frente mantém o peso do corpo em equilíbrio. Esta é a postura que muitas pessoas adotam quando fazem anotações ou lêem na posição sentada, porque ela é relaxante e exige um mínimo de esforço dos músculos das costas. A distância visual para boa leitura pode ser, em alguns casos, uma outra razão para se curvar levemente para frente. Portanto, pode haver um conflito de interesse entre as demandas dos músculos e as demandas dos discos: enquanto os discos preferem a posição ereta, os músculos preferem a posição levemente inclinada para a frente. É claro que recostar em um apoio de costas bem desenhado também alivia a coluna e os tecidos conectivos (especialmente os músculos) das costas, conforme vai ser discutido a seguir.

Alimentando os discos intervertebrais

Aqui se faz novamente referência ao trabalho de Krämer (1973), que estudou as necessidades nutricionais dos discos. O interior dos discos não é suprido de sangue e tem que ser alimentado por difusão pelo anel exterior da fibra. Krämer mostrou que a pressão nos discos gera um gradiente de difusão do interior para o exterior, de forma que o fluido vaza para fora. Quando a pressão é retirada, o gradiente é revertido e o fluido se difunde para dentro. Depreende-se que, para manter os discos bem nutridos e em boas condições, eles precisam ser submetidos a freqüentes mudanças de pressão, como um mecanismo de bombeamento.

Sob o ponto de vista médico, *mudanças ocasionais da postura inclinada para a ereta, e vice-versa, parece ser benéfico.*

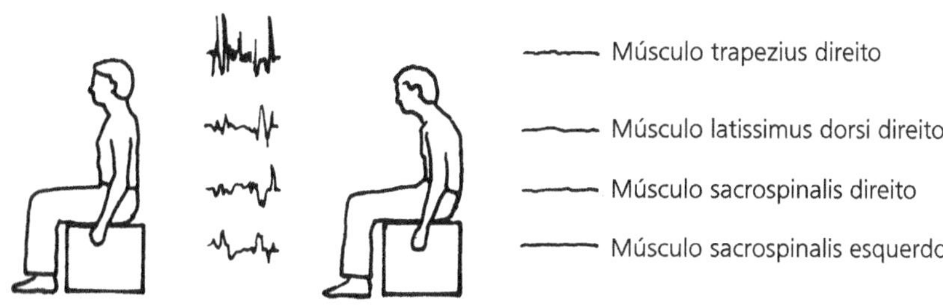

Figura 5.18 Atividade elétrica dos músculos das costas em uma postura ereta sentada (esquerda) e em uma postura relaxada, com o tronco levemente inclinado para frente (direita). *A posição mais ereta envolve uma atividade elétrica considerável, revelando um esforço estático sobre a musculatura das costas.* Segundo Lundervold (1951).

Aumento do ângulo de inclinação do assento reduz a carga sobre os discos

Os ortopedistas Andersson e Ortengren (1974a, b) estudaram os efeitos do ângulo do assento e diferentes posturas à mesa, sobre a pressão nos discos. A atividade elétrica dos músculos das costas foi registrada para avaliar a carga estática. Os efeitos das diferentes posturas são mostrados na Figura 5.19.

Os resultados mostram que tanto a postura recostada quanto a postura com as costas apoiadas (postura para escrever) reduzem a pressão nos discos intervertebrais. Os efeitos do ângulo do assento são apresentados na Figura 5.20.

Os resultados são claros: *o aumento do ângulo do assento reduz tanto a pressão nos discos quanto o esforço dos músculos.*

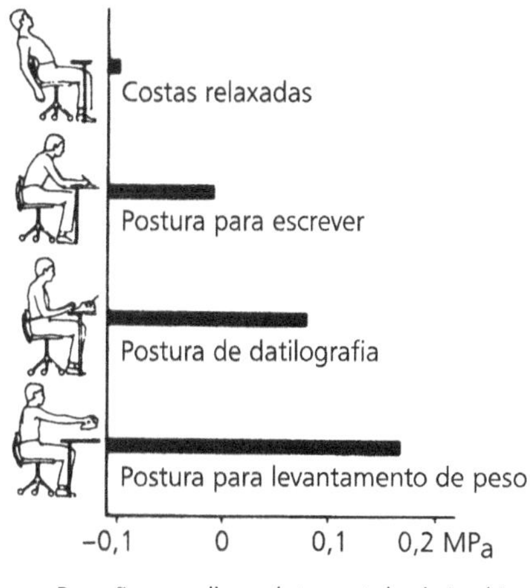

Figura 5.19 O efeito de algumas posturas sentadas sobre os discos intervertebrais. L_3 e L_4 = terceira e quarta vértebras lombares. A pressão zero (0) na escala de pressão é um valor de referência para um ângulo de assento de 90°. Os valores absolutos no nível zero de referência foram de 0,5 MPa. Segundo Andersson e Ortengren (1974a, b).

Uma almofada adequada para a região lombar reduz problemas no disco

Um outro estudo de Andersson e Ortengren (1974b) mostrou que um suporte adequado para a região lombar também reduzia a pressão no disco. Estes resultados são mostrados na Figura 5.21.

Outros estudos sobre o ajuste do suporte das costas em cadeiras de escritório, mostraram que, em diferentes alturas, fornecer suporte para a quarta e quinta vértebras lombares reduz levemente a pressão, em comparação com um suporte no nível da primeira e segunda vértebras lombares. O uso de apoios de braço sempre resulta em uma redução na pressão discal. No entanto, esta redução foi menor quando o ângulo entre encosto e assento era grande. Uma comparação entre estes resultados mostra que a *carga nos discos de uma pessoa reclinada em um ângulo entre 110 e 120°, com um suporte lombar de 50 mm, é ainda menor do que uma pessoa de pé, com a lordose "normal" da região lombar.*

Conclusões a partir das pesquisas ortopédicas

Todos esses estudos levam a uma importante conclusão: *repousar as costas sobre um apoio inclinado transfere porção significativa do peso da parte superior do corpo para o apoio e reduz o esforço nos discos e músculos. Considerando o* design *de assentos, pode-se deduzir que as melhores condições para a redução de pressão dos discos e da*

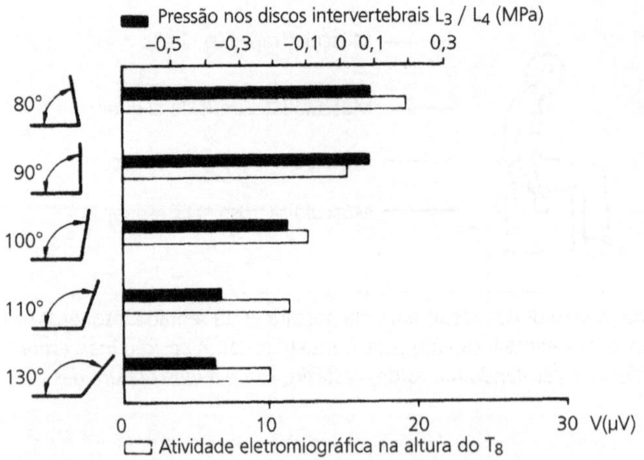

Figura 5.20 Efeito do ângulo do assento (ou seja, entre o assento e o encosto) na pressão sobre o disco e na atividade elétrica dos músculos das costas registradas na oitava vértebra torácica (T_8). *Para mais detalhas veja a Figura 5.19.* De acordo com Andersson e Ortengren (1974b).

atividade muscular ocorre quando o apoio das costas tem uma inclinação entre 110 e 120°, em relação à horizontal (ou seja, 20 a 30° com a vertical), e uma almofada lombar de até 50 mm de espessura.

A coluna cervical

Outra parte da coluna, a coluna cervical, que consiste nas 7 vértebras superiores, é tão importante quanto a coluna lombar. Assim como a lombar, é um segmento bastante móvel, que também apresenta uma lordose quando ereta. A coluna cervical é delicada e passível de processos degenerativos e artroses. Um grande número de adultos tem problemas de pescoço em virtude de distúrbios das vértebras e discos, geralmente denominados síndrome cervical. Os sintomas mais comuns da síndrome cervical são dores nos músculos dos ombros, dores e mobilidade reduzida na coluna cervical, e às vezes dores irradiando para os braços, problemas que são geralmente chamados de síndrome cervicobraquial. No Japão, esses problemas são considerados doenças ocupacionais, tendo em vista que ocorrem com datilógrafos, trabalhadores da linha de montagem, digitadores, operadores de caixa e telefonistas (Maeda *et al.*, 1982). Subseqüentemente, muitos autores encontraram problemas com operadores de computador que são compatíveis com a descrição de distúrbios servicobraquiais (Laubli *et al.*, 1986; Nishiyama *et al.*, 1984). Foi observado que o desconforto no pescoço aumenta com o aumento da angulação da cabeça para a frente.

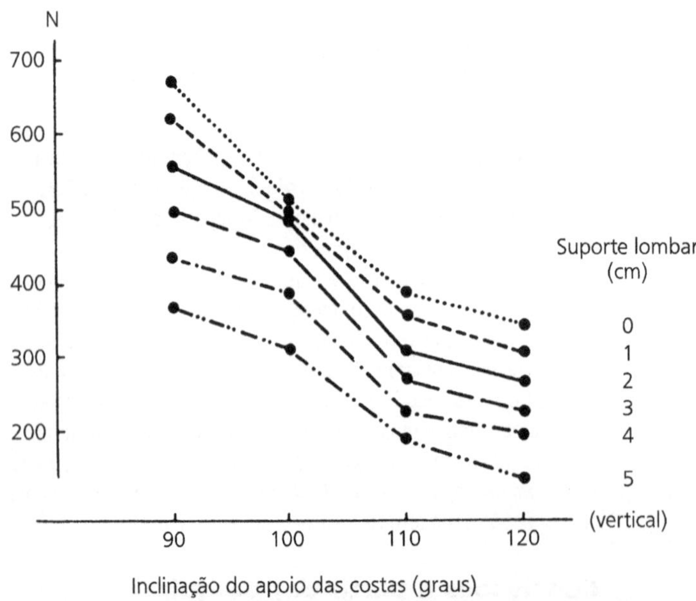

Figura 5.21 Efeitos de diferentes tamanhos de suporte lombar e do incremento do ângulo do assento sobre a pressão no disco. *O tamanho do suporte lombar é definido como a distância entre a parte frontal da almofada e o plano do apoio das costas. A inclinação do apoio das costas é definida como o ângulo entre o assento e o apoio das costas.* Segundo Andersson e Ortengren (1974b).

Estes resultados mostram que é desejável apoiar a cabeça e o pescoço sobre um suporte alto. Para tanto, a seção do apoio da região dos ombros deve ser levemente côncava; acima, convexa para acomodar a curva cifótica da coluna cervical. O topo do apoio do encosto deve ser levemente virado para trás, para formar um "travesseiro" para a cabeça. Mesmo que a pessoa não consiga usar a parte superior do apoio todo o tempo, ele está lá para permitir relaxar o pescoço e a parte superior do tronco durante uma pausa. Portanto, a função e a forma de um apoio alto de uma cadeira de trabalho é bastante semelhante à poltrona de descanso descrita a seguir.

Pesquisas em ergonomia

Um aparato de sentar bastante ajustável e uma série de cadeiras em forma de concha com diferentes características foram testadas por Grandjean e colaboradores (1967, 1973), com um grande número de pessoas, incluindo um grupo de 68 sujeitos que reclamavam de dores nas costas. Eles foram solicitados a darem suas opiniões a respeito dos diferentes tipos de assentos e seus efeitos sobre várias partes do corpo. As características de um assento multiuso e de uma cadeira de descanso, que os sujeitos consideraram que produziam menos dores, são mostradas na Figura 5.22.

A melhor cadeira para relaxar

Os resultados da cadeira de descanso confirmam o que os ortopedistas dizem. *Uma cadeira que produza pouca pressão nos discos intervertebrais e muito pouco esforço estático da musculatura é aquela que gera menos dores. Um maior desconforto é associado com uma maior pressão nos discos e em sintomas de fadiga nos músculos.* Isto também foi apontado por Rosemeyer (1971), que notou que a abertura do ângulo do assento e encosto para 110° resultava em menor atividade elétrica nos músculos envolvidos e em maior conforto.

Considerando os resultados dessa pesquisa como um todo, as seguintes recomendações para uma cadeira de descanso têm suporte tanto médico/ortopédico quanto ergonômico:

1. *O plano do assento deve ser levemente inclinado para trás,* para que as nádegas não deslizem para frente. É recomendável uma inclinação de 24° abaixo da horizontal.
2. *O apoio das costas deve ser inclinado nos seguintes ângulos:*
   105 a 110° em relação ao assento;
   20 a 30° atrás da vertical.

Como Akerblom (1948) já havia alertado nos seus estudos pioneiros sobre o sentar, *o apoio das costas deve ter uma almofada lombar.* O ápice da almofada deve acomodar a coluna entre a terceira e quinta vértebras lombares, o que significa que a sua altura vertical acima da parte posterior do assento deve ser de 100 a 180 mm. A almofada ajuda a reduzir a cifose da região lombar e a manter a coluna em uma posição mais natural possível. A forma preferida do assento multiuso mostrado na Figura 5.22 tem como características uma superfície de assento levemente moldada, de forma a evitar que as nádegas deslizem para a frente, e um suporte nas costas com almofada lombar.

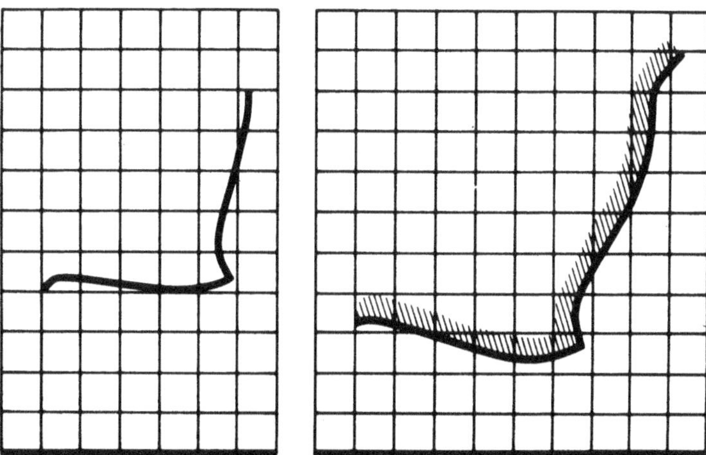

Figura 5.22 O perfil de assento de uma cadeira multiuso (esquerda) e o perfil de uma poltrona para descanso (direita) que geraram um mínimo de queixas subjetivas. Retículo: 10 × 10 cm. Segundo Grandjean *et al.* (1967, 1973).

O assento de trabalho

As pesquisas realizadas durante anos no laboratório do professor Grandjean indicam que um apoio alto para as costas, configurado de tal forma que siga o contorno das costas do ser humano, é recomendável tanto sob o ponto de vista médico quanto ergonômico. Tal conformação fornece suporte para a região lombar, quando o ocupante se inclina para a frente (em uma postura de trabalho), e também relaxa os músculos das costas quando a pessoa se reclina para trás, porque mantém a coluna em uma posição natural.

Cadeiras de escritório

Hünting e Grandjean (1976) estudaram cadeiras de escritório com apoio para as costas em situações reais de trabalho, tendo registrado os hábitos de sentar e as reclamações de desconforto em diferentes partes do corpo. Uma cadeira reclinável e um modelo similar com assento fixo foram comparadas com uma cadeira tradicional equipada com um apoio de costas ajustável, mas baixo. Os sujeitos desempenharam o seu trabalho normal enquanto usaram as três cadeiras, durante duas semanas. Os resultados mais interessantes com relação às preferências dos sujeitos são mostrados na Figura 5.23.

A pesquisa indicou que os trabalhadores de escritório preferiram as duas cadeiras com apoio alto das costas, confirmando o ponto de vista anteriormente citado, de que é preferível o apoio das costas para o trabalho de escritório, já que a maioria dos funcionários deseja se reclinar. É claro que um apoio mais alto é mais eficaz para suportar o peso do tronco, em comparação com uma cadeira com apoio baixo.

As cadeiras de escritório devem ter encosto alto para permitir o reclinar-se para trás todo o tempo ou ocasionalmente.

É importante notar que os sujeitos do experimento não podiam regular a inclinação da cadeira, o que não permitia um suporte suficiente para todo o corpo. Isto foi criticado por muitos sujeitos, o que levou à conclusão de que cadeiras reclináveis ou cadeiras com inclinação de encosto ajustável devem ser equipadas com um mecanismo de fixação na posição desejada.

A experiência e um grande número de estudos geraram as seguintes "regras de ouro" sobre cadeiras de escritório:

1. As cadeiras de escritório devem ser adaptadas tanto para o trabalho tradicional quanto para o trabalho com equipamento moderno de tecnologia da informação, e especialmente para trabalhos com computador.

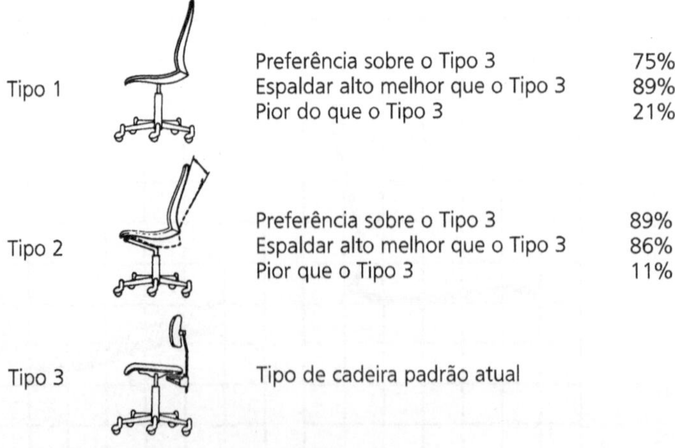

Figura 5.23 Comparação das avaliações de três cadeiras experimentais, que durante duas semanas foram testadas por 66 empregados de escritório. Tipo 1: moldado fixo, com espaldar alto. Tipo 2: com inclinação de 2° para a frente a 14° para trás, moldado, de espaltar alto. Tipo 3: padrão de escritório, com encosto regulável. Segundo Hünting e Grandjean (1976).

2. As cadeiras de escritório devem ser projetadas permitindo a postura inclinada para frente e a reclinada para trás (Figura 5.24).
3. O apoio das costas deve ter um inclinação ajustável. Deve ser possível fixar o apoio em qualquer ângulo desejado.
4. É necessário uma altura de encosto de pelo menos 500 mm verticalmente acima do plano do assento.
5. O encosto deve ter uma almofada lombar bem conformada que deve fornecer bom suporte para a coluna lombar entre a terceira vértebra e o sacro, por exemplo, a uma altura de 100 a 200 mm acima do ponto mais baixo da superfície do assento. Essas recomendações são ilustradas na Figura 5.25.
6. A superfície do assento deve ter 400 a 450 mm de largura e 380 a 420 mm de profundidade. Uma leve cavidade no plano do assento previne o deslizamento das nádegas para frente. Uma almofada fina, com cerca de 20 mm de espessura, coberta com material não escorregadio e permeável, aumenta bastante a sensação de conforto.
7. Apoio para os pés é importante para pessoas com pernas curtas, pois evita que elas fiquem com os pés balançando.
8. Uma cadeira de escritório deve preencher todos os requisitos de um assento moderno: altura ajustável (380-540 mm), assento giratório, borda arredondada, rodízios em uma base de cinco pés e regulagens fáceis de usar. As dimensões mais importantes de um assento e de uma mesa são mostradas na Figura 5.26. Uma cadeira em que o ângulo do encosto muda automaticamente com o plano de inclinação do assento é mostrada na Figura 5.27.

Figura 5.24 Uma cadeira de escritório deve ser projetada para permitir uma inclinação do tronco tanto para frente quanto para trás. *Para ambas as posturas de sentar, o encosto deve proporcionar à coluna vertebral lombar um bom apoio.*

A grande objeção a uma boa cadeira de escritório é o seu custo. No entanto, deve-se ter em mente que o tempo de vida de uma cadeira bem construída está em torno de 10 anos, ou aproximadamente 2.000 dias de trabalho. O preço de uma boa cadeira que reduz o desconforto físico e promove o bem estar é, por alguns poucos centavos por dia, certamente, um bom investimento.

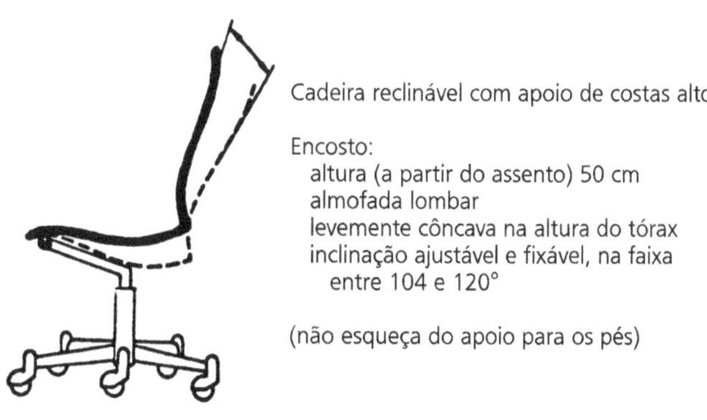

Figura 5.25 Uma cadeira de escritório projetada por Grandjean.

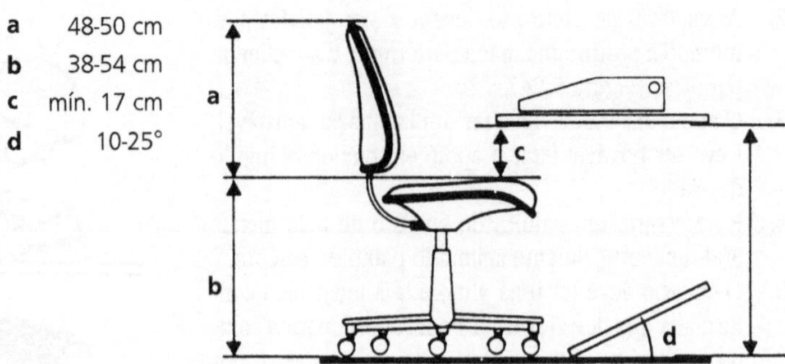

Figura 5.26 Medidas recomendadas para o projeto de cadeiras e mesas.

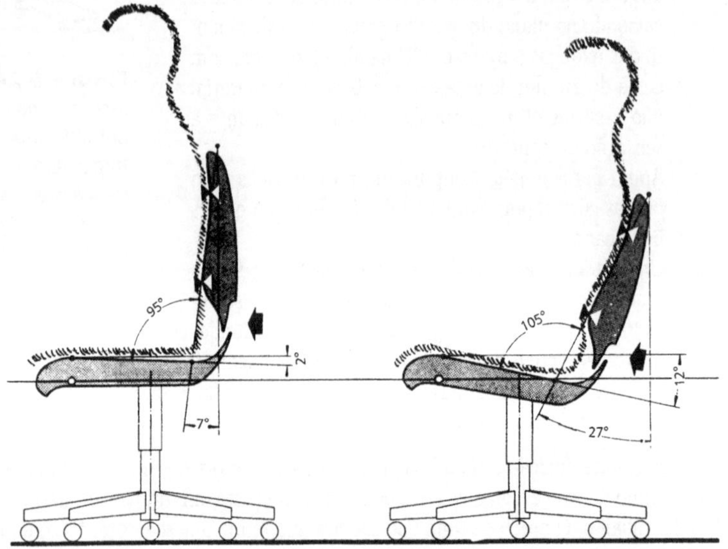

Figura 5.27 Uma cadeira de escritório recentemente projetada: o encosto reclina com o aumento do ângulo de inclinação do assento. O mecanismo permite que as costas tenham suporte adequado em qualquer inclinação do encosto, conforme indicado pelas setas pequenas. As setas grandes mostram como o encosto reclina com o aumento do ângulo de inclinação do assento.

O PROJETO DE ESTAÇÕES DE TRABALHO COM COMPUTADOR

A metamorfose dos escritórios

Os computadores invadiram todos os tipos de escritórios. Muitas vezes entram em mundos onde máquinas nunca haviam sido usadas. O resultado é uma mudança considerável nos escritórios e nas suas condições de trabalho. Chamar esta mudança de metamorfose, igual à de uma lagarta em uma borboleta, não seria um exagero.

No escritório tradicional, o empregado realiza uma variedade de atividades físicas e mentais, e tem um amplo espaço para movimentação e adoção de várias posturas; ele ou ela procura documentos ou pastas de arquivos, toma notas, atende o telefone, lê um texto, dialoga com colegas ou digita por um tempo. Ele ou ela deixa a mesa muitas vezes durante a jornada de trabalho. Uma mesa um pouco alta ou um pouco baixa, uma cadeira desconfortável, condições de luz deficiente ou qualquer outra desvantagem ergonômica muito provavelmente não gerarão desconforto físico, porque a variedade de atividades evitam os efeitos adversos das cagas físicas e mentais repetitivas e de longa duração.

A situação é, no entanto, completamente diferente para uma pessoa trabalhando durante horas, ou até durante o dia inteiro, com um computador, sem interrupção. *Um operador de computador está amarrado ao sistema da máquina.* Seus movimentos estão restritos: a atenção está concentrada no monitor e as mãos estão ligadas ao teclado. Ele é muito mais vulnerável aos problemas ergonômicos: é mais suscetível aos efeitos de posturas desfavoráveis, atividades repetitivas, monitores com características fotométricas ruins e condições de iluminação inadequadas. Esta é a razão por que o escritório computadorizado recorreu à ergonomia; conseqüentemente, a estação de trabalho de computador tornou-se o veículo introdutor da ergonomia no mundo do escritório.

Relatórios sobre desconforto

Na época em que apenas engenheiros e outros especialistas altamente motivados trabalhavam com monitores de vídeo de computadores, não se reclamava dos seus efeitos negativos. No entanto, a situação mudou radicalmente com a expansão dos computadores para os escritórios que adotavam os métodos tradicionais de trabalho. As reclamações de operadores de terminais de vídeo quanto a problemas visuais e desconforto físico nas costas, área do pescoço/ombros e braço/punho/mão tornaram-se cada vez mais freqüentes. Isto provocou diferentes reações: alguns acreditam que as reclamações são bastante exageradas e um pretexto para reclamatórias sociais e monetárias, enquanto outros consideram que as reclamações são sintomas de uma ameaça à saúde, exigindo medidas imediatas para proteger os operadores de problemas de saúde. *A ergonomia, enquanto ciência, ergue-se entre estas duas versões; seu dever é analisar a situação objetivamente e gerar recomendações para o projeto adequado de estações de trabalho com o computador.*

Estudos de campo controversos

Foram realizados muitos estudos sobre desconforto físico. Estes estudos utilizaram questionários de auto-avaliação e incluíram diferentes tipos de trabalho com vídeo, assim como grupos-controle (Grandjean, 1987). Na maioria dos casos, os grupos trabalhando sem vídeo diferiram dos grupos com vídeo, não só pelo uso de vídeo, mas também em muitos outros aspectos.

O problema com grupos-controle é bastante intrigante. A introdução de vídeo geralmente é acompanhada por mudanças no conteúdo da tarefa, velocidade do trabalho e principalmente por grandes diferenças em desempenho e produtividade. Não é de surpreender, portanto, que estes estudos de campo evidenciaram resultados controversos. Se os grupos-controle trabalhavam de modo tradicional com baixa produtividade e uma grande variedade de atividades, eles eram menos afetados por desconforto musculo-esquelético do que os grupos trabalhando com vídeo. Se, ao contrário, os grupos-controle tinham trabalho estressante, como de datilografia constante, as reclamações eram tão freqüentes quanto com os grupos de vídeo. Um exemplo deste fenômeno é apresentado na Figura 5.28.

Serão discutidos aqui apenas alguns estudos relacionados ao projeto de estações de trabalho com computador.

Resultados médicos

Neste contexto, uma contribuição interessante foi feita por um grupo de pesquisa em torno de Läubli (1981) e Läubli *et al.* (1986), que utilizou métodos de investigação usados em reumatologia e incluiu a avaliação da mobilidade das articulações e coluna, pontos de pressão dolorosa nos tendões ou outros locais característicos e reações dolorosas em função de palpação do músculo. Eles notaram uma alta correlação

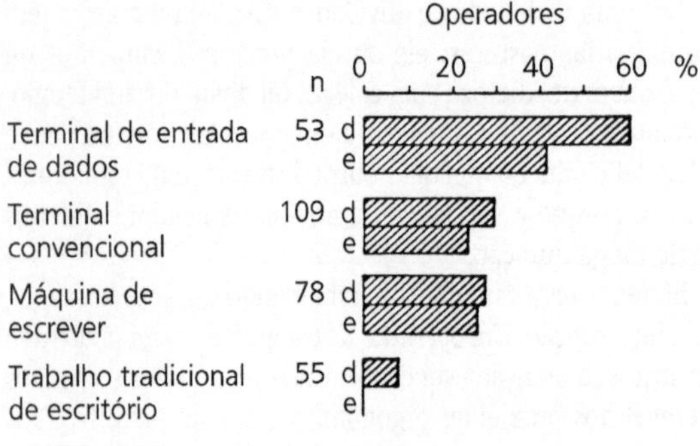

Figura 5.28 Resultados da palpação dos ombros de quatro grupos de trabalhadores de escritórios. Pontos de pressão com dor são os tendões, articulações e músculos: d = direita; e = esquerda; n = número de operadores examinados. As diferenças entre os grupos foram significantes a p < 0,01; teste Kruskal-Wallis. De acordo com Läubli *et al.* (1981).

entre os achados médicos de dois profissionais e entre os achados médicos e os relatórios de auto-avaliação de desconforto. O estudo incluiu 295 sujeitos envolvidos em dois tipos de trabalho com vídeo e em duas atividades sem vídeo. Alguns resultados são apresentados na Tabela 5.3 e Figura 5.28.

Os achados médicos indicando distúrbios musculoesqueléticos em músculos, tendões e articulações foram freqüentes nos grupos trabalhando com terminais de entrada de dados e entre digitadores em tempo integral, enquanto os grupos atuando em trabalho de escritório tradicional desempenhando diferentes atividades e movimentos mostraram a menor dor. Os resultados da palpação nos ombros mostraram uma distribuição similar de sintomas. Tanto as reclamações quanto os achados médicos devem ser seriamente considerados, especialmente porque 13 a 27% dos trabalhadores examinados consultaram um médico por causa de dores.

Tabela 5.3 Incidência de achados médicos na área do pescoço-ombro-braço de empregados de escritório

	Tarefas de entrada de dados (n = 53) (%)	Tarefas de conversação (n = 109) (%)	Digitadores em tempo integral (n = 78) (%)	Trabalho tradicional de escritório (n = 54) (%)
Dores por pressão tendomiótica nos ombros e pescoço	38	28	35	11
Mobilidade da cabeça limitada e dolorosa	30	26	37	10
Dores durante contrações isométricas do antebraço	32	15	23	6

Nota: n = número de sujeitos.

Desconforto físico relacionado ao projeto do posto de trabalho

No campo de estudo com operadores de vídeo, várias relações importantes foram descobertas entre o desenho das estações de trabalho ou as posturas assumidas e a incidência de reclamações ou achados médicos (Läubli *et al.*, 1986). Os resultados são sumarizados a seguir:

Desconforto físico e/ou o número de achados médicos na área do pescoço/ombro/braço/mão tende a crescer quando:

A altura do teclado está muito alta ou muito baixa.
Antebraços e punhos estão muito acima da superfície suporte (mesa).
Os operadores trabalham com uma rotação marcante (em termos de flexão/extensão e/ou desvio lateral) do punho.
Os operadores têm uma inclinação marcante da cabeça.

Os operadores adotam uma posição inclinada das coxas sob a mesa, devido à insuficiência de espaço para as pernas. Isto é ilustrado na Figura 5.29.

As freqüentes reclamações sobre o desconforto físico entre operadores de vídeo induziu os fabricantes de móveis a colocarem no mercado mesas ajustáveis para estações de trabalho com computador. Ao mesmo tempo, vários experimentos com estações de trabalho ajustáveis foram realizados sob condições de laboratório e condições reais de trabalho em escritório. Tendo em vista que estes últimos resultaram em indícios importantes para o projeto ergonômico de estações de trabalho com computador, eles serão descritos a seguir.

Arranjos preferidos de estações de trabalho com computador

Grandjean *et al.* (1983) realizaram um estudo sobre as posturas e os arranjos preferidos de estações de trabalho com computador enquanto os trabalhadores realizavam suas atividades usuais. Os experimentos foram realizados com 68 operadores (48 mulheres e 20 homens, com idade média de 28 anos), em quatro empresas: 45 sujeitos tinham um trabalho de conversação em uma empresa aérea, 17 sujeitos desempenhavam, primariamente, atividades de entrada de dados em dois bancos e seis sujeitos desempenhavam atividades de processamento de texto. Cada sujeito usou, durante uma semana, a estação de trabalho ajustável mostrada na Figura 5.30.

A parte superior do teclado ficava até 80 mm acima do nível do suporte. Foi fornecida uma cadeira com apoio das costas alto e ajuste de inclinação. Nos dois primeiros dias, foi usado um suporte para o antebraço e punho; nos dois dias seguintes, os sujeitos operavam o teclado sem o suporte e, no último dia, eles podiam optar por usar ou não o suporte. Opcionalmente, para todos os sujeitos, foram fornecidos suporte para documento. A preferência pelos arranjos e posturas foram avaliadas todos os dias.

A análise dos resultados dos arranjos preferidos não mostrou nenhuma diferença durante os cinco dias. Em outras palavras, os valores médios permaneceram praticamente iguais durante toda a semana, independente do uso do suporte de punho. Portanto, os dados obtidos na semana puderam ser agrupados para análise.

A distribuição da freqüência de alturas de teclado preferidas é apresentada na Figura 5.31.

Faixa de ajuste da mesa do teclado

O intervalo de 95% de confiança está entre 730 e 850 mm. Uma superfície de mesa entre 630 e 790 mm está adequada para uma altura de teclado de 80 mm, e uma altura entre 680 e 840 mm está adequada para uma altura de teclado de 30 mm. Considerando o intervalo de 95% de confiança, *a faixa de ajuste da superfície da mesa está entre 650 e 820 mm.* Esta é uma recomendação razoável para os fabricantes de estações de trabalho.

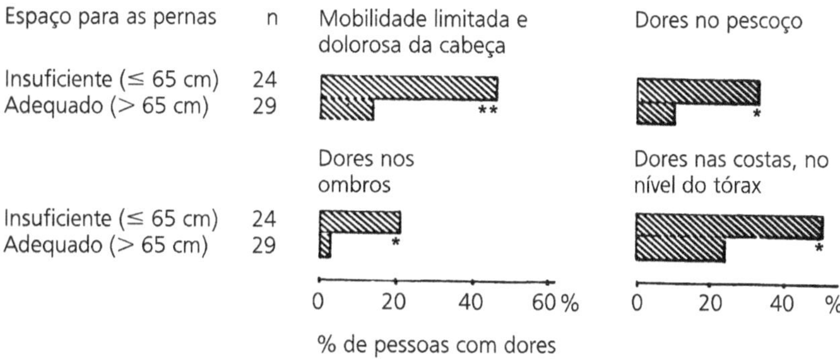

Figura 5.29 Espaço vertical para as pernas e desconforto físico de 53 operadores de computador em terminais convencionais. Espaço para as pernas = distância da borda inferior da mesa até o chão. n = número de operadores. *p < 0,5, **p < 0,01, teste de Mann-Whitney U. De acordo com Läubli e Grandjean (1984).

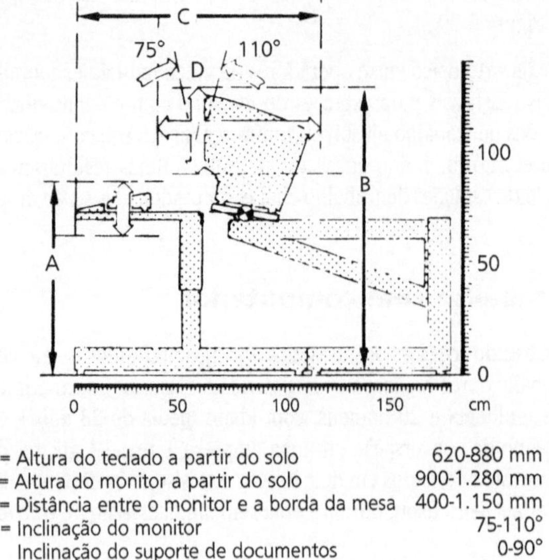

Figura 5.30 A estação de trabalho com computador, com as faixas de ajuste, usada em um estudo de campo, com os trabalhadores realizando suas atividades usuais.

Os resultados obtidos no estudo de campo mostraram alturas de teclado mais altas do que as obtidas em estudos de laboratório. Considera-se que, em experimentos de curta duração, os sujeitos ficam menos relaxados, sentam-se mais eretos e tentam manter os cotovelos baixos e os antebraços em uma posição horizontal, preferindo uma altura um pouco mais baixa de teclado. Todos os resultados das preferências de arranjo foram agrupados na Tabela 5.4.

Ajustes de tela preferidos

As alturas e inclinações preferidas de tela são, em alguns casos, influenciadas pela tentativa dos operadores de reduzir reflexos. De fato, muitos operadores reportaram ser menos incomodados por reflexo, se eles podiam ajustar a tela.

As letras maiúsculas na tela tinham 3,4 mm de altura, correspondendo a uma distância visual confortável de 680 mm. Na estação de trabalho com computador, ajustável, os operadores tenderam a escolher distâncias visuais entre 710 e 930 mm. Não há explicação para esta preferência.

Correlação com os dados antropométricos

O cálculo do coeficiente de Pearson mostrou fraca correlação entre os dados antropométricos e as preferências de arranjo: entre a altura do olho e altura da tela $r = 0{,}25$ $(p = 0{,}03)$, e entre a estatura e a

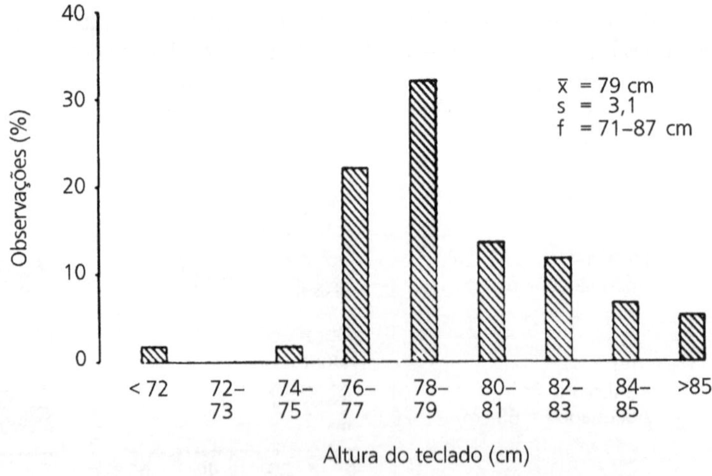

Figura 5.31 Alturas preferidas de teclado para 59 operadores de computador (236 observações) enquanto realizavam suas atividades usuais. Altura do teclado = da linha da tecla "home" ao chão; $\bar{x}$ = valor médio; s = desvio padrão; f = faixa.

Tabela 5.4 Arranjos preferidos de estações de trabalho com computador e altura dos olhos durante atividades de trabalho habituais

Dimensões ajustáveis	n_1	n_2	Média	Faixa
Altura do assento (mm)	58	232	480	430-570
Altura do teclado a partir do solo (mm)	59	236	790	710-870
Altura do monitor a partir do solo (mm)	59	236	1.030	920-1.160
Ângulo de visão inferior, do olho ao centro do monitor (°)	56	224	–9°	+2°- -2°
Distância visual, do olho ao centro do monitor (mm)	59	236	760	610-930
Inclinação do monitor para cima (°)	59	236	94°	88°-103°
Nível do olho a partir do solo (mm)	65	65	1.150	1.070-1.270

Nota: n_1 = número de sujeitos; n_2 = número de observações; ângulo de inclinação visual e inclinação do monitor foram medidos em relação ao plano horizontal.

altura do teclado r = 0,13 (não significativo). Alguns estudos de laboratório revelaram resultados similares de fraca ou nenhuma correlação. Pode-se concluir, portanto, que neste estudo *as preferências de ajuste da estação de trabalho de computador não foram influenciadas pelos fatores antropométricos*: os hábitos individuais tiveram uma influência maior.

Posturas preferidas

O resultado mais interessante deste estudo de campo diz respeito às posturas associadas com os arranjos. Os operadores movem-se muito pouco e não mudam os elementos posturais, que são obviamente determinados pela posição do teclado e tela. A Figura 5.32 mostra a distribuição das posturas de tronco, expressas em termos de ângulos formados pela linha "entre a articulação do ombro e o trocanter" e o plano horizontal.

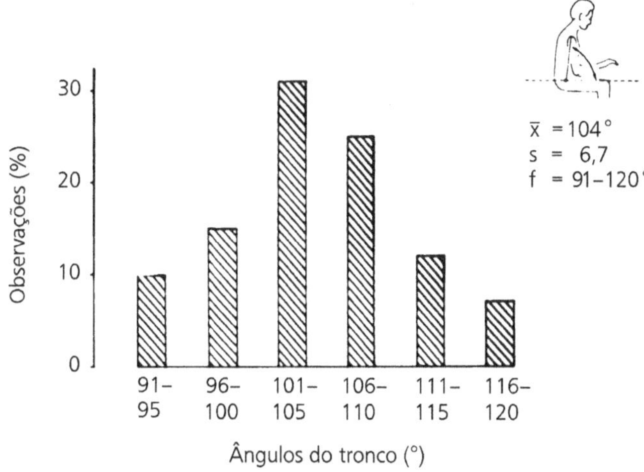

Figura 5.32 Posturas de tronco de 59 operadores de computador (236 observações) enquanto desempenhando suas atividades normais. A postura de tronco é definida pelo ângulo formado entre a horizontal e uma linha que passa pelos pontos do quadril e ombro. $\bar{x}$ = valor médio; s = desvio-padrão; f = faixa.

A maioria dos operadores inclinam-se para trás

As inclinações de tronco tendiam a uma distribuição normal. A maioria dos sujeitos preferiam inclinações de tronco entre 100 e 110°. Apenas 10% demonstraram uma postura de tronco ereta. A Figura 5.33 ilustra a média e a faixa de posturas observadas.

Ficou evidente que a maioria dos operadores inclinavam-se para trás. Esta era a base para as demais posturas assumidas: os braços eram mantidos elevados e o ângulo dos cotovelos levemente aberto. Os valores médios para as posições preferidas de tronco-braço são mostrados na Figura 5.34.

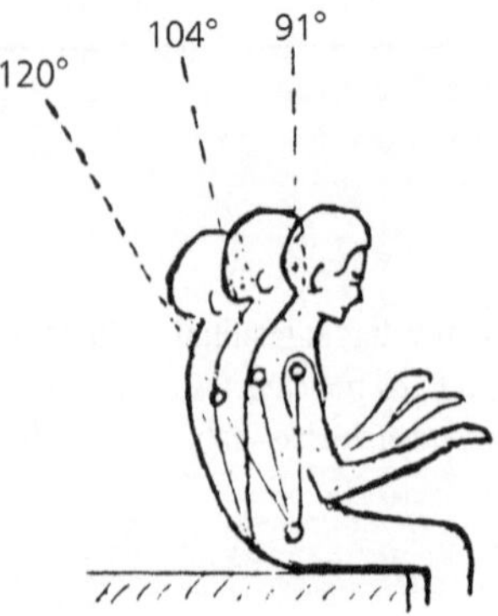

Figura 5.33 Média e faixa de posturas de tronco observadas de 59 operadores. A postura de tronco é definida pelo ângulo formado entre a horizontal e uma linha que passa pelos pontos do quadril e ombro.

Deve-se notar que 80% dos sujeitos repousavam os antebraços ou pulsos quando havia um suporte adequado. Se nenhum suporte especial era fornecido, em torno de 50% dos sujeitos descansavam os antebraços e pulsos na superfície da mesa, em frente ao teclado de 80 mm de altura. Os resultados de todos os elementos posturais medidos, expressos em termos de valores médios e faixas, são mostrados na Tabela 5.5.

As posturas observadas não são devido ao posto de trabalho experimental, já que as mediadas realizadas nos postos de trabalho anteriores já haviam revelado basicamente as mesmas inclinações de tronco e braço.

O estudo de Grandjean *et al.* (1983) confirma a impressão geral que se tem quando se observa a postura sentada de vários operadores de computador em escritórios: a maioria inclina-se para trás e geralmente estica as pernas. Eles tendem a inclinar a cabeça para frente e levantar os braços. De fato, *muitos operadores de computador em escritórios assumem posturas bastante similares àquelas dos motoristas de carro.* Isto é compreensível: quem gosta de adotar uma postura ereta do tronco, quando dirigindo durante horas?

Arranjos preferidos e desconforto físico

Os operadores de computador completaram um questionário sobre a sensação de relaxamento e desconforto físico, uma vez na primeira estação de trabalho e duas vezes na estação de trabalho ajustável, de acordo com os arranjos preferidos. Foi calculado um índice a partir das respostas “relaxado”, “tenso” e “obstruído” para cada uma das partes do corpo envolvidas (pescoço, ombros, costas, antebraços e punhos). Na Figura 5.35, os índices médios de reclamações do posto de trabalho anterior são comparados com aqueles registrados no segundo e quarto dias. Um índice menor do que 0,5 significa que a maioria dos sujeitos avaliaram sua postura como relaxada; um índice maior do que 0,5 significa que muitos sujeitos indicaram que seus músculos estavam tensos, ou até que estavam sentindo algum comprometimento.

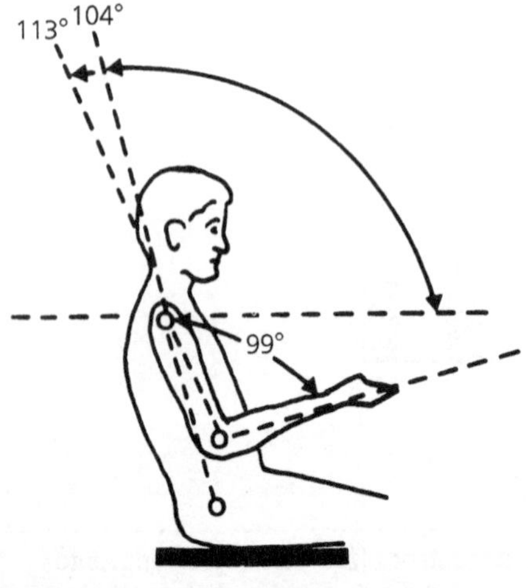

Figura 5.34 A “postura média” de operadores de computador em postos de trabalho com os arranjos preferidos.

O desconforto reduz em função dos arranjos preferidos

De acordo com a Figura 5.35, os índices são maiores para o posto inicial do que para aquele que permite regulagem de arranjo. Uma análise de qui-quadrado mostrou diferenças entre o posto inicial e o ajustável para o pescoço, ombros e costas. Deve-se notar que, no posto inicial, os sujeitos sentavam-se em cadeiras tradicionais de escritório com um apoio das costas relativamente pequeno. Na estação ajustável, no entanto, eles usavam cadeiras mais adequadas, com apoio das costas mais alto

Tabela 5.5 Médias ($\bar{x}$), desvios padrão (s) e faixas de medidas posturais obtidas com operadores de computador, durante suas atividades diárias em postos de trabalho, com os arranjos preferidos. 59 operadores, 236 observações

Elemento postural	$\bar{x}$	s	faixa
Inclinação do tronco (°)	104	6,7	91-120
Inclinação da cabeça[a] (°)	51	6,1	34-65
Flexão do braço[b] (°)	113	10,4	91-140
Abdução do braço[c] (°)	22	7,7	11-44
Ângulo do cotovelo (°)	99	12,3	75-125
Abdução lateral das mãos (°)	9	5,5	0-20
Distância acrômio – linha da tecla "home" (mm)	510	50	420-620

Notas:
[a]Ângulo C7-orifício do ouvido- vertical.
[b]Veja Figura 5.32.
[c]Abdução = elevação lateral do braço.

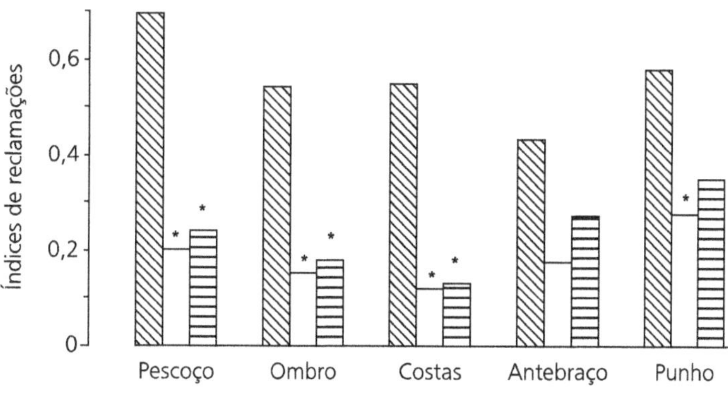

Figura 5.35 Índices médios de reclamações com os postos de trabalho originais e com os postos redesenhados segundo os arranjos preferidos. 0 = relaxado; 1 = tenso; 3 = prejudicado. $^*p \leq 0,05$.

e com ajuste de inclinação, que permitia que toda a coluna ficasse relaxada. É portanto, razoável, assumir que a redução do desconforto físico, reportada no posto regulável, foi devida tanto à possibilidade de ajuste do posto, de acordo com a preferência individual, quanto à utilização de uma cadeira mais apropriada.

Estes resultados foram confirmados por Shute e Starr (1984). Em um primeiro estudo de campo, operadores de telefonia usaram uma mesa ajustável e, em um segundo estudo, também usaram uma cadeira ajustável. Os sujeitos usaram o posto ajustável por várias semanas enquanto desempenhavam seu trabalho normal. A mesa inicial tinha uma altura fixa de 686 mm e a tela ficava 400 mm acima da mesa. A cadeira inicial era difícil de ajustar e tinha um apoio das costas inadequado. A grande diferença para a cadeira nova era a facilidade de ajuste. Os resultados apontaram uma redução do desconforto em qualquer situação em que um componente tradicional foi substituído por um melhor desenhado. No entanto, a redução de desconforto físico foi bem maior quando a nova mesa foi usada junto com a nova cadeira. Os autores concluíram que os benefícios de uma mesa melhor desenhada só podem ser amplamente alcançados se ela for usada junto com uma cadeira melhor.

Arranjos preferidos para estações de CAD

Van der Heiden e Krueger (1984) avaliaram o uso e a aceitação de uma estação de trabalho ajustável para tarefas que usam *design* assistido por computador (CAD). A altura e inclinação da superfície de trabalho, assim como a altura, inclinação, rotação e distância do monitor podiam ser ajustadas por meio de dispositivos motorizados. Para estudar o uso dos dispositivos de ajuste, foi feito o registro contínuo dos arranjos, durante uma semana. A maioria dos operadores tinha mais de seis semanas de experiência com o uso da estação ajustável. Na semana de teste, oito mulheres e três homens foram estudados durante seu trabalho normal com CAD, que consistia em um desenho mecânico. Foi registrado um total de 67 sessões com trabalho de CAD e foram avaliadas as respostas dos questionários e os arranjos preferidos de 11 mulheres e 4 homens. De um total de 166 ajustes registrados, 142 (= 86%) foram feitos no início da sessão de trabalho e 24 (= 14%) foram reajustados. Os operadores baixos usaram o dispositivo de ajuste mais freqüentemente do que as pessoas altas. Além disso, os operadores que não receberam instruções específicas ajustaram menos freqüentemente do que aqueles que receberam as instruções. Os arranjos preferidos são mostrados na Tabela 5.6.

A altura média do assento de 540 mm é bastante incomum. Outro resultado impressionante é a inclinação para frente do monitor, com uma média de ângulo preferida de –8°. Os operadores consideraram que, com este ajuste, evitavam os reflexos produzidos pela janela atrás deles. Por esta razão muitos operadores preferiram uma altura maior para o monitor. Todas as outras dimensões preferenciais são similares às dos operadores de computador mostradas na Tabela 5.5.

Considerações sobre as normas *versus* comportamento instintivo dos operadores

Vamos voltar à questão da inclinação para trás do tronco, observada nas estações de trabalho com computador. Esta inclinação não corresponde, de forma nenhuma, às posturas "eretas" — até a norma americana ANSI 100 de 1988 assume a postura ereta em operadores. A Figura 5.36 ilustra a grande diferença que existe entre as recomendações e as posturas realmente assumidas. Uma importante questão que se impõe aqui é: a postura ereta é saudável e, portanto, recomendável, ou é a postura relaxada com o tronco inclinado que deve ser a preferida? Conforme já mencionado, aumentando a inclinação de 90 para 120° há um decréscimo significativo da carga discal e muscular. Estudos ortopédicos feitos por Andersson e Ortengren (1974) sugerem que *repousar as costas sobre um apoio reclinado transfere boa parte do peso do tronco para o apoio e reduz o esforço nos discos e músculos, quando se compara com a postura sentada ereta. Pode-se*

Tabela 5.6 Arranjos preferidos de 15 operadores em uma estação ajustável de trabalho com CAD

	$\bar{x}$	f
Altura do assento (mm)	540	500-570
Altura da superfície de trabalho (mm)	730	700-800
Centro do monitor a partir do solo (mm)	1.130	1.070-1.150
Distância visual do monitor (mm)	700	590-780
Inclinação da superfície de trabalho (°)	8,6	2-13
Inclinação do monitor[a] (°)	–7,7	–15-+1

Notas:
$\bar{x}$ = valores médios; f = faixa.
[a]Inclinação negativa = uma inclinação do monitor para frente (topo da tela em direção ao operador).

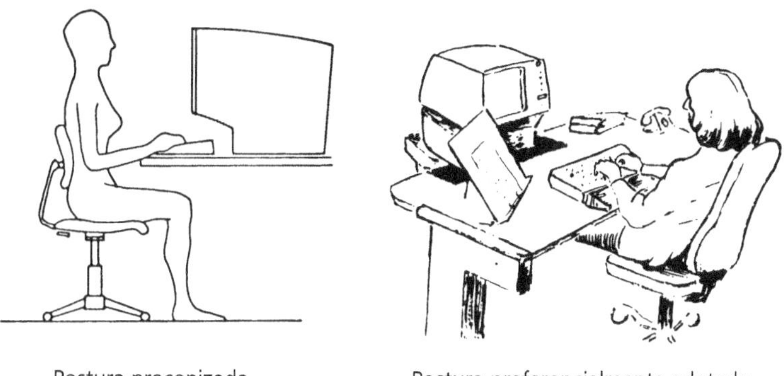

Postura preconizada Postura preferencialmente adotada

Figura 5.36 Posturas recomendadas e reais para estações de trabalho computadorizado em escritórios. Esquerda: a postura ereta do tronco, com os cotovelos para baixo e antebraços quase horizontais, preconizada em várias publicações e normas. Direita: a postura real mais comumente observada em estações de computador assemelha-se à postura do motorista de carro.

concluir, portanto, que os operadores de computador instintivamente agem certo ao preferir uma postura sentada reclinada, ignorando as recomendações de adoção de uma postura ereta do tronco. É claro que não há nada errado com uma postura ereta ocasional para variar as posturas. *Variação e movimentação são as chaves do "sentar saudável".*

Recomendações para o projeto de estações de computador

Com base nos estudos anteriormente mencionados, que vêm sendo reforçados por pesquisas mais recentes, conforme revisão de Lueder e Noro (1995), pode-se propor as seguintes recomendações para o projeto de estações computadorizadas para usuários europeus e norte-americanos:

1. O mobiliário deve, em princípio, ser concebido para ser o mais flexível possível. Uma estação de trabalho com computador adequada deve ser ajustável nas seguintes dimensões:

Altura do teclado (do chão à linha da tecla "home")	700-850 mm
Do chão ao centro da tela	800-1.100 mm
Inclinação da tela em relação à horizontal	cerca de 105°
Distância da tela até a borda da mesa	500-750 mm

2. Uma estação de computador sem ajuste da altura do teclado e sem ajuste da altura e distância da tela não é adequada para o trabalho contínuo com computador.
3. Os controles para ajuste das dimensões devem ser fáceis de operar, particularmente no caso de estações que são usadas por vários usuários.
4. Ao nível do joelho, a distância entre a frente da borda da mesa e a parede de fundo não deve ser inferior a 600 mm, e deve ter ao menos 800 mm no nível do pé.

O PROJETO DO TECLADO

Linhas paralelas de teclas exigem posturas antinaturais das mãos

A máquina de escrever comercialmente bem-sucedida foi inventada em torno de 1870. Era um artefato mecânico com, inicialmente, duas e, mais tarde, quatro linhas paralelas de teclas. Para operar as teclas rapidamente, o digitador precisava manter as mãos paralelas em relação às linhas do teclado. Isto exige uma postura antinatural dos punhos e mãos, caracterizada pela rotação interna dos antebraços e punhos e uma adução lateral (ulnar) das mãos. Estas posturas desgastantes geralmente levam a desconforto físico e, em alguns casos, inflamação dos tendões ou bainhas tendinosas nas mãos, punhos e antebraços. A Figura 5.37 ilustra tais constrangimentos posturais dos punhos e mãos, em relação ao teclado.

Em torno de um século mais tarde, a máquina de escrever mecânica foi substituída por uma máquina elétrica. A resistência mecânica das teclas foi bastante reduzida e a operação do teclado foi facilitada, porque as mãos não tinham mais que usar energia para gerar a impressão, mas a postura antinatural das mãos permaneceu.

O teclado de computador

Mesmo nas estações de trabalho atuais de processamento computadorizado de texto, as atividades de digitação e as posturas de mão/braço são similares à operação tradicional de máquinas de escrever. No entanto, existem algumas diferenças. O número de teclas aumentou de 60 para 100 ou mais, na maioria dos teclados, com a adição dos teclados numéricos e de funções especiais. Enquanto que o operador deve imprimir menos energia para pressionar a tecla, a velocidade de digitação e o número de pessoas que usam o teclado aumentou. Por estas e outras razões, mais e mais digitadores têm reclamado de fadiga, dores e doenças nos ombros, braços e mãos. Tendinites, tenossinovites e síndrome do túnel do carpo, que os digitadores têm sofrido desde o começo do século XX (conforme registrado na literatura médica e da fisiologia), tornou-se "epidêmica" entre os digitadores a partir de 1980.

Isto induziu alguns *designers* a projetarem teclados que permitem aos operadores manterem o "punho reto". Muitos ergonomistas atualmente recomendam *um teclado que não tenha a linha da tecla "home" mais do que 30 mm acima da superfície da mesa suporte. O operador deve poder dispor o teclado livremente sobre uma mesa, de acordo com sua preferência e necessidade.*

A próxima etapa é o *design* ergonômico do teclado, a fim de evitar o constrangimento de posturas antinaturais das mãos, pela redução ou eliminação da torção para dentro (pronação) e inclinação lateral (desvio ulnar). Esta é uma questão de dispor as teclas e o conjunto de teclas de forma que possam se adequar melhor ao corpo humano. Tais arranjos de teclas também podem evitar a torção do punho para cima e para baixo (flexão e extensão). Um apoio de punho macio em frente do teclado pode suportar o antebraço e a mão, ao menos durante as pausas de digitação, e ajudar a manter o punho reto.

Figura 5.37 A postura dos punhos e das mãos em um teclado tradicional. As fileiras de teclas ordenadas paralelamente obrigam a uma torção para dentro dos antebraços e punhos e uma postura das mãos desviada para fora (desvio ulnar).

Estudos sobre teclados divididos

Estudos nesta linha foram realizados em 1926 por Klockenberg e, 40 anos depois, por Kroemer (1964, 1965a, 1972), que propôs separar o teclado em duas partes, uma para a mão esquerda e outra para a mão direita, e organizar as partes de tal forma que as mãos pudessem ser mantidas em uma posição mais natural. O teclado divido de Kroemer tinha uma abertura angular (inclinado, quando visto de cima) de 30° e podia inclinar lateralmente (inclinado para baixo, quando visto de frente) entre 0 (horizontal) e 90°

(vertical). Experimentos mostraram que o teclado experimental, com suas partes inclinadas em 30 a 45° para baixo, gerava menos fadiga e dor nos braços e mãos do que o desenho horizontal tradicional, herdado da máquina de escrever. Os sujeitos do teste produziam o mesmo número de toques corretos nos dois tipos de teclado, mas faziam menos erros no projetado por Klockenberg e Kroemer.

EMG nos antebraços e ombros

Seguindo o exemplo de Lundervold, nos anos 1950, Zipp *et al.*, em 1983, estudaram a atividade elétrica de vários músculos na área do ombro/braço, em relação à postura do braço/mão, de acordo com as características das operações com o teclado. Com o aumento da adução lateral das mãos em relação à posição neutra, era registrado um aumento da atividade elétrica dos músculos envolvidos. O uso de um teclado dividido, conforme proposto por Kroemer (1964, 1965a, b), foi associado com a redução de atividades elétricas na área do braço/ombro, mesmo com inclinações do teclado no sentido lateral e para baixo de apenas 10 a 30°. O mesmo resultado foi observado quando o ângulo entre as duas partes do teclado foi aberto. Os autores concluíram que o esforço muscular estático na área do braço/ombro era significativamente reduzido com um teclado desse tipo.

Experimentos com teclados divididos

Seguindo esta linha de pesquisa, Grandjean *et al.* (1981), Hünting *et al.* (1982) e Nakaseko *et al.* (1985) desenvolveram um modelo ajustável de teclado dividido e estudaram os arranjos preferidos de 51 pessoas, quanto à abertura (inclinação) e ângulos de inclinação lateral para baixo e distâncias entre as duas partes do teclado. Digitar com o teclado dividido e com o arranjo de preferência reduziu a adução lateral das mãos, conforme mostra a Figura 5.38, reduziu o desconforto e aumentou a sensação de relaxamento nas áreas do pescoço/ombro/braço/mão.

Efeitos de um grande suporte para o antebraço/punho

O uso de um grande suporte para o antebraço/punho foi associado com uma postura sentada reclinada dos sujeitos e um aumento na pressão do braço/punho sobre o suporte, alcançando valores médios de aproximadamente 40 N. Tal transferência de peso para o suporte reduz bastante a carga nos discos intervertebrais. De 51 sujeitos, 40 preferiram o teclado dividido, com as seguintes características:

Ângulo de inclinação entre as duas partes do teclado	25°
Distância entre as duas metades do teclado (medida como a distância entre as teclas G e H)	95 mm
Inclinação lateral de ambas as partes do teclado teclas com a configuração da mão	10°

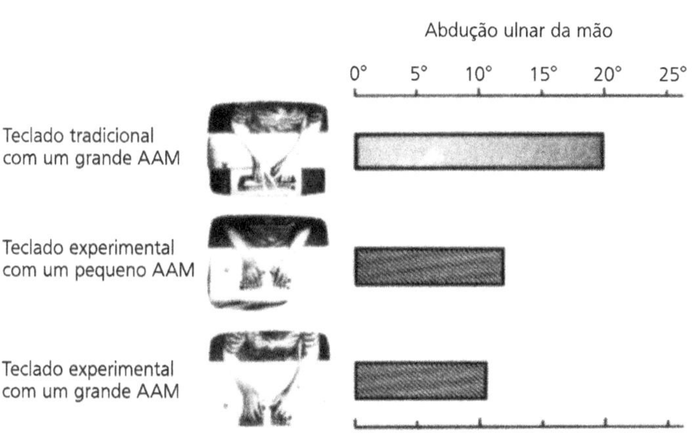

Figura 5.38 Os ângulos médios de torção lateral (desvio ulnar) da mão direita, com três tipos de teclado. Em cima: máquina de escrever tradicional com um grande apoio de antebraço e punho (200 mm). No meio: teclado dividido com um ângulo de 25° de inclinação, uma inclinação lateral para baixo de 10° e um pequeno apoio de antebraço e punho de 100 mm. Embaixo: o mesmo teclado dividido, mas com um grande apoio de antebraço e punho de 200 mm. AAM: apoio de antebraço e mão.

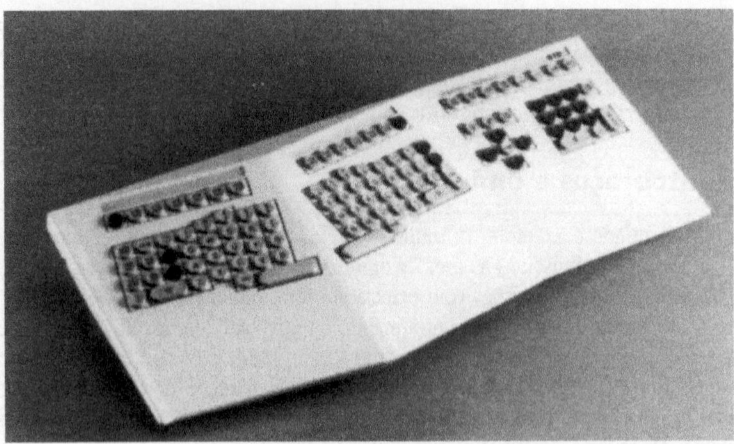

Figura 5.39 Um teclado desenhado de acordo com princípios ergonômicos. As duas metades do teclado têm um ângulo de abertura (inclinação) de 25°, para evitar a torção das mãos para o lado (desvio ulnar). Os teclados são inclinados para o lado e para baixo 10° abaixo da horizontal, para reduzir a rotação para dentro (pronação) dos antebraços e punhos. Conforme Nakaseko *et al.* (1985).

Um protótipo de tal teclado é mostrado na Figura 5.39. Um modelo comercial foi apresentado por Buesen (1984), na Conferência de *Ergodesign* de 1984. Desde então, um grande número de teclados "ergonômicos" apareceram no mercado, incorporando uma variedade de teclas, conjuntos de teclas, ajustes de ângulo e princípios de operação. Tendo em vista que os princípios do *design* dos teclados anteriores parecem ter seguido o princípio da produtividade ("quanto mais entrada de dados em um dado período de tempo, melhor"), os objetivos dos teclados ergonômicos mais avançados mantêm o foco no operador humano e tentam aliviar a carga biomecânica, desviando-se do modelo de teclado da antiga máquina de escrever. No entanto, apesar dos teclados alternativos trazerem algum alívio para o operador, Kroemer (1995) sugeriu que alternativas técnicas para o teclado, tais como o comando de voz junto com mudanças organizacionais ("será que há necessidade de tanta digitação?"), podem abrir novos rumos para a ergonomia de computadores.

RESUMO

O *design* de estações de trabalho deve facilitar a movimentação do corpo, ao invés de promover a manutenção de posturas estáticas. No entanto, movimentos excessivos, tais como na digitação ou no uso de ferramentas manuais, também devem ser evitados.

CAPÍTULO 6

Trabalho pesado

BASES FISIOLÓGICAS

Trabalho pesado é qualquer atividade que exige grande esforço físico e é caracterizada por um alto consumo de energia e grandes exigências do coração e pulmões. O consumo de energia e o esforço cardíaco impõem limites ao desempenho sob trabalho pesado, e estas duas funções são geralmente usadas para avaliar a severidade do trabalho físico.

A mecanização reduziu as demandas de força e energia do operador, mas, em muitas indústrias, ainda existem trabalhos classificados como pesado e que não raramente levam à sobrecarga. O trabalho pesado é comum na mineração, construção, agricultura, atividades florestais e transporte, incluindo, por exemplo, manuseio de bagagem pelo pessoal de transporte aéreo. É um grave problema para a ergonomia nos países em desenvolvimento.

Metabolismo

Um processo biológico fundamental é a ingestão de nutrientes na forma de comida e bebida para converter a energia química em energia mecânica e calor. O alimento é progressivamente degradado nos intestinos, até que seus constituintes possam passar pela parede intestinal e serem absorvidos pelo sangue. A maior parte dos nutrientes passam, então, para o fígado, onde ficam armazenados como glicose e glicogênio, e também como gordura, a reserva energética final do organismo. Quando necessário, primeiro a glicose e depois o glicogênio passam para a corrente sangüínea como compostos imediatamente utilizáveis, principalmente açúcares. Apenas uma pequena porção dos alimentos é usada para a reconstituição de tecidos do corpo, ou é armazenada no tecido adiposo como gordura.

O sangue leva os nutrientes para todas as células do corpo, onde eles são transformados para fornecimento de energia ou processos bastante precisos, restando, como subprodutos, a água, o dióxido de carbono e o calor. O conjunto desses processos de conversão de energia química é denominado *metabolismo*, que pode ser comparado com uma lenta combustão auto-regulada de produtos. Esta comparação é correta, já que o metabolismo, assim como a combustão, necessita de um suprimento de oxigênio que é obtido dos pulmões e da corrente sangüínea. Esses processos metabólicos liberam calor e energia mecânica, dependendo da atividade muscular que está ocorrendo. Esses processos estão mostrados esquematicamente na Figura 6.1.

Consumo de energia

O consumo de energia é medido em quilojoules (kJ). Pode ser avaliado indiretamente pelo registro do consumo de oxigênio que é necessário para a oxidação de nutrientes. Quando um litro de oxigênio é consumido pelo corpo humano ocorre, em média, a transformação de 20 kJ (5 kcal) de energia. Este fator de conversão se

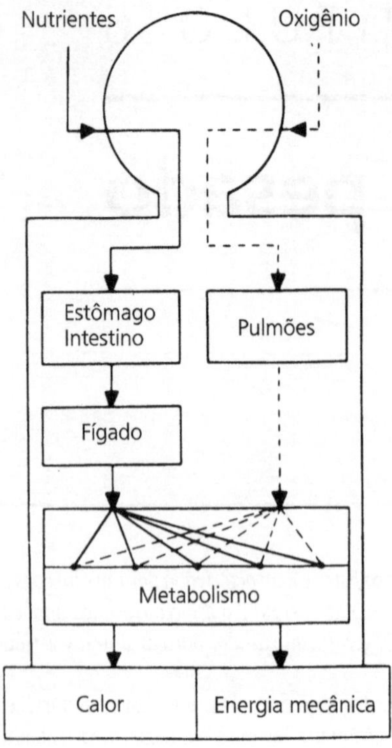

Figura 6.1 Diagrama da conversão de nutrientes em calor e em energia mecânica no corpo humano.

aplica independentemente se a fonte de energia química original for carboidratos, gorduras, proteínas ou álcool. Se for necessário saber qual das fontes foi usada na combustão, é necessário medir o volume de dióxido de carbono no ar expirado. A razão entre os volumes de CO_2 e O_2 é chamado de quociente respiratório (QR), que se comporta da seguinte forma:

1,00 para os carboidratos;
cerca de 0,8 para as proteínas;
cerca de 0,7 para a gordura e álcool.

Metabolismo basal

As medições de consumo de oxigênio mostram que uma pessoa em repouso tem um consumo estável de energia, que depende do tamanho, peso e sexo da pessoa. Quando a pessoa está deitada, completamente em repouso, com o estômago vazio, este consumo é denominado *metabolismo basal*. Para um homem pesando 70 kg, ele representa cerca de 7.000 kJ por 24 horas e para uma mulher de 60 kg, cerca de 5.900 kJ por 24 horas. Nestas condições de metabolismo basal, praticamente toda a energia química dos nutriente é convertida em calor.

CONSUMO DE ENERGIA NO TRABALHO

Assim que for realizado trabalho, o consumo de energia aumenta fortemente. Quanto maior for a demanda sobre os músculos, tão maior é a energia consumida.

Joules do trabalho

O aumento do consumo de energia em função de uma dada atividade é expresso em *joules de trabalho* e é obtido pela medição do consumo de energia durante o trabalho subtraído do consumo em repouso ou metabolismo basal.

Os joules do trabalho indicam o nível de estresse do corpo humano e, especialmente no trabalho pesado, podem ser usados para avaliar o nível de esforço para determinar os períodos de pausa necessários e comparar a eficiência energética de diferentes ferramentas e diferentes formas de organização do trabalho. Neste contexto, deve ficar bem entendido que o consumo de energia mede apenas o nível de esforço físico; não informa nada sobre o estresse mental, as exigências que o trabalho pode fazer em termos de alerta, concentração ou precisão, e nada sobre algum tipo especial de problemas, tais como excesso de calor ou carga estática em função de posturas desconfortáveis.

Desta forma, o consumo de energia deve ser usado como uma medida comparativa apenas para esforço físico, e nunca para estudar atividades mentais ou trabalho de precisão.

Joules do lazer

As atividades da vida diária também consomem energia, ao que se denomina *joules do lazer*. O consumo médio diário é da ordem de 2.400 kJ para os homens e de 2.000 a 2.200 kJ para a mulher. Em suma, o consumo de energia é composto da seguinte forma:

1. Metabolismo basal
2. Joules de trabalho
3. Joules do lazer

Dispêndio de energia no trabalho

Durante e após a Segunda Guerra Mundial, diversos fisiologistas estudaram, sistematicamente, o dispêndio de energia em uma variedade de ocupações. Nesta época, os joules de trabalho eram usados como a base para avaliação das cargas ocupacionais e a severidade das tarefas. Hoje, muitos trabalhos são diferentes; este procedimento não está mais em voga e novos métodos são usados para avaliar as cargas de trabalho. No entanto, alguns destes resultados estão resumidos nas Tabelas 6.1 e 6.2.

A postura de trabalho pode ter uma influência significativa no dispêndio energético, conforme mostra o exemplo da Figura 6.2.

Consumo de energia e saúde

A maioria dos trabalhadores nos países industrializados executa seu trabalho sentada. Se for considerado também o tempo que eles passam sentados enquanto viajam na ida e volta do trabalho para casa e em frente à televisão à noite, *fica claro que o ser humano de hoje está em vias de se tornar um animal sedentário*. Uma vida sedentária faz com que alguns órgãos fiquem subutilzados. Como acaba-se por ingerir mais energia

Tabela 6.1 Demandas energéticas de algumas atividades

Tipo de trabalho	Exemplo de ocupação	Demanda energética em kJ/dia	
		Homem	Mulher
Trabalho leve, sentado	Guarda-livros	9.600	8.400
Trabalho manual pesado	Tratorista	12.500	9.800
Trabalho moderado envolvendo todo o corpo	Açougueiro	15.000	12.000
Trabalho pesado envolvendo todo o corpo	Guarda chave de ferrovia	16.500	13.500
Trabalho extremo envolvendo todo o corpo	Mineiro de carvão Madeireiro	19.000	–

Nota: Os dados de kJ/dia são médias anuais aproximadas de dispêndio energético diário.
Fonte: Segundo Lehmann (1962).

Tabela 6.2 Dispêndio de energia em joules-trabalho durante várias formas de atividade física em meados dos anos de 1990

Atividade	Condições de trabalho	Demanda energética em kJ/min
Andando	Em nível, superfície macia, 4 km/h	8,8
Andando com carga	30 kg de carga, 4 km/h	22,3
Subindo escadas	Ângulo de 30°, 17,2 m/min	57,5
Andando de bicicleta	Velocidade de 16 km/h	22,0
Serrando madeira	60 golpes duplos/min	38,0
Trabalho doméstico	Limpando, passando a ferro, lavando o chão	8-20

Nota: Os dados de kJ/min referem-se ao tempo de trabalho bruto.
Fonte: Segundo Lehmann (1962).

Figura 6.2 Incremento percentual de consumo energético para diferentes posturas. 100% = consumo de energia na postura deitada. O incremento relativo, como uma percentagem, é o mesmo para o homem e para a mulher.

química do que é utilizada, o resultado é o sobrepeso, com aumento do risco de doenças circulatórias, assim como problemas metabólicos. As pesquisas têm mostrado que uma ocupação saudável deve envolver um consumo diário de 12.000 a 15.000 kJ para o homem e 10.000 a 12.000 kJ para a mulher. Esta categoria de ocupação saudável inclui, por exemplo, o carteiro, o mecânico, o sapateiro, ou trabalhos na construção e agricultura. As pessoas que têm trabalhos sedentários podem compensar o problema do sedentarismo durante o seu tempo de lazer, conforme alguns exemplos da Figura 6.3.

LIMITES MÁXIMOS DO TRABALHO PESADO

Os fisiologistas do trabalho consideram que um consumo de energia de 20.000 kJ por dia de trabalho, durante o ano (média anual) é o máximo razoável para o trabalho pesado na Europa e nos Estados Unidos.

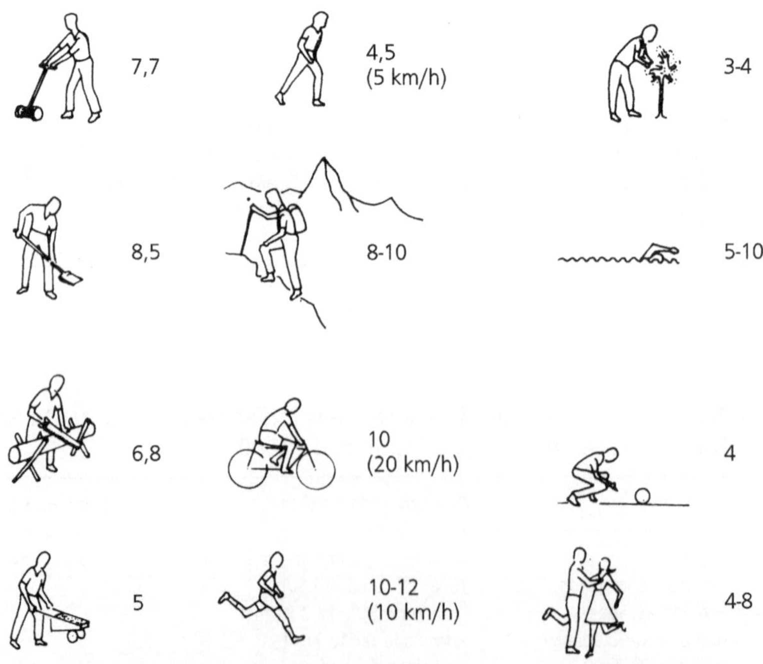

Figura 6.3 O consumo de energia no lazer. Os valores dão o consumo médio de energia para os homens, em kcal/min. Para as mulheres pode-se considerar valores um pouco menores (10 a 20% menos). Representação segundo dados de Durnin e Passmore (1967).

Isto corresponde a uma média de 10.500 kJ ocupacionais por dia de trabalho e, se isto for dividido pelas 8 horas de trabalho diário, resulta em 1.300 kJ/h.

Trabalhadores temporários podem exceder estes valores por algumas semanas, ou mesmo por alguns meses, se houver períodos de relaxamento.

Isto ocorre para muitos trabalhadores na indústria florestal, de transporte e trabalhos que atingem limites de 22.000 a 30.000 kJ, por alguns dias, sem efeitos prejudiciais. Este limite de 20.000 kJ por dia de trabalho é, portanto, uma média anual que se aplica apenas para o trabalhador com boa saúde exercendo trabalho pesado. Existem variações individuais tanto para mais quanto para menos deste valor médio, dependendo particularmente de fatores tais como a constituição física, o nível de treinamento, a idade e o sexo.

EFICIÊNCIA ENERGÉTICA DO TRABALHO PESADO

O trabalho pesado está se tornando raro em países industrializados, mas ainda é freqüente em países em desenvolvimento. Uma meta da ergonomia nestes países é, portanto, alcançar um alto nível de eficiência no trabalho pesado.

Eficiência

Em termos de energia, uma pessoa executando trabalho físico pode ser comparada a um motor de combustão. O motor converte a energia química da gasolina ou do óleo em desempenho mecânico, mas com certas perdas. De maneira similar, no corpo humano, uma grande parte da energia é perdida, já que a maior parte é convertida em calor e apenas uma pequena parte é usada como energia mecânica. Tanto no caso do motor quanto no do ser humano, o termo *eficiência* denota a razão entre o esforço externo útil mensurável e o consumo de energia que foi necessário para produzi-lo.

Sob as condições mais favoráveis, o esforço físico humano pode ser 30% eficiente, ao transformar 30% da energia consumida em trabalho mecânico e os restantes 70%, em calor. O calor não é a única forma como a energia é desperdiçada. Esforço estático ou dinâmico não-produtivo também o são. Portanto, o mais alto nível de eficiência só é possível quando se converte o máximo de esforço mecânico em trabalho produtivo, com pouco ou nenhum esforço sendo gasto para segurar ou suportar coisas. *Quanto maior a proporção de energia mecânica usada em esforço estático, menor é a eficiência*. Isto é particularmente verdadeiro quando o trabalho é realizado com as costas curvadas.

Em todo o tipo de trabalho pesado, é importante realizá-lo sob máxima eficiência fisiológica, não apenas para economizar energia, mas também para minimizar estresse para o operador. Por causa disto, os fisiologistas do trabalho esforçaram-se para medir a eficiência fisiológica de vários tipos de métodos de trabalho e uso de diferentes ferramentas e equipamentos. Os resultados permitiram formular recomendações para o projeto de leiaute e equipamentos, que são principalmente importantes para o trabalho pesado.

Alguns exemplos são dados na Tabela 6.3.

Trabalho com pá

O trabalho com pá é uma forma bastante comum de trabalho pesado, que foi extensivamente estudado no Instituto Max-Planck-Institut für Arbeitsphysiologie, em Dortmund, na Alemanha (Lehmann, 1962), e, mais recentemente, na Pennsylvania State University, nos Estados Unidos, por Freivalds (1987). Os dois estudos mostraram que certas formas de ferramentas são mais adequadas do que outras para a realização de um máximo de trabalho com um mínimo de esforço.

O mais alto nível de eficiência foi obtido quando *uma carga de 8 a 10 kg foi colocada na pá, de 12 a 15 vezes por minuto*. Além da carga, deve-se considerar o peso da pá; portanto, uma pá grande pode ser usada quando o matéria é leve e uma menor, quando o material é pesado. Para materiais granulados finos, a pá

Tabela 6.3 Eficiência máxima em várias tarefas

Atividade	Percentagem de eficiência
Cavando em uma posição inclinada	3
Aparafusando	5
Cavando em postura normal	6
Levantando peso	9
Girando uma manivela	13
Usando um martelo pesado	15
Carregando uma carga nas costas em nível; retornando sem carga	17
Carregando uma carga nas costas subindo um plano inclinado; retornando sem carga	20
Subindo e descendo escadas de pintor com e sem cargas	19
Girando uma manivela	21
Subindo e descendo escada, sem carga	23
Puxando um carrinho	24
Andando de bicicleta	25
Empurrando um carrinho	27
Andando no plano, sem carga	27
Subindo um morro com inclinação de 5°, sem carga	30

Eficiência (em percentagem) = trabalho útil × 100 dividido pelo consumo de energia.

deve ser ligeiramente abaulada, em forma de colher com uma ponta afiada, para facilitar a penetração. Para materiais mais graúdos, a borda cortante deve ser reta e a lâmina plana, com um anel em torno da parte de trás e dos lados. Para materiais duros, a borda cortante pode ser reta ou pontuda, mas a lâmina deve ser plana. As hastes das pás devem ter 600 a 650 mm de comprimento.

Serrar

Grandjean *et al.* (1952) investigaram a eficiência fisiológica de vários tipos de serra de madeira. O consumo de oxigênio foi medido antes e durante o uso de cinco tipos de serra, tendo-se calculado o número de joules-trabalho consumidos. O consumo de energia, relativo ao corte de discos com uma área de 1 m^2 é mostrado na Figura 6.4.

Os resultados mostram que as melhores são as duas serras com uma lâmina larga e com dois ou quatro dentes de corte, e que estas serras são as preferidas. Um estudo mais extenso mostrou que os melhores resultados são alcançados com um ritmo de 42 golpes duplos por minuto e uma força vertical em torno de 100 N.

Cavando com enxada

A Figura 6.5 mostra os resultados do trabalho de afofamento do solo de um plantação de vegetais, usando enxadas de dois tipos diferentes. Em solo macio, uma enxada giratória é mais eficiente do que a enxada de corte comum, mas se o solo é duro e seco, os dois tipos são praticamente iguais.

Andar

Uma marcha agradável e não estressante é de 75 a 110 passos por minuto, com uma distância de passada de 0,5 e 0,75 m, embora esta marcha não seja a mais eficiente quando se compara o trabalho realizado e a energia consumida. A Figura 6.6 mostra a eficiência do andar, expressa em termos de energia consumida por kg/m de trabalho realizado.

De acordo com estudos de Hettinger e Müller (1953), *a velocidade de andar mais eficiente é de 4 a 5 km/h, reduzida para 3 e 4 km/h, com o uso de sapatos pesados.*

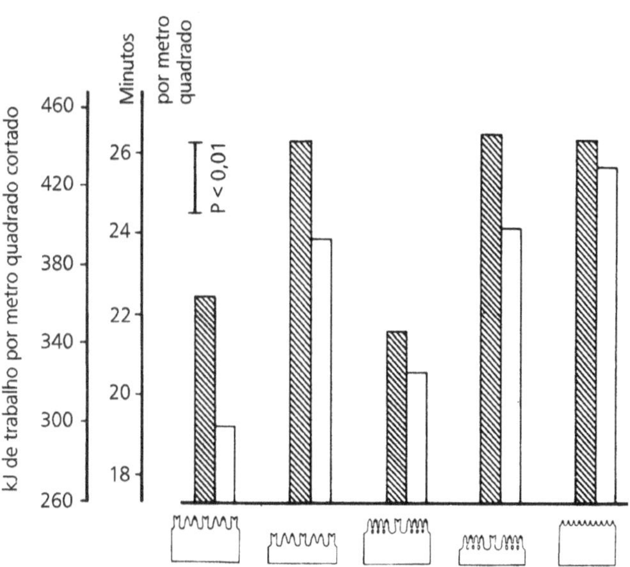

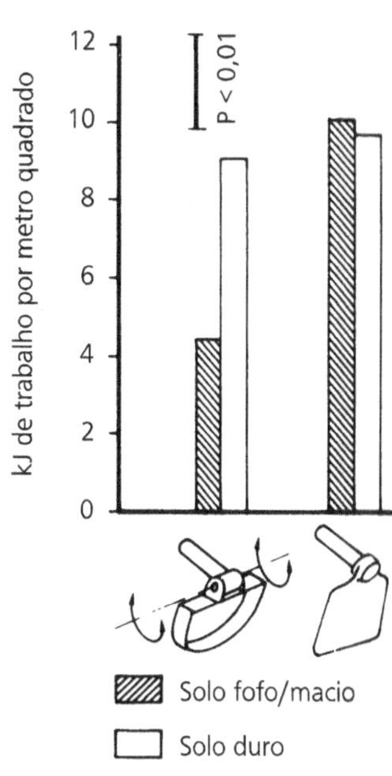

Figura 6.4 Consumo de energia com cinco tipos diferentes de serrote. As barras hachuradas representam o consumo de energia médio por metro quadrado de superfície cortada; as barra brancas mostram o tempo médio necessário para serrar 1 m^2. A linha vertical ($p < 0,01$) indica a diferença em consumo de energia que é estatisticamente significativa. Segundo Grandjean *et al.* (1952).

Figura 6.5 Consumo de energia quando usando uma enxada giratória (esquerda) e uma enxada tradicional (direita), em solo fofo e em solo duro. Segundo Egli *et al.* (1943).

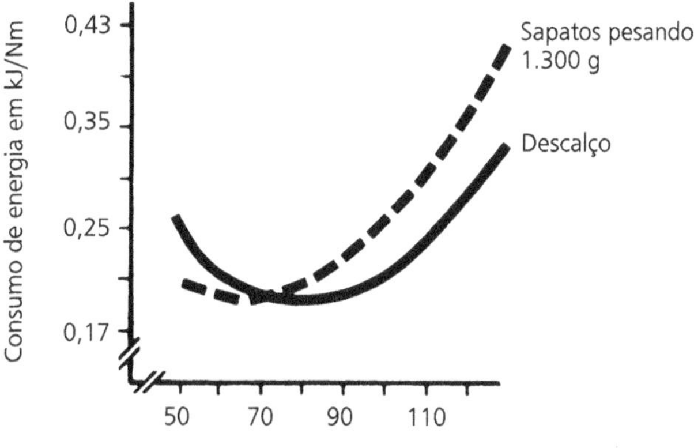

Figura 6.6 Melhor velocidade de caminhada. Eficiência expressa como a energia consumida em kJ por unidade de esforço de caminhada (em Nm). As curvas referem-se à situação descalça (linha cheia) e à situação com sapato de 1.300 g (linha tracejada). Quanto mais pesado o sapato, menor é a velocidade.

Carregamento de peso

Os fisiologistas do trabalho deram atenção especial para os trabalhos que envolvem carregamento de peso, já que estes são considerados como as formas de trabalho mais pesadas (talvez seja mais ainda o levantamento de peso discutido no Capítulo 7). Embora Lehmann (1962) tenha considerado que 50 a 60 kg era a carga mais eficiente para ser transportada, cargas menores são mais convenientes e seguras para o corpo (conforme discutido a seguir), embora requeiram mais viagens, e o transporte do próprio peso do corpo aumente a energia total consumida. É claro que o peso carregado pode ser dividido em

Tabela 6.4 Técnicas de carregamento de peso totalizando cerca de 30 kg de várias formas afetam o consumo de energia, a fadiga, a pressão no corpo e a estabilidade ao caminhar. Adaptado sob permissão de Kroemer *et al.* (1994), que compilaram estes dados de várias fontes

	Dispêndio energético estimado para um piso plano e reto (kJ/min)	Fadiga muscular estimada	Pressão localizada e isquemia	Estabilidade da pessoa
Em uma mão	Muito alto	Muito alta	Muito alta	Muito pouca
Nas duas mãos	Muito alto (30; pesos iguais)	Alta	Alta	Pouca
Preso entre os braços e o tronco	(Não medido)	(Desconhecida)	(Desconhecida)	(Desconhecida)
Na cabeça	Baixo (22; suportada por uma mão)	(Alta, se estabilizada pela mão)	(Desconhecida)	Muito pouca
No pescoço	Médio (23; tira em torno da testa)	(Desconhecida)	(Desconhecida)	Pouca
Em um ombro	(Não medido)	Alta	Muito alta	Muito pouca
Nos ombros	Alto (26; carga segura em uma mão)	(Desconhecida)	Alta	Pouca
Nas costas	Médio (22; mochila) Alto (25; bolsa segura pelas mãos)	Baixa	(Desconhecida)	Pouca
No tórax	(Não medido)	Baixa	(Desconhecida)	Pouca
No tórax e costas	20, o mais baixo	A mais baixa	(Desconhecida)	Boa
Na cintura, nas nádegas	(Não medido)	(Desconhecida)	(Desconhecida)	Muito boa
No quadril	(Não medido)	Baixa	(Desconhecida)	Muito boa
Nas pernas	(Não medido)	Alta	(Desconhecida)	Boa
No pé	O mais alto	A mais alta	(Desconhecida)	Pouca

proporções menores e serem transportadas nas costas, nos ombros, no peito ou até na cabeça. O carregamento de uma carga média (em torno de 30 kg) distribuída nas costas e no peito é o que consome menos energia, conforme mostra a Tabela 6.4.

Nas indústrias modernas, na maioria dos trabalhos que envolve carregamento de peso, as condições de trabalho são bem controladas. Nestas circunstâncias, os dados publicados por Snook e Ciriello (1991) são um bom guia para as cargas que os trabalhadores americanos experientes estão aptos a carregar (Tabela 6.5).

Aspectos especiais	
Carga facilmente manejada e solta Carga facilmente manejada e solta Compreende uso da mão e tronco	Adequado para pega e soltura rápida; e carregamento de curto prazo até de cargas pesadas
Pode liberar a(s) mão(s); limita fortemente mobilidade corporal; determina postura; almofada é necessária Pode liberar a(s) mão(s); afeta postura	Se acostumado com essa técnica, adequado para cargas grandes e pesadas
Pode liberar a(s) mão(s); afeta postura fortemente	Adequado para transporte a curto prazo de cargas grandes e pesadas
Pode liberar a(s) mão(s); afeta postura	Adequado para cargas pesadas e grandes; almofadas e meios de ajuntamento devem ser cuidadosamente projetados
Geralmente libera as mãos; força curvatura para frente do tronco; problema no resfriamento da pele	Adequado para grandes cargas e carregamento a longo prazo Empacotamento deve ser feito cuidadosamente, meios de ajuntamento não devem gerar áreas de alta tensão no corpo
Libera as mãos; fácil acesso para as mãos; reduz mobilidade do tronco; problema no resfriamento da pele	Muito vantajoso para pequenas cargas que devem estar acessíveis
Libera as mãos; pode reduzir mobilidade do tronco; problema de resfriamento da pele	Muito vantajoso para cargas que podem ser divididas/distribuídas; adequado para carregamento a longo turno
Libera as mãos; pode reduzir mobilidade do tronco	Em volta da cintura para itens menores, distribuídos em bolsas ou por ajuntamentos especiais; superfície superior das nádegas geralmente usada para suportar parcialmente mochilas
Libera as mãos; pode afetar a mobilidade	Geralmente usado para apoiar temporariamente grandes cargas
Facilmente alcançado com as mãos; pode alterar o andar	Requer bolsos em vestes e/ou anexos especiais
Geralmente inútil	

Tabela 6.5 Pesos máximos aceitáveis (kg) de carregamento (trabalhadores norte-americanos)

			Um carregamento por 2,1 m a cada							Um carregamento por 4,3 m a cada							Um carregamento por 8,5 m a cada						
	(a)	(b)	6 s	12	1 min	2	5	30	8 h	10 s	16	1 min	2	5	30	8 h	18 s	24	1 min	2	5	30	8 h
Homens	111	90	10	14	17	17	19	21	25	9	11	15	15	17	19	22	10	11	13	13	15	17	20
		75	14	19	23	23	26	29	34	13	16	21	21	23	26	30	13	15	7 8	18	20	23	27
		50	19	25	30	30	33	38	44	17	20	27	27	30	34	39	17	19	23	24	26	29	35
		25	23	30	37	37	41	46	54	20	25	33	33	37	41	48	21	24	29	29	32	36	43
		10	27	35	43	43	48	54	63	24	29	38	39	43	48	57	24	28	34	34	38	42	50
Homens	79	90	13	17	21	27	23	26	31	11	14	18	19	21	23	27	13	15	17	18	20	22	26
		75	18	23	28	29	32	36	42	16	19	25	25	28	32	37	17	20	24	24	27	30	35
		50	23	30	37	37	41	46	54	20	25	32	33	36	41	48	22	26	31	31	35	39	46
		25	28	37	45	46	51	57	67	25	30	40	40	45	50	59	27	32	38	38	42	48	56
		10	33	43	53	53	59	66	78	29	35	47	47	52	59	69	32	38	44	45	50	56	65
Mulheres	105	90	11	12	13	13	13	13	18	9	10	13	13	13	13	18	10	11	12	12	12	12	16
		75	13	14	15	15	16	16	21	11	12	15	15	16	16	21	12	13	14	14	14	14	19
		50	15	16	18	18	18	18	25	12	13	18	18	18	18	24	14	15	16	16	16	16	22
		25	17	18	20	20	21	21	28	14	15	20	20	21	21	28	15	17	78	18	19	19	25
		10	19	20	22	22	23	23	31	16	17	22	22	23	23	31	17	19	20	20	21	21	28
Mulheres	72	90	13	14	16	16	16	16	22	10	11	14	14	14	14	20	12	12	14	14	14	14	19
		75	15	17	18	18	19	19	25	11	13	16	16	17	17	23	14	15	16	16	17	17	23
		50	17	19	21	21	22	22	29	13	15	19	79	20	20	26	16	17	19	19	20	20	26
		25	20	22	24	24	25	25	33	15	17	22	22	22	22	30	18	19	21	22	22	22	30
		10	22	24	27	27	28	28	37	17	19	24	24	25	25	33	20	21	24	24	25	25	33

(a) Distância vertical entre o solo e as mãos (cm).
(b) Aceitável para 90, 75, 50, 25 ou 10% dos trabalhadores da indústria.
Fonte: Adaptado de Snook e Ciriello (1991).

Tipo de superfície do piso

O tipo de superfície do piso tem um grande efeito sobre o consumo de energia. Andar sobre um solo macio e sólido é pouco demandante. O esforço aumenta em solo sujo, torna-se mais pesado em solo levemente áspero, em neve pesada, piora em solo bastante áspero ou pantanoso. Comparado a andar em asfalto, andar em areia fofa consome duas vezes mais energia, em neve fofa com 20 cm de altura consome três vezes mais e em neve fofa com 35 cm de altura, quatro vezes mais (dados coletados por Kroemer *et al.*, 1994). O uso de um tonel com rodas ou outro tipo de carrinho para carregamento da carga pode ser de grande ajuda. As seguintes distâncias podem ser percorridas com uma carga de uma tonelada sobre um carrinho de mão de quatro rodas e consumindo 1050 kJ-trabalho:

Sobre um trilho	850 m
Sobre uma boa estrada	700 m
Sobre uma estrada ruim	400 m
Sobre uma estrada suja	150 m

Empurrar um carrinho exige em torno de 15% menos esforço do que puxando-o. Snook e Ciriello (1991) publicaram várias tabelas sobre as forças que pessoas com experiência em manuseio de carga são capazes de empurrar e puxar.

As alças do carrinho devem estar em torno de 1 m acima do solo e ter em torno de 40 mm de espessura. Um carrinho de duas rodas deve ter seu centro de massa o mais baixo e mais próximo possível da haste, para favorecer o equilíbrio e reduzir o montante do peso a ser suportado.

Inclinações

Quando uma tarefa exige subir, uma inclinação de 10° é a mais eficiente. As seguintes alturas podem ser alcançadas com um consumo de 42 kJ trabalho:

Em uma escada (de pintor) de 90°	11,5 m
Em uma escada (de pintor) de 70°	14,4 m
Em uma escada de 30°	13,2 m
Em uma pista com 25° de inclinação	13,1 m
Em uma pista com 10° de inclinação	15,5 m

Subir em escadas (tipo de pintor) é mais eficiente quando ela está a um ângulo de 70° e os degraus distam 260 mm um do outro; mas, no caso de carregamento de cargas pesadas, é melhor que os degraus distem 170 mm. Em alguns casos, degraus alternados pode ser vantajoso, conforme Jorna *et al.* demonstraram, em 1989.

Escadas

Subir escadas é uma das melhores formas de exercício no dia a dia. *Sob o ponto de vista da medicina preventiva, recomenda-se que as pessoas sedentárias subam escadas como uma "ginástica".* Mas é necessário que o projeto da escada permita que se suba eficientemente, o que é especialmente importante no caso de pessoas enfermas ou idosas.

Lehmann (1962) descobriu que o mínimo de energia é gasto em escadas com uma inclinação de 25 a 30°, tendo elaborado empiricamente as seguintes regras:

Altura do espelho do degrau	170 mm
Profundidade do piso do degrau	290 mm

Escadas com estas dimensões não são apenas as mais eficientes, mas tendem também a gerar menos acidentes. Estas recomendações podem ser expressas na seguinte fórmula:

$$2a + p = 630\ mm$$

sendo a = altura do espelho do degrau e p = profundidade do piso do degrau, ambos em mm. A Figura 6.7 mostra as dimensões ótimas para o projeto de escadas.

BATIMENTO CARDÍACO COMO MEDIDA DE CARGA DE TRABALHO

Consumo de energia e batimento cardíaco

Em meados dos anos 1900, o consumo de energia era o meio pelo qual se estimava a gravidade do esforço físico, mas é claro que o consumo energético apenas não é uma medida suficiente. O grau de estresse físico depende não só da quantidade de quilojoules consumidos, mas, também, do número de músculos envolvidos e no quanto eles estão executando trabalho estático. Um certo nível de energia significa maior esforço quando é consumida no trabalho envolvendo poucos músculos do que quando envolve vários músculos. Da mesma forma, uma mesma quantidade de energia consumida no trabalho estático é mais fatigante do que quando aplicada em trabalho dinâmico.

Um outro argumento contra o uso isolado do consumo energético como medida de carga de trabalho é que ele não reflete certas condições de trabalho, como, por exemplo, o trabalho sob calor. O calor pode representar uma parcela muito pequena do consumo energético, mas um aumento abrupto dos batimentos cardíacos.

A Figura 6.8 mostra as muitas formas como o aumento do batimento cardíaco relaciona-se com a carga de trabalho. Sob um dado consumo de energia, as condições e o tipo de trabalho sendo realizado podem demandar diferentemente o coração. Sumarizando, pode-se dizer que o *aumento dos batimentos cardíacos relacionado com o aumento da carga de trabalho é mais acentuado:*

a) quanto maior for a temperatura ambiente;
b) quanto maior for a proporção de trabalho estático em relação ao dinâmico;
c) quanto menos músculos estiverem envolvidos.

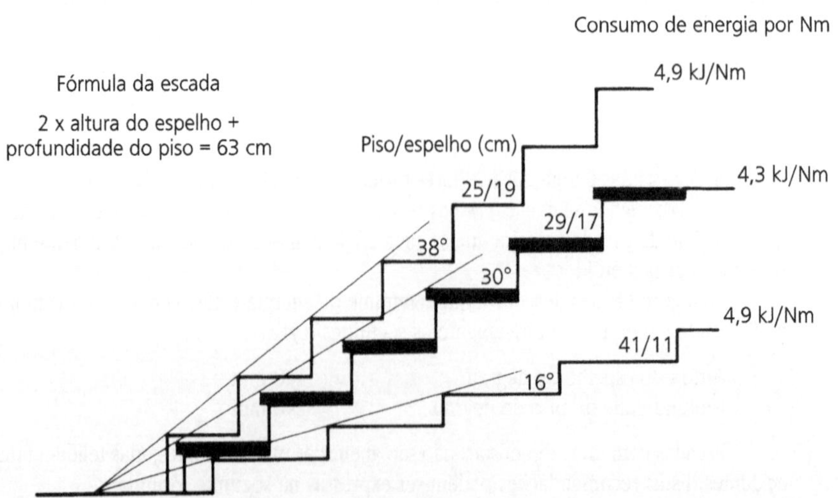

Figura 6.7 Recomendações fisiológicas para a angulação e dimensões de escadas.

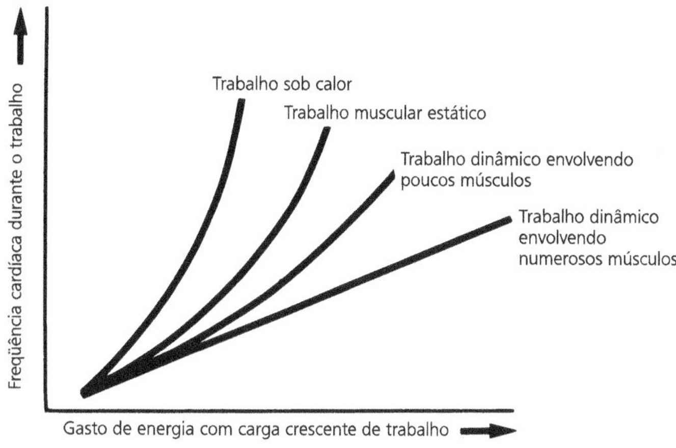

Figura 6.8 Aumento da freqüência cardíaca em relação a diferentes condições de trabalho.

Por estas razões, em anos mais recentes, o batimento cardíaco tem sido cada vez mais utilizado como um índice de carga de trabalho. Antes de se deter sobre a freqüência cardíaca, é necessário considerar a relação entre circulação sangüínea e respiração.

Sangue e respiração

O trabalho físico exige ajustes e adaptações que podem afetar quase todos os órgãos, tecidos e fluidos do corpo. Os ajustes mais importante são:

1. Respiração mais profundo e mais rápida.
2. Aumento da freqüência cardíaca, acompanhada de um aumento inicial da força da batida e um aumento do volume-minuto (capacidade de bombeamento do coração).
3. Adaptações vasomotoras, com a dilatação dos vasos dos órgãos envolvidos (músculos e coração), enquanto o calibre de outros vasos são estreitados. Com isto, consegue-se drenar o sangue dos órgãos que não estão imediatamente envolvidos para aqueles que necessitam de mais oxigênio e de nutrientes.
4. Aumento da pressão sangüínea, aumentando a pressão do gradiente das artérias principais para os vasos dilatados dos órgãos em trabalho, aumentando portanto o fluxo sangüíneo.
5. Aumento do suprimento de açúcares (glicose e glicogênio) lançados no sangue.
6. Aumento da temperatura corporal e do metabolismo. O aumento da temperatura acelera as reações químicas do metabolismo e garante que mais energia química é convertida em energia mecânica. Por essa razão, os atletas se aquecem antes de uma competição.

Quando o trabalho continua, efeitos metabólicos secundários aparecem, particularmente alterações na composição dos fluidos do corpo. Há um acúmulo dos resíduos metabólicos, principalmente ácido lático, e os rins têm mais resíduos para descartar. A atividade muscular gera um calor adicional no corpo e, para restaurar o equilíbrio, mais calor deve ser dissipado através da pele, pelo suor. Um pouco do calor também é transportado pela corrente sangüínea para os pulmões, onde é eliminado pelo ar junto com alguma água liberada pelos processos metabólicos. Obviamente, o sistema circulatório está intensivamente envolvido no transporte dos nutrientes e oxigênio para os músculos em trabalho, e no transporte de calor, água e dióxido de carbono para os pulmões, e de calor e água para a pele.

Dentro de certos limites, as mudanças — ventilação pulmonar, transpiração, temperatura corporal e, principalmente, freqüência cardíaca — mostram uma relação linear com o consumo de energia ou com o trabalho sendo realizado. Tendo em vista que essas mudanças podem ser medidas enquanto a pessoa está trabalhando, elas podem ser usadas para avaliar o esforço físico envolvido. A Tabela 6.6 mostra reações medidas sob várias cargas de trabalho.

Medição do batimento cardíaco (pulso)

Medir o batimento cardíaco ("tomar o pulso") é uma das formas mais fáceis de avaliar a carga de trabalho.

Pode-se simplesmente sentir o pulso (a pressão sangüínea em ondas) na artéria radial do pulso ou na artéria carótida do pescoço, mas fazer isso gera uma intromissão no trabalho da pessoa, produzindo, portanto, resultados falsos. Alguns instrumentos podem medir a freqüência cardíaca durante o trabalho. Um tipo de instrumento considera as mudanças no volume do tecido, em cada pulso; o método mais moderno usa a corrente elétrica associada com as ações do músculo cardíaco (como pode ser visto no eletrocardiograma), e a freqüência cardíaca é contada pelo número de picos R (o potencial de ação mais forte) por unidade de tempo, geralmente, por minuto.

Freqüência cardíaca durante atividade física

Conforme já mencionado, e dentro de certos limites, a freqüência cardíaca aumenta linearmente com o trabalho realizado, considerando que o trabalho é dinâmico e não estático, e que é realizado dentro de um ritmo constante.

Quando o trabalho é leve, a freqüência cardíaca aumenta rapidamente até um nível compatível com o esforço e se mantém constante durante toda a duração do trabalho. Quando o trabalho encerra, o batimento cardíaco volta ao normal após alguns minutos.

Sob trabalho mais pesado, no entanto, a freqüência cardíaca vai aumentando até que o trabalho é interrompido ou o operador pare, devido à exaustão. A Figura 6.9 mostra, esquematicamente, o comportamento do pulso durante certos trabalhos.

Escalas de freqüência cardíaca

Müller (1961) propôs as seguintes definições:

Pulso de repouso. Média da freqüência cardíaca antes do trabalho iniciar.
Pulso durante o trabalho. Média de batimentos cardíacos durante o trabalho.
Pulso de trabalho. Diferença entre o pulso de repouso e o pulso durante o trabalho.

Tabela 6.6 Sobrecarga de trabalho com base nas reações metabólicas, na respiração, na temperatura e na freqüência cardíaca

Carga de trabalho	Consumo de oxigênio (L/min)	Ventilação pulmonar (L/min)	Temperatura retal (°C)	Freqüência cardíaca (batidas/min)
Muito leve (repouso)	0,25-0,30	6-7	37,5	60-70
Baixa	0,50-1,00	11-20	37,5	75-100
Regular	1,00-1,50	20-31	37,5-38	100-125
Alta	1,50-2,00	31-43	38-38,5	125-150
Muito alta	2,00-2,50	43-56	38,5-39	150-175
Extremamente alta (esporte)	2,50-4,00	60-100	acima de 39	acima de 175

Fonte: Christensen (1964).

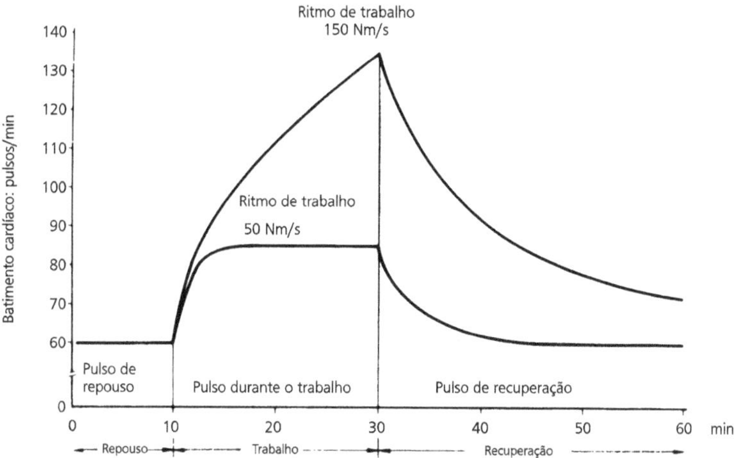

Figura 6.9 Freqüência de pulso em dois ensaios de trabalho com diferentes cargas. Com alta carga a freqüência aumenta constantemente; em cargas menores a freqüência cardíaca fica constante em um *plateau* ou *steady state*.

Pulso de recuperação total (custo de recuperação). Soma dos batimentos cardíacos do final do trabalho até que o pulso retorne ao seu nível de repouso.

Pulso de trabalho total (custo cardíaco). Soma dos batimentos do início do trabalho até que o nível de repouso é restaurado.

Müller acreditava que o pulso de recuperação total é a maneira de medir a fadiga e a recuperação. Tendo em vista que "fadiga" é um termo subjetivo, pode ser conveniente considerar a freqüência cardíaca e, particularmente, o pulso de recuperação total, como uma medida da carga física de trabalho de um indivíduo.

Limites aceitáveis

Karrasch e Müller (1951), com base em seus estudos, definiram um limite superior aceitável de carga de trabalho, no qual, abaixo dele, o pulso durante o trabalho não continua subindo indefinidamente e, quando o trabalho termina, volta para o seu nível de repouso dentro de 15 min aproximadamente. Esse limite parece garantir que a energia sendo usada até esse limite está sendo reposta, a título de manter o equilíbrio do corpo. *O limite máximo nessas condições é o de trabalho contínuo durante oito horas.*

O limite de desempenho contínuo para homens é alcançado quando o pulso durante o trabalho atinge 30 batimentos/min acima do pulso em repouso, sendo as duas medidas tomadas na mesma postura (por exemplo, as duas tomadas com o sujeito de pé), de forma que as cargas estáticas são as mesmas. Rohmert e Hettinger (1965) fizeram um estudo sistemático de limites de carga de trabalho durante a qual a freqüência cardíaca se manteve constante, usando uma bicicleta ergométrica por oito horas. Eles concluíram que esse limite ainda era válido para um pulso de trabalho de até 40 min, considerando-se que *o pulso de repouso era avaliado com o operador deitado*. Os autores mostraram que um trabalho dinâmico envolvendo um moderado número de músculos gerava 4 kJ-trabalho/min, que era equivalente a 10 pulsos de trabalho.

Vários estudos feitos em fábricas mostraram que é mais fácil medir o pulso de repouso com o sujeito sentado do que com ele deitado e, portanto, sugere-se *tomar o pulso de repouso na postura sentada* e considerar *35 pulsos de trabalho como o limite para o desempenho contínuo de homens*. Não existem estudos semelhantes para as *mulheres*, mas, com base na fisiologia, parece razoável postular *30 pulsos de trabalho como o limite para o trabalho contínuo* das mulheres, tendo-se tomado o pulso de repouso na postura sentada.

Pulso de recuperação

Nos Estados Unidos, Brouha (1967) estudou detalhadamente a freqüência cardíaca como um índice de carga de trabalho, sendo que os principais resultados incluem:

1. *Uma carga de trabalho de 3.500 Nm/min resultaram em 50 pulsos de trabalho para as mulheres e 40 para os homens.*
2. O pulso de recuperação total (custo de recuperação) foi uma medida de carga de trabalho tão boa quanto, ou até melhor, do que o pulso total de trabalho (custo cardíaco).
3. O procedimento a seguir mostrou-se adequado para o registro do processo de recuperação. Quando o trabalho termina, deve-se tomar o pulso nos seguintes intervalos de 30 segundos:
   de 30 s a 1 min;
   de 1 ½ min a 2 min;
   de 2 ½ min a 3 min.
   Considera-se a média destas três leituras como o batimento cardíaco durante a fase de recuperação, assim como um indicador da carga de trabalho.
4. O seguinte critério foi recomendado para a determinação dos limites aceitáveis de carga de trabalho: *a primeira leitura não deve exceder 110 pulsos/min, com uma queda de, no mínimo, 10 pulsos entre a primeira e terceira leituras.* Nestas condições, a carga de trabalho pode ser mantida durante uma jornada de trabalho de oito horas.

EFEITOS COMBINADOS DE TRABALHO E CALOR

Conforme já mencionado, o batimento cardíaco pode ser utilizado como medida de carga térmica, assim como de carga de trabalho, e isso é compreensível, já que a bomba coração precisa bombear sangue para os músculos e também calor para a pele e os pulmões, quando é necessário eliminar o excesso de calor. Portanto, quando o trabalho é realizado sob condições de calor, o coração e o sistema circulatório têm duas funções:

(1) Transportar energia para os músculos.
(2) Transportar o calor do interior do corpo para a pele.

Essa dupla função do coração e do sistema circulatório é comum na indústria, florestamento e agricultura. Quando um trabalho pesado tem que ser realizado em temperaturas ambientes de 25° C, a simples eliminação do excesso de calor passa a ser uma carga adicional sobre o coração. Um exemplo dessa carga ocorre na fundição. Hünting e colaboradores (19674) mostraram que segurar as peças fundidas durante a operação gerava uma carga considerável nas costas e nos braços, tanto estática quanto dinâmica. As condições de trabalho estressantes levava a pausas deliberadas de até 60% do tempo de trabalho. Ao mesmo tempo, o operador estava sujeito a radiação de calor intenso. A Figura 6.10 mostra um esquema de uma forja, e na Figura 6.11 são mostrados os resultados de medidas de carga de trabalho de um operador de 47 anos de idade.

O pulso de trabalho médio de 41 batimentos/min durante a forja deve ser considerado muito alto. A Figura 6.11 também indica o limite de trabalho contínuo estipulado por Müller (1961), que é válido neste caso porque o pulso de trabalho do operador foi medido quando ele estava de pé.

O tempo real de trabalho teve relação com o número de peças forjadas por minuto e com a temperatura ambiente. A freqüência cardíaca acompanhou estas duas variáveis.

Trabalho estático e freqüência cardíaca

O Capítulo 1 mostrou um exemplo do "plantio de batatas", onde o esforço estático gerou um pulso de trabalho de 40 batimentos/min, que foi reduzido para 31 batimentos/min quando foi eliminada a necessidade de se segurar a cesta de batatas (Figura 1.8), embora o consumo de energia permanecesse o mesmo.

Isto mostra que *o esforço estático pode causar um aumento da freqüência cardíaca, apesar de não haver um aumento no total de energia consumida. Este aumento deve ser interpretado como um aumento do estresse físico.* Este fenômeno também é mostrado na Figura 6.9.

Em laboratório, os efeitos do esforço muscular estático foram estudados utilizando-se cargas que deviam ser suportadas ou arrastadas. A Figura 6.12 mostra os resultados de experimentos realizados por Lind e McNicol (1968). Os autores descobriram que, apesar das cargas estáticas consideráveis, a freqüência cardíaca aumentou pouco acima de 100 batimentos/min e que o pulso de repouso inicial foi rapidamente restaurado.

Figura 6.10 Ferreiro na forja. O trabalhador manipula com alicates uma peça de 18,5 kg a ser fundida, que está incandescente e irradia um forte calor.

ESTUDOS DE CASOS ENVOLVENDO TRABALHO PESADO

Trabalho pesado na indústria de ferro e aço

Hettinger (1970) e Scholz (1963) realizaram vários estudos sobre a carga de trabalho nas indústrias do ferro e do aço

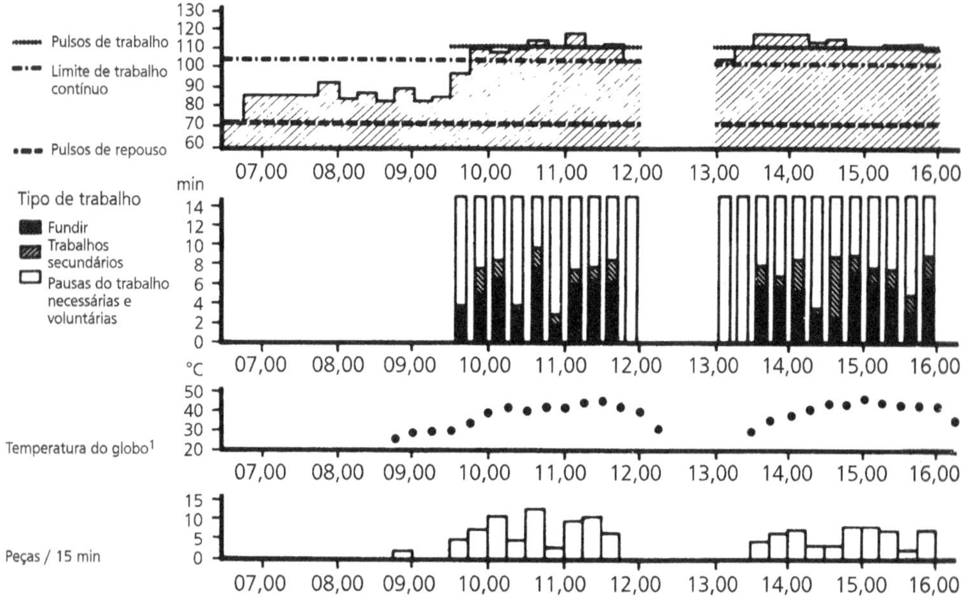

Figura 6.11 Resultados das medições de pulsos, das análises do trabalho e das temperaturas ambiente de um trabalho em uma fundição. Acima: curso da freqüência de pulso (valor médio aos 15 minutos). Média de pulso de trabalho na fundição: 41 pulsos. Meio: distribuição no tempo das diferentes atividades em 15 minutos. Tempo real de fundição: 28% do tempo de observação. Temperatura ambiente em °C junto do trabalhador. Embaixo: número de peças prontas em 15 minutos. Segundo Hünting *et al.* (1974). [1] A temperatura de globo mede a temperatura média radiante. Ver Capítulo 20.

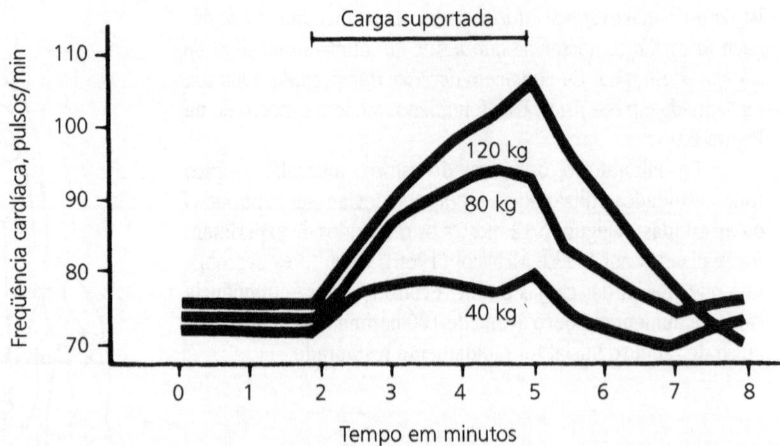

Figura 6.12 Freqüência cardíaca durante esforço estático (carregando peso). Quanto mais pesada a carga, maior o total de pulsos de trabalho e pulsos de recuperação. De acordo com Lind e McNicol (1968).

alemãs. A Figura 6.13 mostra a freqüência cardíaca máxima de 380 trabalhadores, medida durante períodos de dois e quatro minutos e dispostas numa curva de distribuição de freqüência. É evidente que os picos mais freqüentes estão na ordem de 137 a 140 batimentos/min (média de 132,6), e que os extremos alcançam até 180 batimentos/min.

Hettinger (1970) comparou o dispêndio energético (kJ-trabalho) com o pulso de trabalho de 552 trabalhadores nas indústrias do ferro e do aço alemãs. Em proporção aos seus respectivos limites máximos, os valores de kJ- trabalho são geralmente mais baixos do que os valores de pulso de trabalho, uma discrepância a que se atribuiu o efeito do esforço estático e do calor. Em cerca de um terço dos postos de trabalho, os pulsos de trabalho ficavam acima do limite de 40 batimentos/min.

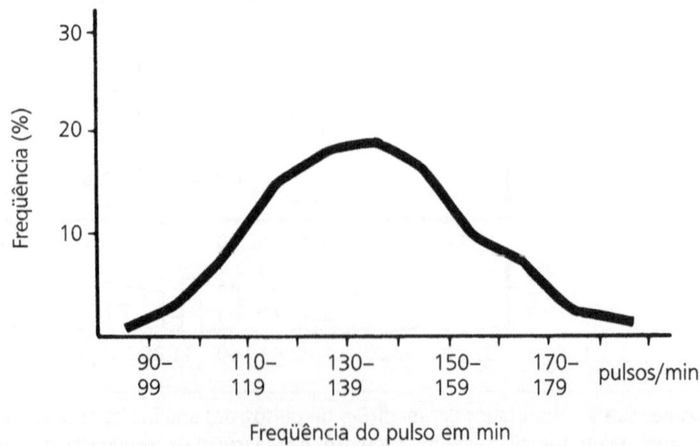

Figura 6.13 Distribuição da freqüência cardíaca máxima medida durante a jornada de trabalho, em 380 trabalhadores de uma indústria de ferro e aço alemã entre os anos 1961 e 1969. Segundo Hettinger (1970).

Trabalho pesado na agricultura

Apesar da mecanização, o trabalho pesado ainda existe na agricultura e os estudos de Brundke (1973) devem ser mencionados.

Um fruticultor, um agricultor e um leiteiro foram estudados e os pulsos foram avaliados durante toda uma semana de trabalho. O pulso de repouso foi medido quando eles estavam dormindo, à noite. A Figura 6.14 mostra os resultados dos pulsos de trabalho.

Fica claro, pela Figura 6.14, que o limite crítico de 40 pulsos de trabalho/min foi excedido em várias ocasiões, especialmente pelo leiteiro e pelo agricultor na época da colheita. Esses estudos mostram que, *apesar da mecanização, o trabalho pesado ainda é parte da rotina do agricultor*.

Trabalho pesado realizado por mulheres na indústria têxtil

Existem muitos trabalhos pesados na indústria que não aparentam ser pesados à primeira vista. Um exemplo vem da indústria têxtil, na qual as mulheres devem examinar bobinas de fibra artificial e empacotá-las. (Nemecek e Grandjean, 1975). Os três movimentos-chave da tarefa são mostrados na Figura 6.15

O alcance à esquerda varia entre 500 e 900 mm enquanto que, à direita, é de 900 mm. O movimento da esquerda para a direita exige um esforço que é parcialmente estático (suportando um peso de 3 kg) e parcialmente dinâmico, e cada movimento é feito com uma ligeira curvatura e torção do tronco. A fábrica introduziu um "*novo método*" de amarrar as pontas das fibras, mas, como tal não surtiu na melhoria esperada de desempenho, foi questionado se as operadoras não estavam fisicamente sobrecarregadas.

Os pesquisadores selecionaram cinco trabalhadoras, avaliaram o pulso, contaram quantas bobinas elas davam conta em 15 minutos e investigaram a extensão das dores no corpo e as avaliações subjetivas de fadiga.

Para avaliar as dores e fadiga foi aplicado um questionário aberto, antes e depois da realização da tarefa.

Os resultados da medição dos pulsos são mostrados na Figura 6.16. Assumindo que o limite máximo desejado para esforço contínuo da mulher é de 30 pulsos de trabalho/min, nota-se que ele foi excedido em seis dos 10 casos, já que foi registrado o dobro de pulsos de trabalho acima de 40 pulsos/min. *A causa do esforço elevado é a exigência de esforço muscular dos braços.* De acordo com Rohmert (1960), em média, uma mulher é capaz de segurar 6 ± 1,5 kg com o braço esticado e, portanto, para segurar uma bobina de 3 kg ela está exercendo em torno de metade de sua força máxima. Isto é muito até para um esforço dinâmico e obviamente para um esforço estático, o qual não pode exceder 15 a 20% da capacidade de força máxima. Além disso, não foi considerado o peso do próprio braço esticado, que também tem que ser suportado. Estes estudos mostram que *mesmo os trabalhos aparentemente leves podem requerer do trabalhador muito esforço muscular.*

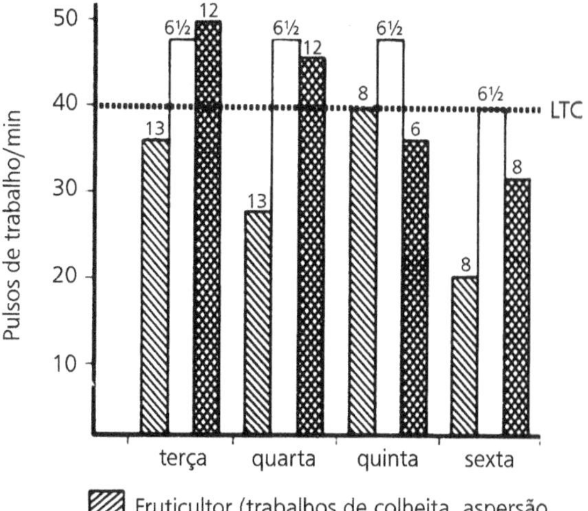

Figura 6.14 Média dos pulsos de três trabalhadores durante a atividade da agricultura. O pulso de repouso foi tomado durante à noite, no sono. Os números sobre as colunas dão o tempo aproximado de trabalho diário em horas. LTC — limite de trabalho contínuo para uma jornada de oito horas diárias. Representação de acordo com dados de Brundke (1973).

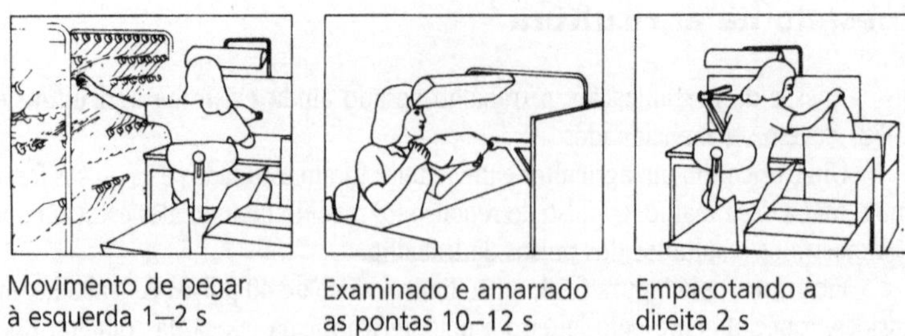

Figura 6.15 Inspeção de bobinas de fibra sintética. Os três desenhos mostram as três operações envolvidas no trabalho. Peso de um novelo = 3 kg. Desempenho: 730 – 960 × 3 kg = 2.200 – 2.900 kg por braço, por turno de trabalho. Segundo Nemecek e Grandjean (1975).

A avaliação de dores no corpo e fadiga mostrou que as dores no braço direito, costas e pescoço aumentava durante o turno de trabalho. Não há dúvida que estas dores estão relacionadas com as posturas que as trabalhadoras tinham que adotar.

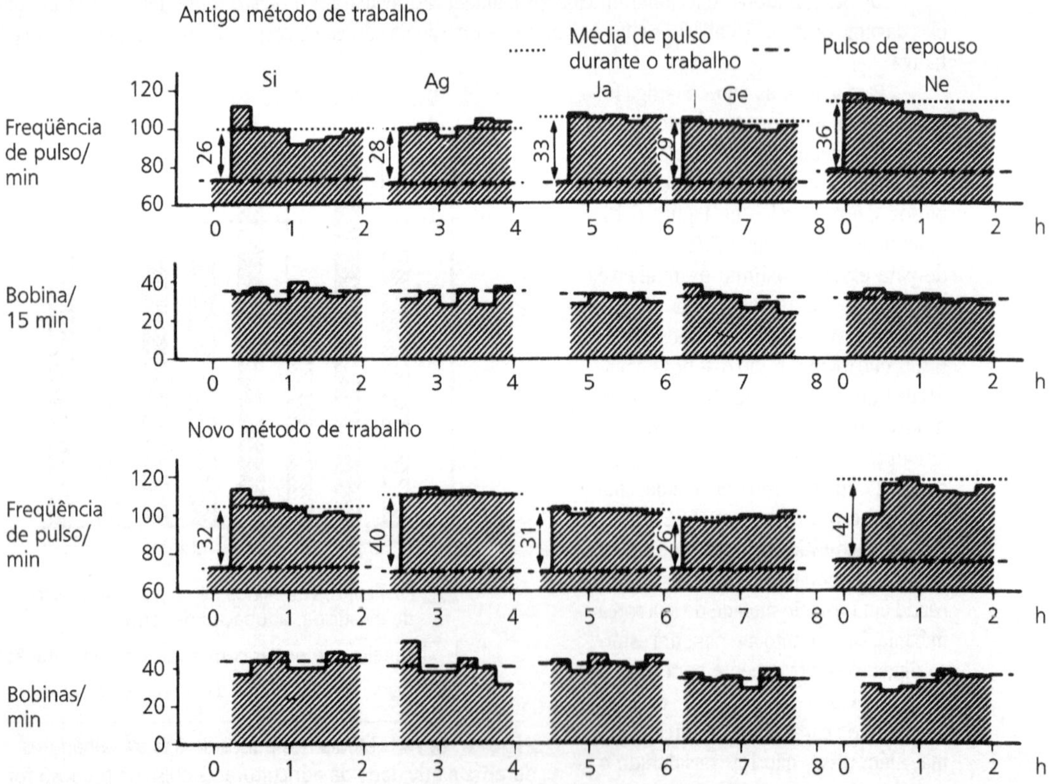

Figura 6.16 Freqüência cardíaca e desempenho de cinco trabalhadoras no controle de qualidade de bobinas de uma indústria têxtil. Si, Ag, Ja, Ge, Ne = abreviação do nome da operadora. Linha tracejada = pulso de repouso na postura sentada. Linha pontilhada = média do pulso durante o trabalho. Setas verticais = pulso de trabalho médio em 2h. Segundo Nemecek e Grandjean (1975).

Tabela 6.7 Efeito do aumento de desempenho exigido no novo método de trabalho, pulso de trabalho, fadiga e dores em cinco trabalhadoras da indústria têxtil

	Número de bobinas manuseadas por minuto		Pulsos de trabalho		Aumento diário das dores e fadiga	
Trabalhadora[a]	**M antigo**	**M novo**	**M antigo**	**M novo**	**M antigo**	**M novo**
Ne	730	959	36	42	1	18
Ag	720	912	28	41	22	27
Ge	732	840	29	26	7	19
Ja	732	960	33	31	3	31
Si	852	960	26	32	26	30

Nota: M = método. [a] Abreviação do nome da operadora.
Fonte: Segundo Nemecek e Grandjean (1975).

Finalmente, a Tabela 6.7 sumariza os efeitos do *novo método*, com suas demandas para aumento de desempenho, o pulso de trabalho e o nível de dores e fadiga. A auto-avaliação considerou a média das variações diárias das respostas às questões quanto à fadiga e dores nos braços, mãos, costas e pescoço.

Embora os resultados não sejam estatisticamente significativos, provavelmente devido ao número reduzido de observações, a tendência é óbvia. A carga de trabalho foi excessiva tanto no antigo quanto no novo método: pela redução do tempo de inspeção e envolvimento de mais trabalho de braço direito e esquerdo, o novo método aumentou ainda mais a carga de trabalho, o que levou ao aumento do pulso de trabalho e aparentemente causou mais fadiga e dores nas trabalhadoras.

Conclusões

Pelas evidências dos resultados, o trabalho poderia ser aliviado da seguinte forma:

1. Encurtando a distância de alcance nos dois lados.
2. Reduzindo o nível de trabalho.
3. Introduzindo auxílios mecânicos para reduzir a carga nas mãos; por exemplo, um suporte giratório para a bobina.
4. Reorganizando o trabalho, com a rotação de diferentes operadoras.

RESUMO

O ser humano não é um "animal energeticamente eficiente", medido em joules, freqüência cardíaca ou fadiga, mas o ergonomista pode empregar várias técnicas para avaliar o trabalho físico pesado.

CAPÍTULO 7

Manuseio de cargas

PROBLEMAS DE COLUNA

O manuseio de cargas (levantar, abaixar, empurrar, puxar, carregar, segurar e arrastar) geralmente envolve bastante esforço estático e dinâmico, o suficiente para ser classificado como trabalho pesado.

Faltas ao trabalho por problemas de coluna

O principal problema destas formas de trabalho, no entanto, não é a carga sobre os músculos, mas sobretudo *o desgaste da coluna, especialmente nos discos intervertebrais da região lombar*, com o crescente risco de distúrbios. Esta é a razão para o manuseio de cargas merecer um capítulo à parte.

Os problemas de coluna podem ser dolorosos e reduzir a mobilidade e vitalidade de uma pessoa. Eles geralmente acarretam em ausência no trabalho e hoje estão entre as causas mais importantes de invalidez prematura. Eles são bastante comuns no grupo etário de 20 a 40 anos de algumas profissões (enfermeiros, trabalhadores de serviços pesados, agricultores, pessoal que lida com bagagem, etc.), particularmente predispostas a problemas dos discos intervertebrais. Trabalhadores com tarefas com muita atividade física sofrem mais com problemas desta natureza do que trabalhadores sedentários.

Sobrecarga e dores na região inferior da coluna

Distúrbios por sobrecarga, especialmente na região inferior da coluna, representam em torno de um quarto de todos os distúrbios ocupacionais registrados nos Estados Unidos. Algumas indústrias informam que mais da metade do total de distúrbios são devidos à sobrecarga. Aproximadamente dois terços de distúrbios por sobrecarga envolveram o levantamento de cargas e em torno de 20% envolveram o empurrar e puxar cargas.

O British Health and Safety Executive (Health and Safety Executive, 1992) informou que no Reino Unido mais de um quarto dos distúrbios registrados na indústria, entre 1990 e 1991, estavam associados com o manuseio de cargas — o transporte ou manutenção de cargas pela força manual ou corporal. Destes distúrbios, 45% ocorreram nas costas, 22 nas mãos e 13 nos braços. Dados similares são reportados nos Estados Unidos (Marras *et al.*, 1995). De acordo com Krämer (1973), na Alemanha, os problemas discais são a causa de 20% de absenteísmo e 50% de aposentadorias prematuras. Os problemas de coluna estão entre as causas mais comuns de distúrbios e invalidez em muitas populações industriais.

Causas dos problemas de coluna

Muitas vítimas de problemas de coluna não sabem dizer como eles começaram. Na maioria dos casos, elas não apontam uma dor súbita em função de uma dada ação, mas relatam que o problema apareceu devagar até tornar-se intenso o suficiente para incapacitar.

A ocorrência disseminada de problemas na parte inferior da coluna clama pelos esforços de ergonomistas, no sentido de evitar ou ao menos reduzir a sobrecarga e desgaste dos discos intervertebrais. Quando o "assento de trabalho" foi discutido no Capítulo 5, foram feitas considerações quanto à anatomia dos discos intervertebrais e à natureza dos problemas de disco. Algumas considerações suplementares são feitas a seguir.

Problemas nos discos

A coluna vertebral, ou coluna, tem a forma de S alongado: no nível do tórax, ela tem uma curva voltada para dentro, chamada cifose, e na região lombar, uma curva levemente voltada para fora, a lordose lombar. Uma outra lordose ocorre na coluna cervical, que suporta a cabeça. Essa construção dá à coluna de vértebras a elasticidade para absorver choques de uma corrida e um pulo.

A carga na coluna vertebral aumenta do pescoço para baixo e é maior na região das cinco vértebras lombares.

As vértebras adjacentes são separadas pelos discos intervertebrais. A degeneração dos discos pode simplesmente ocorrer em função da idade ou como resultado de muitos movimentos repetitivos; envelhecimento e uso geralmente ocorrem juntos, e um esforço súbito mais forte pode gerar uma doença aguda. A degeneração dos discos afeta primeiro as camadas exteriores do disco, que geralmente são rígidas e fibrosas. Elas levam a alterações nos tecidos, traduzidas pela perda de água, de forma que o anel fibroso se torna quebradiço e frágil e perde sua consistência. De início, as mudanças degenerativas achatam o discos, com risco de afetar a mecânica da coluna ou até mesmo deslocar as vértebras. Nessas condições, ações bastante pequenas, tais como o levantamento de um peso leve ou até mesmo do próprio corpo, o escorregar dos pés ou incidentes similares podem gerar fortes dores nas costas.

Se a degeneração dos discos progredir, qualquer força de compressão súbita pode espremer a massa viscosa do interior do disco para fora, por alguma ruptura dos anéis fibrosos, e, portanto, exercer pressão na própria medula espinhal ou nos nervos eferentes. Isto é o que ocorre no caso de hérnia de disco. A pressão nos nervos, a redução dos espaços entre as vértebras e as distensões e os esmagamentos dos tecidos adjacentes, músculos e ligamentos da espinha são as causas das variadas dores, paralisias e espasmos da musculatura, incluindo lumbago e ciática.

Três abordagens diferentes são usadas em estudos sobre o risco de problemas de coluna devido à elevação de cargas:

1. A medição da pressão intervertebral do disco.
2. Modelos biomecânicos para predizer as forças de compressão na coluna lombar.
3. A medição da pressão intra-abdominal.

Estas três abordagens são sumarizadas a seguir.

PRESSÃO DO DISCO INTERVERTEBRAL

Carga nos discos intervertebrais

Na Suécia, Nachemson (1974), Nachemson e Elfström (1970), e Andersson e Ortengren (1974) estudaram os efeitos da postura corporal e do manuseio de cargas, na pressão interna dos discos intervertebrais.

A Figura 7.1 mostra os resultados do manuseio de vários pesos e as pressões intervertebrais de nove pessoas; duas delas tinham problemas de coluna e as outras sete gozavam de boa saúde. A figura mostra claramente os efeitos causados pela coluna dobrada na carga dos discos, quando um peso estava sendo levantado.

Uma curvatura das costas mantendo os joelhos retos provoca uma maior carga sobre os discos da região lombar do que quando a coluna fica a mais reta possível com os joelhos dobrados.

Técnica de levantamento e pressão nos discos

A Figura 7.2 mostra como a pressão ocorre nos discos durante dois tipos de ação de levantamento de carga. A curva de pressão mostra bastante claramente como o levantamento de uma carga com a coluna curvada pode resultar em um pico súbito na pressão interna do disco e rapidamente sobrecarregá-lo, especialmente nos anéis fibrosos.

Estudos científicos confirmam a experiência diária de que as pessoas que têm problemas de disco estão especialmente sujeitas a dores súbitas e violentas, e até paralisia. Estes sintomas são geralmente precipitados pela sobrecarga repentina dos discos, um risco que aumenta com métodos de trabalho que envolvem manipulação não-adequada de materiais.

Os pesos da cabeça e do pescoço, braços e mãos, e da parte superior do tronco recaem na coluna, porque esta é a única estrutura óssea sólida que impede que a caixa torácica caia sobre a pélvis. Quão mais pesado a parte superior do corpo, maior é a força sobre a coluna. Um peso adicional carregado nas mãos sobrecarrega os braços e os ombros e, por fim, comprime a coluna. Comparado com ficar de pé ereto e parado, andar, curvar ou torcer o corpo aumenta a força sobre a coluna, e especialmente nos discos intervertebrais. Exemplos de forças de compressão nos discos associadas com várias posturas são resumidos na Tabela 7.1

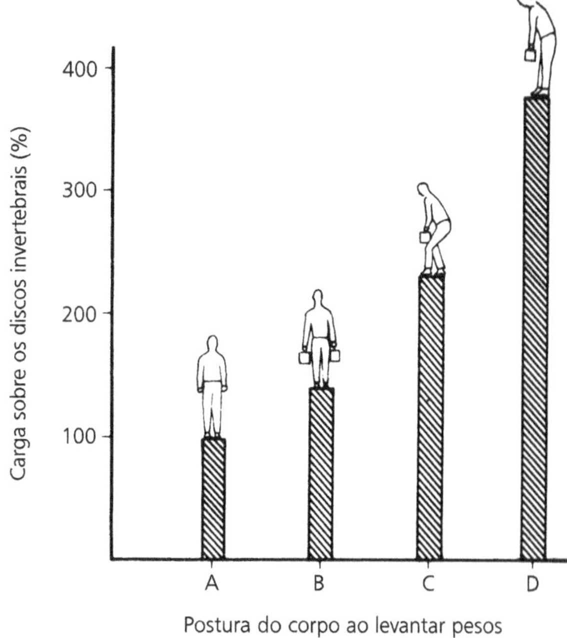

Figura 7.1 A influência da postura do corpo durante levantamento de cargas na pressão do disco invertebral entre L_3 e L_4. A = postura ereta. B = postura ereta com 10 kg de peso em cada braço. C = levantamento de carga de 20 kg, com os joelhos dobrados e costas eretas (postura correta de levantamento de cargas). D = levantamento de uma carga de 20 kg com joelhos retos e costas curvadas. Carga no disco

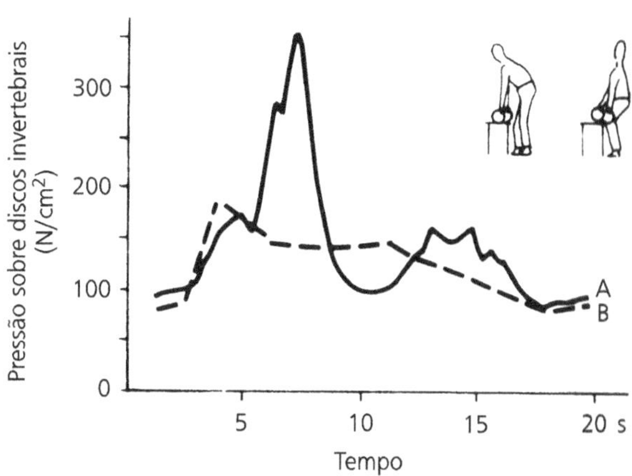

Figura 7.2 O desenvolvimento da pressão no interior do disco invertebral entre L_3 e L_4 ao levantar uma carga de 20 kg. A = costas curvadas, joelhos retos. B = costas retas, joelhos dobrados. Segundo Nachemson e Elfström (1970).

Distribuição de cargas sobre os discos

Quando o curvear da coluna gera a curvatura da coluna lombar, as cargas impostas nos discos intervertebrais não são apenas pesadas, mas assimétricas, já que elas são consideravelmente mais pesadas na fren-

Tabela 7.1 Carga do disco invertebral lombar L_3 e L_4 durante diferentes posturas e trabalhos

Postura/atividade	N
De pé ereto	860
Caminhar devagar	920
Inclinação do tronco lateralmente a 20°	1.140
Rotação do tronco a 45°	1.140
Inclinação do tronco para frente a 30°	1.470
Inclinação do tronco para frente a 30°, com 20 kg	2.400
De pé ereto, com 20 kg (com 10 kg em cada braço)	1.222
Levantar peso de 20 kg com costas retas e joelhos dobrados	2.100
Levantar peso de 20 kg com costas curvas e joelhos retos	3.270

Fonte: Nachemson e Elfström (1970).

te do que atrás (Figura 7.3). *Os esforços resultantes sobre os anéis fibrosos são certamente prejudiciais e devem ser considerados como fator importante para o desgaste do disco.* Além disso, deve-se considerar que o fluido viscoso intradiscal tende a ser espremido para o lado que tem menor pressão. Se isso for na parte de trás, então não há perigo que o fluido vase para a medula espinhal. Estes são argumentos suficientes para manter o tronco tão reto quanto possível durante o levantamento de uma carga pesada.

MODELOS BIOMECÂNICOS DA PARTE INFERIOR DA COLUNA

Se uma pessoa se curva até que a parte superior do corpo fique praticamente na horizontal, então o efeito de alavanca impõe uma pressão muito grande nos discos da coluna lombar.

Em média, a massa da parte superior do corpo está em torno de 45 kg e o comprimento da alavanca até a coluna é de 0,3 m, se a pessoa está ereta. Isto resulta num momento de 132 Nm (45 kg × 9,81 ms^{-2} × 0,3 m). Se um peso de 20 kg é mantido nas mãos, o que é aproximadamente 0,5 m em frente à coluna, deve-se acrescer mais 98 Nm, gerando um total de 230 Nm. Se a pessoa se curva muito para frente, a alavanca aumenta, gerando um momento na parte inferior da coluna. As Figuras 7.1, 7.2 e 7.3 ilustram essas condições.

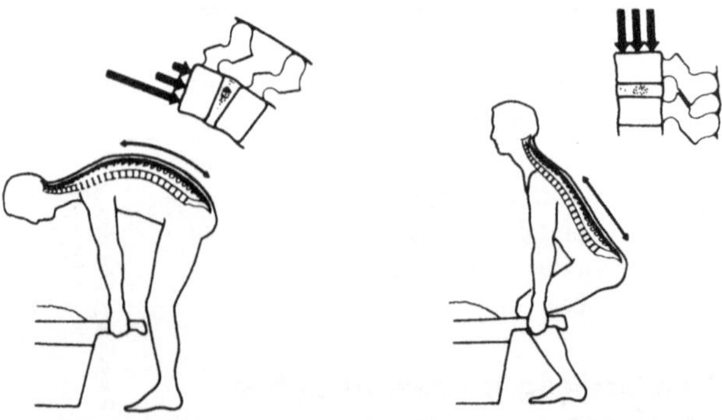

Figura 7.3 Postura da coluna e distribuição da carga nos discos invertebrais no levantamento de pesos. Efeitos de ambos os tipos de levantamento de pesos: as costas curvas (esquerda) conduzem a uma forte carga nas bordas dos discos invertebrais e aumenta o risco de rupturas. As costas retas (direita) garantem uma distribuição eqüitativa da carga sobre os discos invertebrais, o que reduz o desgaste do anel fibroso.

O momento combinado curvado para frente tem que ser compensado pela ação dos músculos da parte posterior da coluna lombar, onde apenas o músculo eretor espinhal e o músculo grande dorsal (*latissimus dorsi*) estão disponíveis.

Vistos de lado, eles estão bastante próximos à coluna, aproximadamente 20 mm atrás. Isto os coloca em grande desvantagem mecânica para compensar o momento gerado pela curvatura da coluna para a frente. Dividindo o montante de 230 Nm calculado, pelo braço de alavanca de 0,02 m, tem-se que os músculos atrás da espinha lombar têm que desenvolver uma força enorme de 11.500 N. Somando todas as forças [11.500 N + (45 kg +20kg) × 9,81ms^2] e resulta um total de 12.138 N, que é totalmente transmitido como força de compressão pela coluna vertebral. *Não é uma surpresa que a estrutura musculoesquelética possa ter problemas sob tanto estresse e que os discos possam herniar.*

Desde os anos de 1800, modelos cada vez mais complexos foram desenvolvidos para entender e explicar a mecânica do corpo humano. Kroemer *et al.* (1978) descrevem isto em detalhe. Tichauer (1968, 1973, 1975, 1976), Chaffin (1969), Frankel e Burnstein (1970) e Kelly (1971) estão entre os primeiros especialistas em biomecânica que desenvolveram modelos básicos de cinemática. Mais recentemente, Chaffin e Andersson (1993), Marras *et al.* (1984, 1989, 1995) e Oezkaya e Nordin (1991) descreveram modelos para calcular e avaliar os momentos e forças atuando sobre e dentro do corpo humano.

Para aplicações militares, os métodos biomecânicos foram predominantemente empregados por pesquisadores da British Royal Air Force Research Establishment at Farnborough e no Aerospace Medical Research Laboratoires at Wright-Paterson Air Force Base, em Ohio, Estados Unidos, assim como em muitas outras instituições militares e civis na Europa e na Asia. (O livro editado em 1989 por McMillan *et al.* e o livro de 1993, editado por Peacock e Karwowski, trazem revisões recentes sobre esses desenvolvimentos.)

Em muitas instituições acadêmicas (especialmente na Texas Tech University sob a liderança do Professor Ayoub; Professor Chaffin, na Universidade de Michigan; Professor Marras, na Ohio State University e Professor Laurig, na Universidade de Dortmund) modelos do corpo humano em duas e três dimensões foram desenvolvidos e testados, indicando os esforços no corpo, particularmente na seção lombar da coluna vertebral, que estão sob muito estresse durante o manuseio de materiais na indústria. Uma das idéias mais importantes é a da "cadeia de ligamentos e articulações" transmitindo forças e momentos de um ponto de aplicação, geralmente as mãos, para todo o corpo, até o ponto de suporte, geralmente os pés. O ponto fraco é geralmente a seção inferior da coluna, cuja resistência limita a capacidade do modelo.

Uma contribuição importante foi feita em 1984 por Chaffin e Andersson, que compilaram quase tudo que era conhecido na época, na primeira edição do seu livro *Biomecânica Ocupacional*. Os autores usaram o momento dos quadris para predizer a pressão abdominal esperada e a força de compressão, assim como as forças de cisalhamento nos discos L5/S1 da coluna (quinta vértebra lombar e o sacro). Os detalhes desse procedimento estão na última edição do livro; aqui nos restringiremos a alguns dos resultados.

Manuseio de carga. Primeiro, deve-se reconhecer — conforme já mencionado — que a distância entre a coluna e as mãos segurando uma carga tem um papel muito importante, porque a coluna lombar é gravemente afetada se a carga é movida para perto ou para longe do torso, como mostra a Figura 7.4.

É evidente que as forças de compressão aumentam com o aumento do peso e distância da carga: quando se aumenta a carga levantada, a força de compressão também aumenta de acordo. Além disso, a figura mostra que a extensão da distância da carga está associada com o aumento proporcional na força de compressão. *Isto confirma o conselho empírico de levantar a carga o mais próximo possível do tronco.*

Os modelos biomecânicos também estabelecem que a postura agachada para levantar cargas grandes, próximas aos joelhos dobrados, envolve forças de compressão maiores do que levantar a mesma carga em uma postura curvada. Em outras palavras, se a carga é muito volumosa para ficar entre os joelhos, pode ser mais vantajoso curvar-se do que se agachar para levantá-la. A análise mecânica mostrou que as forças de cisalhamento, no entanto, são maiores na postura curvada, comparado à postura agachada. *Isto sugere que as pessoas devem manter o tronco em uma postura ereta sempre que possível.*

Estudos recentes também avaliaram os aspectos dinâmicos do levantamento de cargas, indicando que as forças de inércia aumentam as forças de compressão nos discos L5/S1 durante a fase de aceleração, e que os modelos estáticos subestimaram os esforços na coluna. Ayoub e Mittal (1989), e Marras e colaboradores (1995) desenvolveram três modelos tridimensionais de biomecânica dinâmica básica. As medições de movimentos e o cálculo das força de reação e momentos nos centros das articulações, assim como as forças de compressão e de cisalhamento na coluna, em várias situações, revelaram que o levantamento de cargas assimetricamente (envolvendo a rotação do tronco) ou o levantamento de grandes caixas sem alças geravam um aumento nos esforços da coluna.

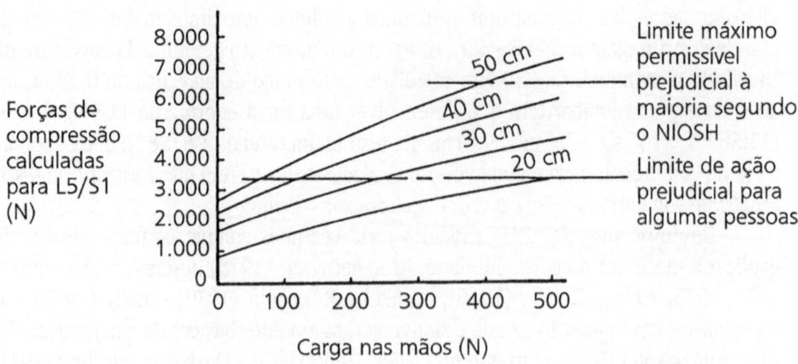

Figura 7.4 Força de compressão calculada sobre o disco invertebral entre L_5 e S_1 para diferentes pesos levantados a quatro distâncias diferentes entre a mão e a coluna vertebral. H = distância entre a mão e L_5/S_1 em cm. De acordo com Chaffin e Andersson (1984).

PRESSÃO INTRA-ABDOMINAL

O levantamento de peso é acompanhado de um considerável aumento da pressão nas cavidades abdominais devido à contração dos músculos abdominais. A pressão intra-abdominal ajuda a estabilizar a coluna enquanto se levanta cargas com as mãos. Os estudos mostraram uma relação entre as magnitudes das forças de compressão, atuando na parte inferior da coluna durante o levantamento de carga, e a magnitude do aumento da pressão intra-abdominal.

Davis e Stubbs (1977a, b) mediram a pressão intra- abdominal (geralmente denominado PIA) usando uma cápsula contendo um elemento sensível à pressão e um transmissor de rádio, que tinha que ser engolido pelo sujeitos. Eles concluíram que durante o esforço de levantamento de carga, a pressão intra-abdominal pode ser usada para dar uma indicação acurada do esforço na coluna.

Em um estudo epidemiológico, os autores observaram que as ocupações em que ocorriam picos PIAs de 100 mm Hg ou mais tinham relação com os problemas de coluna reportados. Eles sugeriram um limite "seguro" de 90 mm Hg, embora valores de 150 mm Hg não são incomuns naqueles que levantam peso regularmente.

Davis e Stubbs (1977a, b) mediram PIAs com as suas cápsulas sensíveis à pressão em um número de sujeitos que tinham que levantar diferentes pesos, assumindo 36 posições diferentes de braços e várias posturas de pé. Levantamento com uma ou duas mãos, de frente e de lado, eram feitos em atividades repetitivas e ocasionais.

Os valores 90 mm Hg foram incorporados em mapas de contorno (Davis e Stubbs, 1977a), mostrando limites sugeridos de forças de levantamento para 95% da população. Para mais detalhes, o leitor deve consultar as publicações de Davis e Stubbs (1977a, b).

AVALIAÇÕES SUBJETIVAS

No nosso dia-a-dia, fazemos continuamente julgamentos das tarefas que nos são impostas. Somos capazes de combinar as sensações de carga em todo o nosso corpo e concluir: esta tarefa é "muito pesada", mas esta é "fácil" para eu realizar.

Snook e Ciriello (1991) da Liberty Mutual Insurance Company, nos Estados Unidos, usaram essa habilidade de se fazer julgamentos subjetivos sobre esforços complexos em nossos corpos. Eles deixaram os sujeitos dos experimentos, todos experientes em manuseio de carga industrial, determinar quais combinações entre pesos de cargas, localizações no corpo, tamanho das cargas e freqüências de levantamento e abaixamento, empurrar e puxar ou carregar, eles estavam dispostos a fazer durante um dia de trabalho.

Alguns dos resultados obtidos nestes experimentos psicofísicos são mostrados nas Tabelas 7.2, 7.3 e 7.4. Estas tabelas mostram que as mulheres, enquanto um grupo, estão aptas a exercer esforços menores do que os homens — um resultado esperado, de acordo com a discussão no início deste livro sobre diferenças na capacidade de exercício de força, em função do sexo. É claro que grupos de trabalhadores menos acostumados ao manuseio de carga do que esses de Snook e Ciriello, ou pessoas com constituições físicas diferentes, provavelmente vão desenvolver tarefas menos ou até mais pesadas.

RECOMENDAÇÕES

Limites aceitáveis de levantamento

Há apenas algumas décadas, muitos países tinham pesos "fixos" seguros para levantamento de objetos, usualmente com diferentes valores para homens, mulheres e crianças. É claro que nenhum limite é adequado para todos, por causa das diferenças de idade, treinamento, forma do objeto, localização, repetitividade e outras circunstâncias. Além disso, a força real exercida sobre o objeto e, portanto, sentida pelo corpo, depende não apenas da massa do objeto, mas também da aceleração, conforme a segunda lei de Newton (força = massa × aceleração). Recomendações mais detalhadas eram necessárias.

Essa busca pelo desenvolvimento de tal conhecimento gerou muitas questões e problemas. Primeiro, é preciso ter consciência de que os distúrbios dos discos intervertebrais são, em muitos casos, uma "doença idiopática", ou seja, um processo degenerativo que não é apenas causado por fatores externos. Portanto, o estabelecimento de cargas máximas para levantamento muito dificilmente irá prevenir a ocorrência de problemas nos discos intervertebrais. Os discos intervertebrais tornam-se cada vez menos resistentes a cargas físicas e, com aumento da idade, tornam-se especialmente sensíveis a levantamento de cargas. Essas considerações sugerem que as recomendações para cargas aceitáveis, assim como técnicas adequadas de levantamento, valem a pena.

Restrições aos limites de carga

Pheasant (1983) chamou a atenção de que as "tarefas de levantamento manual de cargas industriais são caracteristicamente atividades 'não-projetadas' e tem algo de improviso". Para tarefas de levantamento ocasionais, é difícil definir normas. Para levantamentos repetitivos e contínuos de carga, o futuro próximo deve trazer soluções mecânicas, tais como robôs ou equipamentos de transporte. Finalmente, deve ser enfatizado que várias tarefas de levantamento de carga estão associadas com ações de virar, que impõem rotação ou torção na coluna. Tais atividades de levantamento são particularmente perigosas, e raramente foram consideradas nas propostas de cargas máximas permitidas para levantamento.

As recomendações do NIOSH

Em 1981, o National Institute for Occupational Safety and Health (NIOSH), dos Estados Unidos, estabeleceu limites para levantamento de carga a partir de vários estudos, considerando os aspectos epidemiológicos, fisiológicos, biomecânicos e psicofísicos. As recomendações do NIOSH consideraram não apenas a distância horizontal da carga em relação ao corpo, mas, também, a freqüência de levantamento, a distância de trajeto no plano vertical e a altura da carga no começo do levantamento. Em condições ótimas,

Tabela 7.2 Pesos (kg) máximos aceitáveis para levantamento. Notar que esta tabela é apenas uma parte de tabelas mais detalhadas para trabalhadores norte-americanos propostas por Snook e Ciriello (1991) que devem ser consultadas

			Do chão à altura da MCF*								Da altura MCF* à altura dos ombros								Da altura dos ombros ao alcance sobre a cabeça							
			Um levantamento a cada								Um levantamento a cada								Um levantamento a cada							
Largura (a)	Distância (b)	Percentagem (c)	5 s	9	14	1 min	2	5	30	8 h	5 s	9	14	1 min	2	5	30	8 h	5 s	9	14	1 min	2	5	30	8 h
Homens																										
		90	9	10	12	16	18	20	20	24	9	12	14	17	17	18	20	22	8	11	13	16	16	17	18	20
34	51	75	12	18	18	23	26	28	29	34	12	16	18	22	23	23	26	29	11	14	17	21	21	22	24	26
		50	17	20	24	31	35	38	39	46	15	20	23	28	29	30	33	36	14	18	21	26	27	28	31	34
Mulheres																										
		90	7	9	9	11	12	12	13	18	8	8	9	10	11	11	12	14	7	7	8	9	10	10	11	12
34	51	75	9	11	12	14	15	15	16	22	9	10	11	12	13	13	14	17	8	8	9	11	11	11	12	14
		50	11	13	14	16	18	18	20	27	10	11	13	14	15	15	17	19	9	10	11	12	13	13	14	17

(a) Pegar em frente ao operador (cm).
(b) Distância vertical de levantamento (cm).
(c) Aceitável para 50, 75 ou 90 por cento de trabalhadores da indústria.
Conversão: 1 kg = 2,2 lb; 1 cm = 0,4 in.
Fonte: De Snook e Ciriello (1991).
* articulação metacarpo-falangeana (MCF)

Tabela 7.3 Pesos (kg) máximos aceitáveis para abaixamento. Notar que esta tabela é apenas uma parte de tabelas mais detalhadas para trabalhadores norte-americanos propostas por Snook e Ciriello (1991) que devem ser consultadas

			Da altura do punho ao chão								Da altura do ombro à altura do punho								Do alcance da cabeça à altura do ombro							
			Um abaixamento a cada								Um abaixamento a cada								Um abaixamento a cada							
Largura (a)	Distância (b)	Percentagem (c)	5 s	9	14	1 min	2	5	30	8 h	5 s	9	14	1 min	2	5	30	8 h	5 s	9	14	1 min	2	5	30	8 h
Homens																										
		90	10	13	14	17	20	22	22	29	11	13	15	17	20	20	20	24	9	10	12	14	16	16	16	20
34	51	75	14	18	20	25	28	30	32	40	15	18	21	23	27	27	27	33	12	14	17	19	22	22	22	27
		50	19	24	26	33	37	40	42	53	20	23	27	30	35	35	35	43	16	19	22	24	28	28	28	35
Mulheres																										
		90	7	9	9	11	12	13	14	18	8	9	9	10	11	12	12	15	7	8	8	8	10	11	11	13
34	51	75	9	11	11	13	15	16	17	22	9	11	11	12	14	15	15	19	8	9	10	10	12	13	13	16
		50	10	13	14	16	18	19	20	27	11	13	13	14	16	18	18	22	10	11	11	12	14	15	15	19

(a) Pegar em frente ao operador (cm).
(b) Distância vertical de abaixamento (cm).
(c) Aceitável para 50, 75 ou 90 por cento de trabalhadores na indústria.
Conversão: 1 kg = 2,2 lb; 1 cm = 0,4 in.
Fonte: De Snook e Ciriello (1991).

Tabela 7.4 Forças (N) máximas aceitáveis para empurrar e puxar. Notar que esta tabela é apenas uma parte de tabelas mais detalhadas para trabalhadores norte-americanos propostas por Snook e Ciriello (1991) que devem ser consultadas

			Um empurrão de 2,1 m a cada									Um empurrão de 30,5 m a cada				
	Altura (a)	Percentagem (b)	6 s	12	1 m	2	5	30	8 h	Altura (a)	Percentagem (b)	1 min	2	5	30	8 h
Forças de empurrar iniciais																
Homens	95	90	106	235	255	255	275	275	334	95	90	167	186	216	216	265
		75	275	304	334	334	353	353	432		75	206	235	275	275	343
		50	334	373	422	422	442	442	530		50	265	294	343	343	432
Mulheres	89	90	137	147	167	177	196	206	216	89	90	118	137	147	157	177
		75	167	177	206	216	235	245	265		75	147	157	177	186	206
		50	196	216	245	255	285	294	314		50	177	196	206	226	255
Forças de sustentação ao empurrar																
Homens	95	90	98	128	159	167	186	186	226	95	90	79	98	118	128	157
		75	137	177	216	216	245		255	304		75	108	128	157	177
206																
		50	177	226	275	285	324		334	392		50	147	167	196	226
265																
Mulheres	89	90	59	69	88	88	98	108	128	89	90	49	59	59	69	88
		75	79	108	128	128	147	159	186		75	79	88	88	98	128
		50	108	147	177	177	196	206	255		50	98	118	118	128	167
Forças iniciais de puxar																
Homens	95	90	186	216	245	245	265	265	314	95	90	157	177	206	206	255
		75	226	265	304	304	314	324	383		75	196	215	255	255	314
		50	275	314	353	353	383	383	461		50	235	265	304	304	373
Mulheres	89	90	137	157	177	186	206	216	226	89	90	128	137	147	157	177
		75	157	186	206	216	245	255	265		75	147	157	177	186	206
		50	186	226	245	255	285	294	314		50	177	186	206	215	245
Forças de sustentação ao puxar																
Homens	95	90	98	128	157	167	186	196	235	95	90	88	98	118	137	167
		75	128	167	206	216	245	255	294		75	118	128	157	177	206
		50	157	206	255	265	304	314	363		50	137	167	187	215	255
Mulheres	89	90	59	88	98	98	108	118	137	89	90	59	69	69	69	98
		75	79	118	128	128	147	157	186		75	79	88	88	98	128
		50	98	147	157	167	186	196	245		50	98	118	118	128	167

(a) Distância vertical do chão até as mãos (cm).
(b) Aceitável para 90, 75 ou 50% de trabalhadores na indústria.
Fonte: De Snook e Ciriello (1991)

40 kg (392 N) foi considerado admissível para 75% de mulheres americanas e 99% dos homens. O limite de carga era equivalente à força de compressão de 3.400 N na coluna lombar.

Em 1991, as recomendações foram revistas. Assumindo-se a compressão limite de 3,4 N, foi buscada maior proteção, especialmente para mulheres. Uma grande crítica às recomendações antigas é que elas cobriam apenas o manuseio simétrico com as duas mãos, feito diretamente em frente ao corpo. De fato, a maior parte das atividades de levantamento envolve movimentos laterais, rotação de tronco ou algum outro tipo de elemento assimétrico. As recomendações de 1991 consideraram o levantamento assimétrico (torção no corpo) e especificaram o tipo de pega do objeto. As recomendações de 1991 se aplicam para o levantamento ou o abaixamento de cargas. O peso máximo recomendado foi de apenas 23 quilos (225 N), mesmo sob as condições mais favoráveis.

Forças máximas aceitáveis por Davis e Stubbs (1977a, b)

Os resultados dos estudos de Davis e Stubbs (1977a, b) foram adotados pelo Ministério de Defesa do Reino Unido, em 1984, para as normas de limites permitidos para atividades de levantamento de carga. Esses limites foram baseados nos limites máximos aceitáveis de pressão intra-abdominal, na ordem de 90 mm Hg, mencionados anteriormente. Os limites aceitáveis consideraram uma série de esforços com uma e duas mãos, nas posições de pé, sentada e ajoelhada, em levantamentos ocasionais e freqüentes, para diferentes grupos e para os dois sexos.

Alguns exemplos das forças máximas aceitáveis para levantamento de carga são apresentados nas Tabelas 7.5 e 7.6.

Alguns comentários de Pheasant (1986), com relação à Tabela 7.6, devem ser enfatizados:

> "A restrição de cargas nesses ou quaisquer outros níveis não garante a segurança. Não existe tal coisa como carga segura. Uma pessoa que não está preparada, pode machucar a coluna (ou iniciar um processo de dor, se já há alguma degeneração na coluna) por adotar uma postura desajeitada no manuseio de cargas as mais triviais. Uma pessoa treinada pode se machucar manuseando uma carga muito leve, se escorregar e perder o apoio. Não é possível especificar uma carga que garanta a segurança."

Essas considerações estão de acordo com as reflexões sobre o caráter idiopático das doenças dos discos intervertebrais (feitos no início deste capítulo), que modificam a importância dos limites de cargas máximas permissíveis.

Conselhos práticos

As seguintes regras são baseadas tanto na experiência como no conhecimento científico, conforme descrito por Kroemer *et al.* (1997) e Mittal *et al.* (1993):

1. Segure a carga e levante com as costas retas e os joelhos dobrados, conforme as Figuras 7.3 e 7.5.
2. Segure a carga o mais próximo possível do corpo, mantendo a carga, sempre que possível, entre os joelhos e com uma boa colocação dos pés, conforme mostrado na Figura 7.5.
3. Assegure-se de que o lugar de pega da carga não está abaixo do nível do joelho. Um levantamento iniciando na altura dos joelhos pode ser continuado facilmente até o nível do quadril ou do cotovelo. Os levantamentos iniciando na altura do cotovelo podem continuar até o nível dos ombros. Níveis mais altos requerem mais esforço.
4. Se a carga não tem alças, amarre uma corda em torno da carga e use cintas ou ganchos.
5. Evite movimentos de rotação ou torção do tronco quando levantar ou abaixar uma carga.
6. Tente, sempre que possível, usar um elemento mecânico tal como um carrinho, uma rampa ou similar. Um exemplo é mostrado na Figura 7.6.
7. Tente empurrar e puxar, em vez de levantar e abaixar. Geralmente, uma esteira pode ser usada para tornar o ato de empurrar ou puxar mais fácil.

Tabela 7.5 Cargas máximas (N) aceitáveis para levantamento por homens jovens. Freqüência não maior que uma vez por minuto e para uma pressão intra-abdominal máxima de 90 mm Hg. Para movimentos mais freqüentes, estes valores devem ser reduzidos em 30%. Os valores de N foram arredondados em aproximadamente 2%

	Distância de pega expressa como uma fração do comprimento do braço			
Condição	**1/4**	**1/2**	**3/4**	**4/4**
De pé				
Levantamento com as duas mãos, frontal	350	250	150	100
Levantamento com uma mão, frontal	300	220	140	100
Levantamento com uma mão, lateral	270	200	130	100
Sentado				
Levantamento com as duas mãos, frontal	270	170	120	110
Levantamento com uma mão, frontal	350	220	140	100
Levantamento com uma mão, lateral	330	210	140	90

Fonte: Segundo Davis e Stubbs (1977a, b).

Tabela 7.6 Cargas máximas (N) permissíveis em diferentes condições. As cargas devem ser seguras para 95% das pessoas nos grupos separados por sexo e idade. Assume-se uma postura ereta do corpo e uso das duas mãos para levantamento em frente ao corpo. Caso contrário, as cargas devem ser reduzidas em 20% (de acordo com Pheasant [1986]). Os valores de N foram arredondados em aproximadamente 2%

	Homens				**Mulheres**			
	< 50 anos		**> 50 anos**		**< 50 anos**		**> 50 anos**	
Atividade	**Ocasional**	**Freqüente**	**Ocasional**	**Freqüente**	**Ocasional**	**Freqüente**	**Ocasional**	**Freqüente**
Levantar com duas mãos, carga compacta, próxima do corpo, em altura favorável	300	210	240	140	180	130	140	100
Levantar com uma mão, carga compacta e próxima do corpo	200	140	120	80	120	80	70	50

Nota: Ocasional = levantamento ocasional; menos de uma vez por minuto. Freqüente = levantamento freqüente; mais de uma vez por minuto.
Fonte: Todos os dados foram fornecidos por Davis e Stubbs (1977b).

Melhor proteção pela carga mais baixa

Conforme discutido em mais detalhes no Capítulo 6, *quando uma carga pesada é carregada, é importante tê-la bem distribuída próxima ao centro de gravidade do corpo*. Dessa forma, o esforço de manutenção de equilíbrio é minimizado e as exigências estáticas desnecessárias são evitadas.

Figura 7.5 Levantar a carga o mais próximo possível do corpo.

Figura 7.6 Manuseio de tonéis. *Esquerda:* inclinando e rolando o tonel com o tronco ereto. *Direita:* alívio do trabalho pelo uso de carrinho para levantar e transportar tonéis.

Geralmente, encontra-se diferentes recomendações na literatura para uma mesma tarefa, por exemplo, as recomendações de NIOSH 1981 ou 1991, os limites propostos por Snook e Ciriello (1991) ou as várias normas nacionais e internacionais listadas por Dickinson (1995). Nesse casos, é uma boa idéia utilizar a menor carga como limite, porque isso irá proteger mais contra esforços excessivos.

RESUMO

Levantamento e outro tipo de manuseio de carga está geralmente associado com sobrecargas na parte inferior das costas. Pode-se evitar problemas usando técnicas apropriadas ("manuseie a carga próxima do corpo", "não dobre ou torça") e pelo projeto do trabalho, especialmente mantendo as cargas leves. Existem muitas recomendações detalhadas disponíveis para facilitar o manuseio de cargas.

CAPÍTULO 8

Trabalho de precisão

ASSIMILAÇÃO DA PRECISÃO

Os trabalhos de precisão requerem grandes exigências:

— regulação rápida e acurada da contração muscular;
— coordenação das atividades individuais dos músculos;
— precisão de um movimentos;
— concentração;
— controle visual.

Na prática, o trabalho de precisão envolve basicamente mãos e dedos. Os processos nervosos mais importantes que acompanham um movimento de precisão são mostrados na Figura 2.4. A realização de um movimento delicado com velocidade e precisão depende de uma série de impulsos nervosos sensoriais, seguidos de ordens motoras vindas do cérebro.

Aprendizagem

Durante o período de aprendizado de uma operação de precisão, pode-se distinguir dois processos:

1. O aprendizado dos movimentos.
2. A atuação dos órgãos envolvidos.

Sob o ponto de vista fisiológico, *o aprendizado é essencialmente uma questão de imprimir um padrão dos movimentos necessários no bulbo cerebral*. De início, todos os movimentos devem ser realizados conscientemente, mas, com o treinamento, o comando consciente é gradualmente reduzido. Novas vias e ligações são construídas no cérebro, e o controle dos movimentos é gradualmente assumido pelos centros nervosos do cérebro. Em outras palavras, *a apropriação de uma habilidade consiste principalmente na criação de arcos reflexos que substituem o controle consciente*.

Aprender a escrever é um bom exemplo. Primeiro, a criança aprende uma letra depois de outra copiando, conscientemente, o que a professora desenha. Nesta fase, escrever é laborioso e difícil. Gradualmente, depois de meses ou talvez anos, as diferentes letras e, depois, as palavras completas ficam impressas no cérebro como padrões para os movimentos necessários da mão. A escrita tornou-se automatizada, ao menos para os movimentos dos dedos, e a consciência fica dirigida mais e mais para achar as palavras e construir as frases.

Outro fenômeno aparece durante a fase de aprendizado: a eliminação gradual da atividade muscular que não é essencial ao trabalho de precisão da mão. A pessoa treinada fica relaxada e econômica com relação aos movimentos, ao passo que o trabalho do novato é forçado e fatigante. Portanto, o nível de consumo energético numa dada tarefa reduz durante o período de treinamento, já que os movimentos não-essenciais são gradualmente eliminados.

Recomendações para treinamento

As seguintes recomendações tornam o treinamento mais fácil:

1. *Sessões de treinamento curtas.* Aprender uma dada tarefa exige alta concentração. Uma pessoa cansada rapidamente desenvolve vícios, que mais tarde serão difíceis de corrigir. Pode-se dizer que quanto mais alto é o nível de precisão a ser atingido, menores devem ser as sessões de treinamento. Para trabalhos de muita precisão, quatro sessões de treinamento por dia, cada uma com 15 a 30 minutos de duração são suficientes no início, e gradualmente podem se tornar mais longas.
2. *Decomposição do trabalho em diferentes operações.* Deve ser feito um estudo para determinar como dividir o trabalho em diferentes operações ou processos, para depois determinar quais partes da tarefa são as mais difíceis e estabelecer o nível de desempenho esperado para cada uma. Também é possível e vantajoso praticar as operações mais importantes independentemente e, mais tarde, praticar as diferentes operações em seqüência.
3. *Controle rígido e bons exemplos.* Como já foi visto, o aprendiz deve evitar a aquisição de vícios, portanto, é importante que ele tenha supervisão durante todo o treinamento. Os jovens aprendem muitas coisas por imitação direta e subconsciente e, por isso, devem ter instrutores altamente treinados. Os aprendizes mais velhos dependem menos da imitação e mais de auxílios visuais, tais como diagramas.

Adaptação do corpo

O segundo processo no aprendizado — adaptação dos órgãos do corpo envolvidos — depende das alterações graduais dos músculos e, ocasionalmente, outros órgãos, tais como o coração ou o esqueleto. As adaptações musculares envolvem o espessamento das fibras musculares e, portanto, o aumento da força total do músculo. O treinamento para movimentos muito rápidos leva não só a um aumento da força muscular, mas, também, à redução da fricção interna pela eliminação de material não-contrátil, como tecido conectivo e gordura.

CONTROLE MÁXIMO DO MOVIMENTO DE PRECISÃO

Com o objetivo de aumentar a precisão e a velocidade do trabalho de precisão, muitos pesquisadores fizeram estudos detalhados de vários movimentos típicos da mão e antebraço. Os resultados mais importantes incluem o que será mostrado a seguir.

Postura de braço e ombros

A altura da superfície de trabalho afeta o desempenho manual e o esforço fisiológico. Em 1951, Ellis confirmou uma antiga recomendação empírica: a velocidade máxima de operação para trabalhos manuais à frente do corpo é atingida mantendo-se os cotovelos baixos, próximos ao tronco, e os braços dobrados em ângulo reto. Um estudo prático semelhante de Tichauer (1968) comprovou, com 12 mulheres empacotadoras de gêneros alimentícios, que a posição do braço afetava o desempenho e metabolismo. Os resultados mostrados na Figura 8.1 informam que o melhor desempenho é atingido com os antebraços para baixo ou levemente abduzidos para os lados, em ângulos de 8 a 23° com a vertical.

Em outro estudo, Tichauer (1975) pôde observar que se os braços fossem mantidos em ângulos laterais de 45°, os ombros adotavam uma postura de correção, causando fadiga dos músculos dos ombros.

Estas posturas eram muitas vezes resultado de uma área de trabalho muito alta ou de um assento muito baixo.

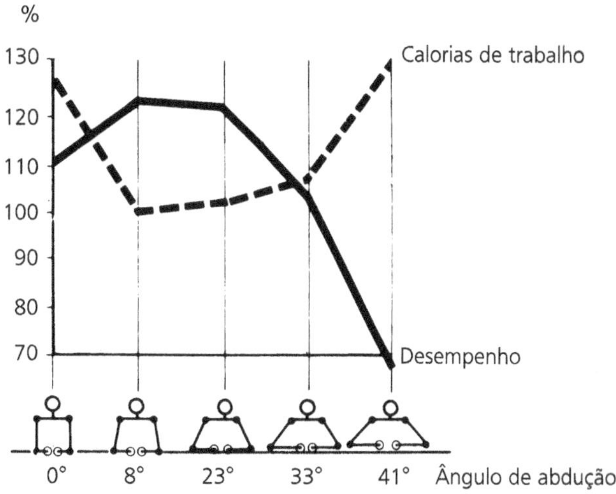

Figura 8.1 Desempenho e metabolismo de trabalho em diferentes posturas do braço (ângulos de abdução) no empacotamento de gêneros alimentícios. Segundo Tichauer (1968).

Tempos e movimentos

Os critérios geralmente usados em estudos de "tempos e movimentos" para descobrir o tipo e seqüência ótimos de movimento são o tempo consumido e a precisão alcançada; os ergonomistas modernos dirão que pouca atenção é dada aos sentimentos do operador em relação à monotonia e esforço, e aos sinais de fadiga. Com essas reservas, os resultados mais importantes são sumarizados a seguir :

Estudos de tempo mostram que o tempo de reação (intervalo entre o sinal e o início da reação motora) tem um valor constante de aproximadamente 250 ms, que é dificilmente afetado pela natureza do movimento ou a distância em relação ao corpo. O tempo de alcance e de preensão não estão tão linearmente relacionados, conforme Barnes (1936) já havia mostrado da seguinte maneira:

Distância de preensão (mm)	*Tempo (%)*
130	100
260	115
390	125

Brown *et al.* (1948) e Brown e Slater-Hammel (1949) mostraram que os movimentos de ajuste com a mão direita eram mais rápidos da direita para a esquerda do que da esquerda para a direita. Se a distância era aumentada de 100 para 400, o tempo de movimento aumentavam de 0,70 para 0,95 s. O movimento é mais lento e exige mais esforço se a parte superior do braço está envolvida, conforme Kroemer mostrou (Kroemer, 1965 b).

Precisão de movimentos

McCormick e Sanders (1987) fazem menção aos trabalhos não publicados de Biggs, que mostraram que os movimentos para fora eram mais precisos do que os movimentos para dentro, e a precisão reduzia enquanto a distância do movimento aumentava. De modo similar, Schmidtke e Stier (1960) mostraram que a velocidade do movimento horizontal com a mão direita é maior em uma direção 45° para a direita, medida no plano sagital em frente ao corpo, e mais lenta a 45° para a esquerda. Esses estudos mostram que a operação das mãos é mais rápida e mais precisa se o movimento é executado pelo antebraço.

Área ótima de trabalho

Estudos experimentais sobre a velocidade e precisão de operações manuais são úteis para a decisão quanto ao leiaute de controles em veículos de todos os tipos, incluindo aviões, mas também são importantes para o projeto de estações de trabalho na indústria, na qual há exigência de operações complexas, geralmente repetitivas e que exigem precisão.

O estudo de Bouisset e Monod (1962) e Bouisset *et al.* (1964) é relevante para este problema. Estes autores solicitaram aos sujeitos de suas pesquisas que manuseassem pesos de até 1 kg e determinassem as melhores condições quanto ao estresse físico. O consumo de oxigênio e a atividade elétrica de vários músculos do braço e tronco foram medidos para as ações com uma e duas mãos. O peso precisava ser movido até uma distância de 300 mm em diferentes direções, começando de um ponto imediatamente em frente ao centro do corpo, e repetido 24 vezes/min. O consumo de oxigênio para as várias direções é mostrado na Figura 8.2.

O menor consumo de oxigênio corresponde à direção de aproximadamente 60° a partir da frente, o que está de acordo com os resultados de Kroemer (1965b), McCormick e Sanders (1987), e Schmidtke e Stier (1960). Este também foi o melhor ângulo para ações com as duas mãos, para todos os pesos testados e para todas as diferentes freqüências.

A eletromiografia explica estes resultados. A atividade elétrica em vários músculos é bastante menor quando os braços são mantidos para o lado do que quando são mantidos para dentro, sendo que esta última postura gera cargas estáticas importantes nos braços, ombros e tronco. Estes ângulos ideais não podem, no entanto, ser mantidos na prática sem alguma reserva. Um objeto disposto lateralmente a um ângulo de 60° está adequadamente localizado apenas se há pouca necessidade de se olhar diretamente para ele durante o movimento. Quando a visão é importante, ou quando ambos os braços são usados, deve-se preferir ângulos de alguns poucos graus para a esquerda ou direita.

Digitação

A digitação é um trabalho de precisão mundialmente praticado por milhões de pessoas. A velocidade de digitação é geralmente muito alta; a maioria dos operadores são capazes de executar três a cinco toques por segundo. No entanto, a digitação envolve não apenas o controle da atividade muscular dos dedos, mãos e braços, mas, também a tomada de informação sensorial (usualmente visual), a percepção e interpretação da mensagem sendo processada, e finalmente a geração de padrões dos sinais de controle muscular no sistema nervoso central, onde os movimentos de digitação das palavras estão "engramados" como padrões completos de movimento. Esta parte da percepção, interpretação e geração de padrões de comandos pode ser considerada como o trabalho mental da digitação; ele é certamente mais importante do que o processo automatizado de apertar as teclas. Sabe-se que o tempo exigido para o trabalho mental é consideravelmente maior do que aquele exigido para operar as teclas. Com os teclados modernos, o desempenho na digitação não está mais limitado pela velocidade de digitação, mas principalmente pela carga mental da tarefa. Portanto, não há razão para projetar teclados que venham a acelerar o tempo de digitação. Na realidade, aumentar a velocidade de digitação pode gerar sobrecarga mecânica no sistema musculoesquelético, especialmente nos tendões e suas bainhas, conforme discutido por Putz-Anderson (1988), Kro-

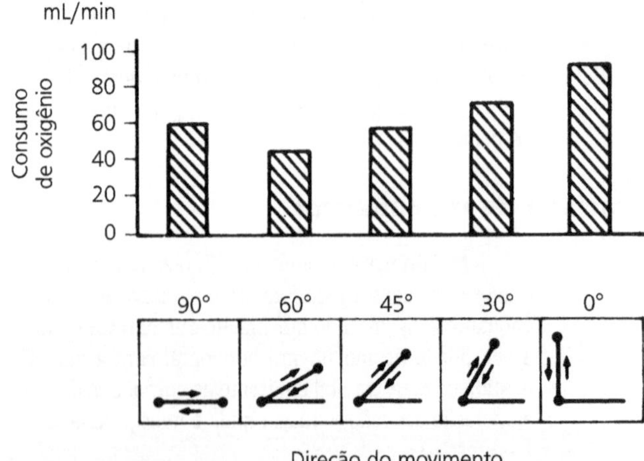

Figura 8.2 Dispêndio energético e área de trabalho. Os sujeitos do experimento precisavam mover pesos de 1 kg, repetidamente, em algumas direções. A direção de 60° é a mais eficiente, considerando que não precisa ser controlada pelo olho. Segundo Bouisset e Monod (1962).

emer (1972, 1989, 1995) e Kuorinka e Forcier (1995). Os problemas relativos à postura das mãos, punhos, braços e ombros podem ser solucionados com o *design* do teclado e sua disposição correta. Estes aspectos já foram discutidos no Capítulo 5.

DESIGN DE FERRAMENTAS E EQUIPAMENTOS

Pegas

O *design* de empunhaduras é muito importante no trabalho de precisão. Pegas que não se ajustam nas mãos adequadamente e que não estão em conformidade com a biomecânica do trabalho manual podem levar a um desempenho ruim ou mesmo acarretar problemas para o operador. As mãos e os dedos são capazes de uma grande faixa de movimentos e ações de preensão, que dependem parcialmente de se poder dobrar o pulso e rodar o antebraço. Os movimentos mais importantes são ilustrados na Figura 8.3.

A força máxima de segurar pode ser quadruplicada se, ao invés de segurar com os dedos, pega-se com toda a mão. A força dos dedos é maior quando a mão está levemente curvada para cima (flexão dorsal). Ao contrário, a capacidade de preensão, e conseqüentemente o nível da operação de precisão, é reduzida quando a mão está dobrada para baixo e virada para qualquer um dos lados.

Tichauer (1975) disse que inclinar a mão para fora ou para dentro reduz a habilidade rotacional em 50% e, se as mãos são mantidas em tais posições todos os dias ou freqüentemente, isto pode gerar inflamação dos tendões. Essa possibilidade foi mencionada no Capítulo 1 onde a Figura 1.9, que mostra um exemplo do uso de um par de alicates de corte. A conclusão foi que, sob o ponto de vista da biomecânica, as mãos devem sempre ser mantidas em alinhamento com o antebraço.

Design de pegas

O trabalho de Barnes (1949) pode servir como base para o *design* de alças para serem preendidas por toda a mão. Em geral, a forma cilíndrica é a melhor. Ela deve ter ao menos 100 mm de comprimento e a sua eficiência aumenta com a espessura de até 30-40 mm.

Não é possível enumerar toda a faixa de diferentes ferramentas que devem ser desenhadas para se adaptar à configuração da mão, mas a Figura 8.4 mostra alguns exemplos com um bom *design*; Fraser (1980) e Kroemer *et al.* (1994) fornecem mais informação.

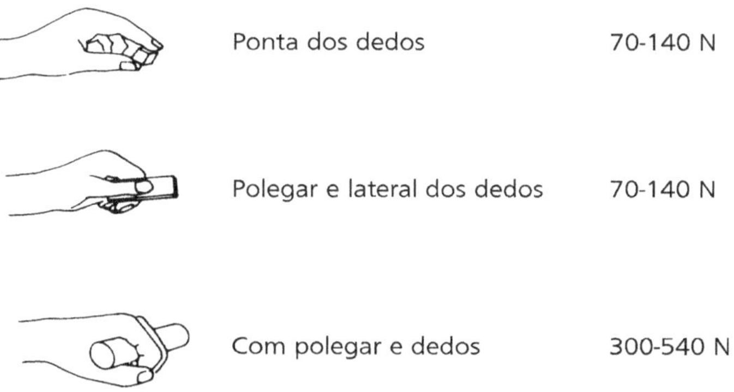

Figura 8.3 Três posições de preensão das mãos. Os valores referem-se à força nos dedos. Segundo Taylor (1954).

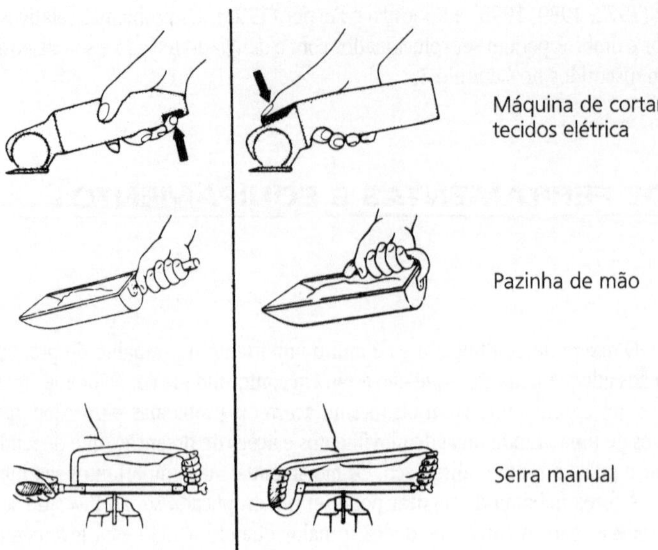

Figura 8.4 Empunhaduras bem adaptadas à anatomia e às funções da mão. À esquerda: soluções desfavoráveis; à direita: desenhos adequados.

Conselhos e equipamentos para a máxima precisão

Algumas das condições importantes para o máximo controle dos movimentos de precisão já foram discutidas no início deste capítulo. Os seguintes 10 pontos sumarizam algumas formas de facilitar o trabalho de precisão:

1. A área de trabalho deve ser organizada de tal forma que as operações manuais possam ser realizadas com os cotovelos baixos e os antebraços em um ângulo de 85 a 110°.
2. Para trabalhos de muita precisão, a área de trabalho deve ser elevada para se adequar à distância visual, os cotovelos abaixados, a cabeça e o pescoço levemente curvados e o antebraço suportado (veja as sete recomendações no Capítulo 3).
3. As operações de precisão não podem exigir muita força, já que os músculos muito demandados são mais difíceis de controlar e coordenar. Além disso, evite impor um esforço estático ao mesmo tempo. É igualmente ruim ter que exercer um trabalho de precisão logo após um esforço físico. Essas recomendações são ilustradas nas Figuras 8.5 e 8.6.
4. A concentração na operação manual é melhorada se não for necessário fazer outras coisas ao mesmo tempo. Portanto, é aconselhável fornecer um suporte para o trabalho e pedais para prender e desprender as peças e, se possível, ligar e desligar a máquina. Sistemas de escoamento (como uma esteira) são úteis para escoar as peças prontas.
5. O leiaute da área de trabalho, peças e controles deve ser tal que a operação ocorra ritmicamente, em uma seqüência lógica.
6. Um ritmo livre é melhor do que qualquer um imposto, não importando se ele é controlado pelo tempo, por um ciclo ou pela esteira. O ritmo livre consome menos energia (porque existem menos movimentos secundários), o controle motor é mais fácil, a fadiga é reduzida e a monotonia é menos freqüente. Deve-se mencionar que um ritmo muito lento é ruim, porque o trabalho tem que ser suportado por mais tempo, e muito rápido é ainda pior, por causa do estresse que é gerado. Os operadores, instintivamente, geralmente encontram seu próprio ritmo.

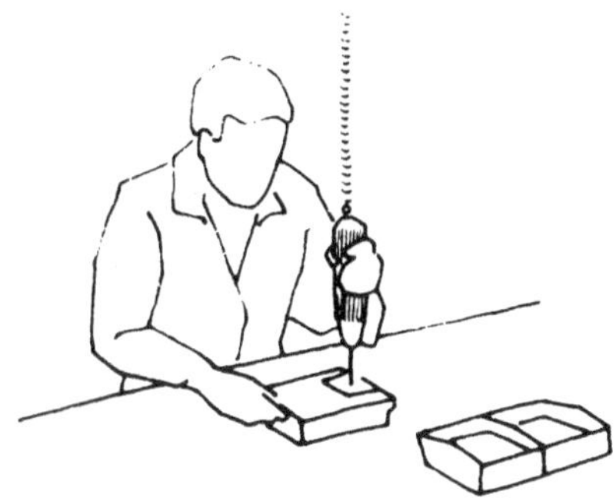

Figura 8.5 Em trabalhos de precisão, os músculos devem ser aliviados de atividade de força, em especial de trabalho estático. A chave de fenda elétrica pende de uma mola, em altura de fácil alcance, o que elimina grande parte de trabalho estático.

Figura 8.6 Um bom exemplo de alívio da musculatura em um trabalho de precisão. Com um apoio apropriado para os antebraços, o trabalho delicado de um litógrafo é grandemente facilitado.

7. Quando as duas mãos são usadas no trabalho, a área de trabalho deve se espraiar o mínimo possível para cada lado, para permitir um melhor controle visual. O esforço muscular deve ser simétrico — o mais parecido possível para as duas mãos, as quais devem começar e terminar cada movimento juntas.
8. Os movimentos de antebraço e mãos são mais precisos e mais rápidos quando ocorrem dentro de um arco de 45 a 50° de cada lado. Tanto para pegar coisas quanto para trabalhar, o arco ótimo é de dois terços do seu alcance máximo, ou seja, um raio de 350 a 450 mm da ponta do cotovelo abaixado.
9. Movimentos horizontais são mais fáceis de controlar do que os verticais, e os movimentos circulares são mais fáceis do que os de ziguezague. Cada operação deve terminar numa boa posição para iniciar a próxima.
10. Pegas de controles e ferramentas devem ser desenhadas para se adaptar à mão e operar quando a mão está alinhada com o braço.

RESUMO

A aquisição da habilidade depende de quão bem a pessoa foi treinada e quão ergonomicamente bem desenhados foram os equipamentos, os postos de trabalho e o processo de trabalho.

CAPÍTULO 9

Sistemas humano-máquina

INTRODUÇÃO

Sistemas fechados

Um "sistema humano-máquina" significa que o ser humano e a máquina mantêm uma relação recíproca. A Figura 9.1 mostra um modelo simples de tal sistema. É um ciclo fechado no qual o ser humano tem a posição chave, já que é ele quem toma as decisões.

As vias de informação e suas direções são, em princípio, as seguintes. O mostrador veicula informação sobre o progresso da produção; o operador *percebe* essa informação e precisa entendê-la e acessá-la corretamente. Com base na sua *interpretação* e no conhecimento prévio adquirido, o ser humano toma uma *decisão*. O próximo passo é comunicar sua decisão à máquina por meio de *controles,* sendo que os parâmetros podem ser mostrados por instrumentos (p. ex., quanta água foi misturada com os reagentes). A máqui-

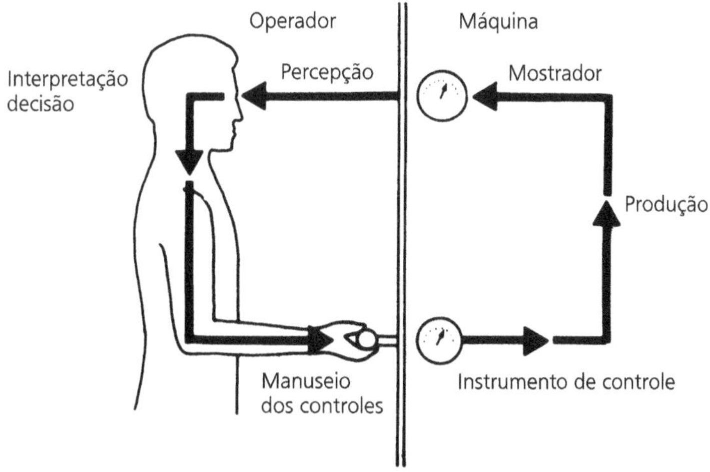

Figura 9.1 O "sistema humano-máquina".

na, então, processa o que foi programado. O ciclo se completa quando várias partes importantes do processo, tais como a temperatura ou quantidades, são mostradas para o operador.

Os papéis da máquina e do ser humano

Os componentes técnicos deste sistema (a "máquina") são capazes de agir com alta velocidade e precisão, e podem exercer muita força. O ser humano é, por outro lado, vagaroso e gera pouca energia, apesar de ser muito mais flexível e adaptável. O ser humano e a máquina podem combinar-se para formar um sistema muito produtivo, se suas qualidades forem usadas corretamente.

O controle das máquinas não era um grande problema até recentemente, quando o desenvolvimento da eletrônica resultou em controles mais elaborados e respostas mais rápidas, e a conseqüente necessidade de interpretação acurada da informação tornou a tarefa do operador mais delicada e mais demandante. Como resultado, o fator humano neste sistema tornou-se cada vez mais importante. Em um avião, a velocidade de reação do piloto pode ser vital; em um processo químico, estar alerta e tomar decisões corretas pode evitar uma catástrofe. Portanto, os sistemas humano-máquina modernos precisam ser ergonomicamente concebidos.

Interfaces

Os "pontos de intercâmbio" (denominados interface) de informação e energia *do ser humano para a máquina* e *da máquina para o ser humano* são de muita importância para a ergonomia da engenharia. Duas interfaces são de especial interesse:

1. Os *mostradores* fornecendo para o ser humano *feedback* sobre o *status* da máquina ou sobre o comportamento de todo o sistema.
2. Os *controles* pelos quais o operador alimenta a máquina, afetando o sistema.

A seguir são feitas algumas considerações sobre estas interfaces, sob o ponto de vista ergonômico.

MOSTRADORES

Um mostrador veicula informação para os órgãos do sentido humano através de um meio apropriado. Nos sistemas humano-máquina trata-se geralmente da apresentação visual de processos dinâmicos, por exemplo, sobre as alterações de temperatura ou pressão durante um processo químico.

Os mostradores usualmente encontrados no mercado recaem em três categorias:

1. *Mostrador digital em uma "janela".*
2. *Escala circular com ponteiro móvel.*
3. *Indicador fixo sobre uma escala móvel.*

Cada um desses mostradores tem vantagens em certas circunstâncias, sendo algumas listadas a seguir.

Leitura dos valores

Se o caso é simplesmente ler o valor exato de uma certa quantidade, a janela com o contador digital é melhor, já que é o mais rápido e o mais acurado.

Se for necessário saber como o processo está ocorrendo, avaliar a amplitude ou a direção de alguma mudança, então o ponteiro movendo-se sobre uma escala fixa fornece esta informação mais facilmente.

Uma escala movimentando-se em relação a um indicador fixo também pode ser usada para estes propósitos, mas tem a desvantagem de ser mais difícil memorizar as leituras anteriores ou avaliar a extensão do movimento.

Se um processo deve ser ajustado para operar sob um determinado valor (por exemplo, a pressão do vapor ou a voltagem elétrica), é mais fácil fazê-lo com um ponteiro móvel, porque um segundo ponteiro ou um marcador pode ser pré-ajustado e o processo acuradamente controlado quando os dois ponteiros ficam juntos. Se o processo cobre uma faixa larga da escala, então o instrumento com a escala móvel é melhor do que um mostrador com ponteiro móvel. A Figura 9.2 ilustra os três tipos de mostradores e os processos para os quais eles são apropriados.

Escala fixa ou móvel

Enquanto o mostrador digital é melhor para avaliar um valor estável, uma escala fixa com um porteiro móvel é em geral melhor do que o arranjo contrário. O ponteiro móvel atrai a atenção e informa sobre a magnitude e a direção da mudança. As escalas fixas são aceitáveis e encobrem uma ampla faixa de valores enquanto mostram apenas aquela parte da escala movendo-se contra um indicador fixo.

Os desenvolvimentos recentes na eletrônica, viabilizados pela computadorização, trouxeram novas técnicas de mostradores, algumas conbinando aspectos discutidos acima. Os livros de Cushman e Rozemberg (1991), Kroemer *et al.* (1994) e Woodson et al. (1991) trazem informações sobre a ergonomia de mostradores eletrônicos.

Erros de leitura

Nos anos posteriores à Segunda Grande Guerra, ficou clara a importância do leiaute de instrumentos em aviões e veículos de transporte, para a velocidade e a acurácia da leitura, e, assim, muitos estudos foram feitos para buscar um melhor *design* e arranjo de mostradores. A Figura 9.3 mostra os resultados do estudo feito por Sleight (1948). Cada escala foi mostrada 17 vezes para 60 sujeitos, durante um período de 0,12 s cada. Os resultados mostram diferenças significativas na freqüência de erros de leitura, sendo a "janela aberta" com 0,5% de erro, indiscutivelmente, a melhor. Parece que com a janela aberta não se perde tempo localizando o ponteiro.

Tipo de escala	 Ponteiro móvel	 Escala móvel	798 Contador
Leitura de dados	Aceitável	Aceitável	Muito boa
Detecção de mudanças	Muito boa	Aceitável	Pobre
Graduação de um determinado valor, controle de um processo	Muito boa	Aceitável	Aceitável

Figura 9.2 Diferentes maneiras de apresentar uma informação.

Altímetro

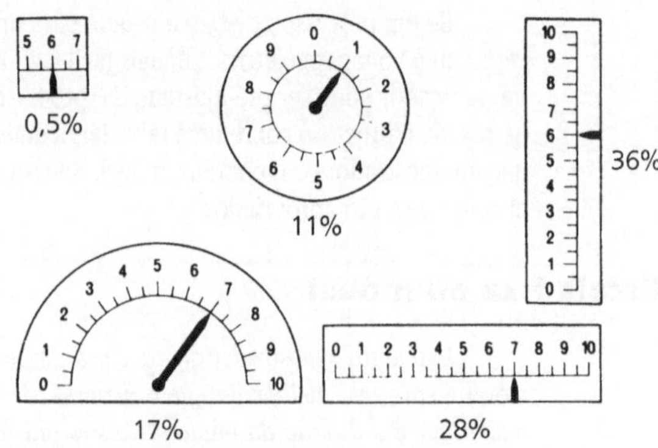

Figura 9.3 O efeito da forma das escalas de medição sobre a exatidão da leitura. Os números dão a percentagem de erro de leitura durante um tempo de exposição de 0,12 s. Segundo Sleight (1948).

Um exemplo instrutivo quanto à necessidade de instrumentação sonora é o *design* de altímetros, que freqüentemente tem sido a causa de vários acidentes aéreos. O altímetro tradicional tinha três ponteiros, um lendo as centenas de pés, o segundo, os milhares, e o terceiro, os milhões. Muitos estudos mostraram que, tanto no laboratório quanto durante o vôo, os erros de leitura podem ser reduzidos desenhando o altímetro de forma diferente. Em 1965, Hill e Chernikof foram os primeiros a desenvolver um instrumento que, por décadas, foi o menos problemático e o mais agradável de se usar. Ele consiste de um mostrador redondo com um único ponteiro móvel para a escala de 100 pés, e duas janelas, uma mostrando as faixas mais altas e a outra, a pressão atmosférica (Figura 9.4).

Combinando o mostrador com o requisito da informação

É importante que o instrumento forneça ao operador apenas a informação requerida, por exemplo, apresentar a menor unidade que o operador deve ler. Portanto, se há necessidade de ler pressões com valores próximos de 100 N, a menor divisão deve ser 100 N.

Às vezes, o operador não necessita de uma leitura precisa, mas apenas saber a faixa, por exemplo, entre o limite de segurança inferior e a linha superior de perigo, ou "frio", "morno" e "muito quente". Aqui, um ponteiro móvel é melhor e as várias faixas podem ser marcadas por cores ou padrões diferentes. A Figura 9.5 mostra um exemplo de um instrumento onde a informação é mantida no mínimo necessário.

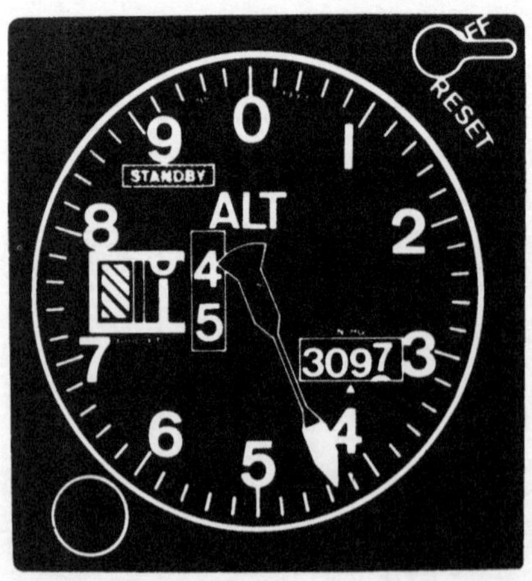

Figura 9.4 Um altímetro de avião desenhado para reduzir erros de leitura. Um problema é que o ponteiro às vezes encobre um dos contadores.

Graduação da escala

Ainda mais importante do que a forma do mostrador é o tamanho das graduações da escala. Já que a iluminação e o contraste nem sempre são ideais, e outros fatores adversos estão presentes no posto de trabalho real, recomendamos graduações grandes, da seguinte forma. Se *a* é a maior distância visual esperada, em mm, então as dimensões mínimas das graduações devem ser as seguintes:

altura das maiores graduações	*a*/90
altura das graduações médias	*a*/125
altura das menores graduações	*a*/200
espessura das graduações	*a*/5.000
distância entre duas graduações pequenas	*a*/600
distância entre duas graduações grandes	*a*/50

Recomendações para o *design* das graduações das escalas

Da discussão anterior e mais uma ou duas outras considerações óbvias, o *design* ergonômico das graduações das escalas pode ser sumarizado da seguinte forma:

1. A altura, espessura e distância das graduações da escala devem ser tais que elas possam ser lidas com um mínimo de erro, mesmo em condições não ideais de iluminação.
2. A informação apresentada deve ser aquela realmente desejada: as divisões de escala não devem ser menores do que a precisão desejada; a informação qualitativa deve ser simples e não gerar dúvidas.
3. As graduações da escala devem fornecer informação fácil de interpretar e usar. É desgastante ter que multiplicar uma leitura do instrumento por algum fator, e se isso não puder ser evitado, então o fator deve ser o mais simples possível, por exemplo, × 10, × 100.
4. As subdivisões devem ser $\frac{1}{2}$ ou $\frac{1}{5}$; qualquer outra coisa é difícil de ler.
5. Os números devem se restringir às graduações mais importantes da escala e, de novo, as subdivisões devem ser $\frac{1}{2}$ ou $\frac{1}{5}$.
6. A ponta do ponteiro não deve encobrir nem os números nem as graduações e, se possível, sua espessura não deve ser maior do que a da linha da graduação da escala. É melhor que a ponta do ponteiro chegue o mais próximo possível da escala sem, no entanto, tocá-la. A Figura 9.6 mostra ponteiros bons e ruins.
7. O ponteiro deve estar no mesmo plano que a escala graduada, para evitar erros de paralaxe, e o olho deve estar posicionado de forma que a linha de visão fique em ângulos retos com a escala e o ponteiro.

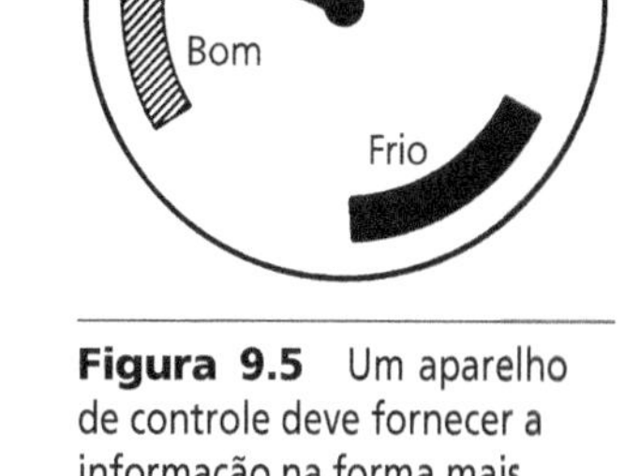

Figura 9.5 Um aparelho de controle deve fornecer a informação na forma mais simples e inequívoca possível.

Letras e números

A literatura ocidental apresenta vários estudos sobre os efeitos do tamanho e a forma das letras e números na percepção visual, principalmente em relação à aviação. Uma visão corrente pode ser sumarizada conforme a seguir.

As letras pretas sobre um fundo branco são preferidas, em princípio, porque os caracteres brancos tendem a sangrar sobre o fundo preto e este pode gerar forte contraste com o ambiente mais claro em sua volta (isto procede tanto para mostradores impressos ou eletrônicos). Por outro lado, símbolos brancos aparecem melhor sob condições desfavoráveis de iluminação, especialmente se os símbolos e o ponteiro são luminosos.

Tamanho dos caracteres

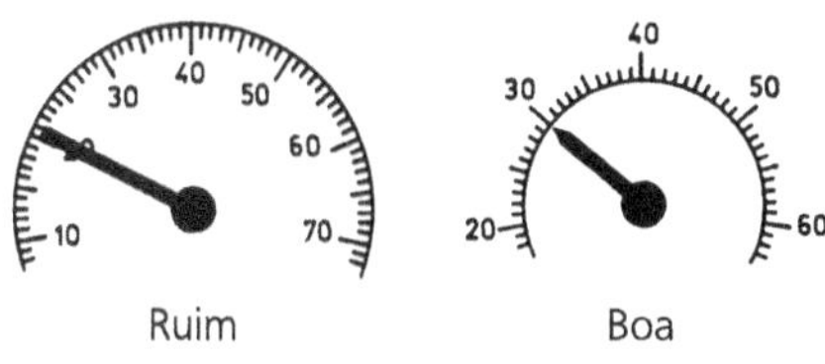

Figura 9.6 Configuração ruim e boa de números e ponteiro dos mostradores. A extremidade do ponteiro deve ter a mesma espessura que os traços da escala; o ponteiro não deve cobrir os traços nem os números da escala.

O tamanho de letras e números, espessura de linhas e a distância entre si devem estar relacionados à distância visual entre o olho e o mostrador. A seguinte fórmula pode ser usada:

Altura das letras e números em mm
= distância visual em mm, dividida por 200.

A Tabela 9.1 dá alguns exemplos.

Letras maiúsculas e minúsculas são mais fáceis de ler do que letras de mesmo tamanho. A maioria das letras e números deve ter as seguintes proporções:

Corpo (largura)	$\frac{2}{3}$ da altura
Espessura da linha	$\frac{1}{6}$ da altura
Distância entre as letras	$\frac{1}{5}$ da altura
Distância entre palavras e números	$\frac{2}{3}$ da altura

Tabela 9.1 Alturas recomendadas de letras

Distância do olho (mm)	Altura das letras minúsculas ou números (mm)
Até 500	2,5
501-900	5,0
901-1800	9,0
1801-3600	18,0
3601-6000	30,0

Estas proporções são ilustrados na Figura 9.7

As dimensões recomendadas de caracteres para a tela de computador serão discutidas no Capítulo 17.

CONTROLES

Controles adequados

Os controles constituem a alimentação do sistema, a segunda interface entre o ser humano e a máquina, e podem ser assim distinguidos:

1. *Controles que requerem pouco esforço manual:* botões de pressão, interruptores de alavanca, pequenas alavancas, botões giratórios e botões indicadores. Todos podem ser facilmente acionados pelos dedos.
2. *Controles que requerem aplicação de forças maiores:* rodas, manivelas, alavancas e pedais. Estes são acionados por grupos maiores de músculos dos braços ou pernas.

A escolha correta do tipo e da ordenação dos controles é importante para o uso correto das máquinas e equipamentos. As seguintes orientações devem ser seguidas:

1. Os controles devem considerar a anatomia e funcionamento dos membros. *Os dedos e as mãos devem ser usados para movimentos rápidos e precisos; braços e pés usados para operações que requerem força.*
2. Controles operados pela mão devem ser facilmente alcançados e preendidos, a uma altura entre o cotovelo e ombros, e devem ser plenamente visíveis.
3. A distância entre controles deve considerar a anatomia do ser humano. *Dois botões ou alavancas operados com o dedo devem estar a uma distância mínima de 15 mm; controles operados pela mão devem manter uma distância de, no mínimo, 50 mm.*
4. Para operações de controle contínuo ou discreto, e com um pequeno uso de força e movimento, pouco curso e alta precisão, são adequados botões de pressão, interruptores de alavanca e botões giratórios.
5. Para operações com grande uso de força, durante longo curso e relativamente pouca precisão, são adequados interruptores com grandes alavancas, manivelas, rodas de mãos e pedais.

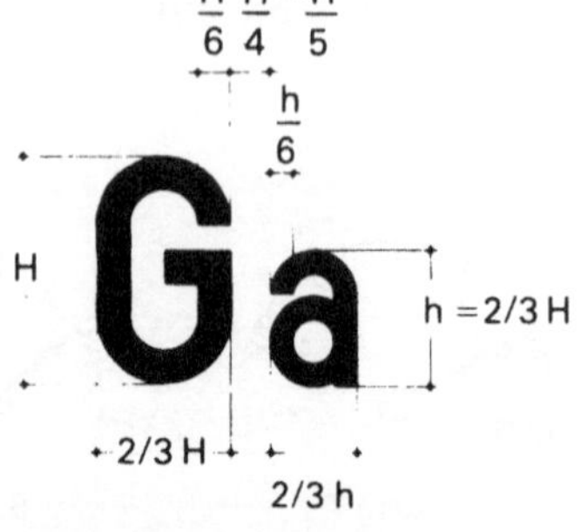

Figura 9.7 Proporções recomendadas para letras ou números. *H* = altura das letras maiúsculas. *h* = altura das letras minúsculas. Os valores absolutos estão relacionados na Tabela 9.1.

Existe uma ampla literatura sobre o *design* ergonômico e leiaute de controles. Revisões são fornecidas em Cushman e Rosenberg (1991), Kroemer *et al.* (1994), Sanders e McCormick (1993), Schmidtke (1981), Woodson *et al.* (1991) e em normas militares, nacionais e ISO. Algumas recomendações práticas dessas fontes são sumarizadas a seguir.

Codificação

Na indústria, na agricultura e também no transporte existem grandes máquinas com painéis de controle com vários controles semelhantes e, nessas condições, é importante que, mesmo sem olhar, a alavanca certa seja acionada ou o botão correto seja girado. De acordo com McFarland (1946), a Força Aérea Americana sofreu, na Segunda Guerra Mundial, 400 acidentes de avião, em 22 meses, porque os pilotos confundiram a alavanca de trem de aterrissagem com outras alavancas.

Para evitar confusão, *qualquer controle passível de ser confundido deve ser projetado para ser facilmente diferenciado pelas pessoas*. Para assegurar a identificação, podem ser usadas as seguintes medidas:

1. *Arranjo.* Por exemplo, pode ser usada a seqüência de operação ou a diferença entre o movimento vertical e horizontal, mas apenas um pequeno número de controles podem ser identificados desta forma.
2. *Estrutura e material.* A Figura 9.8 mostra manípulos de onze formatos diferentes desenvolvidos experimentalmente por Jenkins (1947). Estas são as formas menos confundidas por operadores de olhos vendados. Além da forma e tamanho, os manípulos podem ser ainda diferenciados pela textura da superfície (lisa, corrugada, etc.). Essas características são particularmente úteis se o controle deve ser feito sem o uso da visão, ou no escuro ou enquanto a atenção está voltada para outra direção.
3. *Cor e identificação.* Podem ser úteis, mas apenas sob condições de boa luz e sob controle visual.

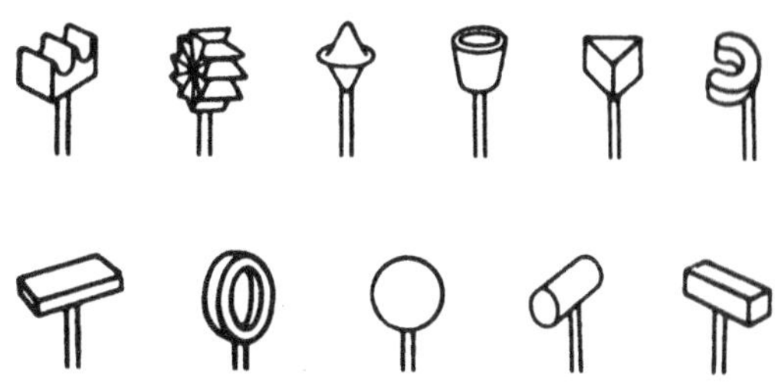

Figura 9.8 Formatos de manípulos que permitem uma fácil diferenciação.

Distância

Se os controles devem ser operados livre e corretamente, sem tocar involuntariamente os controles vizinhos, eles devem manter uma devida distância entre si. A Tabela 9.2 mostra as separações mínimas e ótimas.

Resistência

Os controles devem oferecer uma certa resistência à operação, de forma que sua ativação exija um esforço positivo, e que não possam ser ativados inadvertidamente. Schmidtke (1974) recomendou as seguintes resistências de torque:

Rotação com apenas uma mão	em torno de 2 Nm
Pressão com uma mão	10 a 15 Nm
Pressão de pedal	40 a 80 Nm

Resistências maiores são necessárias, às vezes, para isolar determinados controles de outros.

Os controles adequados para operação de precisão com pouca força incluem botões de pressão, interruptores de alavanca, alavancas, botões giratórios e indicadores.

Tabela 9.2 Distância entre controles adjacentes

Controles	Tipo de manipulação	Distância na montagem (em mm) Mínimo	Ótimo
Botão de pressão	Com um dedo	20	50
Interruptor de alavanca	Com um dedo	25	50
Alavanca	Com uma mão	50	100
	Com as duas mãos	75	125
Roda de mão	Com as duas mãos	75	125
Botão giratório ou botão indicador (seta)	Com uma mão	25	50
Pedais	Dois pedais com o mesmo pé	50	100

Botões de pressão para operação com o dedo ou com a mão

Os botões de pressão para serem operados pela pressão dos dedos ou da mão ocupam pouco espaço e podem ser diferenciados por cores ou outra forma de identificação. A superfície de pressão deve ser grande o suficiente para que o dedo ou a mão possam pressionar o botão facilmente, com a força necessária e sem risco de escorregar. As medidas recomendadas para os botões de pressão são:

Diâmetro	12-15 mm
Para um botão isolado de parada de emergência	30-40 mm
Percurso	3-10 mm
Resistência à operação	2,5-5 N

Os botões de pressão para os dedos devem ser ligeiramente côncavos, enquanto que os botões para a mão devem ter a forma de cogumelo. As medidas recomendadas para estes últimos são:

Diâmetro	60 mm
Percurso	10 mm
Resistência à operação	10 N

Interruptores de alavanca

Interruptores de alavanca são facilmente vistos e seguros de operar. Eles devem, preferencialmente, ter apenas duas posições ("ligado" e "desligado"). Se eles estiverem claramente identificados, vários interruptores de alavanca podem ser dispostos lado a lado.

A direção do curso deve ser vertical, e as posições "desligado" e "ligado" devem ser claramente marcadas acima e abaixo (a convenção se a posição "ligado" é para cima ou para baixo varia em diferentes países). Se for utilizado um interruptor de alavanca com três posições, deve haver no mínimo 40° de curso entre duas posições adjacentes, que devem estar claramente identificadas. As dimensões recomendadas para os interruptores de alavanca são apresentadas na Figura 9.9.

Alavancas de mão

Quando o comprimento da alavanca é maior do que 50 mm é chamada de *alavanca de mão,* a qual permite a aplicação de mais força em comparação com um interruptor. A direção do movimento deve sempre ser de cima para baixo, ou da frente para trás. Quando a alavanca de mão tem várias posições, e não

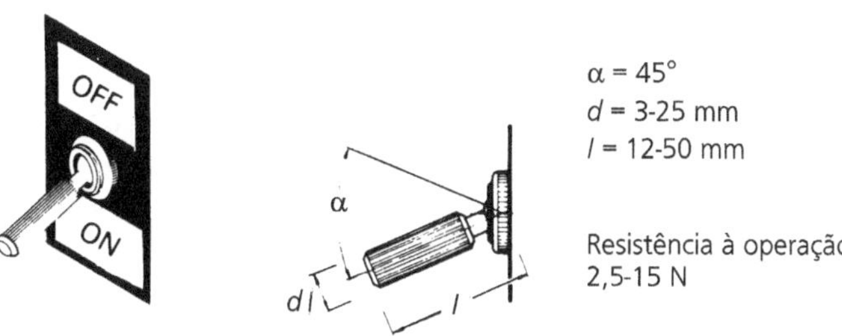

Figura 9.9 Dimensões dos interruptores de alavanca.

apenas "ligado" e "desligado", deve haver um degrau definido para cada posição. Se a alavanca é para movimento de ajuste fino contínuo, deverá haver um suporte adequado para o cotovelo, antebraço ou punho. As alavancas de mão devem ter diferentes empunhaduras, de acordo com a função:

empunhadura para o dedo, diâmetro 20 mm
empunhadura para a palma da mão (de garra), diâmetro 30-40 mm
empunhadura de cogumelo, diâmetro 50 mm

A Figura 9.10 mostra uma alavanca de mão adequada para movimentos de controle contínuo e delicados com os dedos. As alavancas de mão, que exigem força para operação, são chamadas de *alavanca de câmbio* e se enquadram na categoria de controles pesados. A Figura 9.11 mostra dimensões adequadas de uma alavanca de câmbio.

Botões giratórios

Os botões giratórios podem ter várias formas: redonda, em forma de seta, combinações de botão e manivela, ou até mesmo vários botões concêntricos, acoplados em um único eixo.

Uma exigência importante e válida para todos os tipos de botões é que *devem caber confortavelmente nas mãos e devem ser claramente visíveis durante a operação.*

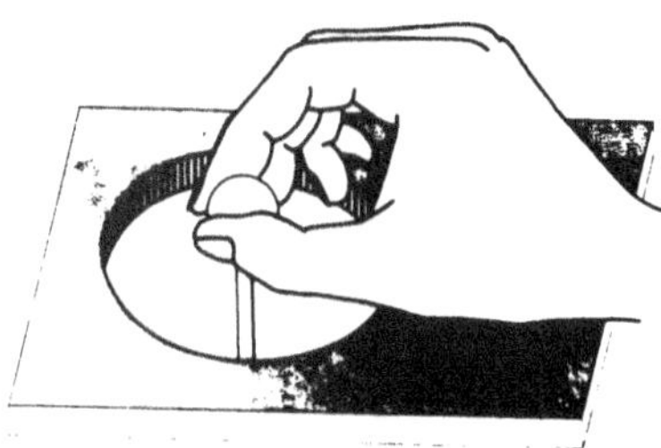

Figura 9.10 Botão para operação precisa com os dedos. O antebraço e o punho devem ser suportados por uma superfície macia sobre a qual possam se movimentar com facilidade.

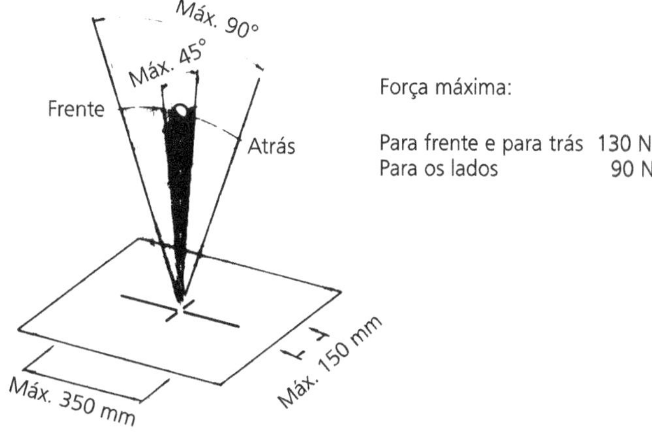

Figura 9.11 Alavanca de câmbio para uso de maior força, com guia para as possíveis posições.

Interruptores giratórios

A Figura 9.12 sumariza os dados sobre os interruptores giratórios e escalonados. Eles devem ter uma resistência maior do que os botões de rotação contínua, de forma que o operador receba um sinal tátil claro de cada posição. Um nível de resistência de 0,15 Nm é recomendável. Além disso, as posições sucessivas devem estar separadas pelo menos 15°, se o interruptor é visível, e ao menos manter 30° de distância, quando está fora do controle visual, sendo operado apenas pelo tato.

Botões para giro contínuo

Os *botões sem degraus* (de giro contínuo) são apropriados para regulagens finas e precisas em uma ampla faixa. Um arco de 120° pode ser alcançado sem mudar a pega e com controle preciso do movimento; se for necessário girar ainda mais, a posição da pega pode ser mudada sem maiores dificuldades. O botão giratório pode ser girado com os dedos ou com a mão, e o manuseio é facilitado quando a superfície do botão é ligeiramente sulcado. As seguintes dimensões são recomendadas:

Diâmetro para manejo por dois ou três dedos	10-30 mm
Diâmetro para manejo com toda a mão	35-75 mm
Altura para manejo com os dedos	15-25 mm
Altura para manejo com a mão	30-50 mm
Torque máximo para botões pequenos	0,8 Nm
Toque máximo para botões grandes	3,2 Nm

Botões indicadores

Os botões em forma de seta ou ponteiros têm a vantagem de fácil e rapidamente localizar as posições selecionadas, e devem ter de 25 a 30 mm, medidos ao longo da barra. A Figura 9.13 mostra tal barra para uso com controle em degraus.

Os controles que exigem grande força muscular e grande percurso, mas pouca precisão, podem ser operados por uma manivela, volante ou pedal.

Manivela

As manivela são adequadas para selecionar um controle ou fornecer ajuste contínuo, quando é necessário uma longa faixa de movimento. A transmissão pode ser grande ou pequena, em função da precisão deseja-

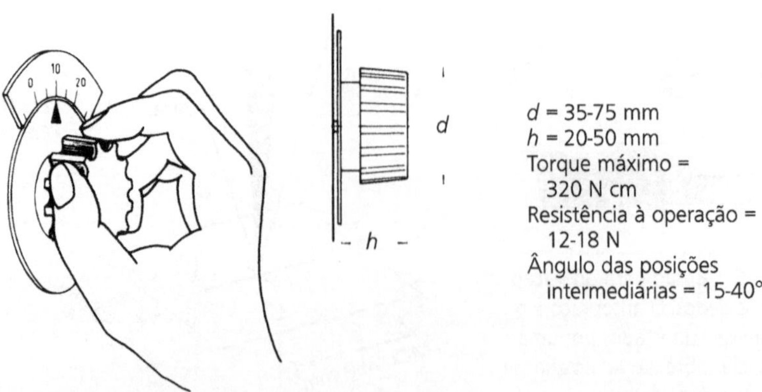

Figura 9.12 Botão giratório com regulagem escalonada. A forma canelada permite uma empunhadura segura de três dedos.

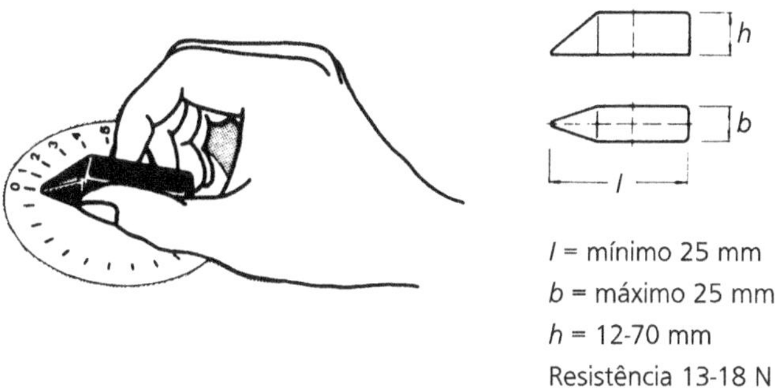

Figura 9.13 Botão em forma de seta com regulagem escalonada.

da. A manivela pode ser operada mais rapidamente se a empunhadura puder girar em torno do seu eixo, mas uma empunhadura fixa é mais precisa. Para as manivelas, as seguintes medidas são recomendadas:

Comprimento do braço de alavanca para baixo torque (até 200 rpm)	60-120 mm
Comprimento do braço de alavanca para alto torque (até 600 rpm)	150-220 mm
Comprimento do braço do alavanca para graduação rápida	até 120 mm

De acordo com Van Cott e Kinkade (1972), pode-se esperar as seguintes velocidades de rotação (rpm) em relação ao raio de uma manivela:

mm	rpm
20	270
50	255
120	185
240	140

Depreende-se que quanto mais baixa a rotação da manivela, maior ela deve ser, e vice-versa.

A relação entre o comprimento de uma manivela e a resistência de operação deve ser:

Manivela de 120 mm de comprimento, resistência 3-4 Nm
Manivela de 240 mm de comprimento, resistência 0,5-2,5 Nm

Esta faixa de 120 a 240 mm é a melhor para controle fino e preciso.

As dimensões das empunhaduras devem ser as seguintes:

Diâmetro	25-30 mm
Comprimento para operação com uma mão	80-120 mm
Comprimento para operação com duas mãos	190-250 mm

Volantes

Volantes são recomendados quando grandes forças precisam ser aplicadas, já que permitem o uso de ambas as mãos e fornecem relativamente um grande braço de alavanca, quando a velocidade de rotação é baixa.

Saliências colocadas no anel interno do volante promovem uma pega mais firme e segura e possibilitam maior aplicação de força, em comparação com um anel liso.

Pedais

Os controles de pedais geralmente não requerem forças maiores do que 100 N, embora forças maiores podem ser usadas na agricultura, movimentação de terra, construção e, ocasionalmente, na indústria.

Os pedais de freio dos veículos motores entram nessa categoria especialmente se o freio servo-assistido falha. Os pedais são bastante adequados para essas situações já que o pé humano é capaz de gerar muita força, de até 2.000 N, em condições adequadas sentadas.

Para exercer grande força no pedal, é necessário:

um encosto que fornece suporte para a reação;
um ângulo de joelho entre 140 e 160°;
um ângulo de tornozelo entre 90° e 100°;
um pedal na altura do assento.

A pressão deve ser aplicada pelo arco do pé, e a direção da força deve ser a da linha que passa do ponto do suporte do apoio das costas até o tornozelo. As seguintes recomendações são feitas para *pedais para grandes forças*:

Curso do pedal	50-150 mm
(quanto menor for o ângulo do joelho, maior o curso do pedal)	
Resistência mínima à operação	60 N

Pedais para pequena força, como por exemplo pedal do acelerador de um carro, são operados apenas com o pé e a resistência inicial é baixa. É vantajoso que estes pedais possam ser operados com o calcanhar no chão e o pé descansando levemente no pedal (Kroemer, 1971). Para estes pedais podem ser recomendadas as seguintes medidas:

Curso do pedal	no máximo 60 mm
Máximo ângulo do pedal	30°
(o ângulo do pedal = ângulo de operação entre as duas posições extremas)	
Ângulo ótimo do pedal	15°
Resistência à operação	30-50 N

Todos os tipos de pedais devem ter uma superfície antiderrapante.

Como já mostrado na Tabela 9.2, a distância entre os pedais adjacentes deve estar entre 50 e 100 mm. Em condições especiais, por exemplo, sob o uso de calçados muito grandes ou botas, os pedais devem estar ainda mais distantes.

Figura 9.14 Pedais são desaconselháveis para trabalhos em pé, já que geram um grande trabalho estático nas pernas. Esquerda: solução ruim, que gera sobrecarga em uma perna. Direita: uma solução melhor em forma de estribo, que permite alternadamente de uso de uma outra perna.

Pedais para uso de pé

Quando uma máquina tem uma multiplicidade de controles, os pedais são algumas vezes usados para aliviar as mãos, o que não é desejável se o operador trabalha de pé. Em qualquer situação, eles devem ser restritos à operação de ligar e desligar. Se os pedais não podem ser evitados, então eles devem ser do tipo recomendado na Figura 9.14.

RELAÇÕES ENTRE CONTROLES E MOSTRADORES

Velocidades relativas de movimento

Para fixar um determinado valor de leitura em um mostrador, o operador move o controle rapidamente até que a leitura esteja aproximadamente correta, então movimenta o controle vagarosamente para ajustar com mais precisão. As distâncias relativas do curso da alavanca ou botão de controle e do ponteiro do instrumento são muito importantes durante o segundo estágio, que requer precisão.

Um controle grosseiro é mais fácil quando o ponteiro move mais rápido do que o controle, mas para *ajuste preciso, o controle deve se mover mais rápido do que o ponteiro*. A melhor razão varia tanto em diferentes situações que não é possível formular regras quantitativas que se apliquem genericamente. Pode-se apenas fazer menção à recomendação de Shackel (1974) para ajuste fino, usando um botão giratório e um ponteiro movendo-se sobre a escala. Uma volta completa do botão deve fazer o ponteiro mover-se de 50 a 100 mm, com uma tolerância de leitura de 0,2 a 0,4 mm. Para uma tolerância maior de leitura de 0,4 a 2,5 mm, o movimento do ponteiro deve ser de 100 a 150 mm por volta.

Expectativas estereotipadas

Mesmo dirigindo um carro não conhecido, espera-se que virar o volante no sentido horário vai girar as rodas para a direita: ninguém espera virar o volante para esquerda, a fim de virar as rodas para a direita. Da mesma forma, é razoável esperar que quando um botão é girado para a direita, o ponteiro do instrumento correspondente também vai se mover para a direita. Essas expectativas são denominadas *estereotipadas*: a experiência gravou os padrões correspondentes no cérebro, conforme já mencionado no Capítulo 8. *Os estereótipos são reflexos condicionados que se tornaram subconscientes e automáticos.*

Diferenças étnicas

Chapanis (1975) e Kroemer e colaboradores (1994) lembraram que algumas reações estereotipadas podem ser influenciadas por tradições culturais. Esta é a razão para que alguns arranjos de equipamentos sejam adaptados às convenções nacionais, incluindo as reações estereotipadas. Entre vários exemplos estão interruptores elétricos que sempre devem estar na posição "ligado" na mesma direção, mas que é "para cima", em alguns países, e "para baixo", em outros.

Além disso, nem todos os estereótipos são firmemente estabelecidos e, ocasionalmente, existem desvios individuais consideráveis. Por exemplo, nem todos os leiautes desenhados para operação por destros são igualmente adequados para as pessoas canhotas.

Também existe a "regra" de que a rotação horária significa um aumento no que está sendo controlado, mas o suprimento de água e gás geralmente são controlados por registros que fecham no sentido horário. Isso pode gerar problemas quando a pessoa tem que controlar a água/gás e eletricidade ao mesmo tempo. Neste caso, deve-se pensar numa solução que considere o mínimo risco de acidentes e algum grau de controle consciente.

Controles e mostradores correspondentes

Abaixo serão discutidas algumas regras valiosas para equipamentos industriais em todo mundo. Um princípio importante é que os controles e instrumento que estão funcionalmente ligados devem ter movimentos correspondentes, que são condizentes com nossos estereótipos. A Figura 9.15 mostra exemplos da coordenação entre a direção de movimento de controle e mostradores, com escalas verticais e horizontais. Algumas regras podem ser sumarizadas conforme a seguir:

1. Quando o controle é movimentado ou virado para a direita, o ponteiro também deve se mover para a direita, numa escala redonda ou horizontal; numa escala vertical, o ponteiro deve se mover para cima.

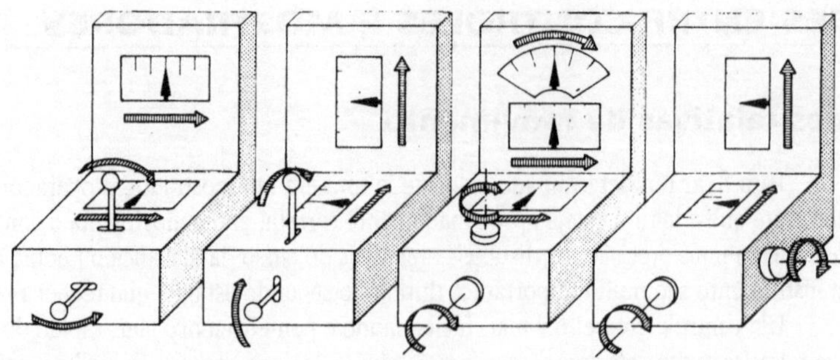

Figura 9.15 Exemplos de direções de movimentos evidentes entre controles e instrumentos de leitura.

2. Quando o controle é movido para cima ou para a frente, o ponteiro deve se mover para cima ou para a direita.
3. Uma rotação para a direita ou no sentido horário, instintivamente, sugere um aumento, portanto, o mostrador também deve mostrar um incremento.
4. Hoyos (1974) recomendou que uma escala móvel com um indicador fixo deve se mover para a direita, quando o controle é movido para a direita, *mas* os valores da escala devem aumentar *da direita para a esquerda*, de forma que a rotação na escala para a direita forneça leituras de aumento.
5. Quando uma alavanca é movimentada para cima, ou para a frente, ou para a direita, as leituras no mostrador devem aumentar, ou o equipamento deve ser "ligado". Para reduzir a leitura ou desligar, o instinto é puxar a alavanca em direção ao corpo, ou movê-la para a esquerda ou para baixo. Esses estereótipos que afetam uma alavanca são mostrados na Figura 9.16.

Painéis de controle

Os problemas com reações estereotipadas também devem ser considerados no projeto de grandes painéis de controle. Um bom leiaute de controles e mostradores torna a supervisão mais fácil e reduz o risco de leituras e ações erradas.

Cinco princípios devem ser considerados no *design* de painéis de controle:

1. Sempre que possível, os mostradores devem estar localizados próximos aos controles relacionados. Os controles devem ser colocados ou abaixo do mostrador ou, se necessário, do lado direito.
2. Se for necessário que os controles estejam em um painel e os mostradores em outro, então os dois conjuntos devem apresentar a mesma ordem e arranjo.
3. Identificações devem ser colocadas *acima* do controle e identificações idênticas *acima* do mostrador correspondente.

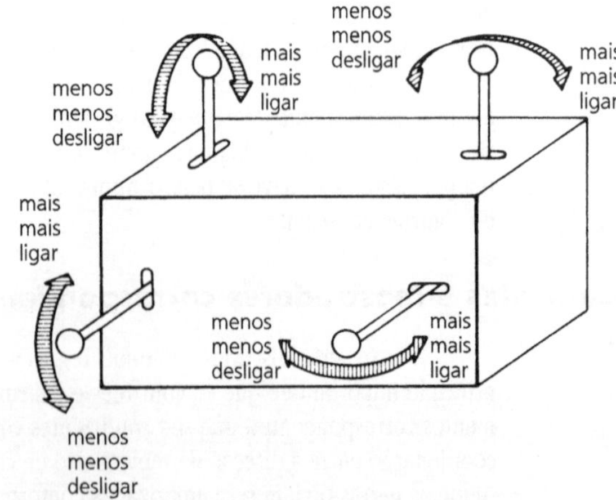

Figura 9.16 Alterações esperadas de acordo com o movimento de uma alavanca. Segundo Neumann e Timpe (1970).

4. Se vários controles são normalmente operados em seqüência, então eles e seus mostradores correspondentes *devem ser organizados no painel nesta ordem, da esquerda para a direita.*
5. Se, por outro lado, os controles em um determinado painel não são operados em uma seqüência regular, então tanto *eles quanto os mostradores correspondentes devem estar arranjados em grupos funcionais,* de maneira a gerar no painel, como um todo, algum grau de ordem.

Figura 9.17 Ordenação espacial lógica para um grupo de controles e instrumentos de leitura funcionalmente relacionados, em um console de comando. Segundo Neumann e Timpe (1970).

A Figura 9.17 mostra um exemplo de um agrupamento lógico de controles e mostradores em um painel de controle.

Essas recomendações podem parecer triviais, mas deve ser lembrado que trabalhos longos e monótonos podem gerar tédio e fadiga, que levam à redução do estado de alerta e aumentam a possibilidade de ocorrência de erros. Sob essas condições, um leiaute lógico de controles e mostradores, que tira vantagem do comportamento estereotipado automático, é benéfico, já que um operador fatigado tende a se apoiar em seus reflexos condicionados.

RESUMO

Controles e mostradores, por serem as principais interfaces entre os seres humanos e as máquinas, foram objetos de pesquisas "clássicas" na ergonomia da engenharia. Portanto, várias recomendações ergonômicas para o *design* e uso de controles e mostradores estão disponíveis.

CAPÍTULO 10

Atividade mental

UM ELEMENTO DO "TRABALHO CEREBRAL"

Em que consiste a atividade mental?

Até poucos anos atrás, havia uma linha simples que demarcava o trabalho manual realizado por operadores de colarinho-azul e o trabalho mental que era o domínio dos trabalhadores de colarinho-branco, mas, hoje, esta distinção é menos clara. Alguns trabalhos exigem bastante atividade mental, sem no entanto serem classificados na categoria de trabalho cerebral, por exemplo, processamento de informação, trabalho de supervisão, tomar importantes decisões de própria responsabilidade. Além disso, esse tipo de trabalho não é restrito aos trabalhadores de colarinho-branco, mas geralmente é delegado a operadores manuais. *Assim, a expressão "atividade mental" é um termo geral para qualquer trabalho no qual a informação precisa ser processada de alguma forma pelo cérebro.*

Tal atividade pode ser dividida em duas categorias:

1. Trabalho cerebral, no sentido restrito.
2. Processamento de informação como parte do sistema humano-máquina.

Trabalho cerebral

Trabalho cerebral, no sentido restrito, é essencialmente um processo de pensamento que exige criatividade em um menor ou maior grau. Como uma regra, a informação recebida precisa ser comparada e combinada com o conhecimento já armazenado no cérebro, e ser aprendida de cor na sua nova forma. Fatores decisivos incluem o conhecimento, a experiência, a agilidade mental e a habilidade de pensar e formular novas idéias. Exemplos incluem a construção de máquinas, o planejamento de produção, o estudo de casos, extraindo os fatos essenciais e sumarizando-os, fornecer instruções e escrever relatórios.

Processamento de informação

O processamento de informação como parte do sistema humano-máquina foi discutido no Capítulo 9, mas assim mesmo as questões essenciais serão sumarizadas de novo. São elas:

percepção;
interpretação;
processamento da informação transmitida pelos órgãos dos sentidos.

Esse "processamento" consiste na combinação de nova informação com o que já é sabido, fornecendo a base para a tomada de decisão.

A carga mental em postos de trabalho como os que foram discutidos é condicionada pelo seguinte:

1. *A obrigação de manter um nível elevado de alerta durante longos períodos.*
2. *A necessidade de tomar decisões* que envolvem grande responsabilidade para a qualidade do produto e para a segurança de pessoas e equipamentos.
3. Uma redução ocasional da concentração devido à *monotonia.*
4. *Falta de contato humano* quando um posto de trabalho é isolado de outros.

As barreiras que confrontamos

Pesquisadores em neurofisiologia, psicologia e outros ramos da ciência tentam arduamente obter alguma informação a respeito dos processos básicos do esforço mental. Na edição de 1988 deste livro, Grandjean usou a seguinte descrição, que ele creditou ao neurofisiologia Penfield: "Qualquer pessoa que estude os processos mentais é como uma pessoa que fica na base de uma montanha. Ela abriu para si uma abertura na base da montanha e dali olha para o topo da montanha, já que este é seu objetivo, mas o cume está obscurecido por densa nuvem". É esta "abertura" que iremos examinar.

As atividades mentais que são importantes na ergonomia incluem:

a captação da informação;
a memória;
a manutenção do estado de alerta.

CAPTAÇÃO DA INFORMAÇÃO

Teoria da informação

Em 1949, Shannon e Weaver fizeram uma importante contribuição para o entendimento de como a informação é captada. Eles estabeleceram um modelo matemático, representando quantitativamente a transferência da informação, e cunharam o termo *bit (binary unit)* para a menor unidade de informação. A definição mais simples de um *bit* é que é uma quantidade de informação transmitida por uma de duas opções alternativas. Por exemplo, nos tempos antigos, uma piscada de luz de uma torre poderia significar "inimigo chegando pelo mar", enquanto duas piscadas poderia significar "inimigo chegando por terra". Essas alternativas de informação são um *bit.*

Quando se tem mais do que duas opções, com probabilidades variadas, a situação se torna bem mais complicada. Essa teoria, portanto, tem suas limitações quando aplicada aos seres humanos, já que o total significado de um estímulo carregando informação não pode ser interpretado pela teoria da informação. Essa teoria é válida apenas para situações comparativamente simples, que podem ser divididas em unidades de informação e sinais codificados. Ela não é útil quando aplicada, por exemplo, para a informação sendo recebida por um motorista de carro.

Não há necessidade de ir mais fundo na teoria da informação, já que o leitor interessado pode consultar Abramson (1963).

Teoria da capacidade de canal

Outra teoria baseia-se na comparação da captação da informação com a capacidade de um "canal". De acordo com a teoria da capacidade de canal, os órgãos dos sentidos enviam uma certa quantidade de informação pela extremidade de entrada do canal e o que sai na extremidade de saída depende da capacidade deste canal.

Se a quantidade de entrada de informação é pequena, tudo é transmitido pelo canal, mas se a quantidade aumenta, rapidamente alcança um limiar, além do qual a informação de saída deste canal não é mais uma função linear com a quantidade de informação fornecida. Esse limiar é denominado "capacidade de canal" e pode ser determinado experimentalmente por uma variedade de diferentes tipos de informação visual e acústica.

Os seres humanos têm uma grande capacidade de canal para informação comunicada por meio de palavras. Foi calculado que um vocabulário de 2.500 palavras requer uma capacidade de canal de 34 a 42 *bits/s*. Esta capacidade é muito modesta quando comparada com a capacidade de canal de um cabo telefônico, que comporta até 50.000 *bits/s*.

Na vida diária, a informação é maior do que a capacidade de canal do sistema nervoso central, de forma que tem que ocorrer uma considerável "redução de processamento". Estima-se que isso resulte no número de bits mostrados na Tabela 10.1, sendo característicos de diferentes partes do sistema.

Esses dados aproximados deixam claro que apenas uma fração de minutos da informação disponível é conscientemente absorvida e processada pelo cérebro. O cérebro seleciona essa pequena fração por meio de um processo de filtragem, mas sabe-se muito pouco a esse respeito.

MEMÓRIA

Armazenamento de informação

A memória é o processo de armazenamento da informação no cérebro, geralmente apenas uma parte é selecionada, após ter sido processada. Não se sabe como essa seleção ocorre, no entanto, sabe-se que o processo está sujeito a emoções do momento, e pode-se presumir que a informação a ser armazenada deve ter alguma relevância para o que já está lá. Cada pessoa determina o que é o subjetivamente relevante e o que não é.

Pode-se distinguir dois tipos de memória:

1. *Memória de curta duração ou memória recente.*
2. *Memória de longa duração.*

A memória de curta duração compreende a recordação imediata de ocorrências instantâneas, até a lembrança de eventos que ocorreram há alguns minutos ou a uma ou duas horas. A lembrança de eventos de meses ou anos atrás advém da memória de longa duração.

Itens de informação que se tornam parte da memória deixam "traços" ou *engramas* em certas áreas do cérebro. A informação então armazenada pode ser voluntariamente recuperada, embora lamentavelmente nem sempre tão completa quanto se desejaria.

Memória de curta duração

Um modelo para a memória de curta duração considera que a informação recebida deixa traços que continuam a circular como um estímulo dentro da rede neuronal, sendo que, por um tipo de retroalimentação *(feedback)*, pode ser recuperada para a esfera consciente a qualquer momento.

Tabela 10.1

Processo	Fluxo de informação em *bits*/s
Registro no órgão sensorial	1.000.000.000
Nas junções nervosas	3.000.000
Percepção consciente	16
Armazenagem da impressão duradoura	0,7

O reservatório da memória de curta duração é apagável. Isso acontece durante a amnésia retrógrada, que se segue depois de algum distúrbio mecânico ou emocional no cérebro, e que oblitera a memória de eventos imediatamente antes do choque. Períodos de horas ou até semanas podem ser perdidos da memória desta forma. Deve-se assumir, no entanto, que há um período durante o qual as memórias estão sendo consolidadas, ou "engramadas", no cérebro, e que durante este período elas são vulneráveis à destruição. Depois disso, tornam-se mais estáveis, engramas surpreendentemente resistentes, que constituem a memória de longa duração.

O papel do sistema límbico na memória

Experimentos com animais, assim como observações clínicas em seres humanos, têm mostrado que partes do sistema límbico do cérebro, especialmente no hipocampo, têm um papel importante no processo de gravação da memória de curta duração.

Antes de discutir o papel do sistema límbico, é importante recordar uma breve visão geral da anatomia do cérebro, que pode ser considerado em três partes:

1. O *terço anterior do cérebro*, que inclui o córtex cerebral, onde, entre outras funções, estão localizadas a memória, o aprendizado, a consciência, a percepção e todos os processos de pensamento.
2. O *terço médio do cérebro*, localizado abaixo do cérebro anterior, que o liga com a medula. Aqui estão situados as funções autônomas, funções elementares de manutenção da vida, como: sensações básicas e reações como a fome, sede, raiva, defesa e fuga, assim como o controle vegetativo dos órgãos internos. Entre seus importantes constituintes estão o tálamo e o hipotálamo.
3. O *terço posterior do cérebro*, que forma a passagem para a medula espinhal e inclui o cerebelo. Aqui estão localizadas algumas funções vitais, tais como a respiração, controle do coração e circulação, e também o soluçar, tossir, engolir e vomitar. Praticamente todos os nervos do cérebro conectam com a medula, que tem uma complexa e intrincada rede de conexões de sinapses, a formação reticular.

A Figura 10.1 mostra um diagrama dessas partes do cérebro.

O sistema límbico é uma estrutura alongada que fica debaixo dos hemisférios cerebrais (as duas partes do córtex cerebral), formando uma conexão com as partes profundas do cérebro (cérebro médio). Consiste, em parte, de tecido cortical e, em parte, de estruturas nervosas dos centros nervosos localizados abaixo dele. Ao sistema límbico é atribuído uma parte importante das emoções e suas manifestações físicas colaterais (reações de afeto). Além disso, está envolvido no comando do ritmo dia-noite, do apetite, do comportamento sexual, motivação ou reações de afeto como raiva e medo.

Se a parte lateral do sistema límbico (hipocampo) é destruída, ocorrem várias deficiências na memória de curta duração, embora a memória de longa duração permaneça intacta. No entanto, não se sabe exatamente onde se localiza a memória de curto prazo.

A formação reticular é um sistema de ativação essencial para os processos de aprendizado e de memória, já que apenas durante o estado de vigília pode ocorrer o armazenamento da memória. Quão mais ativo o cérebro, mais aprendizado e memória ocorre, e, sem dúvida, mais alto é o estado de motivação.

Memória de longa duração

A memória de longa duração é muito estável e resistente a traumatismos cranianos e choques elétricos. Isso levou à conclusão de que a memória de longa duração depende de alguma forma do armazenamento intramolecular de estímulos, ou seja, de mudanças no substrato químico das células nervosas. Muitos experimentos sugerem que isto pode ser uma gravação durável no ácido ribonucleico (RNA).

Experimentos com minhocas (*planarians*) mostraram que o comportamento adquirido não é perdido quando as minhocas são cortadas. Se uma minhoca é treinada para reagir de uma determinada forma a um estímulo e é, então, cortada em duas, tanto a cabeça como a cauda regeneram minhocas completas e as duas mantêm o comportamento adquirido. Isto levou à hipótese de que o comportamento adquirido baseia-se em mudanças de RNA. Sabe-se que o RNA produz a base para a síntese de proteínas durante a divisão celular, portanto assume-se que as células de cada metade são regeneradas de forma completa, com seu

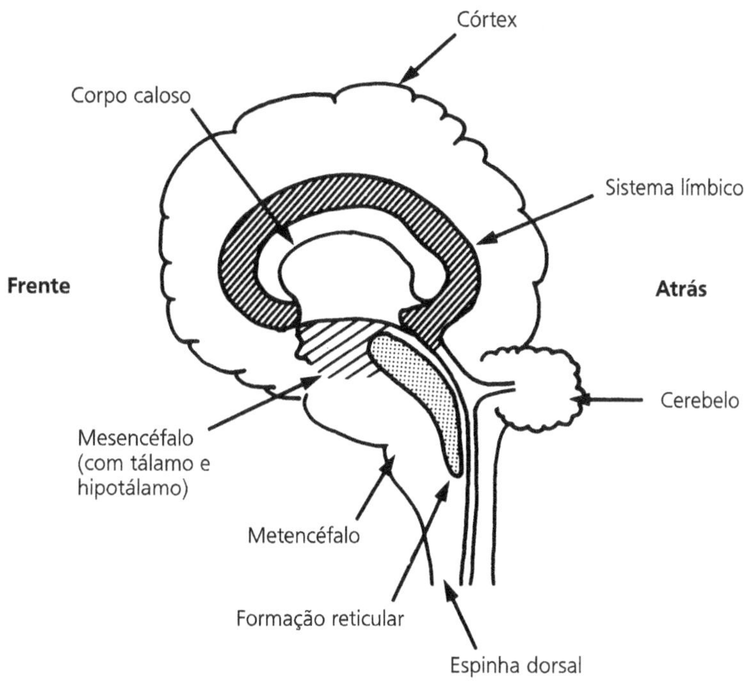

Figura 10.1 Visão geral do leiaute do cérebro.

"RNA marcado". Essa hipótese é confirmada por um outro experimento: se cada metade é tratada com ribonuclease, uma enzima que destrói o RNA, então o comportamento adquirido é perdido, e a minhoca regenerada não é mais condicionada.

Muitos outros experimentos sugerem que a memória de longa duração é "engramada" pelo RNA, inclusive em muitos estudos sobre o aprendizado em mamíferos, que é acompanhado de um aumento de RNA no cérebro. Em um estudo reportado por Müller-Limmroth (1973), os ratos foram treinados para usar apenas a pata dianteira esquerda para alcançar a comida, e o centro correspondente no cérebro mostrou um aumento do conteúdo de RNA. A teoria da informação também fornece interessantes idéias sobre os processos de memória. O número de células nervosas no cérebro que estão comprometidas com o armazenamento da memória pode ser estimado em 10 bilhões (10^{10}) e, assumindo que todas as células estão ativamente envolvidas, *a capacidade de armazenagem da memória humana pode ser tão grande quanto 10^8 a 10^{15} bits*. Isto é uma capacidade de armazenamento de memória inconcebível.

Um problema para os seres humanos é ter condições de "resgatar" a informação armazenada. Todo mundo sabe das dificuldades que as pessoas de idade avançada têm e com que tristeza dizem "isso não me vem mais à cabeça". Até agora, a ciência ainda não pôde fazer nada quanto a esse problema.

ATENÇÃO PROLONGADA (VIGILÂNCIA)

Algumas atividades na indústria e no transporte, tal como dirigir ou voar, exigem a atenção prolongada, que é bastante demandante mentalmente. Antes de se considerar os problemas específicos da vigilância, é importante discutir algumas capacidades mentais que geralmente são utilizadas como indicadores do nível da eficiência mental.

Tempo de reação e tempo de resposta

Psicólogos e ergonomistas têm se preocupado com a *velocidade de reação*: os psicólogos, porque o estudo do tempo de reação fornece uma idéia dos problemas mentais, e os ergonomistas, porque o tempo de reação pode ser usado para avaliar a habilidade de desempenhar determinadas tarefas mentais. O *tempo de reação* significa o intervalo entre o aparecimento de um sinal e a resposta dada. Wargo (1967) dividiu esse tempo em várias partes:

conversão em um impulso nervoso no órgão do sentido	1-38 ms
transmissão através do nervo até o córtex cerebral	2-100 ms
processamento central do sinal	70-300 ms
transmissão através do nervo até a musculatura	10-20 ms

O tempo de reação total não pode ser menor do que 100 ms, sob as condições mais favoráveis; na realidade, usualmente leva-se muitas centenas de milissegundos para reagir a um estímulo. Além disso, há um tempo adicional para o movimento que segue, tal como tirar o pé do acelerador e colocar no freio, em um carro ou caminhão. A soma do tempo de reação e de movimento é denominada *tempo de resposta*.

A faixa considerável de cada um desses tempos deve ser atribuída à grande variedade de tipos e quantidades de estímulos: eles podem provocar sensações a partir da visão, da audição, do tato, do paladar, do cheirar, da eletricidade e da dor. Os tempos de transmissão para e do cérebro também são variáveis, dependendo do comprimento e das propriedades dos nervos envolvidos. Uma parte substancial do tempo de reação é usada pelo processamento mental do sinal no cérebro. Portanto, o ergonomista, tentando minimizar os tempos de resposta, deve selecionar o estímulo de reconhecimento mais rápido, tornar o processamento mental e de decisão o mais fácil possível, e empregar os menores, mais rápidos e mais acurados movimentos do corpo — compare isto com o desenho do freio dos automóveis, inclusive dos atuais.

Tempo de reação simples

Um tempo de reação simples é aquele que envolve um sinal único e esperado, que é respondido por uma reação motora simples e já praticada. O tempo para tal reação pode ser tão curto quanto 0,15 s. Swink (1966) *estudou tempos médios de reação simples* sob várias condições:

sinal luminoso	0,24 s
sirene	0,22 s
choque elétrico na pele	0,21 s
sinal luminoso + sirene	0,20 s
sinal luminoso + sirene + choque elétrico na pele	0,18 s

Tempo de reação seletivo

Se uma variedade de sinais têm que ser respondidos com uma reação diferente, ou se uma resposta deve ser selecionada entre várias respostas possíveis, com base no mesmo estímulo, fala-se de *reação seletiva* ou *reação de escolha*. Por exemplo, um sinal pode estar verde, vermelho ou amarelo e todos devem ser respondidos pressionando uma tecla diferente, ou uma situação de tráfego perigosa pode ser evitada freiando-se ou mudando-se de faixa. Estes tempos para reações complexas são substancialmente maiores do que para uma reação simples, porque o sinal tem que ser processado intricadamente pelo cérebro, e o número possível de escolhas aumenta o tempo de tomar a decisão.

Uma síntese de Damon *et al.* (1966) sugere a seguinte relação entre o número possível de escolhas e o conseqüente tempo de reação.

Número de respostas	1	2	3	4	5	6	7	8	9	10
Tempo de reação aproximado em 1/100 de segundo	20	35	40	45	50	55	60	60	65	65

Hilgendorf (1966) considerou, como uma primeira aproximação, que o tempo de reação seletiva aumenta linearmente com o número de bits de informação, até um limiar em torno de 10 bits.

Antecipação

Conforma mencionado anteriormente, os dois tipos de tempo de reação são reduzidos se os sinais são antecipados. Isto é sempre o caso em estudos experimentais, embora na vida cotidiana a maioria das reações são para estímulos inesperados. Isso foi demonstrado por Warrick *et al.* (1965), que forneceram a estenógrafos um botão a ser pressionado cada vez que ouvissem o sinal de uma campainha. O sinal foi dado não mais que uma ou duas vezes na semana, durante o período de seis meses, no meio da jornada de trabalho normal dos digitadores. O tempo de reação nestas condições foi, em média, 0,6 s, em vez do normal 0,2 s.

Tempo de movimento

Até agora não foi mencionado o tempo usado no movimento de controle, que é especialmente importante quando se controla um veículo, já que pode durar ao menos 0,3 s. O tempo de resposta, o tempo total transcorrido a partir do sinal até que a resposta seja executada, pode alcançar um segundo. Isto pode ter uma conseqüência grave para o motorista de um veículo que não mantém uma distância suficiente em relação ao veículo da frente; se este veículo pára de repente, não há espaço suficiente (tempo) para a lenta resposta de frenagem. A vagarosidade da resposta atinge um significado enorme para o piloto de um avião supersônico: se o avião está voando a 1800 km/h, ele vai percorrer uma distância de 300m durante um tempo de resposta de apenas 0,6 s.

Limites da carga mental

Sabe-se que o pensamento e outros processos mentais são menos efetivos conforme o tempo passa. É uma experiência comum que, quanto mais tempo se lê, mais difícil é captar a informação e mais freqüente é a necessidade de ler uma passagem de novo, até que as palavras façam sentido. Quem não sentiu a perda de atenção que ocorre durante uma palestra longa e entediante?

Teoria de bloqueio de Bills

Essas observações simples do dia-a-dia foram feitas desde 1931, quando Bills demonstrou que as pessoas não podiam se concentrar numa atividade mental, sem pausas. Em experimentos psicológicos, ele descobriu que ocorrem interrupções em intervalos freqüentes, no processamento de informação, a que Bills denominou "bloqueios". A duração de um bloqueio era, pelo menos, duas vezes mais do que o tempo médio de processamento. Bills entendeu que *os bloqueios eram um tipo de mecanismo de regulação autônomo, que tinha o efeito de manter o nível de esforço mental tão alto quanto possível durante o maior tempo possível.*

Um esforço mental muito longo e contínuo resulta em bloqueios mais freqüentes e longos, que podem ser vistos como um sintoma de fadiga. Broadbent (1958) estudou os sintomas de fadiga deste tipo em um experimento em que os sujeitos tinham que permanecer continuamente alertas até o aparecimento de um sinal fraco e de curta duração, que era dado com pouca freqüência (15 vezes/h). Broadbent descobriu que várias distrações (ruído, calor, privação de sono) faziam os bloqueios aparecerem mais rápido, e mais sinais não eram vistos. O autor comparou o bloqueio com o reflexo de piscagem, que é uma interrupção da percepção contínua da luz, e que se torna mais freqüente e mais duradouro quando a fadiga aumenta.

Variabilidade da freqüência cardíaca

A variabilidade da freqüência cardíaca tem sido usada como indicador de estresse mental. Na verdade, a freqüência cardíaca não é regular de um batimento para o outro, mas varia constantemente, acelerando e tornando-se mais lenta. O termo fisiológico para esta variação é *arritmia sinuvial,* que está ligada à respiração. Com cada inspiração, a freqüência de batimento aumenta, para reduzir de novo na próxima expiração. Essa arritmia parece ser governada, em um primeiro instante, pelo sistema nervoso autônomo, onde o nervo vago age como regulador, como "marca-passo". Vários autores, entre eles Kalsbeck (1971) e O'Hanlon (1971), concordam que a freqüência cardíaca é menos variável sob estresse físico ou mental. O'Hanlon descobriu que, quando os seus sujeitos da pesquisa relaxavam a concentração, a freqüência cardíaca tornava-se mais variável, e ele sugeriu que este aumento da variabilidade poderia ser usado como indicador do nível de concentração. Pode-se dizer, em termos simples, que:

a redução da variabilidade do batimento cardíaco pode ser um sinal de aumento de concentração; um aumento na variabilidade pode acompanhar qualquer queda em concentração.

Atenção contínua ou vigilância

Concentração contínua é a habilidade de manter um determinado nível de alerta por um tempo prolongado. "Vigilância" é outro termo para esta habilidade, que mostrou-se muito importante durante a Segunda Guerra Mundial, quando foi notado que a freqüência de observação de submarinos nas telas do radar, feita pelo pessoal de serviço, diminuía com a duração da vigília. A metade das ocorrências eram reportadas durante os primeiros 30 minutos de observação; durante os 30 minutos subseqüentes, as observações reportadas caíram para 23%, depois para 16% e, finalmente, para 10%. Obviamente, a atenção diminuía com a duração do turno de vigília. Essa experiência de guerra gerou uma série de estudos sobre atenção, que foi denominada "pesquisa sobre vigilância".

Sinais não detectados

Em uma investigação que se tornou clássica, Mackworth (1960) submeteu um número de sujeitos da pesquisa a uma situação calma e pediu que eles observassem um relógio elétrico. Cada volta do ponteiro durava um minuto, que foi dividida em 100 degraus de 1/100 minutos cada. De vez em quando, o ponteiro pulava dois degraus, e os observadores tinham que detectar o ocorrido e responder a ele. O experimento durava duas horas e, durante cada período de 30 minutos, havia doze sinais críticos (duplo pulo do ponteiro) em intervalos irregulares. Os resultados são mostrados na Figura 10.2.

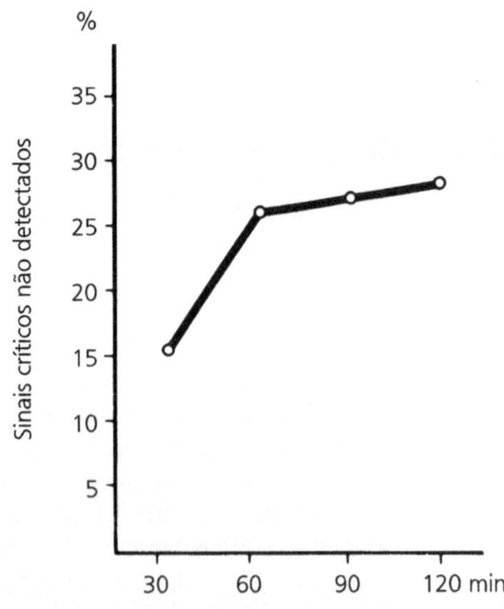

Figura 10.2 Freqüência de sinais não percebidos em um teste de vigilância durante duas horas com 25 marinheiros. O percentual de sinais não percebidos refere-se ao resultado dos períodos de 30 minutos precedentes. Segundo Mackworth (1950).

Esses resultados confirmam a experiência dos observadores de radar para detecção de submarinos: com o passar do tempo de observação, o número de sinais críticos não percebidos aumentou. Seguindo este estudo pioneiro de Macworth, centenas de outras pesquisas foram desenvolvidas sobre como o nível de atenção é afetado por diferentes tipos de sinais, críticos e não críticos, pelo seu número e arranjo, e pela duração da pesquisa. Leplat (1968) criticou a pesquisa de vigilância, que se esgota no exame de muitas questões de pouca relevância, em condições práticas. Apesar dessa limitação, pode-se ter uma retrospectiva com uma série de resultados práticos claros e o reconhecimento de determinadas regras. Revisões de literatura foram publicadas por Broadbent (1958 a, b),

Leplat (1968), Schmidtke (1973), Mackworth (1969) e Davis e Tune (1970); para aplicações na engenharia, as novas publicações de Boff *et al.* (1986) e Boff e Lincoln (1988) são indispensáveis.

Freqüência de sinal e desempenho

Entre todos esses resultados, deve ser destacado um que é significativo quando for tratado o problema da monotonia, no Capítulo 13. Várias investigações mostraram que a freqüência com que os sinais são notados aumenta quando existem mais e mais sinais por unidade de tempo. Schmidtke (1973) mostrou que esse aumento continua até uma freqüência ótima de 100 a 300 sinais críticos por hora. Se esse limite é bastante excedido, então o desempenho na observação de sinais cai de novo. Esses resultados são mostrados na Figura 10.3.

Schmidtke concluiu que a relação entre a freqüência por unidade de tempo de sinais críticos e o desempenho de observação tem a forma semelhante a um "U" invertido. Pode-se considerar que, quando há muito poucos sinais, isto deixa os sujeitos da pesquisa subestressados e, ao contrário, sinais excessivamente freqüentes geram uma demanda muito grande sobre os sujeitos.

Jerison e Pickett (1964) observaram que a freqüência de sinais irrelevantes também afeta o desempenho: quanto mais eles são, pior o estado de alerta.

Resultados da pesquisa de vigilância

Os resultados mais importantes, até hoje, sobre vigilância podem ser sumarizados conforme a seguir:

1. A atenção contínua (vigilância), medida pelo sinais percebidos, diminui com a duração da tarefa de observação. A diminuição começa a ser evidente, como regra, geralmente após os primeiros 30 minutos.
2. Dentro de certos limites, o rendimento da observação *relativamente melhora* se:
   os sinais são mais freqüentes;
   os sinais são mais fortes;
   o sujeito é informado do seu desempenho;
   os sinais são mais diferentes em forma ou contraste.
3. O desempenho é pior se:
   os intervalos entre os sinais variam muito;
   o sujeito da pesquisa esteve previamente sob estresse físico ou foi privado de sono;
   o sujeito da pesquisa fez seu trabalho de observação sob condições não favoráveis de ruído, temperatura, umidade, etc.
4. Muitos resultados sobre teste de vigilância são bastante similares à pesquisa de tempos de reação. Ambos mostram uma relação estreita com a intensidade de estímulo, o intervalo entre sinais e a informação disponível para o sujeito.

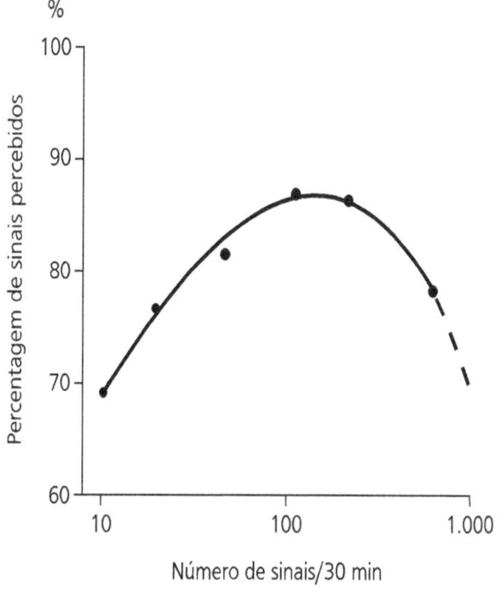

Figura 10.3 Relação entre a freqüência dos sinais e o desempenho observado. Segundo Schmidtke (1973).

Teorias

Os psicólogos não perderam a oportunidade de construir teorias sobre vigilância. Existem pelo menos dez diferentes teorias para explicar as observações feitas durante experimentos de concentração. Três teorias de especial interesse podem ser descritas brevemente da seguinte forma:

1. *A teoria da inibição interna de Mackworth* (1969) evoca o conhecimento dos reflexos condicionados e explica o declínio da performance como conseqüência da inibição, devido à ausência de prêmios e incentivos.
2. *A teoria do "arousal" ou teoria da incitação* explica as flutuações da concentração em termos do nível de atividade do córtex cerebral, conforme se sabe da neurofisiologia. De acordo com essa teoria, a falta de estímulos externos reduzem a atividade da formação reticular, que, por sua vez, induz mudanças no córtex cerebral, levando ao aumento da sonolência e a um nível menor de concentração (veja Capítulo 11). Vários experimentos que clarificaram diferentes aspectos sobre a vigilância podem ser explicados pelo efeito do sistema de ativação no estado funcional do cérebro e, portanto, na eficiência observacional.
3. *A teoria de filtro de Broadbent* (1958) baseia-se no conceito da "capacidade de canal", na qual um mecanismo de filtragem permite apenas que os sinais com certas características passem para a corrente de informação. Durante o curso de uma tarefa que requer a manutenção do estado de alerta, o filtro se torna cada vez menos discriminatório e permite que os sinais irrelevantes passem. Isto sobrecarrega o canal, excedendo sua capacidade e deixando de fora alguns sinais relevantes.

Nenhuma dessas teorias clássicas explica satisfatoriamente todos os resultados dos inúmeros experimentos. Hoje em dia, parece duvidoso que a atenção contínua possa ser considerada um processo isolado, completo em si só. Talvez essa seja a razão por que nenhuma teoria pode explicá-la completamente.

Sob o ponto de vista fisiológico, há suporte para se acreditar que a *concentração contínua depende do estado funcional, isto é, do nível de atividade do córtex cerebral*. É um equilíbrio dinâmico controlado por uma variedade de influências e por estímulos que excitam ou amortecem uma atividade. Sem dúvida, o sistema de ativação da formação reticular também tem um papel decisivo, mas ele não é certamente o único fator eficiente. Existem boas razões para assumir que outros processos neurofisiológicos afetam o nível de atividade e, portanto, o grau de concentração contínua. Entre estes, pode estar a *habituação* (ficar acostumado a estímulos não importantes), a *adaptação* (declínio da intensidade do estímulo transmitido pelos órgãos do sentido) e finalmente a parte desempenhada pelo *sistema límbico do cérebro, na motivação e reações emocionais*. Os processos de habituação e de adaptação são discutidos em mais detalhes no Capítulo 13.

A conclusão óbvia é que a teoria da incitação "arousal" é a que melhor se aplica aos fatos observados em relação à concentração contínua. Se forem considerados todos os vários processos, tais como a habituação, a adaptação e a influência do sistema límbico, existem poucos resultados experimentais, em pesquisa de vigilância, que não podem ser explicados pelos processos neurofisiológicos do cérebro. Dizer que tudo é um fenômeno neurofisiológico não é o mesmo que formular uma teoria.

RESUMO

As atividades mentais dependem do suprimento da informação aferente e do uso da memória de curta e longa duração para a tomada de decisões. O *design* ergonômico adequado de sistemas de trabalho evita sobrecargas mentais, inclusive a perda ou a falsa interpretação de sinais, e facilita as ações corretas e rápidas.

CAPÍTULO 11

Fadiga

Terminologia

"Fadiga" é um estado familiar a todos nós, na vida diária. O termo em geral denota uma perda de eficiência e um desinteresse para qualquer atividade, mas não é um estado único e definido. Também não é muito claro se deve ser definido como fadiga física, fadiga mental, etc.

O termo fadiga tem sido usado com tão diferentes sentidos que sua aplicação tornou-se caótica. Uma distinção razoável é a divisão comum entre *fadiga muscular* e *fadiga geral.*

A primeira é um fenômeno doloroso que aparece nos músculos sobrecarregados e fica ali localizada. A fadiga geral, por outro lado, é uma sensação difusa, acompanhada por sentimentos de indolência e desinteresse por qualquer tipo de atividade. Estas duas formas de fadiga resultam de dois processos fisiológicos diferentes e precisam ser discutidas separadamente.

FADIGA MUSCULAR

Sintomas externos

A Figura 11.1 ilustra os sinais externos de fadiga muscular, como eles aparecem em um experimento com um músculo isolado de um sapo. O músculo é estimulado eletricamente, fazendo com que ele contraia e desempenhe trabalho físico levantando peso. Após alguns segundos, nota-se que:

a altura de levantamento diminui;
tanto a contração quanto o relaxamento ocorrem mais devagar;
a latência (intervalo entre a estimulação e o começo da contração) torna-se maior.

Essencialmente, o mesmo resultado pode ser obtido usando o músculo de um mamífero. O desempenho do músculo cai com o aumento do esforço, até que o estímulo não mais produz uma resposta.

Os seres humanos mostram esse processo se o nervo ou músculo são estimulados eletricamente, ou se o sujeito executa uma contração voluntária e rítmica durante um período.

Este fenômeno de redução de desempenho do músculo após estresse é denominado "fadiga muscular", em fisiologia, e é caracterizado não apenas pela redução da força, mas também pela redução da velocidade de movimento. Aí recai a explicação para os problemas de coordenação e aumento dos erros e acidentes que se seguem à fadiga muscular.

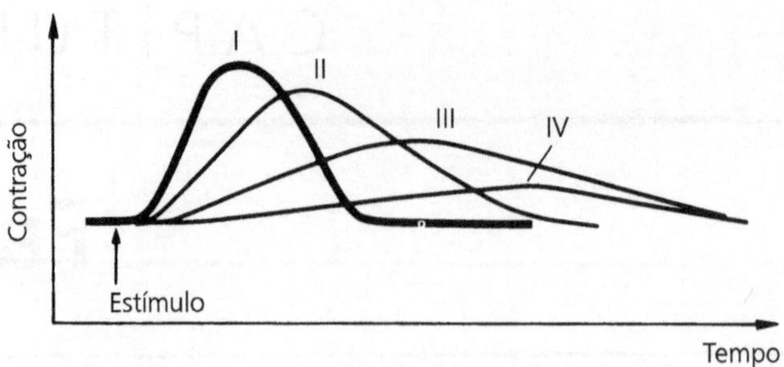

Figura 11.1 Manifestações físicas de fadiga de um músculo isolado da perna de um sapo. (I) Contração e relaxamento de um músculo descansado. (II) O mesmo, após moderado estresse. (III) O mesmo, após forte estresse. (IV) O mesmo, após violento estresse.

Mudanças bioquímicas

Sabe-se que, durante a contração muscular, processos químicos ocorrem, os quais, entre outras coisas, produzem a energia necessária para o esforço mecânico. Após a contração, enquanto o músculo está relaxado e em repouso, as reservas de energia são restauradas. Tanto a síntese de fornecimento de energia quanto a de restauração da energia ocorrem no músculo em trabalho. Se a demanda de energia excede o poder de regeneração, o equilíbrio metabólico é alterado, resultando em uma perda da capacidade de performance muscular.

Depois que o músculo foi fortemente estressado, as suas reservas de energia (açúcar e compostos de fósforo) ficam reduzidas, enquanto que os resíduos se multiplicam, sendo os mais importantes o ácido lático e o dióxido de carbono. O tecido muscular se torna mais ácido.

Fenômeno eletrofisiológico

Existem referências na literatura ao fato de que, mesmo após um músculo ter sido exaurido por contrações voluntárias repetidas, ele ainda responde a estímulos elétricos aplicados sobre a pele, sugerindo que essa forma de fadiga é um fenômeno do sistema nervoso central (o cérebro).

Essa interpretação, no entanto, não pode ser confirmada em todos os casos. Vários fisiologistas fizeram observações opostas: quando o músculo está em estado de exaustão, ele não contrai mais, mesmo que os impulsos nervosos motores enviados pelo cérebro sejam visíveis no eletromiograma. Parece que a fadiga torna-se um fenômeno periférico, afetando as fibras dos músculos, como Scherrer (1967) sugere.

Deve-se presumir que um grupo de pesquisadores estava procurando os primeiros sinais de fadiga, enquanto os outros estavam estudando músculos que já estavam no estado de exaustão.

Eletromiograma de um músculo fatigado

Comparando todos os resultados experimentais, pode-se assumir que o sistema nervoso central age como um mecanismo compensatório durante os primeiros estágios de fadiga. Muitos estudos com eletromiografia mostraram que, quando o músculo é repetidamente estimulado, a sua atividade elétrica aumenta, embora as suas contrações permaneçam em um mesmo estado ou declinem. Isto deve significar que mais e mais fibras individuais estão sendo estimuladas para a ação (recrutamento das unidades motoras). O eletromiograma da Figura 11.2 demonstra esse aumento da atividade elétrica enquanto a fadiga aumenta.

Esses fenômenos eletromiográficos também foram observados sob condições práticas. Por exemplo, Yllo (1962) registrou, após um período de 60 a 80 minutos perfurando cartões, um aumento da atividade elétrica dos músculos do antebraço e ombros. É razoável concluir que, nesse estágio de fadiga muscular, ela ainda pode ser compensada pelo aumento da atividade dos centros de controle muscular.

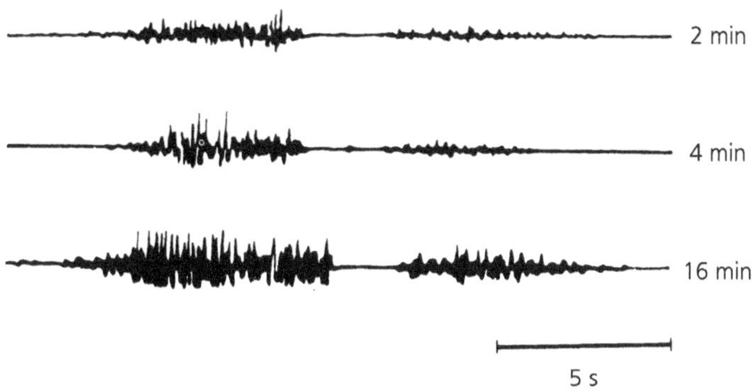

Figura 11.2 Três seções de um eletromiograma do abdutor do braço, após ter sido fatigado por uma série prolongada de contrações de igual intensidade. De cima para baixo: o eletromiograma após 2, 4 e 16 minutos de trabalho. Segundo Scherrer (1967).

Outro indicador de fadiga muscular parece ser a redução da freqüência de descargas dos centros de controle muscular. De fato, durante contração estática forte, observa-se, no EMG, que a amplitude aumenta e a freqüência diminui. Em um músculo em repouso, a freqüência média do sinal mioelétrico pode ser duas vezes maior do que o músculo fatigado.

Considerando o caso da exaustão, que certamente está localizada nos músculos, nota-se que ela é acompanhada pela redução da força muscular. Inicialmente, isto pode ser em parte compensado pelo aumento das descargas dos neurônios motores.

FADIGA GERAL

Uma sensação de cansaço

Um sinal importante de fadiga é a sensação generalizada de cansaço. Sentimo-nos travados e nossas atividades prejudicadas até quase a paralisação. Não temos motivação para o trabalho físico ou mental; nos sentimos pesados, indolentes, cansados.

Uma sensação de cansaço não é desagradável quando se pode descansar, mas é dolorosa quando não se pode relaxar. Há muito se sabe, pela simples observação, que o cansaço, assim como a sede, a fome e sensações similares, é um dos mecanismos de proteção da natureza. O cansaço desencoraja a sobrecarga e fornece um tempo para a recuperação, para que os processos normais de restabelecimento possam acontecer em todo o organismo.

Diferentes formas de fadiga

Além da fadiga puramente muscular, outros tipos de fadiga podem ser distinguidos:

1. Fadiga visual: gerada pela sobrecarga do sistema visual.
2. Fadiga geral: gerada pela sobrecarga física de todo o organismo.
3. Fadiga mental: induzida pelo trabalho mental ou intelectual.
4. Fadiga nervosa: causada pela sobrecarga de uma parte do sistema psicomotor, como no caso do trabalho de precisão, geralmente repetitivo.
5. Fadiga crônica: pelo acúmulo de efeitos de longo prazo.

6. Fadiga circadiana: gerada pelo ritmo biológico do ciclo dia-noite, que se instala periodicamente e que conduz ao sono.

Essa classificação dos tipos de fadiga baseia-se, em parte, na causa e, em parte, na forma como a fadiga se manifesta, com o corolário óbvio de que as duas devem estar ligadas como causa e efeito. Isto deve ser particularmente verdade para diferentes sensações de fadiga que variam em função da fonte. Grandjean acreditava, no entanto, que certos processos regulatórios no cérebro são comuns à fadiga de qualquer tipo e considerou esses processos em mais detalhes, conforme a seguir:

Estados funcionais

A cada momento, o organismo humano encontra-se em um determinado estado funcional, situado entre dois extremos: o sono, de um lado, e o estado de alarme, do outro. Entre os dois pólos existe uma variedade de estados, mostrados no sumário a seguir:

Sono profundo
Sono leve, sonolência
Cansado, pouca atenção
Relaxado, descansado
Renovado, atento
Muito atento, estimulado
Em estado de alarme

Visto nesse contexto, a fadiga é um estado funcional que, numa direção, leva ao sono e, na direção oposta, leva a uma condição de relaxamento, de repouso.

O eletroencefalograma

Antes de nos determos nas bases fisiológicas que determinam esses estados funcionais, é fundamental abordar o método mais importante para a avaliação da fadiga: o *eletroencefalograma* (EEG), que grava a atividade elétrica do cérebro. Quando se estuda sujeitos humanos, os eletrodos são geralmente colocados na pele da cabeça, onde eles detectam e registram as ondas do potencial elétrico no córtex cerebral. O EEG resultante torna possível o estudo das variações de amplitude e freqüência destas ondas.

De forma bastante simplificada, os elementos mais importantes registrados na eletroencefalograma são:

1. Os *ritmos alfa,* que compreendem as ondas na faixa de freqüência entre 8 e 12 Hz. As ondas alfa estão presentes durante as horas de vigília e são bloqueadas por impulsos sensoriais, de forma que um alto componente da onda alfa indica uma condição relaxada e uma reduzida aptidão para reagir a um estímulo. Um componente alfa menor, junto com um componente beta alto, indica um estado mais alerta.
2. Os *ritmos teta* (4-7 Hz) são ondas lentas, de longos períodos, que substituem as ondas alfa quando se vai dormir. O sono é caracterizado por uma série de outros fenômenos, que foram discutidos por Horne (1978) e, com relação ao trabalho em turnos, por Kroemer *et al.* (1994).
3. Os *ritmos delta* também são ondas lentas, de menos de 4 Hz, que estão presentes apenas durante o sono.
4. *Dessincronização*, que produz ritmos beta de 14 a 30 Hz, é uma atividade elétrica irregular de amplitude muito baixa. Ocorre após o recebimento de um estímulo sensorial e é a expressão da interrupção das atividades sincronizados dos neurônios, que geram o ritmo alfa. *A dessincronização é o sinal de um estado de alerta e também é conhecida como uma reação de incitação.* Deve ser mencionado que a adrenalina (um estimulante derivado da medula adrenal), que é liberada no sangue como uma reação a um estresse, age induzindo a dessincronização.
5. *Potenciais evocados* são flutuações de um potencial, que são induzidas por um estímulo sensorial isolado. Eles estão localizados na área do córtex cerebral, onde o trato do nervo ascendente desse

órgão sensorial termina (isso tornou possível plotar um "mapa" do córtex, mostrando que área serve a que órgão sensorial).

A Figura 11.3 mostra cinco extratos de eletroencefalogramas, cada um característico de um estado funcional diferente do corpo.

O que foi dito até agora dá a impressão de que, para cada estado funcional que podemos definir com termos tais como "cansado", "desperto", deve haver um padrão diferente no EEG. Infelizmente, não é o caso. Os padrões mostrados na Figura 11.3 indicam não mais do que uma correspondência muito grosseira entre o traçado do encefalograma e um dado estado psicológico.

O sistema reticular de ativação

Existe uma estrutura nervosa muito importante que controla uma grande parte do funcionamento do cérebro e, em conseqüência, de todo o organismo. É a formação reticular do bulbo, que pode aumentar ou reduzir a sensibilidade do córtex cerebral (Figura 10.1). É no córtex cerebral que a consciência está localizada, incluindo os poderes da percepção, sentimentos, reflexão e vontade. Aumentando a sensibilidade do córtex, todas as funções conscientes serão levadas para um nível mais alto de alerta.

Parece que a formação reticular comanda o estado de vigília, incluindo a atenção e a prontidão para uma ação. O seu nível de atividade é muito baixo durante o sono profundo, aumentando quando o sono torna-se mais leve, e aumentado mais ainda no estado de vigília. Quanto mais alto o nível da atividade reticular, mais alto é o nível do estado de alerta, culminando no estado de alarme. Estas estruturas reticulares que controlam a sensibilidade das funções conscientes são chamadas sistema de ativação reticular ascendente, enquanto que as estruturas que aumentam a prontidão da musculatura esquelética são o sistema de ativação descendente. Concentraremos a atenção sobre o que concerne o sistema de ativação de "arousal".

As estruturas de ativação da formação reticular não agem, no entanto, por iniciativa própria. Elas precisam ser ativadas por estímulos nervosos aferentes, que vêm, principalmente, de *duas fontes: a esfera consciente do córtex cerebral e os órgãos sensoriais*. Qual a importância que essas duas fontes têm?

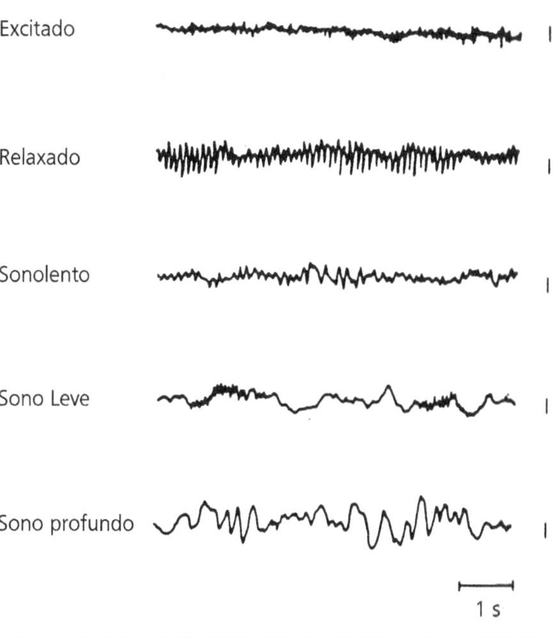

Figura 11.3 Cinco seções de eletroencefalogramas, que são características para os estados funcionais assinalados. As linhas verticais marcam o padrão de 1 μV. Segundo Jasper (1974).

Controle de *feedback*

Os *tratos nervosos chegando do córtex cerebral* levam os impulsos da esfera consciente para o sistema de ativação reticular. Tais impulsos ocorrem, por exemplo, quando uma idéia ou alguma coisa que foi notada no meio ambiente parece interessante e clama pelo incremento do estado de alerta. Um circuito fechado é então ativado; o sistema de ativação reticular ativa o córtex cerebral e alerta a percepção consciente. Se isto resulta na recepção de algum sinal importante, os estímulos enviam impulsos de volta pelo trato nervoso do córtex para o sistema de ativação reticular. O resultado é um sistema de *feedback*, análogo ao sistema de vários aparelhos eletrônicos.

Sistema sensorial aferente

A outra fonte de estímulos para o sistema de ativação reticular é a corrente de estímulos aferentes dos órgãos sensoriais; fibras nervosas se ramificam de todos os tratos dos nervos aferentes e passam para o sistema de ativação reticular, e esse influxo sensorial tem efeito sobre o nível de atividade reticular. Todo o impulso forte que chega dos ouvidos, dos olhos ou dos nervos, trazendo dor, pode elevar o nível da atividade reticular rapidamente. A importância disto é óbvia. Os sinais do exterior chegando ao corpo são transmitidos para o sistema de ativação reticular, tornando-o mais ativo; isto alerta o córtex cerebral e, assim, assegura que o cérebro está pronto para notar e agir sobre o que está ocorrendo fora do corpo. *Essa ligação estreita entre o sistema de ativação reticular e o sistema sensorial aferente é um pré-requisito essencial para a reação consciente em relação ao mundo exterior.*

Por exemplo, suponha que um ruído alto é ouvido. Qualquer ruído repentino estimula o sistema de ativação reticular por meio da corrente sensorial aferente, aumentando o nível do estado de alerta do córtex cerebral. Ali, o ruído é percebido e interpretado, talvez resultando em uma ação de precaução contra um perigo qualquer. Neste caso, o sistema de ativação reticular está operando como um distribuidor e amplificador de sinais do mundo exterior, e assegura que o organismo está alertado o necessário para a preservação da vida.

A Figura 11.4 mostra, diagramaticamente, o fluxo de estímulos do córtex e dos órgãos sensoriais para o sistema de ativação reticular, assim como a suposta via no córtex.

O sistema límbico e o nível de atividade

O sistema de ativação reticular não é o único órgão nervoso que afeta o estado de prontidão do córtex cerebral e, por meio deste, de todo o corpo. Outra das inúmeras funções do sistema límbico deve ser mencionada: o papel que o sistema límbico tem na excitação, emoção e motivação. A Figura 10.1 mostra a anatomia do sistema límbico e rapidamente enumera suas funções. O nível geral de alerta é bastante dependente dos centros límbicos do ritmo circadiano (periodicidade dia-noite), do medo, da raiva e da calma e, também, da motivação.

Já que o sistema límbico está envolvido na geração dos estados emocionais e do desenvolvimento da motivação, parece óbvio que o *nível de atividade do córtex cerebral e, através dele, do organismo inteiro, vai ser influenciado pelo que está ocorrendo no sistema límbico*. As ligações entre o fluxo de impulsos sensoriais aferentes e o sistema de ativação reticular levam à idéia de que os dois sistemas têm um efeito recíproco um sobre o outro.

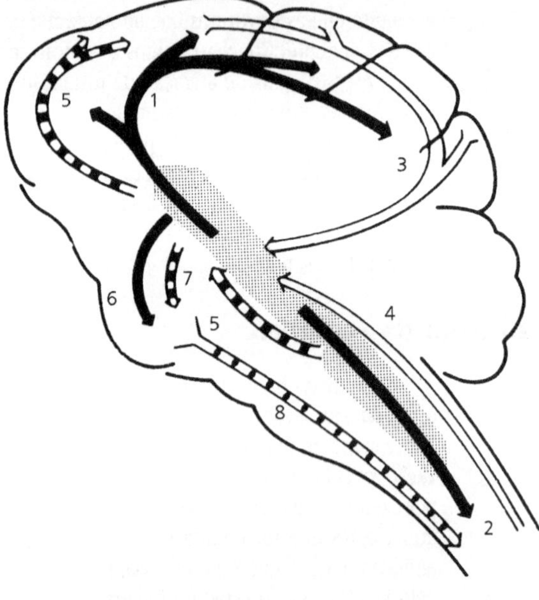

Figura 11.4 Os sistemas de ativação e inibição no cérebro. Área pontilhada = formação reticular; 1 = sistema de ativação reticular ascendente; 2 = sistema de ativação descendente; 3 = vias a partir do córtex cerebral; 4 = vias sensoriais aferentes; 5 = sistema de inibição; 6 e 7 = ligações como os centros vegetativos (autônomos); 8 = tratos vegetativos que levam ao sistema nervoso autônomo dos órgãos internos.

Sistemas inibitórios

Esses dois sistemas de ativação não estão sozinhos. Existem outras estruturas que claramente operam em oposição a eles. De fato, muitos fisiologistas realizaram experimentos mostrando a existência de elementos nervosos tanto no intercérebro quanto na medula que têm um *efeito inibidor ou amortecedor do córtex cerebral*. Essas vias inibitória são mostradas na Figura 11. 4. É geralmente aceito que essas estruturas inibidoras podem finalmente induzir ao sono, mas ainda não há prova que estejam relacionadas aos estados de fadiga.

Relações com as funções vegetativas

Sabe-se que há ligações entre o sistema nervoso autônomo (vegetativo), que controla as atividades dos órgãos internos, e os sistemas de ativação e inibição. De fato, qualquer aumento na estimulação do sistema de ativação reticular é acompanhado de uma série de mudanças nos órgãos internos que inclui:

aumento da freqüência cardíaca;
aumento da pressão sangüínea;
incremento da glicose liberada pelo fígado;
aceleração do metabolismo.

Ergotropia

Esse aumento de sensibilidade se espalha pelo sistema de ativação para todas as partes do corpo – cérebro, membros e órgãos internos — até que todo o organismo esteja preparado para um período de consumo de alta energia, não importando se for para o trabalho, para a luta, para a fuga, etc. Hess (1948) cunhou o termo "estado ergotrópico" para designar esse processo.

Trofotropia

De modo análogo, um aumento da atividade do sistema inibitório reduz a freqüência cardíaca e a pressão sangüínea, diminui a respiração e o metabolismo, e relaxa os músculos, enquanto que o sistema digestivo trabalha mais vigorosamente para assimilar mais energia. O termo "estado trofotrópico", de Hess, significa que este processo acelera as funções de recuperação pela maior assimilação de alimentos e reposição da energia gasta.

Vemos com isso que as estruturas nervosas do cérebro intermediário e medula têm uma posição chave como reguladores e coordenadores dos estados funcionais do corpo. *O cérebro e os órgãos internos são governados, de maneira lógica, por estes centros nervosos*, como um exemplo vai mostrar:

> Um alarme de incêndio soa na fábrica. O sinal acústico aumenta o nível de atividade da formação reticular em todas as pessoas dentro da zona de perigo. Ele também ativa o córtex cerebral para ficar mais alerta em relação ao que ocorre ao redor, enquanto alerta os órgãos internos para se prepararem para o aumento do consumo de energia e desempenho físico.

Controle humoral

Controle humoral significa regulação por meio de substâncias químicas que circulam nos fluidos do corpo. Vimos que o sistema de ativação reticular não é autônomo, mas dependente da estimulação do córtex cerebral, assim como dos sinais sensoriais aferentes. Além desses mecanismos puramente nervosos, também existem os efeitos humorais que desempenham o papel de regular o sistema de ativação, assim como a sensibilidade do sistema límbico.

Adrenalina

Já se mencionou a dessincronização, o efeito produzido pelo desempenho dos hormônios *adrenalina* e *noradrenalina* que aumentam e diminuem o grau de alerta e o nível de ativação do corpo. Bonvallet e colaboradores (1954) postularam que toda vez que o nível de ativação é aumentado por estímulos externos ao corpo, existe a liberação de adrenalina, que, por sua vez, estimula a atividade da formação reticular. Esse aumento da atividade em função do estímulo exterior desaparece se o hormônio não intervém para mantê-lo. Nessa teoria, o sistema de ativação reticular é responsável por reações de curto prazo, enquanto que os efeitos de longa duração dependem da ação da adrenalina.

Pode-se dizer, portanto, que o *nível de atividade do sistema de ativação reticular depende*:

1. *Do influxo de estímulos sensoriais.*
2. *Da estimulação do córtex cerebral.*
3. *Do nível de adrenalina.*

A adrenalina e a noradrenalina também são consideradas "hormônios do estresse", já que sua secreção no sangue é grandemente aumentada em situações de estresse. Isso será discutido no Capítulo 12.

Nosso conceito pode ser sumarizado em termos diferentes, conforme a seguir. O nível de prontidão para uma ação está entre os dois extremos do sono e do estado máximo de alarme. *O controle dos mecanismos na medula e no intercérebro regula o nível de prontidão e ajusta-o para atender às demandas do organismo. Se as influências externas são dominantes, então o sistema de ativação prevalece; a pessoa se sente ligada, até mesmo em estado de alarme, e está pronta para ação, tanto física quanto mentalmente. Se, no entanto, as influências inibitórias de dentro do corpo predominam, então o sistema amortecedor prevalece; a pessoa se sente mole, sonolenta e letárgica.*

A Figura 11.5 compara o modelo neurofisiológico com uma balança, na qual o sistema de ativação está regulando o estado funcional geral do sistema nervoso central.

FADIGA NA PRÁTICA INDUSTRIAL

Causas da fadiga geral

Sabe-se pela experiência do dia-a-dia que a fadiga tem diversas causas diferentes, com a mais importante ilustrada na Figura 11.6. O grau de fadiga é um agregado de todos os diferentes estresses do dia. Visualize isto como um barril parcialmente cheio com água. Para garantir que o barril não transborde, é preciso que o influxo e o refluxo tenham a mesma ordem de magnitude. Em outras palavras, para manter a saúde e eficiência, os processos de recuperação devem cancelar os processos de estresse. A recuperação ocorre principalmente durante o sono noturno, mas os períodos livres durante o dia e todos os tipos de pausa durante trabalho também fazem suas contribuições. Fadiga por esforço e recuperação têm que se equilibrar durante o ciclo de 24 horas, de forma que nada fique para o dia seguinte. Se o descanso é inevitavelmente postergado para a noite seguinte, isso acontecerá às custas do bem-estar e da eficiência.

Sintomas de fadiga

Os sintomas da fadiga são tanto subjetivos quanto objetivos, sendo os mais importantes:

1. Os sentimentos de cansaço, sonolência, lassidão e falta de disposição para o trabalho.
2. Dificuldade de pensar.
3. Diminuição de atenção.
4. Lentidão e amortecimento das percepções.
5. Diminuição da força de vontade.
6. Redução do desempenho nas atividades físicas e mentais.

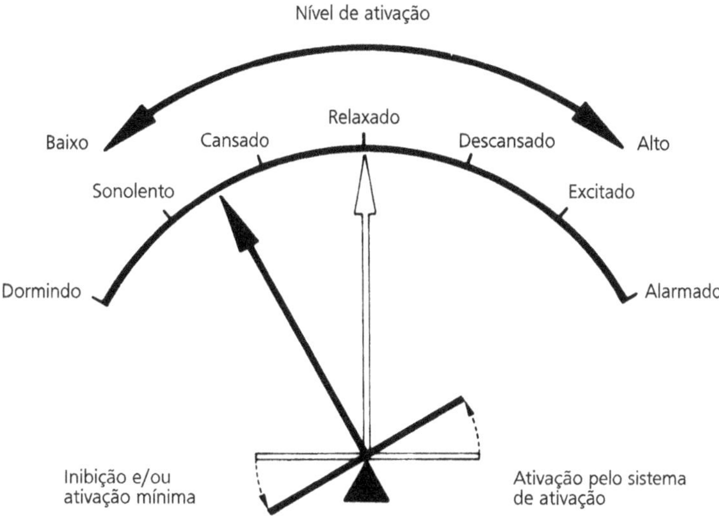

Figura 11.5 Um modelo teórico ilustrativo do mecanismo neurofisiológico que regula o estado funcional do organismo. O nível de ativação do córtex cerebral, os graus de prontidão para ação e o nível de alerta aumentam da esquerda para a direita.

Fadiga crônica (ou clínica)

Muitos estados de fadiga que advêm da prática industrial são de natureza crônica. Estas são condições que advêm não de esforço desmedido, mas, sim após prolongadas e repetidas exigências diárias. Já que condições como essas geralmente são acompanhadas de sintomas doentios, fala-se, com direito, de *fadiga clínica ou crônica.*

Nessas condições, os sintomas acontecem não apenas durante o período de estresse ou imediatamente após, mas ficam latentes durante quase todo o tempo. O sentimento de cansaço está sempre presente quando se acorda de manhã, antes de iniciar o trabalho. Essa for-

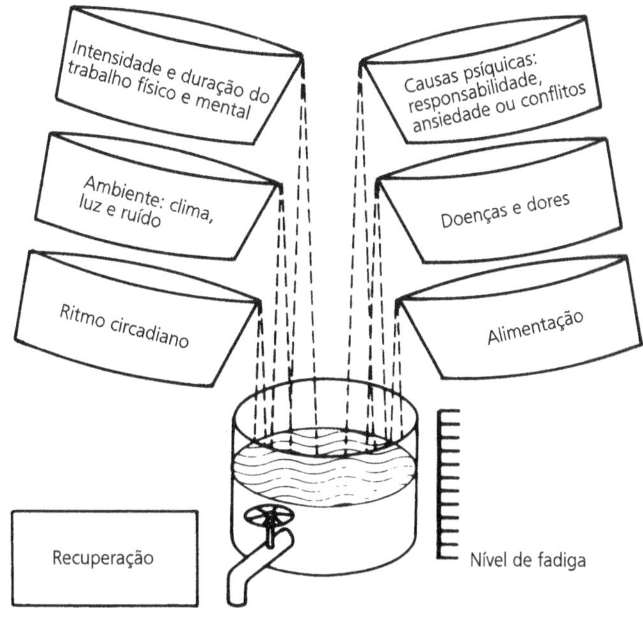

Figura 11.6 Apresentação esquemática do somatório dos efeitos das causas da fadiga do dia-a-dia e a correspondente e necessária recuperação. A soma das exigências deve corresponder à soma da recuperação, em um ciclo de 24 horas.

ma de fadiga é geralmente acompanhada por uma indisposição para o trabalho que tem origem emocional. Pessoas assim tão fatigadas, geralmente mostram os seguintes sintomas:

1. Aumento da instabilidade psíquica (intransigência, comportamento anti-social).
2. Predisposição para depressão (preocupações sem motivos).
3. Falta de motivação geral e indisposição para o trabalho.
4. Predisposição mais elevada para doenças.

As doenças que se instalam são geralmente de natureza inexpressiva e vêm sob a denominação de perturbações psicossomáticas. Este termo é aplicado aos distúrbios funcionais dos órgãos internos ou da circulação, que são considerados como sendo manifestações externas de conflitos psicológicos e dificuldades. Alguns dos sintomas mais comum são:

dores de cabeça;
tonturas;
perda de sono;
atividade cardíaca irregular;
sudorese súbita sem motivos aparentes;
perda de apetite;
perturbações digestivas (dores de estômago, diarréia, constipação).

Mais doenças significam mais ausências no trabalho, principalmente ausências curtas, indicando que a causa da absenteísmo é a necessidade de mais descanso.

As pessoas que têm problemas psicológicos e dificuldades facilmente entram em estado de fadiga crônica, e é bastante difícil separar os seus problemas mentais dos seus problemas físicos. Na prática, causa e efeito são difíceis de distinguir, em caso de fadiga clínica. A causa pode ser o fato de não gostar da ocupação, da tarefa ou do posto de trabalho, ou, ao contrário, essas podem ser a causa da falta de ajuste ao trabalho e ambiente.

MEDIÇÃO DA FADIGA

Por que medir a fadiga?

A ciência da ergonomia está tão interessada na medição quantitativa da fadiga como a própria indústria. Qual é a relação entre a fadiga, o desempenho no trabalho e o nível de estresse? A reação do corpo humano a diferentes estresses pode ser medida de forma a subsidiar melhorias no trabalho e torná-lo menos laborioso.

A pergunta feita pela indústria é, geralmente, se as condições de trabalho exigem demais dos operadores ou se os estresses envolvidos são fisiologicamente aceitáveis.

Estamos medindo apenas indicadores de fadiga

A discussão sobre os métodos de medição está sujeita a uma séria limitação: *até hoje, não há um meio de medir diretamente a extensão da fadiga*. Não há uma medida absoluta de fadiga comparável à do consumo de energia, que pode ser expressa em unidade simples como os kilojoules. Toda a pesquisa experimental, desenvolvida até agora, *apenas mediu certas manifestações ou "indicadores" de fadiga*.

Métodos de medição

Os métodos correntes são divididos em seis grupos:

1. Qualidade e quantidade do trabalho realizado.
2. Registro das percepções subjetivas de fadiga.
3. Eletroencefalografia (EEG).
4. Medição da freqüência de fusão dos pulsos de luz (dos olhos).
5. Testes psicomotores.
6. Testes mentais.

Medições como estas freqüentemente são feitas *antes*, *durante* e *depois* da tarefa desempenhada, e a extensão da fadiga é deduzida a partir das mesmas. Como regra, o resultado só tem significância relativa, já que dá um valor a ser comparado com o de uma pessoa descansada, não submetida ao trabalho ou, ao menos, uma pessoa "controle", que não está sob estresse. Mesmo hoje, não existe como se medir a fadiga em termos absolutos.

Correlação com sentimentos

Mais recentemente, tem havido a prática de estudar a combinação de vários indicadores para tornar a interpretação dos resultados mais fidedigna. É particularmente importante que as sensações subjetivas da fadiga sejam consideradas. *A medição dos fatores físicos necessita ter o endosso das percepções subjetivas, antes deles serem aceitos como indicadores do estado de fadiga.* Os seis indicadores listados anteriormente serão brevemente discutidos.

Qualidade e quantidade do trabalho

A qualidade e a quantidade do trabalho são, às vezes, usadas como uma medida indireta da fadiga industrial. A quantidade de trabalho pode ser expressa como o número de itens processados, o tempo utilizado para cada item ou, ao contrário, como o número de operações realizadas por unidade de tempo. A fadiga e o índice de produção estão certamente interrelacionados até um certo ponto, mas o último não pode ser usado como medida direta do primeiro, porque existem vários outros fatores a serem considerados: metas de produção, fatores sociais e atitudes psicológicas em relação ao trabalho.

Às vezes, a fadiga precisa ser considerada em relação à *qualidade* do trabalho (trabalho mal feito, produtos com defeito, refugo) ou com a freqüência de acidentes, mais uma vez, com a reserva de que a fadiga não é o único fator causal.

Sensações subjetivas

A *avaliação das sensações subjetivas* é feita com questionários especiais. Um deles é o chamado questionário bipolar, onde o sujeito precisa fazer uma marcação entre itens opostos, de acordo com a sua sensação. A localização entre os dois opostos fornece uma escala da intensidade da sensação. Um exemplo de um questionário bipolar mostra os seguintes itens opostos:

Descansado	Cansado
Sonolento	Desperto
Vigoroso	Esgotado
Fraco	Forte
Enérgico	Apático
Desanimado, indiferente	Pronto para ação
Interessado	Desinteressado
Atento	Distraído

Um procedimento mais simples solicita que a pessoa escolha uma entre duas condições: isto é chamado de escolha forçada. Existem outros questionários mais complexos e procedimentos de escalas, descritos na literatura da psicologia.

O eletroencefalograma

O *eletroencefalograma* é particularmente adequado para pesquisas padronizadas em laboratório, no qual as variações no sentido do aumento da sincronização (aumento das ondas alfa e teta, e diminuição das beta) são interpretadas como indicativos dos estados de fadiga e sonolência (veja Figura 11.3).

As técnicas para detectar e registrar melhoraram recentemente e, hoje, a eletroencefalografia pode ser usada com sucesso para monitorar atividades sedentárias, tal como dirigir um veículo (O´Hanlon *et al.*, 1975; Zeier e Bättig, 1977).

Freqüência de fusão dos pulsos de luz (dos olhos)

Baseada no trabalho de Rey e Rey (1965), a *freqüência de fusão dos pulsos de luz (dos olhos)** tem sido utilizada como indicador do grau de fadiga. O procedimento, modificado por Gierer *et al.* (1981), é o seguinte: o sujeito da pesquisa é exposto a uma lâmpada que pisca, e a freqüência de piscagem é aumentada até que a piscagem pareça fundir em uma luz contínua. A freqüência em que isso ocorre é chamada freqüência de fusão subjetiva. A fonte de luz deve ter uma área que subentende um ângulo de 1 a 2°, medidos no olho, e deve ser colocada de tal forma que não haja necessidade de nenhuma acomodação ocular da pessoa sob teste.

Redução da freqüência de fusão dos pulsos de luz

Tem sido observado que reduções na freqüência de fusão dos pulsos de luz de 0,5 a 6 Hz ocorrem após estresse mental, assim como vários outros tipos de estresse na indústria. Uma busca na literatura mostra que nem todo tipo de estresse acarreta em tal redução. A experiência acumulada até hoje pode ser sumarizada, como uma primeira aproximação, da seguinte forma:

1. *Uma nítida redução* da freqüência de fusão dos pulsos de luz pode ser esperada durante um trabalho sem pausa, com grande esforço mental. Exemplos são cálculos aritméticos, trabalho de telefonista, pilotagem de avião e trabalhos que exigem bastante demanda visual.

   Conforme será visto no Capítulo 13, as situações pobres, monótonas e repetitivas produzem uma diminuição clara da freqüência de fusão dos pulsos de luz.
2. *Uma redução pequena ou nenhuma redução* são esperadas em trabalhos com carga mental média e com liberdade de ação, ou que envolvem esforço físico. Exemplos são trabalho de escritório, trabalhos de classificação e trabalho repetitivo em nível moderado.

Em vários estudos, a redução da freqüência de fusão foi acompanhada de mudanças nos outros sinais de fadiga, notadamente pelo aumento da sensação de cansaço e sonolência. Por exemplo, em um experimento de Weber *et al.* (1973), oito sujeitos, em cada três testes, tomavam uma dose de 5 mg de Diazepam (Valium) para produzir "fadiga farmacológica". Em um experimento controle, os mesmos sujeitos tomaram placebo (um tablete similar, mas sem a droga). Foram feitas medições da freqüência de fusão dos pulsos de luz e das sensações subjetivas de fadiga, esta última usando um questionário bipolar.

Os resultados da Figura 11.7 mostram que, após administração de Valium, houve uma redução da freqüência de fusão em torno de 2 Hz, em média. Os registros simultâneos das sensações subjetivas pelo teste bipolar mostraram que, em 10 dos 15 itens opostos, houve uma mudança de direção, indicando aumento de fadiga.

Esse resultado mostra uma boa correlação entre a freqüência de fusão e o teste de avaliação subjetiva de fadiga. A estatística mostrou que os mesmos sujeitos que apresentaram uma marcada redução da freqüência de fusão também mostraram um aumento de fadiga subjetiva.

*N. de T.: É a freqüência com que estímulos luminosos sucessivos deixam de parecer que piscam e se tornam estáveis e contínuos.

A despeito dessas e outras observações similares, não se pode falar nada sobre uma aplicação da relação entre a freqüência de fusão dos pulsos de luz e as avaliações subjetivas de fadiga, porque as correlações individuais registradas aqui não foram confirmadas por outros experimentos.

No entanto, esses experimentos, coletivamente, encorajaram muitos autores a interpretar uma *redução da freqüência de fusão dos pulsos de luz como um sinal de fadiga.*

Em anos recentes, a freqüência de fusão de pulsos de luz subjetiva tem sido menos usada nos estudos de fadiga. A razão principal pode ser os resultados controversos, a impossibilidade de obtenção de uma medida quantitativa de fadiga e a rara correlação com outros sintomas de fadiga.

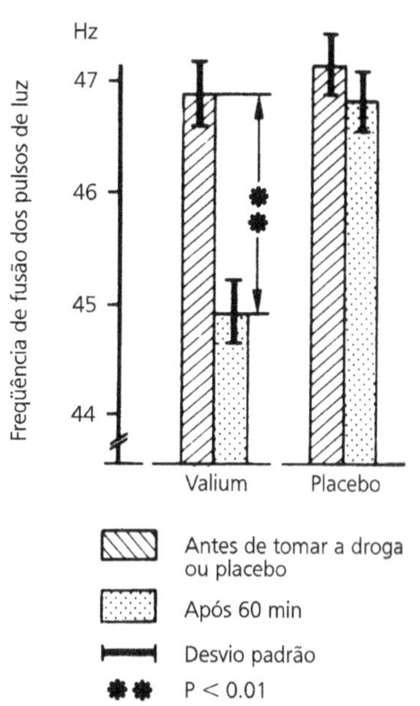

Figura 11.7 Valor médio da freqüência de fusão dos pulsos de luz antes e após ingestão de 5 mg de Diazepam (Valium) ou placebo. Vinte e quatro experimentos, cada um com oito sujeitos testados. De acordo com Weber *et al.* (1973).

Testes psicomotores

Os testes psicomotores medem as funções que envolvem a percepção, interpretação e reações motoras. Os seguintes são testes bastante usados:

tempo de reação simples e seletivo;
testes envolvendo o toque e punção de quadrados em uma grade;
testes de destreza;
testes de direção sob condições simuladas;
digitação;
testes taquistoscópicos para medir a capacidade de percepção.

Restrições

Em testes como esses, geralmente assume-se que uma redução de desempenho pode ser tomada como um sinal do estado de fadiga. No entanto, a habilidade de desempenhar um teste psicomotor é dependente de outros fatores, como, por exemplo, motivação e, portanto, pode-se questionar se um estado geral de fadiga é realmente a principal causa da redução do desempenho.

Uma outra desvantagem dos testes psicomotores é o fato de que o teste em si gera grandes demandas sobre o sujeito, elevando, portanto, o nível de excitabilidade. Em vista do que foi dito previamente, é muito provável que tais testes acarretem alguma atividade cerebral, que pode, ao menos temporariamente, mascarar quaisquer sinais de fadiga.

Testes de desempenho mental

Os testes de desempenho mental geralmente envolvem:

problemas aritméticos;
testes de concentração;
testes de estimação (por exemplo, estimativa de intervalos de tempo);
testes de memória.

A mesma ressalva feita para os testes psicomotores deve ser feita para os de desempenho mental. O teste em si pode despertar o interesse da pessoa sendo examinada e, portanto, inibir os sinais de fadiga.

Outros fatores de perturbação são os efeitos do treinamento e da experiência e, em testes de longa duração, a fadiga pelo próprio teste.

A fadiga tem sido investigada em vários campos de estudo, sobre condições na indústria, no tráfego e nas escolas. Como regra, a sua significância está limitada a um problema particular, em uma situação particular, e quase nada pode ser deduzido a partir deles que possa ter aplicação mais ampla ou que possa gerar uma generalização sobre a relação entre o estresse e a fadiga.

No entanto, algumas indicações sobre os estudos de campo devem ser feitas; para mais detalhes, o leitor deve consultar a literatura.

Fadiga no trânsito

Por muito tempo, a fadiga foi um problema entre operadores de telefonia e foi objeto de estudo de Grandjean (1959, 1971) e Grandjean *et al.* (1966, 1970), que também realizaram investigações com empregados dos serviços de correio e de ferrovia, e com controladores de tráfego aéreo.

De especial importância é o exame da fadiga no trânsito, porque é razoável supor que a fadiga é um fator contributivo importante para erros e acidentes. Ainda em 1936, Ryan e Warner concluíram, a partir dos estudos com motoristas de caminhão, que períodos longos na direção levavam à redução da habilidade de discriminar entre certas impressões sensoriais e à perda da eficiência de algumas funções motoras. Muitos autores mostraram que cerca de quatro horas de direção contínua é o suficiente para reduzir o nível de alerta e, dessa forma, aumentar o risco de acidentes. Muitos estudos feitos até meados dos anos 1970, sobre a fadiga em tráfego de rodovias, foram descritos em detalhes por Lecret (1976).

Investigações com motoristas de ônibus e controladores de tráfego aéreo mostram resultados paralelos. Ambas ocupações exigem vigilância contínua; nos dois casos, os primeiros sinais de redução de eficiência apareceram após quatro horas e tornaram-se marcantes depois de sete ou oito horas. *Esse declínio da vigilância é um dos sintomas do estado de fadiga, que se apresentaram, nos dois grupos, como:*

fadiga subjetiva;
redução da freqüência de fusão dos pulsos de luz;
redução da eficiência psicomotora;
redução da decisão no dirigir;
batimentos cardíacos mais irregulares;
redução no batimento cardíaco;
elevação das ondas alfa no EEG.

É difícil negar que todos esses sintomas são expressões de uma redução do nível de incitação ("arousal") do sistema nervoso central.

Uma conclusão final é inevitável. As tarefas que demandam vigilância contínua devem ser planejadas com períodos de trabalho e períodos de repouso, para que o risco de acidentes não aumente devido à fadiga dos operadores. O trabalho de pesquisa detalhado acima mostra que essas condições nem sempre são preenchidas na atualidade.

RESUMO

Existem vários tipos de "fadiga", que variam da fadiga muscular específica a um fenômeno geral. Longas horas de trabalho estressante, assim como o trabalho noturno, são causas conhecidas de fadiga.

CAPÍTULO 12

Estresse ocupacional

O QUE É ESTRESSE?

A definição original de estresse, por Selye

O termo estresse foi introduzido por Selye, em 1930, nos campos da psicologia e da medicina. *Ele definiu estresse como a reação do organismo a uma situação ameaçadora ou opressiva.* Ele distinguiu entre o "estressor", como a causa externa, e "estresse", como a reação do corpo humano. (Essa escolha de termo foi infortúnia: os engenheiros consideram estresse a causa, e *strain,* o resultado.) A confusão no uso dos termos contribuiu para o comentário popular confuso de "sentir-se estressado")

Reações psicológicas

Selye (1978) descobriu que o estresse era essencialmente o resultado de uma cadeia de reações de mecanismos neuroendócrinos, iniciando com uma excitação no cérebro posterior, seguido pelo aumento da secreção de hormônios da glândula adrenal, especialmente de *adrenalina* e *noradrenalina*, conhecidos como os "hormônios do desempenho", já que eles mantêm todo o organismo em estado de alerta. Esses hormônios, também chamados *catecolaminas*, podem ser encontrados na urina e são um meio de determinar o estresse. Esses hormônios já foram mencionados no Capítulo 11, em relação ao papel do sistema de ativação, localizado principalmente na formação reticular. Foi dito que um aumento da estimulação na formação reticular é acompanhado de um aumento da freqüência cardíaca e da pressão sangüínea, assim como um aumento do nível de açúcar e metabolismo. Essa reação é chamada de "ergotrópica" e é essencialmente idêntica aos mecanismos básicos da reação de estresse. Isso reflete uma intensificação da prontidão para a defesa da vida, incluindo a luta, fuga ou outras realizações físicas. Selye (1978) também observou que este estado emocional, que resulta da sensação de estar sendo ameaçado, era responsável pelos efeitos adversos do estresse. De fato, situações de estresse prolongadas ou recorrentes podem ser deletérias à saúde, pela indução de problemas funcionais, particularmente nos sistemas gastrintestinal ou cardiovascular. Esses efeitos são perturbações psicossomáticas, que, a longo prazo, podem se tornar uma doença orgânica.

Problemas de saúde

As formas mais comuns de doenças do estresse são, provavelmente, distúrbios gastrintestinais, que podem gerar úlceras gástrica ou duodenal. Selye explicou os efeitos adversos do estresse na saúde como uma má adaptação do organismo ao estresse.

O estresse é sempre prejudicial?

É óbvio que o estresse é parte da vida; é uma condição necessária para todas as criaturas vivas reagirem a uma situação ameaçadora de uma forma apropriada. Uma vida sem estressores e sem estresse seria não só antinatural, mas também entediante. O estresse não pode ser separado da vida, da mesma forma que o nascimento, a morte, a alimentação e o amor são inseparáveis. No entanto, se uma pessoa sente-se subjetivamente sobrecarregada, ela pode estar em apuro.

Paracelsus, um médico do início dos século XVI, disse que *a dose determina se um componente é tóxico ou não.* (*Dosis sola facit venenum.*) O mesmo é verdadeiro para o estresse: a quantidade determina se o estresse vai ter um efeito adverso na saúde, ou se ele vai aumentar a habilidade do ser humano lidar com a vida. Onde devem ser desenhadas as fronteiras entre o estresse normal e o estresse patológico ainda é uma questão aberta. Apenas uma coisa é certa: essas fronteiras variam de um indivíduo para outro. Uma pessoa pode lidar com uma grande quantidade de estresse durante toda a vida; outra pessoa sofre imensamente e pode, mais cedo uma ou mais tarde, mostrar sinais de doença.

Quanto mais o termo "estresse" foi usado, mais se tornou um mito. Eventualmente, a palavra foi usada para quase todo tipo de pressão sobre as pessoas. Nas últimas duas décadas, no entanto, os psicólogos e cientistas sociais (p. ex., McGrath [1976], Lazarus [1977], Harrison [1978], Caplan *et al.* [1980] e Cox [1985]) fizeram uma pesquisa detalhada sobre o fenômeno do estresse e formaram um conceito mais claro sobre ele, particularmente com respeito ao estresse ocupacional.

Estresse ocupacional

O estado emocional que resulta da discrepância entre o nível de demanda e a habilidade da pessoa em lidar com a questão define o estresse ocupacional. É, portanto, um fenômeno subjetivo, e existe no reconhecimento das pessoas a respeito da sua inabilidade de lidar com as demandas das situações de trabalho.

Uma situação estressante pode se tornar uma experiência emocional negativa, que pode estar associada com sensações não-prazeirosas de ansiedade, tensão, depressão, raiva, fadiga, falta de iniciativa e confusão. Esses estados são geralmente estudados com questionários especialmente desenhados como é o *Profile of Mood States — POMS* (Perfil do estado de humor).

Ajuste entre pessoa e meio ambiente

As pesquisas sobre os estressores ocupacionais chegaram ao conceito de *ajuste entre pessoa e meio ambiente. A idéia é que o grau de ajuste entre as características das pessoas e o ambiente pode determinar o bem-estar e o desempenho dos trabalhadores.* Ambiente é considerado aqui no seu sentido mais amplo, e inclui o ambiente social assim como o ambienta físico. Alguns autores distinguem o ajuste entre as necessidades das pessoas e a sua satisfação, com base no ambiente de trabalho, outros referem-se ao ajuste entre as demandas do ambiente de trabalho e as habilidades relevantes do trabalhador para atender essas demandas.

Estressores no ambiente de trabalho

Pesquisas e também considerações teóricas sugerem que as seguintes condições podem se tornar estressores, no ambiente de trabalho:

1. *Controle do trabalho* é a participação da pessoa na determinação da sua própria rotina, incluindo o controle sobre o tempo e a supervisão dos processos de trabalho. Vários estudos sugerem que a falta de controle pode gerar estresse emocional e fisiológico.
2. *Suporte social* significa a assistência dos supervisores e colegas. O suporte social parece reduzir os efeitos adversos dos estressores, enquanto a falta de suporte aumenta a carga dos estressores.
3. *Sofrimento no trabalho* é principalmente relacionado ao conteúdo do trabalho e carga de trabalho. É o estresse excessivo, percebido no trabalho e na carreira, e geralmente leva à insatisfação no trabalho.

4. *Demandas da tarefa e exigência de desempenho* são caracterizadas pela carga de trabalho, incluindo as demandas de atenção. Os prazos podem ser estressores importantes.
5. *Segurança no trabalho,* hoje em dia, refere-se, principalmente, à garantia de emprego ou, ao contrário, à ameaça do desemprego. Muitos trabalhadores de escritório e de loja preocupam-se em serem desnecessários. É importante o reconhecimento da disponibilidade de ocupações alternativas ou similares e que as habilidades da pessoa serão necessárias no futuro.
6. *Responsabilidade* pela vida e pelo bem-estar de outras pessoas pode ser uma carga mental muito pesada. Parece que os trabalhos de grande responsabilidade estão associados com um aumento da predisposição para úlcera péptica e pressão alta. A responsabilidade, em si, não é, provavelmente, o estressor-chave. A questão crucial é se a quantidade de responsabilidade excede a capacidade da pessoa.
7. *Problemas do ambiente físico* incluem o ruído, iluminação pobre, clima ambiental interno e externo pouco prazeirosos e, também, escritórios pequenos, fechados ou muito populosos.
8. *Complexidade* é definida como o número de diferentes demandas envolvidas no trabalho. Trabalho repetitivo e monótono é geralmente caracterizado por uma falta de complexidade, que parece ser um importante fator da insatisfação no trabalho. Por outro lado, complexidade muito alta pode gerar sentimento de incompetência e gerar estresse emocional.

Qualquer indivíduo pode experienciar um número de outros estressores, e a lista pode ser facilmente extendida, mas os estressores há pouco mencionados são aqueles que, geralmente, são considerados pelos cientistas sociais quando preparam os questionários para avaliar a experiência das pessoas com o estresse ocupacional.

A MEDIÇÃO DO ESTRESSE

Cox (1985) escreveu que o estresse, como um estado psicológico individual, tem a ver com a forma como a pessoa enxerga e, então, experiencia um ambiente. Por causa da natureza da fera, não pode haver uma medida fisiológica direta de estresse. A medição do estresse no trabalho deve ser focada no estado psicológico do indivíduo. Um primeiro passo é, então, perguntar à pessoa sobre suas experiências emocionais individuais, em relação à situação no trabalho. Isto significa utilizar dados subjetivos dependentes do estado do sujeito.

Levantamento com questionário

Hoje em dia, quase todos os campos de estudos sobre estresse ocupacional são baseados em extensos questionários sobre as condições de trabalho, estressores potenciais, a saúde e bem-estar dos trabalhadores, satisfação no trabalho e os estados de humor. Muitos autores usam escalas que se tornaram instrumentos padrão bastante utilizados, e para os quais estão disponíveis dados normatizados.

Um método popular de avaliar o critério de uma resposta psicológica é o uso de *checklists* de estados de humor. Estes procedimentos servem para medir os sentimentos do trabalhador. O *checklist* de Mackay *et al.* (1978) por exemplo, distingue entre estresse e incitação ("arousal"). Para dar um exemplo, após uma tarefa prolongada, repetitiva e monótona foram reportados, pelos trabalhadores, aumentos significativos de estresse, junto com reduções significativas de incitação ("arousal").

Outra abordagem é a dos questionários psicossociais que avaliam as percepções e sentimentos sobre a situação de trabalho, incluindo-se a satisfação, percepção de carga, ritmo de trabalho, oportunidades de carreira, estilo do supervisor e ambiente organizacional. Um dos questionários mais citados e amplamente utilizados foi descrito por Caplan *et al.* (1980); ele foi utilizado para medir vários aspectos psicossociais de 23 diferentes ocupações. Cerca de uma década depois, Carayon (1993) encontrou, a partir de um estudo com questionário com 170 empregados em uma agência governamental no centro-oeste americano, que, comparado com as expectativas, o controle do trabalho não era o determinante principal do estresse, mas, sim, as demandas do trabalho e as preocupações sobre o futuro e a carreira.

Muitos cientistas combinam o uso de questionários com medições de parâmetros fisiológicos de estresse, tal como a excreção de catecolaminas na urina, assim como a avaliação dos batimentos cardíacos e pressão sangüínea. Essas medições têm correlações interessantes com os questionários e serão discutidas no Capítulo 13.

ESTRESSE ENTRE OPERADORES DE COMPUTADOR

A experiência geral

Alguns relatórios, assim como a experiência, indicam que a introdução dos computadores nos escritórios geralmente cria problemas psicológicos. Em alguns casos, a nova tecnologia impõe um aumento no desempenho e, portanto, uma maior carga de trabalho. O exemplo de um banco ilustra isso: sem o computador, cerca de 30 transferências de pagamento eram feitas por empregado, por dia de trabalho, mas com a ajuda do computador, o mesmo empregado lida com 300 transferências por dia. Por outro lado, alguns trabalhos com computador tornaram-se mais e mais repetitivos e monótonos, especialmente os trabalhos de entrada de dados.

Algumas pessoas se preocupam

A computadorização pode ser um problema para alguns empregados; eles têm medo da nova tecnologia, da automação e do desemprego. Essa situação complexa e difícil de reconhecer, às vezes, dá origem a atitudes negativas em relação ao novo emprego computadorizado.

Algumas pessoas se divertem

No entanto, uma reação contrária também é observada: alguns empregados ficam orgulhosos de estar envolvidos com a nova tecnologia da informação e esperam pela interação com o computador. Os trabalhos que requerem a participação criativa do operador são percebidos como interessantes. Muitos gerentes observaram que, no começo, os empregados mostraram alguma resistência com os procedimentos de processamento de texto, mas, depois de algumas semanas, claramente preferiram o novo trabalho com os computadores do que a antiga forma.

Em geral, parece que os problemas psicológicos foram mais agudos quando o computador foi introduzido; o trabalho está se tornando cada vez menos opressor, com o passar do tempo, e o computador simplesmente uma ferramenta normal de trabalho.

Estudos suecos sobre estresse com computador

Uma das primeiras pesquisas focando o estresse e a satisfação no trabalho com computador foi realizada em 1977, por Johansson e Aronsson (1980), com 95 empregados de uma grande companhia de seguros.

O questionário usado na pesquisa revelou atitudes positivas com relação ao trabalho, mas uma certa ansiedade caracterizava as opiniões sobre a computadorização: o grupo de "entrada de dados" tinha níveis de catecolaminas um pouco mais altos do que o grupo controle. O resultado mais interessante foi observado durante uma parada temporária do sistema de computação: a adrenalina, a pressão sangüínea e a freqüência cardíaca aumentaram, enquanto, ao mesmo tempo, os sujeitos se sentiram mais irritados, cansados, apressados e entediados. Os autores concluíram que as *paradas de computador são uma causa importante para o desgaste mental das pessoas com trabalho computadorizado intenso*. De fato, uma interrupção significa que os operadores estão condenados a ficarem parados, enquanto o trabalho a ser feito vai se empilhando, o que presumivelmente aumenta a carga de trabalho do dia seguinte. Os autores acreditam que o estresse com os computadores pode ser contrabalançado, parcialmente, nos níveis técnico e organizacional, pela redução da duração e freqüência de paradas, pela redução do tempo de respostas do sistema e pela redistribuição das inevitáveis, mas monótonas, atividades de entrada de dados.

Vários outros estudos foram feitos, nos anos 1980, sobre o estresse entre operadores de computador. Eles são discutidos em detalhe no livro de Grandjean, *Ergonomics of Computerized Offices*, de 1987. Apenas um sumário de algumas pesquisas selecionadas será feito aqui.

A pesquisa francesa

Os ergonomistas Elias e Cail (1983) observaram um aumento na incidência de sintomas gastrintestinais, ansiedade, irritação e perturbações do sono entre um grupo francês observado.

Os estudos americanos

Dois estudos de campo foram feitos nos Estados Unidos, por Smith *et al.* (1980, 1981). Estes estudos encontraram que os operadores de computador, assim como os sujeitos controle estavam expostos a um grande número de estressores psicossociais. Em geral, os operadores reportaram mais estresse psicossocial do que o grupo controle. Os autores concluíram que o conteúdo do trabalho pode ser um fator importante para aumentar o estresse ocupacional e os problemas de saúde. Os resultados sugerem que o uso de computador não é o único fator contributivo para o estresse do operador, mas que o conteúdo do trabalho também tem um papel importante nessa área. Carayon (1993) reportou que a preocupação com a própria carreira e futuro profissional eram os determinantes principais do estresse, nos trabalhadores de escritórios americanos.

Sauter (1984), do National Institute for Occupational Safety and Health, e Sauter *et al.* (1983) também fizeram um grande levantamento, focando o estresse, em termos de atitude com relação ao trabalho, afetividade e manifestações somáticas, entre trabalhadores de escritórios informatizados. Nenhum dos índices de bem-estar, relacionados aos estressores do trabalho e humor, mostrou um forte indicativo de aumento de tensão, no grupo de operadores de computador. Os usuários de computador tinham uma incidência maior de condições de trabalho desfavoráveis, e consideraram o seu ambiente de trabalho como menos prazeiroso e a suas cadeiras como menos confortáveis do que os sujeitos controle. Os autores sumarizaram os achados da seguinte forma: "Apesar de uma indicação tênue de aumento de desconforto nos olhos e redução dos distúrbios psicológicos entre os usuários de computador, os dois grupos eram bastante iguais, com relação à atitude em relação ao trabalho, à afetividade e às manifestações somáticas de estresse".

A maior parte das pesquisas psicossociais sobre estresse, entre operadores de computador, foram criticadas, principalmente por causa do *design* dos estudos, que não permitiram uma conclusão. Apesar de algumas deficiências metodológicas, é possível traçar as seguintes tentativas de conclusões:

O trabalho com o computador pode ser gratificante

1. De um modo geral, os operadores de computador, como um grupo, não mostram sintomas de estresse excessivo.
2. Existe uma exceção importante, em relação ao item anterior: alguns operadores de computador, envolvidos em tarefas monótonas, repetitivas e fragmentadas, tais como a entrada de dados ou aquisição de dados, experimentam alguns estressores psicossociais importantes, reportam baixa satisfação com o trabalho e indicam alta freqüência de mudanças de humor para pior, assim como problemas gastrintestinais ou outros problemas psicossomáticos.
3. O fato de outros estudos, incluindo tarefas repetitivas de computador, não terem revelado mais estressores psicossociais ou sintomas de estresse do que os grupos controle, leva à conclusão que não é o trabalho com o computador em si, mas a estrutura pobre de algumas tarefas repetitivas que são responsáveis pelos efeitos adversos observados.

4. À parte dos trabalhos repetitivos e monótonos, os operadores de computador estão, de um modo geral, satisfeitos com o trabalho e consideram o computador uma ferramenta eficiente.

RESUMO

O termo psicológico "estresse" indica um descompasso entre as demandas impostas pelo trabalho e as capacidades do indivíduo. Um pouco de estresse aumenta a aspiração e a motivação, e leva à melhoria das capacidades para alcançar as demandas; ao contrário, a subutilização das capacidades das pessoas geralmente leva ao tédio e ao descontentamento. Se as demandas excedem a habilidade do indivíduo para lidar com elas, provoca-se o esgotamento.

CAPÍTULO 13

Tédio, monotonia

Definição de tédio

Um ambiente monótono é aquele que tem falta de estímulos. *A reação do indivíduo à monotonia é chamada tédio. Tédio é um estado mental complexo, caracterizado por sintomas de redução da ativação de centros nervosos com uma concomitante sensação de cansaço, letargia e redução do estado de alerta.*

Situações entediantes são comuns na indústria, transporte e comércio. Elas podem ser encontradas, por exemplo, em uma mesa de controle, se existem muito poucos sinais que o operador tem que responder. Um maquinista pode estar numa situação similar, se os sinais forem muito distantes um do outro. Um exemplo de um trabalho monótono é ser encarregado de uma prensa de estamparia e ter que fazer exatamente a mesma operação, dez a trinta vezes por minuto, por horas e dias. Ocupações como estas são *repetitivas*, assim como monótonas e entediantes.

Psicólogos, assim como alguns fisiologistas, preocuparam-se com o problema do tédio. Os psicólogos principalmente descreveram as causas externas do tédio e o comportamento das pessoas que sofrem com ele. Os fisiologistas se preocuparam mais com os mecanismos nervosos do tédio e os relacionaram com os indicadores mensuráveis desta condição. Embora o tédio seja uma condição *única*, ela será considerada sob estes dois pontos de vista distintos.

CAUSAS

Causas externas

A experiência mostra que as seguintes circunstâncias originam as sensações de tédio:

1. *Trabalho repetitivo prolongado, que não é muito difícil, mas não permite que o operador pense inteiramente sobre outras coisas.*
2. *Trabalho de supervisão prolongado e monótono, que exige vigilância contínua.*

O fator decisivo nestas condições é, obviamente, que não existem tantos elementos que exijam uma ação.

Observações na indústria mostraram que certas condições são mais favoráveis ao tédio. Exemplos são um ciclo muito pequeno de operações e poucas oportunidades de movimento do corpo. Outras são um ambiente de trabalho à meia-luz e quente, bem como o trabalho isolado, sem contato com os colegas.

Fatores pessoais que contribuem para o tédio

Fatores pessoais têm um impacto considerável na incidência de tédio, ou, colocado de outra forma, na *habilidade de resistir ao tédio*. A tendência ao tédio é maior nas seguintes pessoas:

1. Pessoas no estado de fadiga.
2. Trabalhadores não-adaptados ao trabalho noturno.
3. Pessoas com baixa motivação e pouco interesse.
4. Pessoas com alto nível de educação, conhecimento e habilidade.
5. Pessoas bastante ativas, que buscam um trabalho demandante.

Ao contrário, as seguintes pessoas são bastante resistentes ao tédio:

1. Pessoas descansadas e alertas.
2. Pessoas que ainda estão aprendendo (p. ex., um aprendiz de motorista não tem tempo de ficar entediado).
3. Pessoas satisfeitas com seu trabalho, porque ele está adequado às suas habilidades.

Extroversão

Grandjean sugeriu, em 1988, que pessoas extrovertidas são bastante suscetíveis ao tédio. A opinião várias vezes manifestada de que as mulheres são mais resistentes ao tédio do que os homens é cientificamente questionável; igualmente, a suposta relação entre inteligência e suscetibilidade ao tédio também é motivo de discórdia.

Saturação

Grandjean também indicou que é possível distinguir entre o tédio em si e suas manifestações emocionais, o que pode ser denominado saturação. Isto significa um estado de irritação e aversão à atividade que está provocando o tédio. A pessoa sente que "já basta". Este é um estado real de conflito entre o sentimento de dever com o trabalho e o desejo de terminar com ele, o que coloca a pessoa sob uma grande tensão interna.

Satisfação com o trabalho

A redução da satisfação com o trabalho pode ser entendida como uma precursora da saturação mental. Vários estudos mostraram que, na prática, a satisfação com o trabalho é menor quando o trabalho é monótono e repetitivo do que em trabalhos que permitem liberdade de ação. Como um exemplo destes estudos, deve-se mencionar os resultados da pesquisa de Wyatt e Marriott (1956). Estes autores questionaram 340 trabalhadores, numa fábrica de automóveis (fábrica A), e 217 em outra (fábrica B), sobre suas atitudes com relação ao trabalho. Os autores compilaram "um índice de satisfação", a partir de certas respostas e a partir de auto-avaliações que os trabalhadores fizeram. A Tabela 13.1 sumariza os resultados mais importantes.

Os trabalhadores, nas duas fábricas, consideraram o trabalho da linha de produção motorizada raramente como "interessante" e muitas vezes como "entediante", diferente da avaliação do trabalho nas linhas de montagem não-motorizadas ou na montagem livre. O índice de satisfação com o trabalho foi comparável para as duas fábricas. Wyatt e Marriott (1956) também compararam o índice com a duração da jornada de um grupo selecionado de trabalhadores e descobriram que, quanto menor a jornada, maior a satisfação com o trabalho.

Tabela 13.1 Avaliação do trabalho e índice de satisfação com o trabalho de acordo com 557 trabalhadores em duas fábricas de automóveis com diferentes sistemas de organização do trabalho

Trabalho	Fábrica	Linha de produção (motorizada)	Linha de montagem (não-motorizada)	Montagem livre
"Interessante"	A	35%	56%	67%
	B	34%	57%	94%
"Entediante"	A	54%	42%	39%
	B	55%	37%	42%
Índice de satisfação	A	0,53	0,92	0,96
com o trabalho	B	0,57	1,00	1,17

Fonte: Segundo Wyatt e Marriott (1956).

A FISIOLOGIA DO TÉDIO

Já foi visto que situações com poucos estímulos ou com pouca variedade induzem ao estado de tédio, reconhecível pelo cansaço e pela sonolência, assim como o declínio do estado de alerta.

Bases neurofisiológicas

Esse estado de humor não é difícil de explicar em termos neurofisiológicos: *quando os estímulos são poucos, o fluxo de impulsos sensoriais reduz, gerando uma redução no nível de ativação do cérebro e, assim, do estado funcional do corpo como um todo.*

Além da redução do influxo sensorial durante condições calmas, existem dois outros processos fisiológicos que devem ser notados, porque eles também são responsáveis pelo declínio do nível de estimulação, particularmente em situações onde os estímulos variam muito pouco. Esses são *adaptação e a habituação.*

Adaptação

A maioria dos órgãos dos sentidos tem a peculiaridade de que, *sob um estímulo estável e prolongado, a descarga do órgão receptor declina.* Obviamente, uma função desse processo é proteger o sistema nervoso central contra a sobrecarga prolongada de impulsos dos órgãos sensoriais periféricos. *O termo adaptação indica que o fluxo de impulsos sensoriais está adaptado às necessidades do organismo.*

Em princípio, todos os órgãos sensoriais têm esse poder de adaptação, apesar deles diferirem na extensão e na velocidade de adaptação. A adaptação é particularmente bem desenvolvida na sensibilidade da pele à pressão (nós rapidamente nos acostumados ao uso de um relógio de pulso), nos receptores de alongamento dos músculos e nos receptores dos olhos.

A adaptação não está confinada aos receptores dos órgãos sensoriais periféricos, mas também ocorre nas sinapses que ligam uma fibra nervosa à outra.

Qual a importância da adaptação no problema do tédio? Os órgãos dos sentidos e sinapses se adaptam às circunstâncias externas, de tal forma que respondem principalmente a mudanças em estímulos e são relativamente insensíveis a um nível estável. Sob estimulação uniforme, portanto, as estruturas de ativação no cérebro não passam os estímulos a esses órgãos (sistemas de ativação reticular e límbico), responsáveis pelo nível geral de ativação do corpo.

Habituação

A habituação pode ser entendida como a adaptação em um nível elevado, que leva a uma redução da ativação no cérebro por estímulos repetitivos e opera não perifericamente, mas na zona entre o córtex cerebral e os sistemas límbico e reticular de ativação. O seguinte exemplo ilustra isto. Se uma nota em uma altura regular é soada próxima de um gato adormecido, ele vai acordar na primeira vez. Se a mesma nota soa a intervalos regulares, o efeito no gato gradualmente diminui. Se, no entanto, a altura da nota é mudada, seu efeito original de acordar é restaurado, embora a nota com a altura original ainda não consiga acordar o gato. O experimento mostra que estímulos idênticos perdem o seu efeito por causa da repetição, considerando que esse estímulo não tem sentido, não tem significância na vida do animal. *A natureza essencial da habituação é a eliminação de reações a estímulos sem sentido.*

A habituação é um filtro protetor

O mecanismo da habituação pode ser comparado com um filtro que não permite que os estímulos sem sentido, sob aquelas circunstâncias, passem, permitindo que apenas aqueles que têm relevância passem.

A significância biológica da habituação é a mesma da adaptação: a proteção do córtex cerebral (e em conseqüência, do organismo inteiro) para não ser inundado com estímulos irrelevantes de alerta ou de alarme. Sem a habituação, o organismo teria que se manter constantemente em estado de máxima alerta.

É óbvio que o processo de habituação tem uma participação nas situações monótonas, quando ele anula o efeito de eventos irrelevantes e repetitivos.

Dessas considerações, pode-se depreender que a adaptação e habituação são mecanismos neurofisiológicos que podem ser usados como indicador da existência de condições monótonas. *Situações na indústria e no transporte que geram o fenômeno de adaptação e habituação, certamente envolvem um alto risco de monotonia e tédio.*

Sumário da neurofisiologia do tédio

Os aspectos fisiológicos do tédio podem ser sumarizados conforme a seguir. Situações que são caracterizadas por um nível baixo de estimulação, ou por uma repetição regular de estímulos idênticos, ou então exercendo pouca demanda física e mental sobre o operador, levam à diminuição no fluxo de impulsos sensoriais aferentes, assim como a um nível menor da estimulação das esferas conscientes do cérebro. A conseqüente redução do nível de ativação dos sistemas de ativação reticular e límbico revela-se na redução da reatividade de todo o organismo. Sob o ponto de vista fisiológico, é quase impossível distinguir entre a fadiga e o tédio, já que os dois estados são caracterizados por uma redução do nível de ativação cerebral. No entanto, diferenças existem, como será visto depois, com base na evidência dos resultados de certos estudos experimentais sobre o tédio.

Aspectos médico-biológicos do tédio

Até algumas décadas atrás, a ciência da fisiologia do trabalho estava principalmente interessada em descobrir como aliviar o trabalhador da carga física excessiva. *O aumento da mecanização e da automação, assim como a tendência de dividir o trabalho em operações as mais simples possíveis (taylorismo) acarretaram um novo problema em muitas ocupações: demandas insuficientes para as capacidades físicas e mentais.* As capacidades físicas e mentais subutilizadas caracterizam um estado denominado "subcarregado".

Quase todos os órgãos do corpo humano tem a importante característica biológica de estar apto a responder uma demanda, aumentando o seu desempenho. Isto é verdadeiro não só para os músculos, coração e pulmões, mas, também, para a cérebro. O desenvolvimento humano, a partir da infância, é fortemente dependente da sua habilidade de adaptar aos estresses da vida. Ao contrário, se um órgão não é exercitado, ele atrofia. Um bom exemplo é a atrofia do músculo que se torna bastante evidente poucas semanas após a fratura de um membro. A cessação do desenvolvimento, seguida pelo declínio, ocorre no nível mental e físico. Sabe-se, por meio de experimentos com animais, que o cérebro torna-se melhor desenvolvido, funcional, morfológica e bioquimicamente, quando o animal é sujeito a várias demandas mentais e estresses do que quando ele pode ficar numa situação calma, com poucos estímulos externos.

A partir dessas considerações, é evidente que a subcarga, tal como a que a pessoa experiencia no trabalho monótono e repetitivo, é basicamente não-saudável, sob o ponto de vista médico-biológico.

A relação entre estresse e reações biológicas pode ser sumarizada da seguinte forma:

1. *Subcarga leva a atrofia.*
2. *A quantidade certa de carga leva ao desenvolvimento saudável.*
3. *A sobrecarga desgasta o corpo.*

Tédio e adrenalina

Uma contribuição interessante, para um melhor entendimento dos diferentes aspectos do trabalho monótono, foi feita por vários estudos suecos, tais como Levi (1975) e Frankenhäuser (1974). Eles analisaram a excreção de catecolamina na urina e descobriram que as situações de estresse físico e emocional mais diversas levam a um aumento mensurável na adrenalina excretada na urina, o que foi interpretado como uma mobilização das reservas de desempenho do corpo. Um estudo de Frankenhäuser *et al.* (1971) é particularmente relevante para o problema do tédio. Seus experimentos sobre subcarga e sobrecarga levaram aos seguintes resultados:

1. *Sobrecarga,* gerada por um teste serial de tempo de reação de longa duração produziu um aumento do fluxo de adrenalina (cerca de 9,5 ng/min).
2. *Carga moderada,* na forma de leitura de um jornal, gerou apenas um pequeno incremento na excreção de adrenalina (cerca de 4 ng/min).
3. *Subcarga,* como conseqüência de uma operação uniforme e repetitiva, também produziu um aumento de adrenalina, chegando a cerca de 5,7 ng/min e, portanto, ficando entre os níveis de "sobrecarga" e de "carga moderada".

Os autores concluíram que a produção de adrenalina aumenta não apenas quando se trabalha sob pressão, contra o relógio e com um grande influxo de informação, mas, também, em condições monótonas e com falta de estimulação. Isto mostra que as reações fisiológicas são produzidas pelo estresse mental e emocional, e não pelo esforço físico.

Um estudo de campo de Johansson *et al.* (1976) também gerou resultados interessantes. Um grupo de trabalhadores de serraria, cujo trabalho era repetitivo e ao mesmo tempo de responsabilidade, secretou muito mais adrenalina do que outros grupos de trabalhadores. Eles também exibiam uma incidência maior de doenças psicossomáticas e mais absenteísmo. Os autores concluíram que a combinação de trabalho monótono e repetitivo com a alta carga de estresse mental exigia uma contínua mobilização das reservas bioquímicas, que, a longo prazo, afetava adversamente o estado geral de saúde dos trabalhadores.

ESTUDOS DE CAMPO E EXPERIMENTOS DE LABORATÓRIO

Experimentos de laboratório têm a vantagem de serem conduzidos sob condições controladas e, portanto, geralmente é possível distinguir claramente entre "causa e efeito". Eles apresentam, no entanto, o problema de que as condições de trabalho estudadas são geralmente simuladas e não podem ser comparadas exatamente nem com a prática industrial, nem tampouco com o dia-a-dia do trânsito. Essa ressalva é particularmente necessária quando se estuda o tédio. Mesmo que fosse possível reproduzir as condições físicas de trabalho, os fatores psicológicos importantes (por exemplo, o motivo do ganho financeiro ou o papel dos contatos sociais) só podem ser simulados muito precariamente em laboratório. Por outro lado, geralmente é possível realizar estudos de campo em condições de trabalho real, embora nem todos os fatores estejam sob o controle do investigador, o que pode afetar o resultado do estudo. Alguns resultados podem ser difíceis de avaliar ou podem ser aceitos apenas com restrições.

A seguir são apresentados dois estudos de campo sobre os efeitos do trabalho monótono em operadores.

Na linha de produção de fábricas

Haider (1963) estudou o tédio entre 337 mulheres de várias fábricas; 207 trabalhavam em uma linha de produção móvel, enquanto as outras 130 trabalhavam individualmente. Ele avaliou as sensações subjetivas dessas trabalhadoras por meio de um cartão de auto-avaliação, com doze pares de estados contrastantes. A comparação dos dois grupos mostrou, em média, as seguintes diferenças: as trabalhadoras na linha de produção eram mais "tensas", "entediadas", "sonhadoras" do que aquelas que trabalhavam no seu próprio ritmo. Haider concluiu que pode-se esperar o "fenômeno da saturação" com o aumento da tensão, cansaço, falta de incentivo e declínio de desempenho do trabalho monótono, quando o trabalho consiste em uma longa sucessão de atos simples e repetitivos. Realmente, a percentagem de trabalhadores descontentes e tensos na linha de produção foi de 20 a 25%.

Controle de garrafas

Satio *et al.* (1972) realizaram uma investigação similar na indústria de alimentos. Os trabalhadores estudados faziam o controle visual de garrafas, e seus conteúdos moviam tão rápido que o trabalho foi considerado como árduo, embora monótono e repetitivo. Descobriu-se que, após um curto período no trabalho, o número de garrafas rejeitadas ficou marcadamente menor, fato que os autores consideraram como um indício de redução do estado de alerta. Ao mesmo tempo, foi registrada uma queda na freqüência de fusão dos pulsos de luz, junto com sintomas subjetivos de aumento de fadiga, sonolência, dores de cabeça e uma sensação do "tempo se arrastando". A redução da freqüência de fusão dos pulsos de luz foi maior nos momentos em que as operadoras falavam menos com as outras e tendiam quase a dormir. (Veja Capítulo 11 para mais informação sobre o teste de freqüência de fusão dos pulsos de luz).

A progressão dos efeitos foi a seguinte:

Na primeira hora: nenhuma mudança.

Da segunda até a quarta horas: reduções perceptíveis.

Hora final, antes da parada do almoço: as trabalhadores sentiam-se melhor e tinham melhor desempenho.

Experimentos sobre o tédio

Os seguintes experimentos são uma seleção de um grande número deles, realizados para investigar o tédio e os seus efeitos sobre as pessoas durante o trabalho. Primeiro, deve-se mencionar que muitos estudos sobre vigilância foram discutidos no Capítulo 10. Na prática, quase todos eles envolveram uma tarefa monótona, que, no entanto, exigia um constante estado de alerta, e mostraram que a concentração prolongada em uma atividade monótona resultava em um declínio estável do estado de alerta. No mesmo capítulo, foi notado que a vigilância depende do estado funcional do cérebro, do nível de ativação cerebral.

Para induzir o estado de tédio, Hashimoto (1969) usou testes simulados de direção. Uma série de testes era fácil, a segunda série mais difícil. A condição fácil produziu uma clara redução da freqüência de fusão dos pulsos de luz e um aumento nos ritmos alfa no eletroencefalograma, como resultado do tédio. Na condição mais difícil, o tédio foi menos evidente.

Experimentos com tarefas repetitivas simuladas

Enquanto que os experimentos descritos acima estavam predominantemente concentrados nas condições de simulação de tráfego, Martin e Weber (1976) e Baschera e Grandjean (1979) optaram por produzir um estado do tédio por meio de uma tarefa uniforme e repetitiva. Durante um período de várias horas, os sujeitos em teste eram solicitados a pegar pregos um a um, contá-los e colocar um determinado número em uma série de envelopes. Esta tarefa preenche várias condições que levam ao tédio: é extremamente repetitiva, pouco demandante, não exige que a pessoa fique alerta, embora não deixe a mente inteiramente livre para sonhar acordado.

Em todos os experimentos de contagem de pregos, o trabalho causou uma redução na freqüência de fusão dos pulsos de luz. Avaliações simultâneas, ou com um questionário ou com fichas de auto-avaliação bipolar, mostraram aumento de sono, fadiga, falta de atenção e tédio.

A Figura 13.1 reproduz alguns dados do trabalho de Martin e Weber, no qual os resultados do experimento de contagem de pregos foram comparados com o estudo de condições mais estimulantes, que requeriam que o sujeito da pesquisa fizesse uma série de testes psicomotores, inclusive testes em que o sujeito ouvia músicas de sua escolha.

Conforme mostra o diagrama, a monótona contagem de pregos rapidamente provocou uma queda na freqüência de fusão, que atingiu um valor médio de 1,7 Hz, depois de 3 horas. Em contraste, as condições mais estimulantes do segundo experimento produziram apenas uma redução insignificante na freqüência de fusão, no mesmo período de tempo. Resultados similares foram obtidos quando se perguntou aos sujeitos como eles se sentiam. O experimento de contagem de pregos produziu um aumento na sensação de esforço (refletido na perda de habilidade manual) e uma perda de motivação (desinteresse pela tarefa), enquanto que quase todos os efeitos das condições mais estimulantes foram benéficos.

Tal pesquisa mostra que um trabalho monótono e repetitivo pode rapidamente levar ao tédio, como mostrado pela queda da freqüência de fusão dos pulsos de luz e pelas mudanças nas sensações subjetivas.

Tanto nos testes de direção (Hashimoto, 1969) quanto nos estudos de campo com motoristas de veículos motorizados (O'Hanlon, 1971; Harris *et al.*, 1972), o tédio pôde ser evitado, ou ao menos postergado, ou por condições estimulantes ou tornando a tarefa mais difícil. Para testar isto, Baschera e Grandjean (1979) ampliaram o teste de contagem de pregos, pela introdução de uma tarefa mental moderadamente difícil e uma bastante difícil. Os sujeitos foram solicitados a desempenhar as três tarefas seguintes, cada uma com duração de três horas:

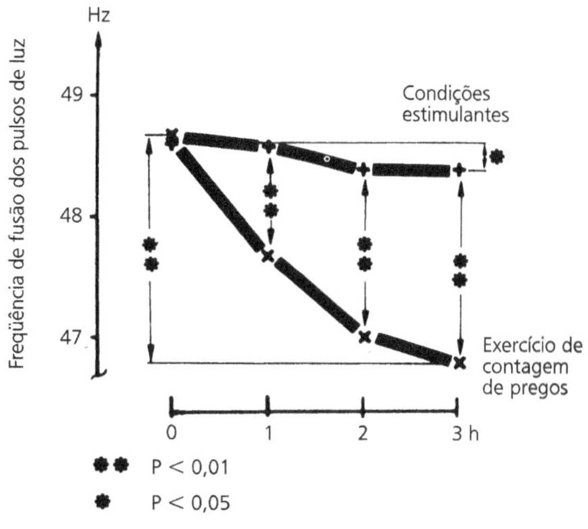

Figura 13.1 Valores médios da freqüência de fusão dos pulsos de luz dos olhos de 25 sujeitos testados em um exercício de contagem de pregos em comparação com uma situação estimulante. Segundo Martin e Weber (1976).

Tarefas repetitivas com demandas mentais variadas

1. O teste de contagem de pregos, conforme descrito anteriormente: *baixa demanda mental.*
2. Seleção de pregos de diferentes cores e com diferentes marcações, de forma a encher um envelope com o número correto, cor e marcação. Nós consideramos que este exercício exercia apenas uma *moderada demanda mental.*
3. Seleção de nove pregos, com uma combinação prescrita de cores e marcações, e arranjo deles em

um tabuleiro, em uma ordem ascendente, de acordo com suas marcações. Esse era o exercício que exercia *alta demanda mental.*

A Figura 13.2 mostra a redução média na freqüência de fusão dos pulsos de luz subjetiva dos 18 sujeitos que foram testados, nas três condições.

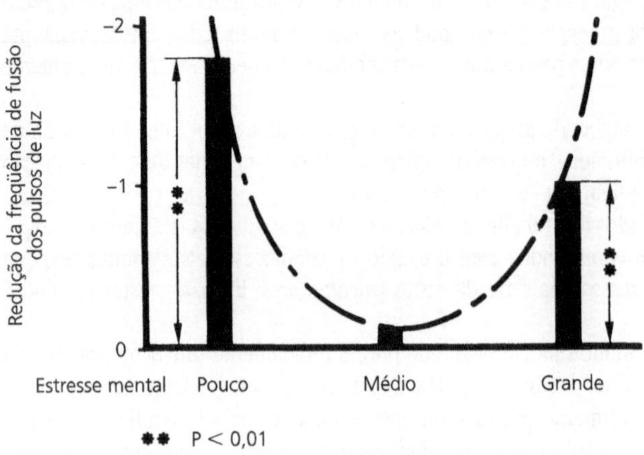

Figura 13.2 A redução média da freqüência de fusão dos pulsos de luz subjetiva dos olhos durante tarefas repetitivas que envolvem vários níveis de carga mental. As colunas verticais expressam a diferença entre as medições antes e após os experimentos de 3,5 horas envolvendo 18 sujeitos. A linha tracejada é uma curva hipotética que expressa o curso provável da freqüência de fusão dos pulsos de luz em função da carga mental. De acordo com Baschera e Grandjean (1979).

Subcarga e sobrecarga

O resultado dessas três séries de testes é a relação entre a freqüência de fusão dos pulsos de luz e o estresse mental: o nível baixo de estresse é acompanhado pela maior queda na freqüência de fusão dos pulsos de luz; o estresse mental mais alto igualmente provocou uma queda na freqüência, embora um pouco menor do que a anterior. Por outro lado, o estresse mental moderado deixou a freqüência de fusão dos pulsos de luz quase inalterada. Pode-se traçar uma curva teórica em forma de U, passando pelos picos das três colunas no diagrama de barras, que sugere que tanto o subestresse quanto um alto nível de sobre-estresse causa a redução no nível de atividade cerebral. Entre esses dois extremos, existe a zona moderada de estresse mental, que não tem efeito adverso no estado funcional do sistema nervoso central. A análise dos questionários simultaneamente preenchidos mostrou resultados interessantes. Vários sentimentos, como o cansaço e sonolência, mostram um paralelo com a freqüência de fusão dos pulsos de luz. Eles aumentaram tanto para o estresse mental alto quanto para o baixo. Em contraste, o tédio foi predominantemente associado com o baixo nível de estresse. Isto mostra que é possível diferenciar entre os efeitos dos sub e sobre-estresse, fazendo as perguntas certas. É questionável, no entanto, se é possível fazer essa distinção por métodos fisiológicos.

Estes resultados estão de acordo com os de Frankenhäuser *et al.* (1974) e Frankenhäuser (1971), já mencionados, mostrando um aumento da secreção de adrenalina não só sob pressão do trabalho, mas, também, sob condições monótonas.

RESUMO

Tédio é a reação a uma situação em que há muito poucos estímulos, e é caracterizada por um decréscimo da ativação do sistema nervoso central. No entanto, pessoas diferentes reagem bastante diferentemente a tarefas monótonas e prolongadas.

CAPÍTULO 14

Projeto do trabalho para evitar tarefas monótonas

Taylorismo e tédio

Por décadas, os cientistas sociais levantaram críticas em relação ao princípio taylorista de divisão do trabalho em um grande número de tarefas idênticas que são sempre repetidas. O trabalho organizado, neste princípio, é caracterizado por ciclos curtos e poucas demandas sobre o operador. *O resultado de tal especialização no trabalho é que a liberdade de ação individual é severamente prejudicada, as habilidades mentais e físicas ficam reduzidas e o potencial do trabalhador é desperdiçado.*

A ORGANIZAÇÃO DO TRABALHO FRAGMENTADO

Várias pesquisas favorecem a hipótese que há uma ligação entre a qualidade de vida no trabalho e a qualidade de vida em geral. Os primeiros comentários sobre esses aspectos sociais e éticos da satisfação no trabalho podem ser encontrados em Friedmann (1959) e nos anais do International Conference on Enhancing the Quality of Working Life, de 1972.

Alguns escapam sonhando acordado

Alguns estudos revelaram que há indivíduos que gostam do seu trabalho monótono e repetitivo. Parece que algumas pessoas são capazes de escapar, com seus pensamentos, para um mundo em que sonham acordadas, e elas apreciam condições de trabalho que lhes permitem este escape, e não querem um trabalho que seja mais variado e mais desafiante. Por outro lado, os gerentes reportam que está se tornando cada vez mais difícil encontrar trabalhadores para atuar em tarefas monótonas e repetitivas.

Diferentes atitudes realmente existem. Para alguns, trabalhar continuamente em uma linha de produção pode ser realmente mais relaxante do que na montagem livre, já que isto lhes permite expressar melhor as suas personalidades pela conversa, pelo pensamento ou sonhando acordado. Para outros trabalhadores, no entanto, o trabalho monótono em uma linha de produção parece sem sentido, porque não fornece oportunidades para desenvolver suas personalidades pelo exercício da capacidade mental no trabalho.

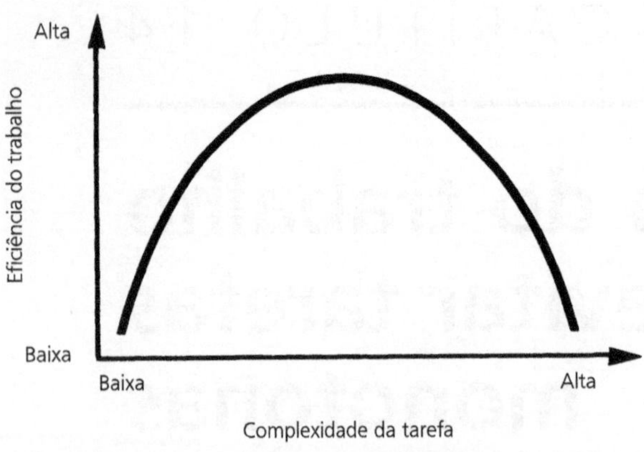

Figura 14.1 Conjetura de relacionamento entre o grau de complexidade da atividade e o grau de eficiência do trabalho humano. O grau de complexidade é caracterizado pelo número e pela variabilidade das operações envolvidas.

Qualquer que seja a preferência individual, os cientistas sociais e psicólogos ocupacionais concordam que o trabalho que considera o potencial e as inclinações da pessoa é levado com interesse, satisfação e boa motivação. Ao contrário, é óbvio que um trabalho pouco demandante, que não desenvolve o potencial da pessoa, vai ser entediante e pouco motivador para a maioria. No outro extremo, um trabalho que requer mais do que o trabalhador é capaz, vai ser uma sobrecarga. Portanto, *o trabalho deve ser planejado de forma a atender às capacidades do indivíduo, sem, no entanto, exigir ou muito pouco ou demais.*

A recomendação básica incorpora a idéia de que o desempenho eficiente de uma tarefa complexa ou difícil, atinge seu ótimo na faixa entre a subdemanda e a sobredemanda. Esse conceito aparece na Figura 14.1, como a forma de um U invertido.

Blum e Naylor (1968) concluíram que o nível de frustração em relação ao nível de complexidade da tarefa era representado por uma curva em forma de U invertido e que a frustração era menor quando as demandas do trabalho atendia às capacidades do trabalhador.

Sumário das conseqüências da extrema fragmentação do trabalho

A Tabela 14.1 sumariza as críticas mais importantes, de vários ramos das ciências, contra o taylorismo extremado, que fragmenta as tarefas humanas em elementos simples, monótonos e repetitivos.

PRINCÍPIOS DO PROJETO DO TRABALHO

As várias conseqüências do trabalho repetitivo levou, nos últimos anos, ao desenvolvimento de diferentes formas de organizar e reestruturar o trabalho de montagem e outros trabalhos seriais similares.

Tabela 14.1 Trabalhos simples, monótonos e repetitivos, sob o ponto de vista de várias ciências

Sob o ponto de vista do	Conseqüências prováveis
Médico	Atrofia das capacidades mentais e físicas
Fisiologista do trabalho	Tédio; risco de erros e acidentes
Fisiologista ocupacional	Aumento da insatisfação no trabalho
Cientista social	Potencialidades humanas não totalmente atingidas
Engenheiro de produção	Aumento do absenteísmo; aumento da dificuldade de encontrar pessoal para o trabalho

Objetivos da reestruturação do projeto do trabalho

O principal objetivo destes esforços é dar ao operador mais liberdade de ação de duas formas:

1. *Redução do tédio*, e suas concomitantes sensações de fadiga e saturação.
2. *Tornar o trabalho mais gratificante*, fornecendo um trabalho com sentido e que permita ao operador desenvolver todo o seu potencial.

O que é básico nessas duas melhorias é a premissa, já mencionada, de que haverá uma redução de absenteísmo, rotatividade de pessoal e estresse social, e de que as novas condições vão atrair mais trabalhadores. Portanto, a longo prazo, o resultado é o aumento de produtividade.

Essas duas formas desejáveis de organização do trabalho incorporam várias melhorias, desde a variedade do trabalho, passando por várias formas de alargamento do escopo do trabalho, até o enriquecimento do trabalho, dando ao trabalhador mais informação, mais responsabilidade, mais participação na tomada de decisão e mais controle do processo de trabalho.

Aumento da variedade do trabalho

Um primeiro passo para melhorar as condições do trabalho repetitivo é aumentar a variedade do trabalho. É um esquema onde cada trabalhador, individualmente, desempenha várias atividades em diferentes postos de trabalho, que ele executa por meio da rotação dos trabalhadores. Essas tentativas foram feitas na indústria: por exemplo, a rotação dos trabalhadores entre diferentes atividades de operação de montagem. As melhores soluções foram aquelas em que, ao mesmo tempo, introduziam uma certa autonomia no grupo, permitindo que os trabalhadores controlassem a forma de fazer o próprio produto.

Um exemplo pode ser extraído da montagem de calculadoras eletrônicas. A montagem completa era feita em torno de um bancada redonda. Existiam oito postos, mas apenas seis operadores, de forma que havia sempre dois postos vazios. A resultante acumulação dos componentes forçava os operadores a trocar de lugar freqüentemente. Essa era uma característica essencial deste sistema, que cada pessoa devia ser treinada para trabalhar em qualquer um dos oito postos e, portanto, fazer a montagem completa seria uma função do grupo inteiro.

No entanto, um ponto deve ser enfatizado: se a variedade do trabalho simplesmente significa alternar entre trabalhos que são, igualmente, monótonos ou repetitivos, o risco de tédio pode ser levemente reduzido, mas a meta de adequar a dificuldade do trabalho com as capacidades do trabalhador não é atingida. Juntar uma outra atividade monótona e repetitiva não gera o enriquecimento do trabalho.

Alargamento e enriquecimento do trabalho

Por essas razões, uma importância especial reveste o tipo de organização que tenta enriquecer o trabalho pelo alargamento do seu escopo, ajudando, portanto, a desenvolver as personalidades e a realização pessoal dos empregados. Em tais organizações, as tarefas são planejadas de forma que o trabalhador atua numa sucessão de atividades diferentes, cada uma solicitando diferentes habilidades da pessoa. Responsabilidades adicionais, tais como o controle de qualidade e a instalação e manutenção de uma maquinaria, fazem uma importante contribuição para o enriquecimento do trabalho.

Uma observação em uma fábrica montadora pode servir de exemplo. Um certo componente era originalmente montado em uma linha de montagem de seis postos sucessivos, ocupados por seis trabalhadores. No novo plano, um operador desempenhava, sozinho, as seis operações e era responsável pela qualidade da montagem inteira.

Grupo de trabalho autônomo

Um outro passo na direção da maior participação do trabalhador é a organização de grupos de trabalho autônomos. Os trabalhadores empregados em cada unidade de produção são organizados em um grupo, e o planejamento e organização do trabalho, assim como o controle do produto final, é delegado a eles. O grupo de trabalho autônomo, portanto, tem as funções de planejamento e controle.

Aqui, um exemplo holandês reportado por Hertog e Kerkhoff (1974): uma firma montadora de aparelhos de televisão introduziu uma forma mais atrativa de organização de trabalho, por etapas, porque tornou-se um problema encontrar trabalhadores. De início, os aparelhos eram montados em uma longa linha de montagem, sendo que 120 trabalhadores escoavam seus conjuntos um a cada minuto, a partir de um sinal. A primeira etapa de melhoria foi estabelecer uma nova linha de montagem, com 104 postos de trabalho, divididos em cinco grupos. No fim de cada grupo, havia um posto de controle de qualidade. Notou-se que, com esse arranjo, o tempo de montagem foi reduzido e a qualidade melhorada. Depois, o experimento disponibilizou mais tempo antes que os aparelhos seguissem adiante, além de permitir uma certa troca de postos. O último estágio foi a introdução de grupos de trabalho autônomos. Os grupos foram reduzidos em tamanho, para sete pessoas, e o trabalho de cada pessoa foi alargado, de forma que os intervalos de mudança aumentaram de 4 para 20 minutos. Os grupos de trabalho passaram a ter responsabilidades que previamente eram do chefe e supervisor. Os grupos faziam o controle de qualidade e se auto-administravam. Um certo grau de intercâmbio dentro do grupo tornava-o mais flexível.

Os resultados reportados pelos autores incluem o seguinte:

uma atitude mais positiva em relação ao trabalho;
maior grau de cooperação entre os membros do grupo;
criação de uma certa atitude crítica em relação aos níveis de produção;
menos absenteísmo;
menos tempo de espera;
menos "passageiros";
mais áreas de trabalho e novas máquinas;
mais consultas;
melhores salários.

Os grupos eram um transtorno para a gerência, de certa forma, já que os grupos autônomos agiam como uma força de controle sobre a gerência.

Como um todo, os grupos produziam um aparelho de televisão mais barato do que os seus predecessores.

Todos os esforços para alargar e enriquecer o trabalho das pessoas devem ser entendidos como experimentos que não são ainda completos, e seus resultados ainda não foram totalmente avaliados. Existem registros de tentativas bem-sucedidas, mas existem também casos onde tais projetos tiveram que ser abandonados, devido à resistência por partes dos empregados, sindicatos e gerentes. De fato, a busca por novas formas de reestruturar o trabalho monótono, repetitivo e sem sentido ainda está em seu caminho.

Os contatos sociais

Esse catálogo de melhorias organizacionais pode ser concluído enfatizando a importância dos contatos sociais no trabalho. *A oportunidade de conversar com colegas de trabalho é uma maneira efetiva de evitar o tédio.*

Ao contrário, o isolamento social traz a monotonia e aumenta a tendência ao tédio com o trabalho.

Sentar ao longo de uma linha de montagem é ruim: é melhor se a linha tem a forma de semicírculo ou é sinuosa. Qualquer arranjo é bom, se aproxima vários trabalhadores dentro de uma distância de conversação.

Outras maneiras de reduzir a incidência do tédio incluem:

pausas mais freqüentes e curtas;
oportunidade de movimentação durante essas pausas;
um leiaute de entorno estimulante, usando luz, cor e música.

Projeto de trabalho para o trabalho de supervisão

Os mesmos princípios se aplicam ao trabalho de supervisão e ao trabalho de dirigir um veículo. Uma situação essencialmente insípida, com falta de estímulos, deve se tornar estimulante o suficiente para se tornar interessante, mas sem sobrecarregar.

Nos dois tipos de trabalho, o problema é, geralmente, reconhecer uma situação crítica, no momento certo. A necessidade de se manter alerta, que geralmente está associada com um alto nível de responsabilidade, pode resultar em tédio e aumentar o risco de erros e acidentes. Portanto, medidas preventivas prestam atenção em assegurar que os itens relevantes de informação sejam corretamente assimilados.

Para sumarizar, os seguintes arranjos podem ser recomendados para o trabalho de supervisão em painéis de controle, máquinas, telas de projeção e postos de trabalho similares:

1. Sinais de alarme e limites de segurança similares devem ser claros e decisivos. Uma combinação de sinal de luz e sonoro (campainha, gongo ou sirene) é particularmente efetivo.
2. Se uma série de sinais devem ser notados, sem se perder nenhum, deve haver entre 100 e 300 deles, por hora.
3. O operador precisa estar bem-disposto e deve evitar ficar cansado antes do trabalho. Trabalhadores de turno noturno são particularmente predispostos ao tédio (e fadiga), até que eles tenham se adaptado ao turno da noite.
4. O entorno deve ser iluminado. Música ajuda, nas circunstâncias certas. A temperatura ambiente deve variar apenas dentro dos limites confortáveis.
5. A mudança de trabalho deve ocorrer assim que o tédio começa a causar lapsos de alerta perigosos. Em situações extremas, pode ser necessário considerar mudanças a cada hora ou a cada meia hora.
6. Pausas pequenas e freqüentes ajudam a reduzir o tédio e melhorar o nível de alerta.
7. Em certas situações particularmente críticas pode ser necessário empregar duas pessoas para fazerem o trabalho juntas, como na cabine de uma locomotiva.

E o trabalho com computador?

De acordo com o que foi mostrado, têm sido feitas tentativas na indústria para evitar os efeitos adversos do trabalho repetitivo e monótono, por meio de novas maneiras de organização da produção. Johansson (1984) escreveu que se medidas não forem tomadas, "*existe um risco da tecnologia do computador criar tarefas altamente repetitivas, que exigem pouca habilidade, permitem pouca interação social e geram uma classe de conseqüências negativas associada à produção mecanizada em massa*". O trabalho de entrada de dados é o caso.

Muitos autores concordam com essas palavras de aviso, e salientam que algumas tarefas tinham pouco conteúdo, antes da era do computador, e que os trabalhos com o computador são geralmente versões simplificadas e fragmentadas do trabalho tradicional de escritório. Isto é certamente verdade para as tarefas muito simples de entrada de dados e aquisição de dados, embora muitas outras tarefas com computador são caracterizadas por um alto grau de complexidade, e julgadas interessantes e desafiantes pelos operadores.

O re-projeto do trabalho é necessário para a tarefa de entrada de dados e aquisição de dados

Esforços para melhorar o projeto do trabalho são necessários principalmente para as tarefas altamente repetitivas e monótonas de entrada e aquisição de dados.

Ainda não foram publicados projetos ou resultados da reestruturação de trabalhos fragmentados e repetitivos com o computador, com o objetivo de melhorar o projeto do trabalho. Por essa razão, exigências em relação ao desenho do trabalho são geralmente baseadas em considerações gerais sobre as relações entre as condições de trabalho e a satisfação com ele.

O alargamento das tarefas de entrada de dados podem ser bastante difíceis, a não ser que se mude a estrutura do trabalho tradicional de "entrada de dados" para "processamento", ou até mesmo "controle".

Alguns bancos melhoraram a situação criando "trabalhos mistos", alternando a entrada de dados com transferência de pagamentos e outras tarefas mais demandantes. Além disso, foram criadas salas para os intervalos, onde os operadores podem fazer pausas, juntos. Outros bancos contrataram apenas empregados em regime de meio expediente para a tarefa de entrada de dados, o que, no entanto, tem sido menos bem-sucedido do que as atividades mistas.

Controle do trabalho

O controle do trabalho é caracterizado pelo poder sobre a tarefa, e domínio da tarefa e do ambiente de trabalho. Pode-se distinguir dois tipos de controle: o *controle instrumental,* que está no nível da tarefa, por exemplo, sobre o ritmo do trabalho; e o *controle conceitual,* que está em um nível mais elevado, por exemplo, com relação às políticas da companhia ou na esfera da tomada de decisão. Ter o controle do trabalho significa *participação,* e falta de controle no trabalho parece ser um importante estressor social. *Feedback* sobre o desempenho é uma parte vital do controle do trabalhador sobre o processo de trabalho. Ele permite ações corretivas, em busca de melhor desempenho; e melhoria no desempenho parece aumentar a satisfação no trabalho. A importância e significado do trabalho sempre parecem baixos para os empregados, se o seu trabalho é apenas um fragmento de uma tarefa maior. A pessoa perde o interesse especialmente se seu trabalho é pequeno, simples e repetitivo. Se a fragmentação é necessária, a importância da contribuição da pessoa para o produto final deve ficar bastante clara, ficando evidente, no entanto, que ao invés de quebrar o trabalho em pequenas partes sem sentido, é melhor dar uma porção maior para a pessoa, a fim de gerar a sensação de importância e contribuição pessoal.

O trabalho com computador deve ter sentido

O significado ou conteúdo do trabalho pode ser baixo, em algumas tarefas com o computador. Quando o trabalho é fragmentado, ele certamente é simplificado. Portanto, os trabalhadores não conseguem identificar-se com sua atividade e perdem o interesse no produto de seu trabalho. Eles precisam saber e sentir que a sua contribuição é importante, o que aumenta sua satisfação e auto-estima. No entanto, o medo do futuro profissional, incluindo a segurança do emprego, pode se tornar mais importante para o trabalhador do que o controle do trabalho, conforme reportado por Carayon (1993).

Os contatos sociais devem ser facilitados

Um dos problemas óbvios de alguns trabalhos com o computador é a pouca chance de contato social, particularmente com os colegas. Isso pode levar ao isolamento de operadores, muito mais do que ocorria nas atividades tradicionais de escritório. Portanto, é importante aumentar e encorajar a interação social, durante os períodos de pausa; isso é um argumento em favor da interrupção do trabalho para encontrar os colegas em salas de reunião, convenientemente localizadas próximas aos postos de trabalho.

Introdução cuidadosa de computadores

Para escritórios tradicionais não-computadorizados, uma introdução bem planejada e cuidadosa é uma medida importante para prevenir as hostilidades em relação à automação de escritórios. Uma boa política de transição deve incluir informação apropriada e instruções claras, adaptadas às capacidades do trabalhador. É certamente insuficiente deixar o trabalhador sozinho, com um manual que explica como o sistema funciona. Aulas teóricas, seguidas de aplicação prática, e a ajuda no próprio local de trabalho devem ser dadas por uma pessoa qualificada ou apta para ajudar os que estão sendo treinados. Um bom programa de treinamento pode aumentar a aceitação e reduzir os medos psicológicos, já que operadores bem treinados vão se considerar um investimento importante.

Algumas palavras de precaução

Algumas restrições devem ser feitas, no entanto, quando se discute os princípios acima mencionados, para o projeto do trabalho com o computador. Não se pode esquecer que os principais problemas do projeto do trabalho referem-se a algumas tarefas repetitivas, monótonas e sem sentido de entrada e aquisição de dados. A proporção destas, no total de atividades com o computador, não é conhecida, mas algo entre 15 a 20% é razoável. Outra restrição diz respeito ao fato acima mencionado de que nem todo trabalhador desgosta dos trabalhos repetitivos. Salvendy (1984) reportou que 10% da força laboral nos Estados Unidos não gosta de qualquer tipo de trabalho; os outros trabalhadores estão divididos igualmente entre aqueles que preferem trabalhar em tarefas enriquecidas, onde ficam mais satisfeitos e produtivos, e aqueles que preferem um trabalho simplificado, onde são mais satisfeitos e produtivos.

Evitando desgaste físico

O projeto de teclas mais leves (veja Capítulo 5), a colocação de mais pessoas para fazer o trabalho de digitação, fazendo muitas delas digitar mais do que nunca, trouxe uma epidemia de distúrbios por esforços repetitivos. Embora bastante conhecido por ocorrer em pianistas, digitadores, cortadores de carne e várias outras ocupações, desordens dos tecidos conectivos (especialmente tendões) apareceram em um grande número na Austrália, no início dos anos 1980, e depois na América do Norte. Muitos fatores estão envolvidos para causar, agravar ou precipitar esses distúrbios, mas o uso demasiado dos tecidos do corpo devido à repetitividade no uso das teclas do computador ou do *mouse* é, sem dúvida, um dos problemas. Repetitividade é uma das características das tarefas monótonas. Isto é outro exemplo das conexões intrincadas que geralmente existem entre condições de trabalho e bem-estar, tanto físico quanto psicológico, do ser humano. *Tédio e fadiga geralmente vêm juntos.*

RESUMO

O bem-estar pessoal e a eficiência no trabalho podem ser bastante reduzidos pela superespecialização e fragmentação do trabalho. Geralmente, é melhor alargar e enriquecer as tarefas, dar responsabilidade, permitir o controle do próprio trabalho e facilitar os contatos sociais.

CAPÍTULO 15

Horário de trabalho e hábitos alimentares

HORÁRIO DE TRABALHO DIÁRIO E SEMANAL

Trabalho diurno

Vários estudos mostraram que mudanças na duração da jornada de trabalho podem resultar em uma alta ou baixa produtividade. Na quarta edição deste livro, Grandjean (1988) comentou que, em uma fábrica, o encurtamento da jornada de 8 ¾ para 8 h aumentou a produção entre 3 e 10%, sendo que o trabalho predominantemente manual mostrou um aumento maior do que o de operação de máquinas.

A Figura 15.1 mostra os resultados de uma antiga pesquisa inglesa (Vernon, 1921). Estes resultados confirmam a experiência geral de que a redução da jornada pode resultar em uma produtividade horária maior; o trabalho termina mais rápido, com menos pausas de descanso voluntárias. Essa mudança no ritmo de trabalho geralmente ocorre em alguns dias, embora, ocasionalmente, possa passar vários meses até que o efeito apareça.

Ao contrário, aumentar a jornada de trabalho pode tornar o ritmo de trabalho mais lento e a produtividade horária menor. A relação esquemática entre a jornada de trabalho e a produtividade total do dia foi proposta por Lehmann (1962), conforme a Figura 15.2. A partir daí pode-se estabelecer, como regra, que a produção diária total não aumenta na proporção da jornada de trabalho, de acordo com a curva A, na figura. Geralmente, se comporta como as curvas B e C. Em muitos casos de trabalho físico pesado e médio, foi até encontrado que aumentando a jornada até 10 horas resultava em uma queda de produção total, devido à redução do ritmo por hora que resultava da fadiga, maior do que os ganhos esperados pelo aumento da jornada de trabalho.

Um dia de trabalho mais longo ou trabalho extra são comuns, em tempos de guerra e períodos de *boom*, mas os resultados são geralmente decepcionantes. Por causa da relação mencionada entre horas de trabalho e os resultados esperados, a produtividade não aumenta tanto quanto o desejado e esperado; pode até cair, se as pessoas ficam sobrecarregadas física ou mentalmente.

Essas observações levam à conclusão de que a maioria dos trabalhadores tende a manter um resultado diário e, se a jornada varia, vai ocorrer um certo ajuste no ritmo de trabalho, para compensar. Isso é verdade apenas para trabalhos que não estão relacionados com a velocidade da máquina ou do processo. Os trabalhadores de uma esteira, e outros que precisam atrelar o seu trabalho com o ritmo externo, não podem fazer muito para compensar as mudanças nos horários de trabalho. Isso pode ser visto na Figura 15.2.

É claro que a velocidade de trabalho para compensar as variações das horas de trabalho também é afetada pelos incentivos monetários e outras mudanças na motivação.

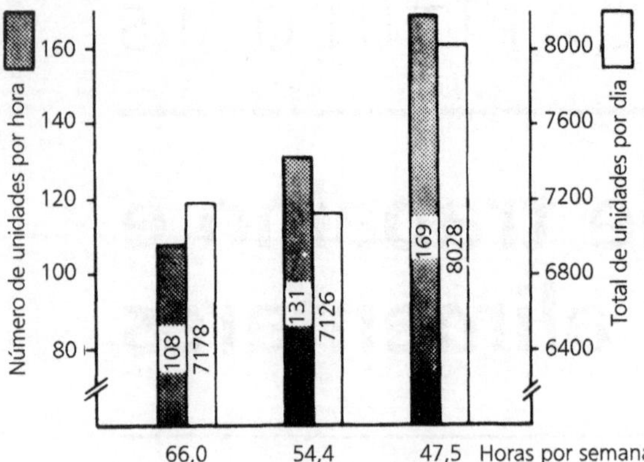

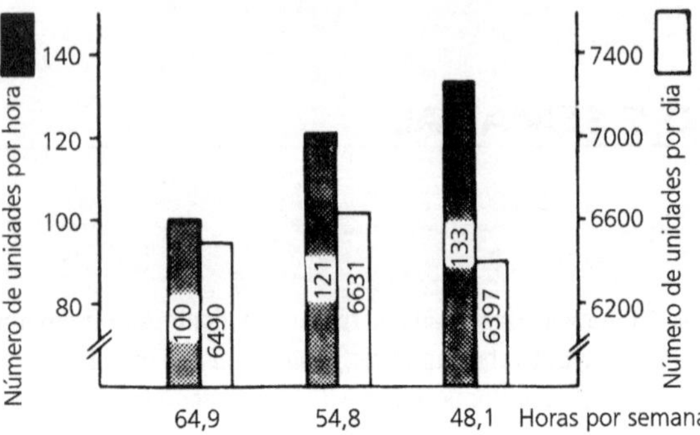

Figura 15.1 Tempo de trabalho e produtividade. Em cima: para trabalho predominantemente manual, jornadas mais curtas (tanto semanal como diária) resultam em um aumento de produtividade horária e diária. Embaixo: para um trabalho de operação de máquina, jornadas mais curtas aumentam a produtividade horária mas têm pouco efeito na produtividade diária total.

Efeitos no aparecimento de doenças

Muitas observações trouxeram evidências de que o excesso de horas trabalhadas não só reduz a produtividade por hora, mas também é acompanhado por um aumento característico de faltas, por doença ou acidentes. Uma jornada de trabalho de oito horas por dia, que deixa o operador moderadamente, mas não seriamente fatigado, não pode ser aumentada para nove horas ou mais, sem efeitos negativos, que incluem uma redução perceptível no ritmo de trabalho e o aumento significativo nos sintomas nervosos da fadiga, geralmente resultando em mais doenças e acidentes.

Nosso conhecimento em fisiologia e a experiência atual aponta para a conclusão de que uma jornada de oito horas não pode ser excedida sem prejuízo se o trabalho é pesado. As firmas modernas, organizadas de acordo com os princípios da ciência industrial, geralmente organizam o trabalho considerando se as demandas sobre os trabalhadores é pesada ou apenas moderada. *Uma jornada maior é tolerável para trabalhos em que a natureza da tarefa permite vários períodos de pausas para repouso.*

Revisão histórica sobre a jornada de trabalho semanal

A jornada dos empregados "ocidentais" geralmente tem o mesmo número de horas por semana e se tornou bastante reduzida nos últimos 100 anos.

Na Suíça, o primeiro Ato Federal da Fábrica foi aceito, em um plebiscito, em 1877, e estipulou 65 horas por semana (11 horas durante a semana e 10 horas no sábado). Uma emenda, em 1914, reduziu para 48 horas semanais.

A Figura 15.3 mostra o desenvolvimento histórico da jornada de trabalho semanal nos Estados Unidos. É evidente, pela figura, que a jornada semanal americana tendeu a se reduzir quase que continuamente desde 1850. Hoje em dia, a jornada de 40 horas semanais, ou menos, é comum, não apenas nos Estados Unidos, mas na maioria dos países industrializados. Na Alemanha, o número de horas médias de trabalho semanal consistia de 38 horas, em 1995, e passou para 32 horas, na indústria metalúrgica e eletrônica, em 1997.

A semana de cinco dias

Hoje, a semana de cinco dias é comum em muitos lugares e apresenta poucos problemas para combinar com a semana de 40 horas. No entanto, a experiência de introduzir uma semana de cinco dias é bastante interessante. Algumas fábricas descobriram que a mudança de seis para cinco dias de trabalho semanal levou a um absenteísmo menor. A experiência mostrou que a força de trabalho em geral, e espe-

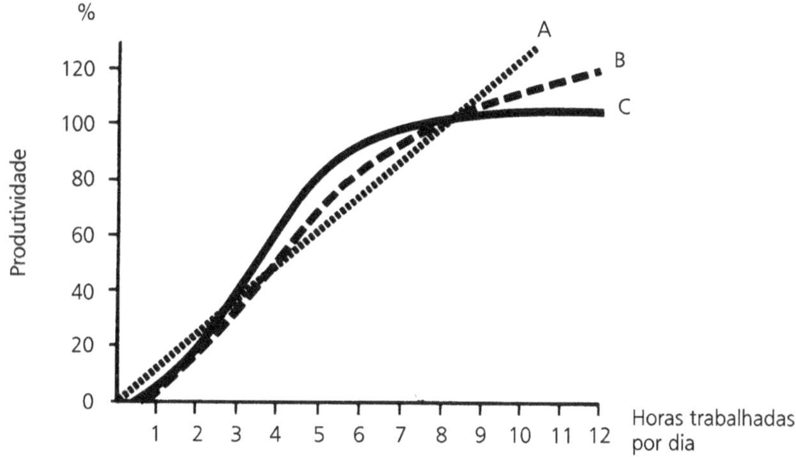

Figura 15.2 Relação entre horas trabalhadas e produtividade. 100% = produtividade em 8 horas/dia. A = curva de horas trabalhadas e produtividade; B = produtividade em relação à jornada de trabalho moderado; C = o mesmo para trabalho manual pesado. De acordo com Lehmann (1962).

cialmente as mulheres, preferem a semana de cinco dias, principalmente por causa das questões sociais. Estes fatores sociais, combinados com o aumento das oportunidades de descanso e relaxamento, são os principais responsáveis pela redução do absenteísmo.

A semana de quatro dias

A semana de quatro dias veio para discussão nos anos recentes. Cerca de 600 firmas americanas e, recentemente, algumas na Alemanha e na França, tiveram experiências favoráveis com ela (Maric, 1977). O tempo total que as pessoas trabalham nos quatro dias é, geralmente, 40 horas ou menos, nos Estados Unidos e na Europa. Na Europa, particularmente, existe uma tendência à semana de quatro dias de 30 horas, o que já está em prática em algumas indústrias e escritórios. As vantagens são os três dias livres de fim de semana, menos tráfego para ir e voltar do trabalho, e a possibilidade de aumento de emprego pela

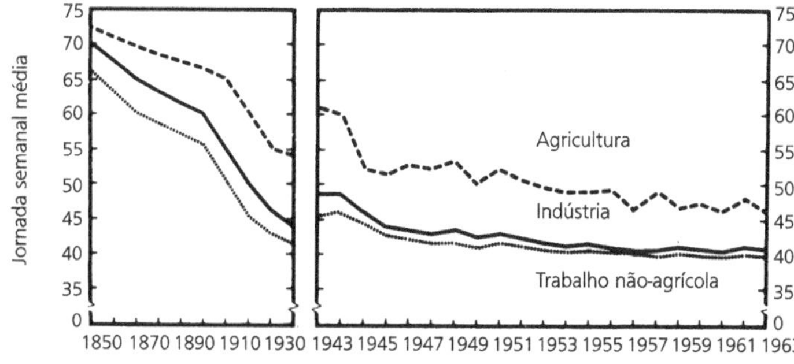

Figura 15.3 O desenvolvimento da jornada de trabalho semanal nos EUA, de 1850 a 1963. Segundo Northrup (1965).

incorporação de mais trabalhadores, o que é especialmente importante durante condições de desemprego generalizado.

A redução da semana de trabalho para quatro, ou até três dias, é acompanhada de um aumento considerável na jornada diária. Alguns especialistas médicos, assim como ergonomistas, consideram que uma extensão do horário de trabalho diário é possivelmente ruim para a saúde. A crítica é certamente válida. Pode ser que a pessoa consiga recuperar-se durante um período de 24 horas, sem chegar à exaustão durante os quatro dias, esperando recobrar-se nos três outros dias. Mas o trabalho contínuo de 9 a 10 horas geralmente leva a uma fadiga excessiva e aumento do absenteísmo devido à doença — a não ser que apenas pouco esforço físico seja requerido, o que é diverso e interessante: os turnos de trabalho dos bombeiros são de 12 horas, mas a maior parte do tempo eles estão de prontidão.

As atitudes e opiniões mudam. Em 1995, a Alemanha tinha uma semana de trabalho média de menos de 40 horas, geralmente comprimida em um período de quatro dias, mas os resultados da opinião pública na Alemanha, em 1971, resultaram nos seguintes dados:

4 dias na semana de 10 horas diárias	preferido por 46%
5 dias na semana de 8 horas diárias	preferido por 47%
Incertos	7%

Na edição de 1988 deste livro, a semana de quatro dias, 40 horas por semana, foi rejeitada com base na medicina e fisiologia. Isto ainda é verdade para o trabalho "exaustivo", mas considerações teóricas, assim como experiências reportadas neste meio tempo (compiladas por Costa, 1996; Kogi, 1996; Kroemer *et al.*, 1994, 1997) indicam que "semanas mais comprimidas" de trabalho são possíveis e aceitáveis, e até mesmo preferidas por pessoas com trabalhos como os de enfermagem, de escritório, operações de suprimento ou supervisão de processos automatizados.

Horário de trabalho flexível

O horário de trabalho flexível é uma forma recente da organização de trabalho, que encontrou muitos adeptos. É caracterizado por um período de trabalho fixo, chamado de horário básico, e um período flexível em cada uma das pontas, que é deixado a critério de cada indivíduo. Todos os empregados têm que estar presentes durante o horário básico, e um certo número de horas tem que ser trabalhado por dia, semana ou mês, como um mínimo.

As revisões das experiências em vários países podem ser encontradas nas publicações do International Labour Office (por exemplo, Maric, 1977; Kogi, 1991) e em Kroemer *et al.* (1994). Em geral, pode-se dizer que o horário *flexível* é popular entre vários empregados e empregadores.

Uma objeção válida é que nem todos os tipos de trabalho são adequados para um arranjo flexível e, em quase todas as situações, existe pelo menos um grupo de empregados que precisam ser excluídos, tais como os que provêem certos serviços, como recepcionistas, pessoal de balcão de informações, telefonistas, trabalhadores de montagem organizados em grupos, polícia e controladores de tráfego aéreo.

Observando a vasta literatura sobre horário flexível, tem-se a nítida impressão que as vantagens superam as desvantagens e, tanto sob o ponto de vista da indústria quanto da sociedade, essa nova forma de regulação dos horários de trabalho, quando são adequadas, são um grande passo para frente.

PAUSAS PARA DESCANSO

Importância biológica

Cada função do corpo humano pode ser entendida como um equilíbrio rítmico entre o consumo de energia e a reposição de energia ou, mais simplesmente, entre trabalho e repouso. Esse processo dual é uma parte integral da operação dos músculos, do coração e, se considerarmos todas as funções biológicas, do organismo como um todo. As pausas para descanso são indispensáveis como um requisito fisiológico para a manutenção do desempenho e eficiência.

Os comandantes militares sempre souberam que os soldados têm que parar uma vez, a cada hora, porque o tempo perdido é mais do que compensado, para um melhor desempenho dos soldados, no final da marcha. As pausas para descanso são essenciais, não apenas durante o trabalho manual, mas igualmente nos trabalhos que sobrecarregam o sistema nervoso, por requererem destreza manual ou pela necessidade de monitorar um grande número de sinais sensoriais.

Diferentes tipos de pausa para repouso

Estudos mostraram que as pessoas fazem pausas no trabalho de várias maneiras e sob várias circunstâncias. Quatro tipos podem ser distinguidos:

1. As pausas espontâneas.
2. As pausas disfarçadas.
3. As pausas que fazem parte da natureza do trabalho.
4. As pausas prescritas pela gerência.

As *pausas espontâneas* são as pausas óbvias que os trabalhadores fazem por sua iniciativa própria, para interromper o fluxo de trabalho a título de descanso. Elas geralmente não são longas, mas podem ser freqüentes se o trabalho é estressante; de fato, fazer várias pausas pequenas têm mais efeito de recuperação do que poucas pausas longas.

As *pausas disfarçadas* são os tempos em que o trabalhador faz, temporariamente, uma outra atividade que não o trabalho principal. Geralmente, a atividade de disfarce é uma atividade curta, fácil, de rotina, que permite que o trabalhador relaxe da tarefa principal. A maior parte dos trabalhos oferecem várias oportunidades para pausas disfarçadas, por exemplo, limpar uma parte da máquina, arrumar a bancada de trabalho, sentar mais confortavelmente, ou até mesmo deixar o posto de trabalho, com o pretexto de consultar um colega de trabalho ou supervisor. Essas pausas disfarçadas são justificadas sob o ponto de vista fisiológico e psicológico, já que ninguém pode fazer continuamente um trabalho manual ou mental, sem interrupção.

O problema com as pausas disfarçadas é, geralmente, não fornecer relaxamento suficiente porque uma outra atividade é desempenhada. Para efeito completo, as pausas devem ser feitas abertamente.

As *pausas condicionados pelo trabalho* são todas essas interrupções que surgem na operação da máquina ou na organização do trabalho; por exemplo, esperar que a máquina complete a fase de operação para que uma ferramenta esfrie, para uma peça de equipamento esquentar, para um componente de uma máquina ou a ferramenta ser consertada. Períodos de espera são especialmente comuns na indústria de serviço, por exemplo, esperar pelo cliente ou pelas ordens. Em uma esteira, a duração das pausas condicionadas pelo trabalho dependem do movimento da esteira e da destreza do operador. Quão mais rápido ele é, mais longa é a espera para a próxima peça. Como a velocidade e a destreza do operador reduz com a idade, os trabalhadores mais jovens têm pausas mais longas, enquanto que os trabalhadores mais velhos têm quase que trabalhar continuamente para manter o ritmo nas esteiras. Os operadores mais velhos e aqueles menos habilidosos geralmente têm que trabalhar mais, e podem ser sobrecarregados.

As *pausas prescritas* são pausas no trabalho definidas pela gerência; por exemplo: as pausas do meio-dia e as pausas, na manhã e à tarde, para o lanche (pausa do café/chá).

Inter-relacionamento entre pausas

Os quatro tipos de pausa estão inter-relacionados de certa forma, conforme mostrado em 1954 por Graf, com a ajuda de um estudo de tempos. Em particular, Graf encontrou que a introdução de algumas pausas prescritas gerou um menor número de pausas espontâneas e disfarçadas. A Figura 15.4 mostra os resultados de um estudo de tempos, na indústria elétrica, onde um trabalho de alta precisão a um ritmo definido era desempenhado.

Graf mostrou que durante o trabalho de precisão cansativo realizado de pé, tanto as pausas disfarçadas quanto as espontâneas aumentaram progressivamente durante as oito horas de estudo. Houve cerca de

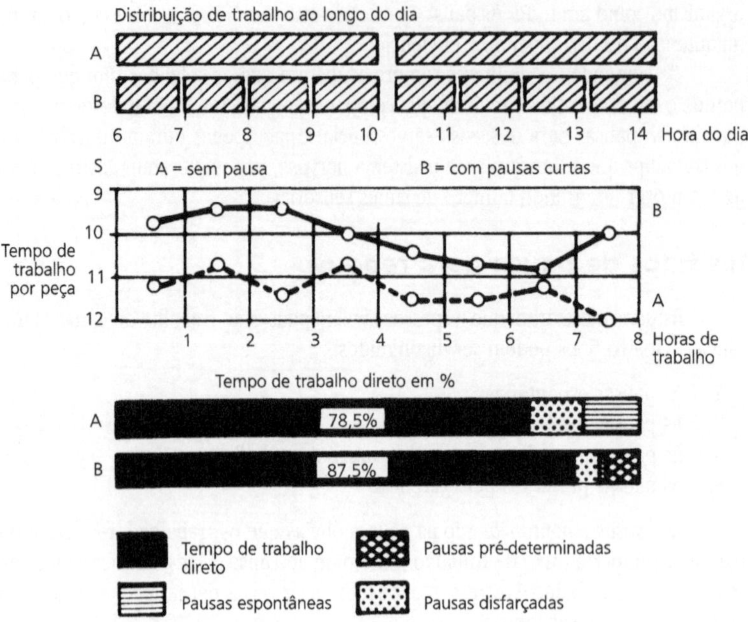

Figura 15.4 O efeito de pausas curtas sobre o tempo de trabalho direto, sobre as tarefas secundárias (pausas disfarçadas) e sobre as pausas espontâneas. Segundo Graf (1954).

três vezes mais pausas duramente as últimas três horas do que durante as cinco primeiras, mostrando que a necessidade de pausa no trabalho aumentava conforme o operador se tornava mais cansado. Para atender essa necessidade, houve um aumento das pausas disfarçadas e espontâneas.

Em geral, pode-se dizer que todos os diferentes tipos de pausas (disfarçadas, espontâneas, prescritas e condicionadas pelo trabalho) devem somar 15% do tempo de trabalho. Geralmente, uma razão de 20 a 30% é permitido, o que certamente é necessário em alguns trabalhos.

Pausas para descanso e produtividade

Muitas investigações sobre o efeito das pausas de descanso na produtividade foram reportadas na literatura e, em geral, os resultados concordam com os das pesquisas de produção e jornada de trabalho. A introdução de pausas para descanso organizadas, geralmente, acelera o trabalho, o que compensa o tempo perdido durante as pausas prescritas e, também, reduz as pausas disfarçadas e espontâneas.

A produção horária de trabalho geralmente declina no final do turno da manhã e, mais ainda, no final do turno da noite, conforme o ritmo de trabalho diminui. Vários estudos mostraram que se as pausas prescritas são introduzidas, o aparecimento dos sintomas de fadiga é postergado e a perda de produção devido à fadiga é menor.

No todo, as pausas para descanso tendem a aumentar a produção, ao invés de reduzir. A ergonomia atribui esse efeito à prevenção da fadiga excessiva, ou do restabelecimento periódico dos sintomas da fadiga, durante o intervalo de relaxamento.

Pausas de repouso no trabalho pesado

Para trabalhos pesados, pausas obrigatórias devem ser prescritas e distribuídas durante as oito horas de trabalho do turno. Se as pausas forem apenas opcionais, os trabalhadores tendem a trabalhar continuamente e poupar o tempo de pausa permitido para o final do turno, de forma que possam sair do trabalho mais cedo. Isso gera uma sobrecarga, particularmente entre os trabalhadores mais velhos. As pausas de descanso devem ser arranjadas de forma que o gasto total de energia de 20.000 kJ por jornada não seja excedido.

Pausa para descanso no trabalho moderadamente pesado

Para todos os trabalhos na manufatura, montagem e outras indústrias, e até mesmo escritórios, uma recomendação prudente é uma pausa para descanso de 10 a 15 minutos pela manhã, e a mesma de novo, à tarde, além da pausa maior no meio do dia. Essas pausas têm os seguintes propósitos:

Prevenir a fadiga.
Dar oportunidade para descanso.
Permitir um tempo para contato social.

Se o trabalho é demandante mental ou fisicamente, é impensável que não haja pausas para descanso, que têm valor por razões sociais e médicas.

Problemas com os trabalhos relacionados com o tempo

Os trabalhos que dependem do tempo, tal como da linha de montagem, colocam um problema em especial. Muitos estudos de laboratório, e também aqueles realizados em situação real de trabalho, mostram que pausas de 3 a 5 min, a cada hora, reduzem a fadiga e melhoram a concentração. Elas são especialmente necessárias quando o trabalho é repetitivo, governado pelo tempo e que exige alerta constante.

Sob treinamento

As pausas para descanso têm um efeito dramático no aprendizado de uma operação de precisão, conforme visto no Capítulo 8. Se o treinamento é interrompido freqüentemente por períodos curtos de relaxamento, uma nova habilidade é adquirida muito mais rapidamente do que se o treinamento for contínuo, conforme Rohmert *et al.* (1971) descrevem.

As pausas para descanso durante o treinamento fazem mais do que simplesmente prevenir a fadiga: durante as pausas de descanso, o aprendiz pode ver adiante e entender o processo, o que torna mais fácil adquirir as habilidades automáticas necessárias. Quando se trata de trabalho de precisão, as pausas para descanso fornecem um período adicional para treinamento mental.

Esquema de horários para o trabalho com computador

As opiniões sobre o impacto da jornada nos efeitos adversos do trabalho com computador são controversas. Alguns sindicatos e alguns cientistas consideram que o número de horas trabalhadas por dia em frente ao computador deve ser reduzido do usual de oito horas. No entanto, *nem mudança nem redução na jornada de trabalho devem ser consideradas até que o monitor, o posto de trabalho, a tarefa e o ambiente de trabalho atendam às recomendações ergonômicas*. Seria um absurdo reduzir o tempo de trabalho por causa de um posto de trabalho mal desenhado. Existem boas razões para se acreditar que o trabalho com o computador em postos bem desenhados não é mais estressante do que qualquer outro trabalho de escritório.

No entanto, existem alguns trabalhos repetitivos e de velocidade, geralmente do tipo de entrada de dados, que merecem consideração especial, mas, como uma regra, apenas com o objetivo de eliminá-los ou facilitá-los. Prover mais pausas ou reduzir a jornada de trabalho não resolve o problema: o trabalho continua inadequado, apenas os seus efeitos negativos sobre o trabalhador são reduzidos ou postergados.

Recomendações

De forma resumida, os seguintes arranjos são recomendados para os períodos de repouso:

1. Quando se trata de um trabalho pesado, ou realizado sob calor intenso, as pausas para repousos devem ser organizadas de forma que a demanda máxima aceitável sobre o sistema circulatório e metabólico do trabalhador não seja excedida (veja Capítulo 6).
2. Para trabalhos que demandam um esforço físico ou mental moderado, deve haver pausas de 10 a 15 minutos em torno da metade dos períodos de trabalho, antes e depois (cerca de 30 minutos) da pausa do meio do turno.
3. Um trabalho que faz fortes demandas mentais e especialmente se for definido pelo tempo, e com pouco repouso, deve ter várias pequenas pausas de poucos minutos de duração, além das pausas organizadas descritas no item 2 acima.
4. Enquanto adquirindo uma habilidade ou servindo como aprendiz, muitas pausas deve ser a regra, variando em freqüência e duração, de acordo com a dificuldade da tarefa.
5. Os supervisores devem encorajar o pessoal a fazer, e todo mundo no trabalho deve fazer, o máximo de pausas espontâneas necessárias para manter a atenção, concentração, resistência e bem-estar. Elas devem ser abertas, ao invés de disfarçadas, freqüentes e curtas. Não espere pela fadiga, evite-a.

ALIMENTAÇÃO NO TRABALHO

Comparação com o motor do automóvel

Um motor de combustão requer três elementos para funcionar:

1. Petróleo, como fonte de energia.
2. Lubrificação, para proteger as partes móveis.
3. Água para resfriar.

De modo similar, o "motor humano" requer:

1. Alimento (açúcar, proteína, gordura), como fonte de energia.
2. Materiais de proteção (vitaminas, sais minerais, ferro, iodo, ácidos graxos não-saturados, etc.), como lubrificantes.
3. Líquidos para resfriamento.

A Figura 6.1 demonstra como a energia química, na forma de nutrientes, é consumida pelo corpo e convertida em calor e energia mecânica. É um processo comparável ao que ocorre em um carro. Um carro funciona apenas enquanto há petróleo; o ser humano pode trabalhar apenas enquanto os alimentos produzem energia química. Quanto mais trabalho manual é feito, maior a demanda por energia, que só pode ser reposta pela ingestão de alimentos.

A necessidade de alimentos e a ocupação

O conteúdo energético dos alimentos pode ser medido e expresso em quilojoules (kJ). (A quilocaloria (kcal) também foi comumente usada no passado; 1 kcal = 4,2 kJ.) A mesma unidade é usada para o consumo de energia do corpo humano, que aumenta quanto mais ativa a ocupação da pessoa. As necessidades diárias médias de energia para homens e mulheres, em várias ocupações, são sumarizadas no Capítulo 6.

Nos anos recentes, o padrão da população trabalhadora mudou em relação ao trabalho físico. Nos países industrializados, a proporção de trabalhadores com um trabalho sedentário aumentou; pode-se esperar que isto seja o que ocorre com 70% das pessoas empregadas. Ao contrário, a proporção de trabalhadores manuais caiu. Um exemplo alemão é dado na Tabela 15.1, e isto pode ser extrapolado para o futuro.

Tabela 15.1 Distribuição dos trabalhadores, inclusive donas de casa, na Alemanha, em percentagem

Tipo de trabalho	1882	1925	1950	1975
Trabalhos leves (sentados)	21	24	58	70
Trabalhos médios	39	39	21	23
Trabalhos pesados e muito pesados	40	37	21	7
Força de trabalho (em milhões)	16,9	32,0	32,2	39,8

Fonte: Wirths (1976).

Em termos gerais, os adultos de hoje em dia podem ser divididos em duas categorias, de acordo com as necessidades energéticas em sua ocupação:

1. Trabalhadores sedentários e todas as mulheres operárias: necessidade de energia entre 8.000 e 12.500 kJ por dia.
2. Trabalhadores em atividades pesadas: exigência diária média de 12.500 a 17.000 kJ (ignorando os poucos trabalhos excepcionalmente muito pesados que requerem de 17.000 a 21.000 kJ por dia).

A Tabela 15.2 sumariza uma proposta para distribuição de necessidades para as cinco refeições costumeiras na Europa e América do Norte.

Para ilustrar o conteúdo energético dos alimentos mais importantes, a Tabela 15.3 mostra o quanto de cada um deve ser ingerido para gerar 100 kcal ou 420 kJ.

Necessidades dos trabalhadores sedentários

Para os "trabalhadores sedentários", assim como a grande maioria das ocupações exercidas pelas mulheres, é correto afirmar que *a quantidade de alimento é menos importante do que a qualidade do mesmo.*

Os trabalhadores sedentários devem ser avisados para restringir os alimentos ricos em energia e altamente refinados e preferir os alimentos naturais, contendo elementos protetores, tais como vitaminas, minerais e elementos básicos, como vegetais, saladas, frutas, leite, pão preto e fígado.

Sob circunstâncias normais, a pessoa ingere apenas o suficiente para suprir a energia necessária, o que é regulado pelo sentimento da fome. Distúrbios no equilíbrio energético são bastante comuns entre os trabalhadores sedentários, que têm uma tendência a comer mais do que precisam no dia-a-dia. Essas pessoas são, em geral, visivelmente obesas.

Tabela 15.2 Distribuição recomendada de ingestão diária*

Refeição	Trabalho sentado	Trabalho com esforço físico
Café-da-manhã	1.200-1.700	2.500-2.900
Lanche da manhã	100-200	600-1.000
Almoço	3.300-3.700	3.700-4.200
Lanche da tarde	100-200	600-1.000
Jantar	5.200-5.900	5.900-7.000
Total	9.900-11.700	13.300-16.100

*Medidas em kJ (4,186 kJ = 1 kcal).

Tabela 15.3 Conteúdo em calorias de alguns alimentos importantes. Para 100 kcal (420 kJ) são necessárias as seguintes quantidades de alimentos

Alimentos	Quantidade (g/L)
Legumes folhosos	670 g
Legumes bulbosos (nabo)	400 g
Leite desnatado	0,3 L
Leite integral	0,2 L
Batatas	150 g
Ovos de galinha	60 g
Geléia	50 g
Carne	50 g
Queijo	45 g
Pão	4-45 g
Vagens e massas	30-40 g
Açúcar	25 g
Manteiga ou margarina	12 g

Necessidades dos trabalhadores manuais

Os trabalhadores manuais têm problemas bastante diferentes. Eles necessitam uma dieta rica em energia, mas não pesada, e tendem a preferir alimentos que têm proteína e gordura. Alimentos com carboidrato são mais pesados, porque contém mais material indigerível. Eles incluem todos os tipos de açúcar (simples e complexos) que compõem grande parte da farinha, da batata, da massa e, é claro, dos doces.*

Se o trabalhador quer ingerir 15.000 kJ na forma de batatas, tem que comer 5 kg. Tal dieta vai ser muito pesada e vai sobrecarregar os órgãos digestivos. A refeição recomendada para os trabalhadores manuais é aumentar a ingestão de proteínas e gorduras em, aproximadamente, o dobro do seu valor normal. Para um homem que pesa 70 kg, significa 200 g de proteína, por dia, e cerca de 50 g de gordura para obter 5.700 kJ, com o restante a ser preenchido pelos carboidratos. É claro que as dietas individuais dependem das necessidades, preferências e disponibilidade.

O trabalho muscular requer aumentos importantes de fosfato. A dieta dos trabalhadores manuais ocidentais, rica em energia, geralmente fornece vitaminas e minerais suficientes.

A importância das proteínas e gorduras

Tendo em vista que a proteína de origem animal tem mais valor do que a proteína vegetal para conformar o corpo e a força muscular, metade da ingestão deve vir de carnes, ovos e leite. Uma pessoa de 70 kg pode encontrar os 50 g de proteína animal necessários em 1,5 L de leite, 300 g de carne ou sete ovos.

As gorduras são os alimentos mais ricos em energia: 100 g de gordura contêm o mesmo que 300 g de pão ou até um quilo de batatas. Outra vantagem da gordura para trabalhadores que executam um trabalho físico é que ela se mantém nos órgãos digestivos por mais tempo e, portanto, posterga a sensação de fome; por outro lado, as gorduras não-saturadas são condenadas por causar uma série de doenças.

Falando genericamente, muita gordura é ingerida em muitos países "desenvolvidos". Os problemas de coração e de circulação podem ter origem no excesso de gordura da comida. O risco é menor para trabalhadores que desempenham um trabalho manual do que para os que têm uma atividade intelectual, os quais devem evitar comidas gordurosas. A origem das gorduras também tem uma certa importância para a

*N. de T. Açúcares simples são os açúcares doces, como, por exemplo, açúcar de cana; açúcares complexos são os derivados dos açúcares simples, como, por exemplo, amido de milho, fécula de batata, etc.

saúde: a metade das gorduras deve ser de óleos vegetais, como de oliva, e a outra metade, de gordura animal. O leite e seus derivados devem ser as formas preferidas de gordura animal, já que contêm muitas vitaminas e minerais.

Duração do trabalho e nutrição

A antiga jornada de trabalho "continental", com uma grande pausa de duas horas no meio do dia, permitia ao trabalhador ir para casa e almoçar com a família, e ainda ter tempo para descanso. Hoje, uma parte das indústrias e serviços adotam um período mais curto para almoço, para liberar do trabalho mais cedo à tarde.

Uma pausa mais curta no meio do dia, geralmente, significa comer no refeitório da empresa ou no restaurante próximo. Uma refeição fora de casa é mais cara e há menos tempo para comer, e os trabalhadores instintivamente sentem que não é bom voltar imediatamente para o trabalho, depois de uma grande refeição. Portanto, houve uma mudança nos hábitos alimentares, transferindo a refeição principal para a noite, e transformando em um lanche mais leve a refeição do meio do dia. Isto tem a vantagem de afetar menos o trabalho da tarde em função de problemas digestivos.

Sob o ponto de vista fisiológico, deve-se notar que *uma pausa, no meio do dia, de 45 a 60 minutos é geralmente o suficiente para o relaxamento, estabelecendo-se que também haja pausas de 10 a 15 minutos, tanto pela manhã quanto à tarde, para relaxamento e ingestão de um lanche.*

Ingestão de alimentos e ritmo biológico

Em uma empresa de gás sueca, os erros de leituras de vários inspetores foram tabulados diariamente, durante um período de 19 anos. A Figura 15.5 mostra os erros de leitura de acordo com a hora do dia em que ocorreram. É claro que, entre outras coisas, eles atingem o máximo imediatamente após a pausa do meio do dia, que é quando a digestão ainda está ocorrendo.

Essa observação confirma a lei biológica de que, sobrecarregando o sistema digestivo, reduz-se o estado de alerta de todo o organismo. Esse efeito das refeições pesadas é conhecido há muito tempo, e foi expresso no provérbio familiar: "um estômago cheio faz um estudante preguiçoso".

Existem vários estudos que mostram os efeitos da distribuição das horas de alimentação. Um estudo clássico foi feito por Haggard e Greenberg (1935), que observaram que os lanches rápidos a cada duas horas mantinham o nível de açúcar no sangue e a eficiência no nível mais alto, durante todo o dia de trabalho. Os resultados foram confirmados em uma fábrica de sapatos, onde três refeições mais dois lanches eram associados a uma alta produtividade, quando comparado à condição de poucas refeições e lanches. Estes resultados, assim como estudos mais recentes, levaram à conclusão de que *a ingestão de alimentos cinco vezes ao dia (tal como a organização "ocidental" de três refeições e dois lanches) é bom tanto para a saúde quanto para a eficiência, e deve ser recomendada, com a ressalva de que não deve ser ingerido um excesso de energia*. Essa recomendação se aplica particularmente ao trabalho con-

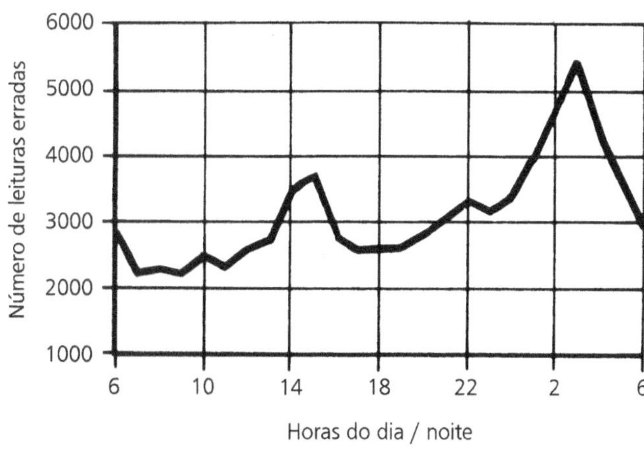

Figura 15.5 Leituras erradas de trabalhadores em usinas de gás, em relação à hora do dia. Avaliação dos erros de leitura no período de 1912 a 1931, baseada em 175.000 registros, com um total de 75.000 erros. Apesar do evidente pico após o almoço, mencionado no texto, há um pico muito mais alto nas primeiras horas da manhã, quando as leituras são feitas no escuro. Segundo Bjerner *et al.* (1955).

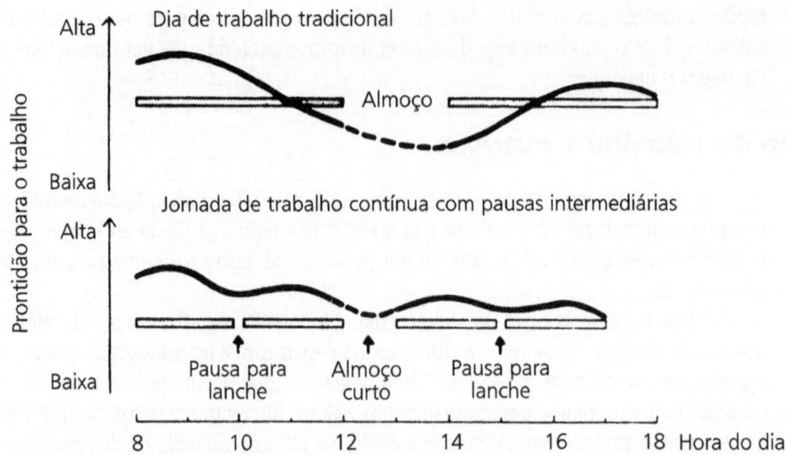

Figura 15.6 Tempo de trabalho, alimentação e prontidão para o trabalho. Os blocos correspondem aos tempos de trabalho e as curvas indicam o provável transcurso da prontidão para o trabalho. Durante o dia de trabalho, a alimentação deve ser dividida em duas pausas para lanches e um espaço de tempo curto para o almoço (abaixo) quando a curva não oscila tanto como quando há uma pausa grande para o almoço (acima), o que, em uma jornada contínua de trabalho (curva pontilhada), representa um pré-requisito importante para a manutenção da saúde e da prontidão de trabalho.

tínuo com uma pausa curta no meio do dia, já que então haverá necessidade de períodos extras para relaxar e comer. A Figura 15.6 baseada no conhecimento científico corrente e experiência, mostra uma curva "teórica" da vontade de trabalhar, tanto durante as horas tradicionais de trabalho quanto durante uma jornada planejada de acordo com os princípios fisiológicos.

Ingestão de líquidos

Uma pessoa precisa não apenas de comida, para prover energia, mas também de água, para manter um equilíbrio de água corrente. A necessidade média é de 35 g de água para cada quilo de peso do corpo, num período de 24 horas (2 –2,5 litros/dia).

A água que é bebida e que é obtida pela comida é continuamente descartada pelos rins e glândulas sudoríparas. O líquido excretado não é água pura, mas um fluido rico em resíduos (uréia, cloreto de sódio e vários outros resíduos metabólicos). Embora os alimentos tenham grande quantidade de fluido, que é liberado durante a digestão (por exemplo, 70-80% na carne; 45% no pão; 85% nas frutas; 80% na batata; 20% na massa), ainda há necessidade de mais líquido. O montante varia entre indivíduos, mas geralmente é em torno de 0,5 a 1 litro, chegando a 2 litros ou mais em um dia quente de verão.

A quantidade de água que se bebe é governada pela sensação de sede, que, por outro lado, depende principalmente da concentração de sais no sangue. O aumento da concentração de sal faz a pessoa sentir mais sede.

No verão, muito água é perdida na transpiração. Já que a transpiração é essencial para manter a temperatura do corpo, da mesma forma que o resfriamento de uma máquina, a conseqüente perda de água deve ser reposta no verão, em países tropicais e nos trabalhos sob calor na indústria. É melhor beber água ou líquidos facilmente assimiláveis, tais como chá, café ou refrigerantes. A perda de sal durante a transpiração pesada é compensada pela quantidade de sal na comida; tabletes de sal raramente são necessários.

Sumário sobre lanches

Bebidas e lanches entre as refeições são importantes tanto para os trabalhadores sedentários quanto manuais, a fim de que reponham uma significativa parte das necessidades diárias de fluidos, assim como o adicional de alimentos que produzem energia, de acordo com suas necessidades. A Tabela 15.4 mostra o conteúdo energético aproximado de lanches entre as refeições, mas as pessoas variam muito nos seus hábitos alimentares e, portanto, na sua escolha de lanches.

A variedade de escolhas recae entre as bebidas refrescantes, que têm poucos quilojoules, e o extremo oposto, um lanche pesado equivalente a 1.600 kJ, com várias opções intermediárias. Algumas sugestões de lanches, para serem tomados entre as refeições, são listadas na Tabela 15.4, sendo que a escolha depende primeiramente das necessidades pessoais de fluido e energia.

O efeito dos lanches nos dentes

Um aspecto importante dos lanches entre as refeições é a correlação com a saúde dental, porque a relação entre a ingestão diária de açúcar e a incidência de cáries dentárias é inegável. A consistência física dos alimentos doces, especialmente pastelarias, barras crocantes, vários tipos de biscoitos, chocolates, bananas e frutas cristalizadas são ruins para os dentes. Por outro lado, pão e frutas dificilmente afetam os dentes, apesar do teor de amido. Sob o ponto de vista dentário, os seguintes itens são recomendados para os lanches entre as refeições: *maçã, nozes e castanhas, frutas frescas, água ou leite desnatado, pão e manteiga, queijo, iogurte, salsicha e carne.*

Uma bebida com poucos quilojoules (sopa, chá ou café), sem comida sólida, é recomendada para trabalhadores de escritório, enquanto que trabalhadores manuais necessitam bebidas mais ricas em energia, tais como suco de frutas, leite ou iogurte, suplementado por pão e queijo, carne ou fruta.

Café, chá e refrigerantes com cafeína são especialmente populares para os lanches, porque eles têm um efeito estimulante imediato, apesar de passageiro, que não dura muito. Se um trabalhador sente a necessidade de estimulantes deste tipo, é possível ingeri-los, contanto que não sejam tomados em excesso, pois não há objeção médica. Uma certa dose de estimulação é bom, quando o trabalho é monótono.

Tabela 15.4 Sugestões para lanches intermediários e seu conteúdo energético

Tipo de lanche	Conteúdo energético em kJ*
1 copo de água	0
1 copo de caldo	40-60
1 copo de chá com 2 colheres de açúcar	150
1 copo de café com 2 colheres de açúcar e um pouco de leite	155
1 copo de suco de maçã	270
1 copo de leite ou iogurte	275
1 copo de ovomaltine com leite	540
Pão (50 g)	500
Pão com frutas	1.000
Pão com queijo	1.250
Pão com salame	1.250

*4,186 kJ = 1 kcal.

RESUMO

Estamos condicionados pela divisão ocidental tradicional da semana de trabalho de sete dias, com dois dias de descanso, para o fim de semana, e o dia de trabalho divididos em turnos de oito horas. Existem vários trabalhos que devem ter uma duração menor que oito horas, porque são altamente demandantes, e há outros trabalhos que podem ter uma duração maior. Dependendo das condições, regimes adequados de trabalho e descanso e o suprimento de comida e bebida devem ser recomendados.

CAPÍTULO 16

Trabalho noturno e em turnos

Mais e mais trabalho em turno

Nos tempos recentes, todos os países industrializados voltaram-se largamente para a produção contínua. Essa é a razão do trabalho em turno não ser apenas um problema complicado, mas de crescente importância. As principais razões para o trabalho contínuo são econômicas. Muitos processos são considerados factíveis ou lucrativos apenas se forem usados 24 horas por dia.

SONO DIURNO E NOTURNO

O problema

O organismo humano está naturalmente na sua fase ergotrópica (voltado para a performance) durante a manhã, e tem a sua fase trofotrópica (ocupada com a recuperação e reposição de energia) durante a noite. Portanto, o trabalhador noturno vai trabalhar não na sua fase de performance, mas na fase de relaxamento do seu ciclo diário. Aqui está o problema fisiológico e psicológico essencial do trabalho noturno. Outro aspecto é o fardo que ele coloca sobre a vida familiar e o isolamento social. A ergonomia, portanto, tem o problema de planejar o trabalho, de tal forma que o trabalho em turnos gere o menor problema possível à saúde e à vida social.

Pesquisas sobre o problema do trabalho noturno e em turnos podem ser encontradas nas publicações de Costa (1996), Costa *et al.* (1989), Kogi (1996), Folkard e Monk (1985), Horne (1988), Rutenfranz e Knauth (1976), Tepas e Mahan (1989), e sumarizados para engenheiros e gerentes por Kroemer *et al.* (1994, 1997).

O ritmo circadiano

As várias funções do corpo dos seres humanos e dos animais flutuam em um ciclo de 24 horas, denominado ritmo diurno ou circadiano (*diurnus* = diário, *circa dies* = aproximadamente um dia).

Mesmo que as influências normais do dia e da noite sejam excluídas, por exemplo, no Ártico ou em uma sala fechada com uma luz artificial constante, um tipo de relógio interno, denominado ritmo endógeno, entra em cena. Ele varia em diferentes indivíduos, mas geralmente opera num ciclo entre 22 e 25 horas.

Sob condições normais, os ritmos circadianos endógenos são sincronizados, em um ciclo de 24 horas, por vários "controladores do tempo":

mudanças do claro para o escuro e vice-versa;
contatos sociais;
o trabalho e seus eventos associados;
o conhecimento do relógio do tempo.

As funções corporais que são mais marcadamente circadianas são o sono, a prontidão para o trabalho, assim como vários processos vegetativos autônomos, tais como o metabolismo, a temperatura corporal, a freqüência cardíaca, a pressão sangüínea e a liberação de hormônios. A Tabela 16.1 lista algumas mudanças dia/noite características.

Efeitos do ritmo circadiano

As funções corporais citadas mostram estas tendências diurnas durante as 24 horas, mas elas não atingem seu máximo e mínimo na mesma hora; existem diferenças de fase entre elas. No entanto, como um todo, elas confirmam as regras mencionadas acima:

1. *Durante o dia, todos os órgãos e funções estão prontos para a ação (fase ergotrópica).*
2. *Durante a noite, a maior parte deles está amortecida, e o organismo está ocupado na recuperação e renovação das reservas de energia (fase trofotrópica).*

Sono normal

A função mais importante governada pelo ritmo circadiano é o sono. Embora não seja possível entender qual é a função específica do sono, ter um sono suficiente e sem perturbação é certamente um pré-requisito para a saúde, bem-estar e eficiência.

Um ser humano adulto necessita de seis a oito horas de sono por noite, apesar de haver variações individuais consideráveis. Algumas pessoas precisam de 10 horas de sono para ficarem descansadas e alertas, outras precisam de apenas cinco horas ou menos. Dizem que Thomas Alva Edison precisava apenas de três horas, e que ele considerava essas três horas apenas como um mau hábito.

A duração do sono é uma questão de idade. Uma criança recém-nascida necessita 15 a 17 horas diárias, durante os seis primeiros meses, enquanto que muitas pessoas idosas dormem cada vez menos e, muitas vezes, em períodos quebrados.

A qualidade do sono não é uniforme, mas cíclica, e tem vários estágios de diferentes profundidades (Figura 16.1). Os seguintes estágios podem ser distinguidos por eventos, no *eletroencefalograma* (EEG):

Estágio 1. O EEG mostra amplitudes baixas, com muitas ondas teta. Este é o estágio de ir dormir. Dura entre 1- 7 minutos.

Estágio 2. O EEG mostra amplitudes baixas. Além das ondas teta, também existem os fusos do sono, picos fortes entre 12 e 14 Hz, que seguem em rápida sucessão. O estágio 2 é a condição de sono leve e sua duração total é de cerca de 50% do tempo total de sono.

Estágio 3. O EEG mostra um sono mais profundo, com amplitudes maiores e uma redução em freqüências, quase que 50% das ondas sendo abaixo de 2 Hz. Muitos ritmos delta, intercalados com fusos do sono.

Tabela 16.1 Funções corporais circadianas

Temperatura do corpo
Freqüência cardíaca
Pressão sangüínea
Volume de respiração
Produção de adrenalina
Excreção de 17-ceto-esteróides
Habilidade mental
Freqüência de fusão dos pulsos de luz do olho
Liberação de hormônios na corrente sangüínea
Produção de melatonina

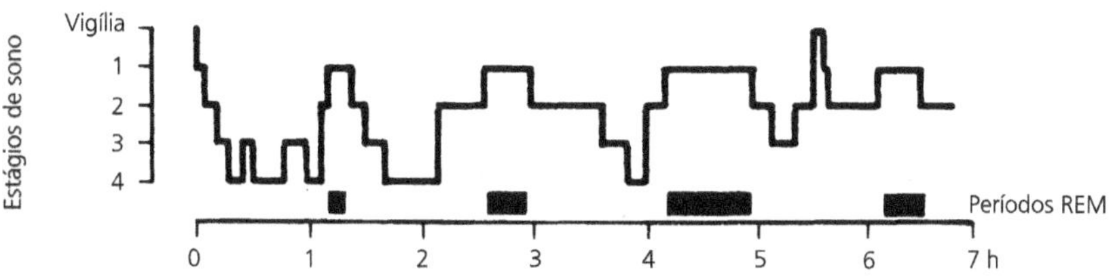

Figura 16.1 Representação esquemática do curso cíclico de um sono noturno.

Estágio 4. Mais de 50% das ondas no EEG estão abaixo de 2 Hz. Máxima sincronização e fase mais profunda do sono.

Eletrooculogramas (EOGs) são usados para registrar a atividade dos músculos que movem os olhos. A presença ou ausência de movimentos rápidos dos olhos (*rapid eye movement* — REM) também é utilizada para descrever as condições do sono. Seqüências freqüentes de movimentos rápidos dos olhos geralmente ocorrem no estágio 5 do sono, sendo as ondas alfa e beta e os sonhos bastante comuns. Apesar das atividades dos músculos dos olhos, o sono REM é caracterizado por um máximo relaxamento de outros músculos e uma grande resistência a ficar acordado; o estado REM também é conhecido como o "estágio do sono paradoxal".

Qualidade do sono

Embora pouco ainda se saiba sobre a significância das condições do sono, parece que os *estágios 3, 4 e 5 têm propriedades recuperativas especiais*. Esses estágios parecem determinar a qualidade do sono.

Conforme mencionado acima, mudanças cíclicas ocorrem durante o sono, com cerca de quatro descidas no sono profundo, ligadas por períodos mais leves. A Figura 16.1 mostra o curso regular de um sono noturno comum.

Sono diurno dos trabalhadores noturnos

Durante muito tempo, os pesquisadores registraram casos de sono diurno perturbado entre trabalhadores noturnos — discutido mais adiante no Capítulo 19. Parte dessa perturbação do sono pode ser creditado ao ruído, que geralmente é maior na área residencial durante o dia do que à noite, mas muitos trabalhadores noturnos dizem que, além disso, eles sentem um certo cansaço durante o dia e que o sono não é repousante o suficiente.

Duração e qualidade do sono

Os estudos de EEG sobre a duração e a qualidade do sono entre trabalhadores de turno noturno são de bastante interesse. A Figura 16.2 mostra os resultados do estudo de Lille (1967), que analisou em detalhe o sono diurno de 15 trabalhadores noturnos.

Parece que o sono diurno é distintamente mais curto do que o sono noturno que eles têm, durante seu dia de folga. A duração média do sono diurno é de seis horas, enquanto que nos dias de folga a média varia entre oito e 12 horas, com sono mais longo no segundo do que no primeiro dia de folga. Lille concluiu que o trabalhador do turno noturno acumulou um débito de sono que foi pago nos dois dias de folga. Evidentemente que um dia de folga não foi suficiente para eles.

Sono diurno refletido no EEG

A análise mais detalhada do EEG mostrou que a qualidade, assim como a duração, do sono diurno foi perturbada nos trabalhadores noturnos, conforme evidenciado pelo maior número de períodos leves de

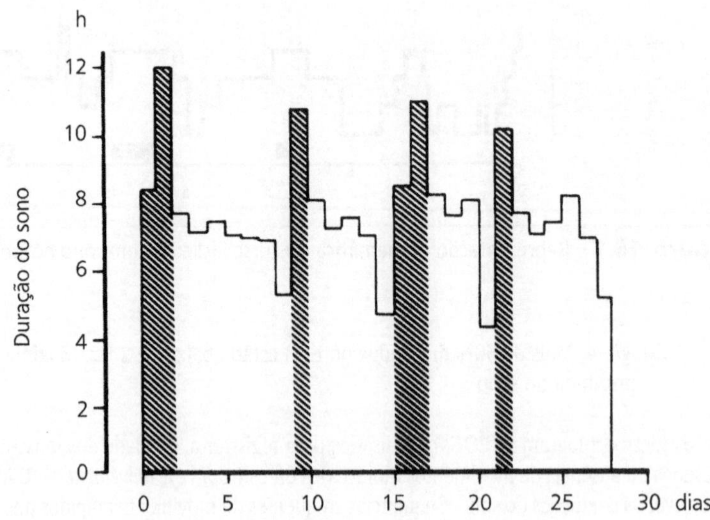

Figura 16.2 Duração do sono diurno de trabalhadores em turnos noturnos. Barras brancas: duração do sono. Barras escuras: duração do sono noturno em dias livres. Valores médios de 15 trabalhadores. Segundo Lille (1967).

sono e mais movimentos do corpo. Uma comparação entre o sono em uma vizinhança ruidosa e o sono em uma sala à prova de som mostrou que a perturbação não foi causada pelo ruído, mas era uma parte integral do sono diurno.

Em resumo, todos os estudos mostram que *o sono que segue o turno noturno é geralmente encurtado e de valor muito pouco restaurador.*

Capacidade para trabalhar à noite

As capacidades tanto mentais quanto físicas mostram um ritmo circadiano característico. Como um exemplo de ergonomia, os erros de leitura dos inspetores de gás suecos devem ser mencionados de novo. A Figura 15.5 mostra que a prontidão psicofisiológica para o trabalho está no seu máximo durante a manhã e na segunda metade da tarde, enquanto que é pobre imediatamente após a pausa no meio do dia, declinando ainda mais durante a noite.

Mais um exemplo dos anos 1950 deve ser dado. Prokop e Prokop (1955) perguntaram a aproximadamente 500 motoristas de caminhão, a que horas, durante as 24 horas do dia, eles sentiram sono enquanto estavam dirigindo, ao menos uma vez. As respostas para cada uma das horas são mostradas na Figura 16.3.

Os comentários sobre cair no sono mostram claramente um ciclo diário, com um pico no início da tarde e um pico ainda mais pronunciado durante a noite. Estes exemplos, aos quais podem ser somados outros, mostram que a prontidão para a ação é maior durante o dia e menor durante a noite. Esses estados refletem a regra que foi formulada no Capítulo 15: *o organismo humano é orientado para a performance durante o dia e está pronto para o repouso durante a noite.*

Produtividade e freqüência de acidentes

Esses fatos sugerem que o trabalho noturno leva não só a uma baixa produção, mas, também, a acidentes mais freqüentes. Vários autores registraram estatísticas de acidentes, compiladas por Costa (1996). Os fatos ainda não dão suporte à hipótese: em alguns casos, a incidência de acidentes durante a noite parece pouco alterada ou até mesmo reduzida. Talvez essa contradição entre a teoria e a prática reflita as

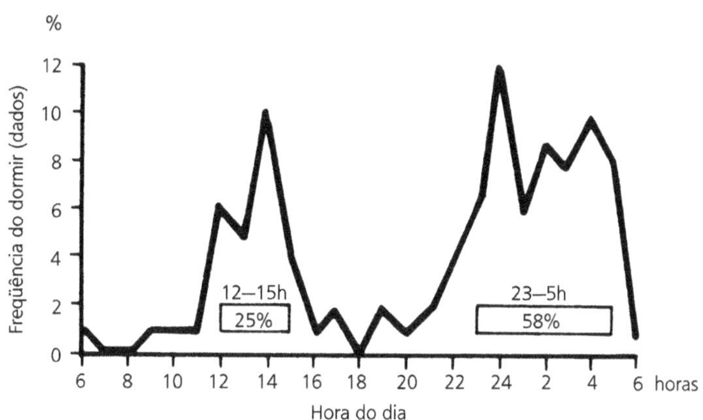

Figura 16.3 A freqüência do dormir no volante em 500 motoristas de caminhão, em relação à hora do dia. Segundo Prokop e Prokop (1955).

condições que envolvem o trabalhador noturno, tais como menos perturbações de outras pessoas, melhores salários, um tipo diferente de trabalho, etc., em comparação com as circunstâncias do trabalho diurno. Além disso, ao menos uma parte dos trabalhadores noturnos escolheu este turno (e permanece nele) por ganhar uma remuneração maior.

Reversão do ritmo circadiano

Já foi apontado que o ritmo circadiano é afetado por uma variedade de marcadores do tempo (*zeitgeber*, no termo técnico alemão). Além dos relógios reais, luz e escuridão, eles incluem as refeições e todos os outros hábitos regulares. O ritmo circadiano pode ser "ressetado" por novos marcadores do tempo; isto é comumente experimentado quando uma pessoa viaja de avião para uma outra zona, por exemplo, da França para a Austrália. Quando é feito trabalho noturno regularmente, o ritmo é permanentemente alterado, até revertido pelo *zeitgeber* "trabalho".

Para o trabalhador por turno que volta ao turno normal do dia, depois de alguns dias (por exemplo, no fim da semana de trabalho de 4 ou 5 dias), esta reversão não é completa; as curvas diurnas das funções fisiológicas se tornam achatadas, embora o máximo ainda não tenha mudado realmente de posição ao longo da escala de 24 horas. *Os ritmos circadianos biológicos mostram os primeiros sinais de reajuste após vários sonos noturnos, mas a reversão usualmente não se completa, mesmo após várias semanas.*

TRABALHO NOTURNO E SAÚDE

Quando o trabalho em turnos aumentou depois da Segunda Guerra, a questão do ajuste do ritmo circadiano (e a falta deste ajuste) e o medo dos resultados negativos para a saúde tornaram-se importante tópico na medicina industrial. Ele foi analisado em detalhes, em vários campos de estudo.

Incidência de doenças

As primeiras grandes pesquisas foram feitas na Escandinávia. Na Noruega, Thiis-Evensen (1958) e Aanonsen (1964) estudaram a incidência de doenças entre 6.000 e 1.100 trabalhadores, respectivamente (Tabela 16.2).

Tabela 16.2 A freqüência de doenças em trabalhadores em turnos, em fábricas norueguesas. Levantamentos dos anos de 1948 a 1959, de Thiis-Evensen (1955) e Aanonsen (1964). A porcentagem refere-se ao número total de trabalhadores dos grupos examinados

	Thiis-Evensen		Aanonsen		
Doenças	**Trabalho diurno**	**Trabalho noturno**	**Trabalho diurno**	**Trabalho noturno**	**Ex-trabalhadores do turno da noite**
Problemas estomacais	10,8	35	7,5	6	19
Úlcera	7,7	13,4	6,6	10	32,5
Problemas intestinais	9	30	11,6	10,2	10,6
Problemas nervosos	25	64	13	10	32,5
Problemas cardíacos			2,6	1,1	0,8

A pesquisa de Thiis-Evensen mostrou que os trabalhadores em turno tinham significativamente mais problemas digestivos e nervosos, e o trabalho de Aanonsen revelou um corolário interessante. Entre os trabalhadores diurnos investigados, havia muitos que abandonavam o trabalho em turno ou por causa da saúde ou porque não gostavam. Esse grupo de antigos trabalhadores noturnos que escolheram deixar o turno da noite mostrou um aumento de problemas digestivos e nervosos.

"Escolha positiva" de trabalhadores noturnos

Essa descoberta mostrou que as comparações com os denominados "grupos normais" devem ser feitas com cuidado. Os trabalhadores noturnos devem ser considerados como uma "seleção positiva" de trabalhadores particularmente fortes: cerca de duas em cada dez pessoas que tentaram trabalhar durante a noite desistiram. Isso também pode explicar os resultados contraditórios das pesquisas sobre freqüência de doenças entre os "sobreviventes" do trabalho noturno e os trabalhadores diurnos.

A despeito da dificuldade de encontrar um bom grupo para comparação, um aumento da freqüência de doenças tem sido observado, nos últimos vinte anos, entre os trabalhadores noturnos "ativos" e os que deixaram o turno da noite. Costa (1996) listou, como possíveis impactos na saúde, em função do trabalho noturno e em turnos:

- distúrbios dos hábitos de sono
- distúrbios dos hábitos de alimentação
- desordens gastrintestinais
- funções neuropsíquicas
- funções cardiovasculares

Grandjean estava preocupado que os trabalhadores do turno noturno pudessem fazer mau uso de drogas, tomando estimulantes durante o trabalho noturno e remédios para dormir durante o dia. Ele considerou que a *fadiga crônica* e os *hábitos alimentares pouco saudáveis* eram as principais razões para o aumento dos distúrbios nervosos e doenças no estômago e intestinos.

Doenças ocupacionais entre trabalhadores noturnos

Os *sintomas de doenças ocupacionais* entre trabalhadores noturnos são, além da fadiga crônica, os seguintes:

cansaço, mesmo após o período de sono;

irritabilidade mental;
disposição para depressão;
perda geral da vitalidade e pouco interesse no trabalho.

O estado de fadiga crônica é acompanhado por um aumento dos distúrbios psicossomáticos, que nos trabalhadores noturnos têm as seguintes formas:

- perda de apetite.
- perturbação do sono.
- problemas digestivos.

A fadiga crônica dos trabalhadores noturnos combinada com os hábitos alimentares pouco saudáveis provavelmente é a causa principal do aumento de problemas digestivos.

As causas

Quais, então, são as verdadeiras causas dos problemas de saúde ocupacional entre os trabalhadores noturnos? A resposta a essa pergunta repousa no que já foi dito sobre o ritmo circadiano e a perturbação que advém da mudança do trabalho diurno para o noturno. Um conflito é gerado no organismo do trabalhador noturno, em função da "dessincronização" dos ritmos internos: o ciclo de trabalho fica oposto ao ciclo natural de "claro-escuro" e dos ciclos de "contatos sociais". Nenhum desses mecanismos parece ser totalmente dominante, de forma que a unidade funcional do corpo é perdida e a harmonização entre os biorritmos separados fica prejudicada.

Sintomas

Já que um ajuste completo ao trabalho noturno não ocorre rápido o suficiente, o sistema de controle do corpo dos trabalhadores é apenas parcialmente trocado para o "trabalhar" à noite e "dormir e repousar" de dia. O resultado é sono insuficiente tanto em quantidade quanto em qualidade, com recuperação inadequada, resultando em fadiga crônica com seus sintomas associados.

Tendo em vista que, ao mesmo tempo, os hábitos alimentares são pouco saudáveis (refeições inapropriadas e horários não familiares), os sintomas psicossomáticos tendem a aparecer, principalmente nas desordens digestivas.

A natureza da doença ocupacional dos trabalhadores noturnos, com suas causas e sintomas, é mostrada na Figura 16.4, em forma de diagrama.

Suscetibilidade individual

Esses problemas não afligem todos os trabalhadores da mesma forma, e mesmo que eles mostrem os mesmos sintomas, a extensão dos problemas varia muito de pessoa para outra. *É certo que dois terços dos trabalhadores de turnos sofrem algum grau de problema de saúde e em torno de um quarto, cedo ou tarde, abandona o trabalho em turnos devido a problemas de saúde ou à inabilidade de ajustar-se socialmente.*

Efeito da idade

A resistência aos estresses do trabalho noturno reduz com a idade. O grande problema é ter que mudar, para ficar ativo durante o período da noite. O trabalhador mais velho é menos adaptável e se cansa mais facilmente. Por outro lado, muitos trabalhadores mais velhos não requerem tanto sono quanto necessitavam quando mais jovens. O sono dos mais velhos é facilmente perturbável. *Portanto, alguns trabalhadores noturnos mais velhos sofrem de grande estresse e poucas oportunidades de recuperação do mesmo.* De fato, muitas pesquisas mostraram que os trabalhadores do turno no grupo de idade de mais de 40 anos são mais propensos a perturbações de sono e problemas de saúde. Revendo a literatura, Haermae (1996) recomenda:

- Os arranjos dos turnos de trabalho devem considerar as preferências pessoais dos trabalhadores mais velhos.
- Muitos trabalhadores mais velhos preferem iniciar o trabalho mais cedo do que os trabalhadores mais jovens e desgostam dos turnos noturnos.
- O trabalho noturno contínuo deve ser voluntário.
- Avaliações regulares de saúde devem ser feitas após a idade de 40 anos.

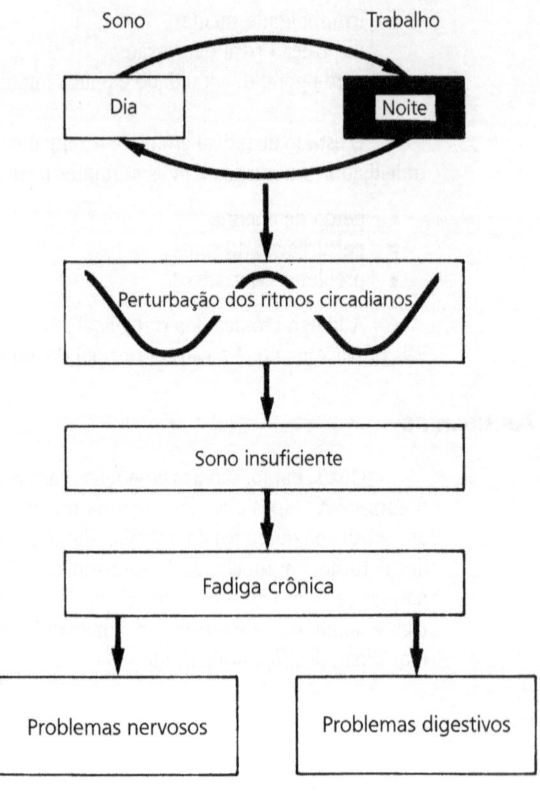

Figura 16.4 Diagrama ilustrativo das causas e dos sintomas de doenças ocupacionais entre trabalhadores de turnos que periodicamente trabalham à noite.

Riscos específicos para as mulheres

Costa (1996) considera que o trabalho em turnos, especialmente o trabalho noturno, pode ter efeitos adversos para a saúde da mulher. Isto pode ter relação com as funções periódicas hormonais do corpo e com as atividades domésticas adicionais, particularmente para aquelas mulheres que têm crianças. Costa encontrou evidências para perturbações mais freqüentes do ciclo menstrual e de mais dores menstruais, assim como maior freqüência de abortos e menor freqüência de gravidez e de partos. As trabalhadoras do turno noturno com crianças têm sono diurno mais curto e mais freqüentemente interrompido, e sofrem de cansaço cumulativo mais do que os homens e mulheres sem filhos.

Aspectos sociais do trabalho em turnos

Já que o bem-estar social está relacionado com a saúde física, é preciso considerar os efeitos dos aspectos sociais do trabalho em turnos.

À frente disto está a interrupção da vida familiar, interferência nos contatos sociais com os amigos e menores oportunidades de participação de atividades de grupo.

Várias investigações mostram que a maioria das pessoas questionadas priorizou as reclamações em relação à redução do número de refeições junto com a família.

Tempo livre

Outra reclamação freqüente é com relação à ruptura da vida social fora da família. A participação ativa em atividades de grupo, quer no esporte ou na política, ou nos programas de TV, é tão limitada que o trabalhador noturno sente-se excluído da sociedade como um todo. Existem outros impedimentos similares com relação ao cultivo de amizades, especialmente se não há muitos trabalhadores como ele morando perto. Essa situação indica o que é que os trabalhadores em turnos podem fazer no seu tempo livre, de forma que eles acabam por escolher atividades solitárias. Alguns autores comentam sobre a tendência dos trabalhadores noturnos de se sentirem "à margem" da sociedade, ou mesmo em "isolamento social".

Pesquisa de opinião dos trabalhadores de turno

Pesquisas de opinião mostraram que muitas pessoas têm duas opiniões opostas sobre o trabalho em turnos. De um lado, eles são contrários, por causa dos problemas na saúde e na vida social, enquanto por outro lado, eles vêem vantagens, tais como o melhor pagamento ou maior liberdade de planejar o tempo livre. Como um todo, no entanto, os problemas predominam.

Três turnos de trabalho

Dividindo as 24 horas do dia entre jornadas de oito horas, resultam os três turnos comuns. Cada um tem suas vantagens e desvantagens.

O *turno diurno*, tipicamente das 8 às 16 horas, condiz com o ritmo dia/noite regular do corpo e com o estilo de vida europeu e americano atual. Todas as atividades da família, da comunidade e de lazer são possíveis, tanto à tarde quanto à noite. No entanto, um turno que começa muito cedo (por exemplo, às 6 horas da manhã) é cansativo, porque o sono noturno fica encurtado.

O *turno da tarde*, tipicamente das 16 às 24 horas, é particularmente ruim para a vida social. Por outro lado, o sono é bom após o turno, e há oportunidades para uma vida em família e atividades de lazer, especialmente no início da tarde. Portanto, as pessoas que podem se ajustar socialmente a este esquema têm poucos problemas de saúde.

O *turno noturno* é ruim de todos os ângulos. A vida em família é limitada a uma refeição coletiva, à noite, e todas as atividades sociais devem ser governadas pelas horas de trabalho que seguem. As atividades de lazer são geralmente possíveis apenas na segunda metade da tarde. Os hábitos de dormir variam: alguns trabalhadores noturnos interrompem o sono para uma refeição, no meio do dia, e depois deitam-se de novo; outros dormem direto, até o início da tarde. Todo o sono ocorre com o ruído do dia. Qualquer ajuste fisiológico ao trabalho noturno que seja possível, durante a semana de trabalho, é parcialmente perdido, durante o fim de semana livre.

A ORGANIZAÇÃO DO TRABALHO EM TURNOS

Distribuição dos turnos durante o dia

Com o sistema de três turnos, o dia é dividido em três períodos iguais de oito horas cada. Um sistema comum na Europa era:

Turno cedo	06:00-14:00 horas
Turno tarde do dia	14:00-22:00 horas
Turno noturno	22:00-06:00 horas

Existem, no entanto, muitas variantes. Nos Estados Unidos, por exemplo, 8, 16 e 24 horas é comum, e esse arranjo parece ter vantagens tanto sociais quanto fisiológicas. Cada turno permite que a família tenha ao menos uma refeição coletiva e também proporciona tempo suficiente de sono para as pessoas que trabalham no turno mais cedo ou mais tarde.

Algumas empresas trabalham no sistema de dois turnos, de 12 horas cada, mas um turno de 12 horas não deve ser recomendado, sob o ponto de vista da medicina industrial ou da ergonomia (veja Capítulo 15). No máximo, algumas exceções podem ser feitas para trabalhos pouco demandantes, com bastante pausas. Quando os turnos são tão longos quanto esses, cada turno, tanto de dia quanto de noite, é seguido de dois dias de pausa e muitos trabalhadores gostam.

Rotação de turnos

A rotação periódica de turnos é comum na Europa, mas nos Estados Unidos não é incomum trabalhar no mesmo turno, o ano inteiro. Mott e co-autores (1965) e Kroemer *et al.* (1994) vêm algumas vantagens sociais neste arranjo, mas, a longo prazo, o trabalho noturno contínuo não é aceitável, tanto sob o ponto de vista social quanto médico, para, pelo menos, duas em cada dez pessoas que tentaram.

Ciclo de rotação do turno

Até cerca de 1960, vários especialistas eram de opinião que os intervalos entre a rotação dos turnos deveria ser o mais longo possível. As recomendações para a rotação a cada três ou quatro semanas baseava-se na idéia de que as pessoas tinham necessidade de vários dias para mudar o seu ritmo biológico, e a adaptação para o novo turno só ocorria em várias semanas. Hoje, sabe-se que essa interpretação estava errada, porque o fim de semana sem trabalho quebra o ajuste que tinha acabado de iniciar. Mesmo depois de várias semanas, a adaptação não se completa, especialmente com relação ao sono, uma das funções do corpo mais importantes. O sono diurno de muitos trabalhadores do turno noturno continua inadequado, tanto quantitativa quanto qualitativamente, por longo tempo.

Portanto, em oposição aos proponentes do longo ciclo de rotação, *as últimas recomendações são de que a rotação dos turnos deve ocorrer em curto espaço de tempo.*

Obviamente, existem questões que embasam estas opiniões, tais como o estilo de vida "ocidental", a necessidade de fins de semana sem trabalho, a indisponibilidade de arranjos adequados para dormir durante o dia, e o fato de que todas as pessoas preferem interagir socialmente durante as horas usuais do dia, especialmente no final da tarde e na noite. Desvios dessas normas podem gerar outras opções do trabalho em turnos.

Critérios para a rotação de turno

Para iniciar, pode ser útil considerar que critérios se aplicam ao sistema de turnos.

Os seguintes são os requisitos mais importantes para o trabalhador:

1. Perda de sono deve ser a menor possível, para minimizar a fadiga.
2. Deve haver o máximo de tempo possível para a vida familiar e outros contatos sociais.

Um plano de turno, que atenda a esses requisitos, tem um turno noturno isolado, imediatamente seguido por um dia completo de pausa de 24 horas. A Figura 16.5 mostra um plano de turno que atende a maioria dos requisitos.

A partir daí, pode-se ver que, no período de quatro semanas, existe apenas um conjunto de três turnos noturnos consecutivos. Todos os outros turnos noturnos ocorrem de forma isolada e cada um é seguido imediatamente por um dia de repouso. Uma característica muito boa deste plano é a distribuição de turnos livres, os quais, durante o ano todo, incluem 13 finais de semana completos, de sábado à segunda, inclusive.

Dois planos bastante usados no Reino Unido são o sistema 2-2-2 (denominado "rota metropolitana") e o 2-2-3 (denominado "rota continental"). Ambos têm rotações curtas. Eles são mostrados nas Figuras 16.6 e 16.7.

Pode-se ver que, em um sistema, os dias livres seguem duas noites de trabalho e no outro sistema, seguem três noites de trabalho. O sistema 2-2-2 é um pouco menos favorável, porque o fim de semana livre (sábado/domingo) ocorre apenas uma vez em oito semanas. O sistema 2-2-3 é mais vantajoso, neste sentido, porque o fim semana ocorre a cada quatro semanas.

Rotações em curto prazo são mais difíceis, porque às vezes fazem a produção parar nos fins de semana.

Seg	Ter	Qua	Quin	Sex	Sáb	Dom
TN	–	TD	TT	TN	–	–
–	TD	TT	TN	–	TD	TD
TD	TT	TN	–	TD	TT	TT
TT	TN	–	TD	TT	TN	TN

Composição dos fins de semana e freqüência por ano			
Sábado	Domingo	Segunda	Freqüência por ano
–	–	–	13
TD	TD	TD	13
TT	TT	TT	13
TN	TN	TN	13

Figura 16.5 Exemplo de escala de trabalho com turnos noturnos esparsos, e composição dos fins de semana e freqüência no ano. TD = turno diurno, TT = turno da tarde, TN = turno noturno.

RECOMENDAÇÕES

O trabalho em turno que inclui turnos noturnos é socialmente um fardo e, em geral, leva a problemas de saúde que podem ser classificados como ocupacionais. Rutenfranz e Knauth (1976) escreveram:

"...sob o ponto de vista da segurança médica na indústria, a produção contínua é permissível apenas onde ela é inquestionavelmente essencial para o processo de manufatura. A sua introdução apenas para aumentar os ganhos é deplorável".

<table>
<tr><td>Semana 1</td><td>S
T
Q
Q
S
S
D</td><td>TD
TD
TT
TT
TN
TN
–</td><td>Semana 5</td><td>S
T
Q
Q
S
S
D</td><td>TN
TN
–
–
TD
TD
TT</td></tr>
<tr><td>Semana 2</td><td>S
T
Q
Q
S
S
D</td><td>–
TD
TD
TT
TT
TN
TN</td><td>Semana 6</td><td>S
T
Q
Q
S
S
D</td><td>TT
TN
TN
–
–
TD
TD</td></tr>
<tr><td>Semana 3</td><td>S
T
Q
Q
S
S
D</td><td>–
–
TD
TD
TT
TT
TN</td><td>Semana 7</td><td>S
T
Q
Q
S
S
D</td><td>TT
TT
TN
TN
–
–
TD</td></tr>
<tr><td>Semana 4</td><td>S
T
Q
Q
S
S
D</td><td>TN
–
–
TD
TD
TT
TT</td><td>Semana 8</td><td>S
T
Q
Q
S
S
D</td><td>TD
TT
TT
TN
TN
–
–</td></tr>
</table>

Figura 16.6 O sistema de escalas 2-2-2 (rota metropolitana). TD = turno diurno, TT = turno da tarde, TN = turno noturno.

Já que não há uma forma de planejar o trabalho em turnos que cubra as 24 horas do dia, e que reduza significativamente o risco ocupacional, ele deve ser introduzido apenas com grande hesitação. Durante a última década, muitas pesquisas foram feitas sobre as funções humanas relacionadas com o sono, perda do sono e cansaço. Knauth (1996) assim como Kroemer *et al.* (1994) tentaram compilar e consolidar as novas informações, mas reconhecem que, no fim, é muito difícil de formular recomendações simples e gerais quando é necessária a rotação do trabalho também durante a noite, além do trabalho diurno.

Se o trabalho noturno é indispensável, então as seguintes recomendações devem ser feitas:

1. Os trabalhadores do turno noturno não devem ter menos de 25 anos ou mais de 50.
2. Os trabalhadores não devem ser empregados no trabalho noturno, se eles têm a tendência a problemas de estômago e intestinos, são instáveis emocionalmente, têm tendência a sintomas psicossomáticos ou falta de sono.
3. O sistema de três turnos usual, que muda às 6-14-22 h, deve ser alterado para 7-15-23 h ou 8-16-24 h.
4. Rotações de curto prazo são melhores do que as de longo prazo.
5. O trabalho noturno contínuo, sem rotação, deve ser evitado.
6. Uma boa rotação de turno deve ter noites isoladas de trabalho noturno, ou rotação 2-2-2 ou 2-2-3.
7. Se uma, duas ou três noites são trabalhadas em seqüência, elas devem ser seguidas imediatamente por um período de, no mínimo, 24 horas de repouso.

Semana 1	S T Q Q S S D	TD TD TT TT TN TN TN	Semana 3	S T Q Q S S D	TN TN – – TD TD TD
Semana 2	S T Q Q S S D	– – TD TD TT TT TT	Semana 4	S T Q Q S S D	TT TT TN TN – – –

Figura 16.7 O sistema de escalas 2-2-3 (rota continental). TD = turno diurno, TT = turno da tarde, TN = turno noturno.

8. Rotações para a frente (sentido horário) são preferidas.
9. Qualquer plano de turno deve incluir fins de semana com, ao menos, dois dias consecutivos de repouso.
10. Todo turno deve incluir uma parada maior para uma refeição quente, para assegurar a alimentação adequada.

RESUMO

O corpo humano e a mente são feitos para dormir à noite e estar ativos durante o dia. Alguns trabalhadores conseguem adaptar-se ao trabalho contínuo durante a noite, mas, mesmo entre esses, algumas desordens de saúde são proeminentes. Se o trabalho contínuo ou rotativo durante a noite tem que ser feito, então algumas medidas devem ser tomadas para tornar esse regime de trabalho tolerável.

CAPÍTULO 17

Visão

Percepção visual

Os olhos, órgãos receptores muito importantes para os seres humanos, captam a energia do mundo exterior na forma de ondas de luz, e as convertem em uma forma de energia que tem sentido para o organismo vivo — em impulsos nervosos. Apenas pela integração dos impulsos da retina com o cérebro é que se tem a percepção visual. A percepção em si não fornece a imagem precisa do mundo exterior: nossas impressões são uma modificação subjetiva do que é reportado pelo olho. Aqui estão dois exemplos:

Uma dada cor parece mais escura quando é vista contra um fundo claro do que contra um fundo escuro.

Uma linha reta parece distorcida contra um fundo de linhas curvas ou em forma de raios.

As variações na interpretação dos dados sensoriais podem ser críticas, em certas situações: as pessoas diferem em experiência, atitude e idéias preconcebidas. As pessoas diferem bastante na intensidade com que reagem aos dados sensoriais.

O SISTEMA VISUAL

Mecanismos de controle

Os estágios complexos e sucessivos do "enxergar" podem ser explicados de forma simples conforme a seguir. Os raios de luz de um objeto passam pela abertura da pupila, pelo cristalino e pelo interior do globo ocular (que é repleto de humor vítreo) e convergem na retina, onde sensores específicos (cones e bastonetes) são estimulados. Aqui, a energia luminosa (veja Capítulo 18) é convertida em energia bioelétrica de um estímulo nervoso, que, então, passa pelas fibras do nervo óptico até o cérebro. Em uma primeira série de células nervosas intermediárias — chamadas neurônios — novos impulsos são gerados e se ramificam para os centros que controlam os olhos, regulando o diâmetro da pupila, a curvatura do cristalino e os movimentos do globo ocular. Estes mecanismos de controle mantêm os olhos continuamente direcionados para o objeto, o que é automático, não está sob controle consciente. Ao mesmo tempo, os impulsos sensoriais originais viajam até o cérebro e, após vários processos de filtragem, terminam no córtex cerebral, onde está a consciência. Aqui, todos os sinais chegando do olho são integrados em uma figura do mundo exterior. Aqui, também, novos impulsos são originados, que são responsáveis pelo pensamento coerente, decisões, sentimentos e reações. Estes processos do sistema visual são mostrados na Figura 17.1

Os processos essenciais da visão são funções nervosas do cérebro; o olho é meramente um órgão receptor de raios de luz. O sistema visual completo controla cerca de 90% de todas as nossas atividades da

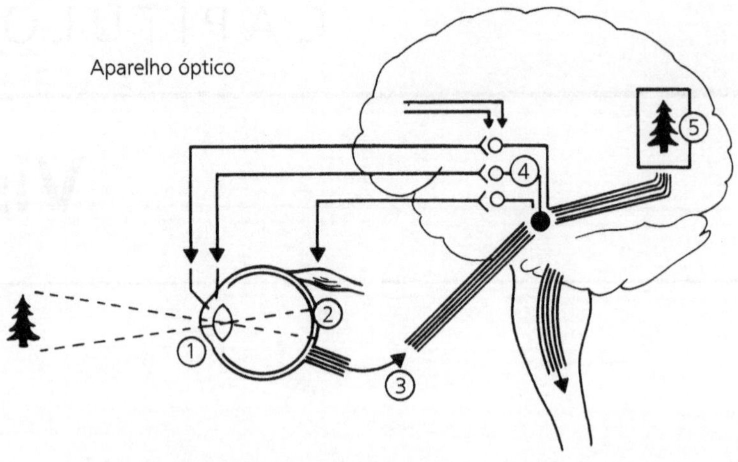

Figura 17.1 Representação esquemática do aparelho óptico. 1. córnea e cristalino; 2. recepção da luz na retina; 3. transmissão da informação óptica através do nervo óptico ao cérebro; 4. sinapses e comando retroativo do aparelho óptico; 5. percepção visual do mundo exterior na esfera do consciente.

vida diária; é especialmente importante em muitos trabalhos. Levando em consideração as inúmeras funções nervosas que estão sob estresse, durante o ato de ver, não é surpresa que os olhos são, às vezes, uma fonte importante de fadiga.

O olho

O olho tem muitos elementos em comum com uma câmera fotográfica: a pupila, com sua abertura variável, a córnea transparente e o cristalino ajustável representam a óptica da câmera. A córnea e o cristalino, juntos, refratam os raios de luz incidentes e trazem-nos a foco na retina, que corresponde a um filme sensível à luz. As partes principais do olho humano são mostradas na Figura 17.2.

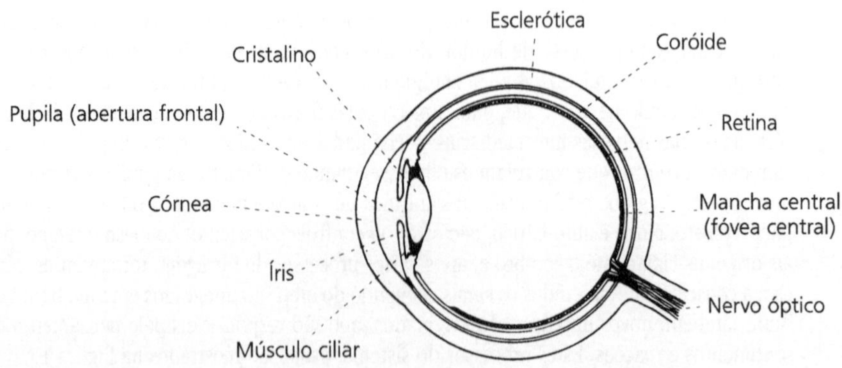

Figura 17.2 Representação esquemática do olho em corte longitudinal.

A retina

Os verdadeiros órgãos receptores são as células visuais da retina, que consistem nos "cones", para a visão da cor sob bastante luz, e dos "bastonetes", muito sensíveis, para visão sob pouca luz. As células visuais convertem, por meio de reações fotoquímicas, a energia luminosa em impulsos nervosos, que são, então, transmitidos através das fibras do nervo óptico.

A fóvea

O olho humano contém em torno de 130 milhões de bastonetes e 7 milhões de cones, cada um com aproximadamente 0,01 mm de comprimento e 0,001 mm de espessura. Na superfície posterior do olho, poucos graus de cada lado do eixo óptico (passando diretamente através da pupila), está a depressão da retina, ou *fovea centralis*, caracterizada por uma cobertura mais fina do que nas áreas ao redor. Esta cobertura fina permite que os raios de luz passem diretamente para as células visuais, as quais, na fóvea, consistem inteiramente de cones, aqui com sua densidade máxima de 10 mil cones por milímetro quadrado. Cada cone foveal tem sua própria fibra conectando-o ao nervo óptico. Por estas razões, a fóvea tem o maior poder de resolução em toda a retina, até doze segundos de arco.

Já que a visão é mais aguda na área da fóvea, é instintivo que se olhe de perto para um objeto, virando os olhos até que a imagem caia na área da retina, que se chama área de visão central. Todo objeto que precisa ser visto claramente precisa ser trazido para esta área da retina, que cobre um ângulo visual de apenas um grau.

Cones e bastonetes

Fora da área da fóvea, existem consideravelmente menos cones, e uma fibra nervosa serve para vários cones e bastonetes. Aqui, os bastonetes são bem mais abundantes do que os cones e tornam-se mais numerosos quando são localizados mais longe da fóvea. Os cones detectam diferenças pequenas de cor e forma, mas precisam muita iluminação para isto. Os bastonetes são mais sensíveis, mesmo com pouca luz, mas captam apenas tons de cinza entre o preto e o branco. Eles são os órgãos de detecção de luz mais importantes sob condições de pouca visibilidade e à noite.

A figura focada

Apenas os objetos focados na fóvea são vistos claramente, enquanto outras imagens tornam-se progressivamente menos distintas e borradas quando se aumenta a distância focal da fóvea. Normalmente, o olho se move rapidamente, de forma que cada parte do campo visual caia na fóvea, permitindo que o cérebro construa a figura de todo o entorno.

O campo visual

O campo visual é a parte do entorno que é captado pelos olhos quando os dois olhos e a cabeça são mantidos parados. Apenas os objetos dentro de um cone de um grau de ápex são bem focados. Se os olhos são mantidos parados durante uma leitura, apenas algumas letras podem ser focadas. Mais detalhes sobre a fisiologia da leitura serão discutidos mais tarde neste capítulo.

Conforme mostrado na Figura 17.3, o campo visual pode ser dividido da seguinte forma:

Área de visão nítida	ângulo visual de 1°
Campo de visão média	ângulo de 40°
Campo de visão externa	ângulo de 40-70°

Os objetos no campo médio não são vistos claramente, mas grandes contrastes e movimentos são notados: o estado de alerta é mantido pela movimentação rápida do olhar de um objeto para outro. O campo externo é definido pela fronte, pelo nariz e pelas bochechas; os objetos nesta área dificilmente são notados, a não ser que se movam. Com os bastonetes mais numerosos quanto mais afastados da fóvea, sob pouca luz, os objetos podem ser notados na periferia do campo de visão, mas não quando se tenta focá-los.

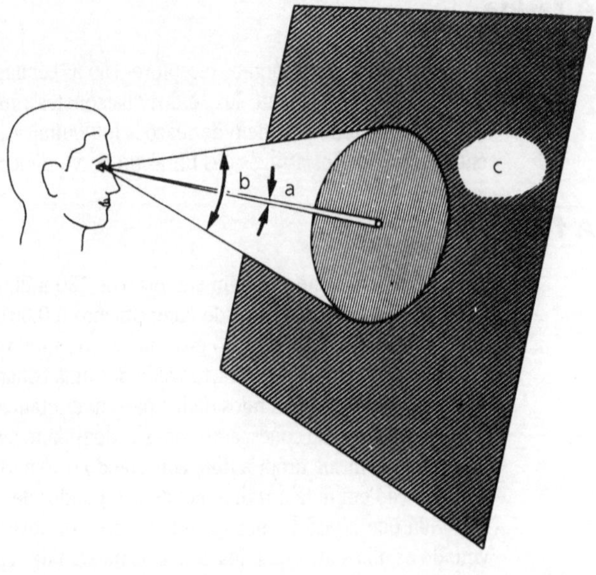

Figura 17.3 Representação esquemática do campo visual. a = campo de percepção nítida: ângulo de 1°, b = campo médio: visão não-nítida: ângulo de 1 a 40°, c = campo periférico: movimentos são reconhecidos: ângulo de 41 a 70°.

ACOMODAÇÃO

Acomodação significa a habilidade do olho trazer a foco objetos a distâncias variadas, do infinito até o ponto mais próximo de visão, denominado "ponto próximo". Se mantemos um dedo na frente do olho, o dedo pode ser focado, deixando o fundo borrado, ou o fundo pode ser focado, deixando o dedo sem nitidez. Isto demonstra o fenômeno de acomodação.

Um objeto é visto claramente apenas quando a refração, através da córnea e do cristalino, produz uma imagem pequena, mas nítida, na retina, sendo estes três os componentes do sistema óptico. O foco de objetos próximos ocorre pela alteração da curvatura do cristalino, pela contração dos músculos da acomodação, os músculos ciliares.

Objetos distantes

Quando os músculos ciliares estão relaxados, a refração da córnea e do cristalino é tal que raios paralelos de objetos distantes são focados na retina. Portanto, quando a atenção é voltada para objetos distantes, os olhos estão focados no "infinito" e os músculos ciliares permanecem relaxados.

Acomodação de repouso

Por muito tempo, considerou-se que a acomodação focada no infinito era também a posição de repouso do olho. Vários estudos, no entanto, revelaram que, no escuro, a posição de repouso correspondia a distâncias focais entre o ponto próximo e o infinito, em torno de um metro para a maioria das pessoas (Heuer e Owens, 1989; Jaschinski-Kruza, 1991). Esta distância é individualmente diferente e parece se mover gradualmente em direção ao "infinito", em função do aumento da idade da pessoa.

Visão de perto

Sem acomodação, a imagem de um objeto próximo ao olho cairia atrás da retina, resultando em uma impressão borrada. Para evitar isso, os músculos ciliares aumentam a curvatura do cristalino, de forma que a imagem é focada na retina. Quando se olha para objetos no campo visual próximo, o cristalino fica continuamente adaptando sua distância focal, de forma que imagens nítidas são sempre projetadas na retina. Assim, para manter o foco em alvos próximos, os músculos ciliares precisam continuamente exercer forças de contração.

O cristalino acomodado não fica parado, mas está em constante movimento. Ao olhar para um alvo, o cristalino oscila em uma freqüência de aproximadamente quatro vezes por segundo. Mesmo quando se lê um livro, o cristalino permanece bastante ativo. Parece que estes movimentos do cristalino e a percepção de borrão são importantes para a regulação automática da acomodação.

Depois de ver um objeto próximo por algum tempo, a lente pode não retornar imediatamente à sua posição de relaxamento. Esta condição, conhecida como "miopia temporária", pode durar vários minutos.

A chave para a visão de perto confortável é a acomodação, que mantém a imagem bem focada na retina.

Ponto próximo

Conforme já foi mencionado, a menor distância para que um objeto possa ser visto com nitidez é denominada ponto próximo e a distância mais longe é denominada ponto distante. Quão mais perto um objeto precisa ser focado, maior é o esforço nos músculos ciliares. O ponto próximo é uma medida do poder dos músculos ciliares e da elasticidade do cristalino. *Portanto, cada indivíduo tem seu próprio ponto próximo.*

Após longo trabalho de precisão, com grande necessidade de acomodação, o ponto próximo distancia-se mais do olho, como resultado da fadiga dos músculos ciliares. Muitos experimentos mostraram que a leitura prolongada, sob condições inadequadas, está associada com um aumento da distância do ponto próximo, fenômeno considerado como um sintoma de fadiga visual.

Idade e acomodação

A idade tem um efeito importante sobre a acomodação, porque o cristalino perde sua elasticidade. Como resultado, o ponto próximo se distancia, enquanto o ponto distante geralmente não muda, ou se torna levemente mais curto.

A distância média do ponto próximo, em várias idades, está relacionada na Tabela 17.1.

Tabela 17.1 Distância média do ponto próximo em diferentes idades

Idade (anos)	Ponto próximo (mm)
16	80
32	120
44	250
50	500
60	1.000

Presbiopia

Quando o ponto próximo se distancia para além de 250 mm, aproximadamente, a visão de perto torna-se gradualmente mais difícil, condição denominada *presbiopia*. Ela é geralmente causada pela perda da elasticidade do cristalino, em função da idade. Isto inibe o cristalino de mudar sua curvatura. A correção da presbiopia é por meio de óculos.

A presbiopia é uma causa freqüente de desconforto visual durante trabalho de precisão, como acontece com muita gente que começa a trabalhar com computador. A sensação desconfortável ocorre pelo aumento do esforço muscular que é necessário para compensar a perda da elasticidade do cristalino. Esta atividade muscular adicional pode ser uma das razões da *fadiga visual*. Uma regra é que não mais do que dois terços do poder de acomodação disponível deve ser usado para manter um foco confortável.

Velocidade e precisão da acomodação

O nível de iluminamento (discutido em mais detalhe no Capítulo 18) é um fator crítico para a acomodação. Quando a iluminação é fraca, o ponto distante move-se mais para perto e o ponto próximo se distancia, sendo que a precisão e a velocidade de acomodação diminuem. Quanto melhor o contraste entre a luminância dos alvos visuais e o fundo, tal como as letras em um documento impresso, tanto mais rápida, mais fácil e mais precisa é a acomodação.

A velocidade e a precisão da acomodação diminuem com a idade. De acordo com Krueger e Hessen (1982), estas duas funções diminuem bastante a partir dos 40 anos de idade.

A ABERTURA DA PUPILA

O diafragma do olho

Dois músculos diferentes controlam a abertura da pupila: um reduzindo e o outro aumentando o tamanho da pupila. Esta parte do olho é denominada *íris*. Sua função pode ser comparada à do diafragma de uma câmera, que serve para evitar subexposição ou superexposição. A abertura da pupila está sob reflexo condicionado, para adaptar a quantidade de luz necessária para a retina. Quando os níveis de luz aumentam, a íris se constringe e o tamanho da pupila diminui. Quando os níveis de luz se reduzem, a íris se abre, tornando a pupila maior. Para qualquer condição de luz, no entanto, a pupila está em contínuo movimento de ajuste, da mesma forma que o cristalino do olho.

Velocidade de reação da pupila

O ajuste da abertura da pupila demora um tempo mensurável que pode variar de alguns décimos de segundo a vários segundos. Fry e King (1975) demonstraram que quando os estímulos que produzem uma mudança significativa no tamanho da pupila são apresentados em uma freqüência levemente maior, em torno de 3 Hz, então a pupila responde com uma redução na velocidade de reação, e ocorre desconforto. De fato, se o nível de iluminamento muda muito freqüentemente e de maneira muito forte, existe o perigo de superexpor a retina, já que o tempo de reação da pupila é relativamente lento.

Claridade e tamanho da pupila

O tamanho da pupila reflete a claridade do campo visual. Tudo indica que a visão central tem mais importância para a regulação do tamanho da pupila do que as áreas exteriores da retina. Durante o dia, a abertura pode ter um diâmetro de 3 a 5 mm, aumentando à noite para mais de 8 mm.

Outros fatores reguladores

A abertura da pupila também é afetada por dois outros fatores:

1. A pupila se contrai, quando foca objetos próximos, e abre, quando o cristalino está relaxado.
2. A pupila reage a estados emocionais, dilatando sob emoções fortes, tais como alarme, alegria, dor ou concentração mental intensa. A pupila diminui com a fadiga e a sonolência.

Tamanho da pupila e acuidade

Sob condições normais, no entanto, o nível geral de iluminamento é o fator dominante de regulação do tamanho da pupila.

Quando a pupila fica menor, os erros de refração do cristalino são reduzidos, o que melhora a acuidade visual. Uma das razões de que níveis mais altos de iluminamento aumentam a acuidade visual é o efeito da luz na redução do tamanho da pupila. Aqui, também, é possível fazer uma comparação com a câmera: uma abertura pequena do diafragma aumenta a profundidade do campo visual e gera um imagem mais nítida.

ADAPTAÇÃO DA RETINA

Se olhamos para o farol de um carro, à noite, ficamos ofuscados pela mesma luz que não nos incomoda de dia. Se entramos em um cinema escuro, em plena luz do dia, podemos, de início, ver muito pouco do filme que já está passando, mas em 5 ou 10 minutos o entorno da sala vai se tornando gradualmente visível.

Estes são exemplos do dia-a-dia de como a sensibilidade da retina é continuamente adaptada às condições de luz. De fato, esta sensibilidade é bem maior no escuro do que no claro.

O processo chamado *adaptação* ocorre na retina por meio de regulação fotoquímica e nervosa. Graças a esta facilidade, podemos ver quase tão bem sob a luz da lua, quanto sob um sol brilhante, mesmo que os níveis de iluminância difiram em mais de 100 mil vezes.

Adaptação ao escuro

A adaptação ao escuro ou ao claro leva um tempo. A adaptação ao escuro é muito rápida nos primeiros cinco minutos, tornando-se progressivamente mais lenta depois. Oitenta por cento da adaptação demora cerca de 25 minutos e a adaptação completa leva até uma hora. Portanto, deve ser dado tempo suficiente para a adaptação ao escuro; são necessários, no mínimo, 30 minutos para adquirir uma boa visão à noite.

Adaptação à luz

A adaptação ao claro é mais rápida do que ao escuro. A sensibilidade da retina pode ser reduzida em várias potências de 10, em poucos décimos de segundo, embora a adaptação completa à claridade leve vários minutos.

A redução abrupta em sensibilidade, durante a adaptação à luz, envolve toda a retina. Sempre que a imagem de uma superfície clara (uma janela, uma fonte de luz ou um reflexo claro) cai em qualquer parte da retina, a sensibilidade é reduzida em toda ela, inclusive na fóvea. Este fenômeno, muito importante para o trabalho de precisão ou para as tarefas de leitura, é ilustrado na Figura 17.4.

Adaptação parcial

Se o campo visual contém uma área escura (ou clara), a adaptação vai ocorrer na parte da retina correspondente. Esta adaptação aparece em uma parte da retina e é chamada *adaptação* local ou *parcial*. Conforme mencionado anteriormente, esta adaptação parcial se espalha por toda a retina, inclusive na fóvea. Tal adaptação parcial muda a sensibilidade da retina e afeta a visão.

Além disso, a adaptação de um olho tem um efeito correspondente no outro olho, fato que pode ser importante em postos de trabalho onde apenas um olho é empregado.

Princípios ergonômicos

Dois princípios gerais de ergonomia podem ser deduzidos desse conhecimento:

1. Todas as superfícies importantes dentro do campo visual devem ser da mesma ordem de luminosidade.

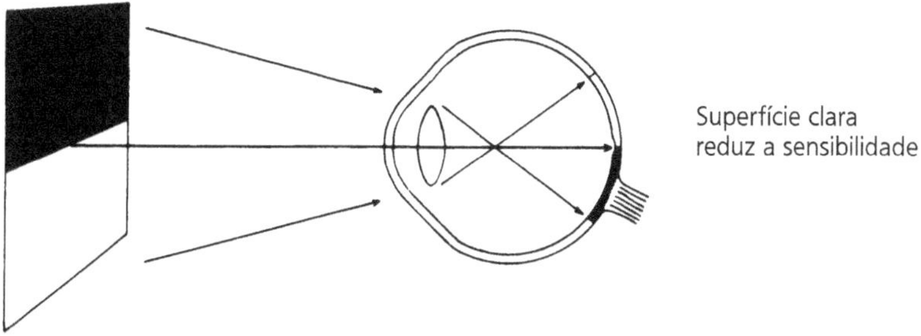

Figura 17.4 Efeito de superfícies clara e escura na retina. A superfície clara diminui a sensibilidade de toda a retina, reduzindo também o potencial de visão da fóvea central. Podemos chamar esta perturbação de ofuscamento relativo.

2. O nível geral de iluminação não deve oscilar rapidamente, porque as reações da pupila, assim como a adaptação da retina, são processos relativamente lentos.

Ofuscamento em termos fisiológicos

Em termos fisiológicos, *ofuscamento é uma sobrecarga dos processos de adaptação do olho, que ocorre pela superexposição da retina à luz*. Três tipos de ofuscamento podem ser distinguidos:

1. *Ofuscamento relativo*, causado por excessivos contrastes de claridade entre diferentes partes do campo visual.
2. *Ofuscamento absoluto*, quando uma fonte de luz é tão clara (por exemplo, o sol) que o olho não tem possibilidade de se adaptar.
3. *Ofuscamento adaptativo*, um efeito temporário durante o período de adaptação à luz, por exemplo, saindo de uma sala escura para um exterior claro, à luz do dia. Este fenômeno também é chamado "adaptação transiente".

Dicas práticas

Neste contexto, as seguintes dicas são importantes para o leiaute de postos de trabalho:

1. O efeito do ofuscamento relativo é maior quanto mais perto a fonte está do eixo óptico e quão maior a área.
2. Uma luz forte sobre a linha de visão é menos perturbadora do que uma abaixo ou a cada lado da linha de visão.
3. A perturbação é maior em uma sala mais escura do que em uma sala clara, já que, neste caso, a retina é mais sensível.

MOVIMENTOS DO OLHAR

Tremor

O globo ocular tem vários músculos externos que direcionam o olho para o ponto de interesse. Ele continuamente faz vários movimentos pequenos, que mantêm a imagem na retina em suave movimento. Sem este tremor contínuo, esta imagem percebida se dissiparia. É como colocar a mão suavemente sobre uma superfície áspera e sentir a aspereza apenas quando os dedos se movem para um lado e outro.

Em geral, os movimentos dos olhos são muito precisos e rápidos. Um movimento de 10° pode ser feito em 40 ms.

Vergência

Para uma boa visão, *os movimentos de convergência e divergência* são muito importantes. A visão binocular requer que as linhas do olhar, os eixos ópticos, dos dois olhos se encontrem ("convirjam") para o objeto, de forma que a imagem caia sobre as partes correspondentes da retina, em cada olho.

Ao olhar um objeto próximo, os eixos visuais viram-se para dentro. Se a direção do olhar muda para outro objeto mais longe, o ângulo entre as duas linhas de olhar dos olhos precisa se abrir até que os eixos ópticos cruzem o objeto de novo.

Este movimento ocorre pela atividade dos músculos externos do olho; é um ajuste muito delicado, fundamental para a percepção da distância. Esta sensibilidade específica é gradualmente desenvolvida na infância, até que aprendemos, pela experiência, a estimar a distância, principalmente pelo ângulo de convergência dos dois olhos. Na visão monocular, as distâncias visuais precisam ser avaliadas com base no tamanho aparente dos objetos, pela perspectiva e por outros estímulos visuais.

O incrível número de movimentos dos olhos

O número de movimentos dos olhos requeridos na leitura de um livro pode ser de até 10 mil movimentos coordenados por hora. Andar em uma trilha de pedras nas montanhas exige ainda mais dos músculos dos olhos. Quando a cabeça está em movimento, como durante uma caminhada, os músculos externos dos olhos estão em constante atividade para ajustar a posição dos olhos, a fim de manter pontos de fixação estáveis. Esta é a razão dos objetos parecerem estáveis para um observador, mesmo que ele esteja andando ou sentado em um carro.

Se a coordenação dos músculos oculares externos é perturbada, o fenômeno das duplas imagens aparece. Isto pode ser facilmente demonstrado tocando-se levemente o globo ocular com o dedo. No caso de fadiga excessiva, duplas imagens transitórias podem causar sensações desagradáveis.

CAPACIDADES VISUAIS

Na vida diária, as várias funções do olho não são geralmente levadas aos limites das suas capacidades de performance, mas isto pode ocorrer, às vezes, na indústria ou em condições de tráfego intenso. As capacidades visuais mais importantes são:

acuidade visual
sensibilidade a contraste
velocidade de percepção

Acuidade visual

A acuidade visual é a capacidade de se detectar pequenos detalhes e discriminar pequenos objetos. Isto inclui a percepção de duas linhas ou pontos muito próximos um do outro, ou a apreensão da forma de sinais ou o discernimento de detalhes de um objeto. Pode-se generalizar dizendo que a acuidade visual é a capacidade de resolução do olho. A capacidade de distinguir dois pontos separados, entre si, em um minuto de arco é geralmente considerado como acuidade "normal". Neste caso, a distância mínima entre dois pontos na imagem da retina é 5×10^{-6} m. No entanto, sob condições adequadas de iluminação, uma pessoa com boa visão deve ser capaz de discriminar um intervalo de cerca de metade deste tamanho. A medição da acuidade visual geralmente usa estímulos pretos padronizados (como os anéis de Landolt ou letras de Snellen ou Sloan) sobre um fundo branco.

Influências na acuidade visual

A acuidade visual está relacionada com a iluminância e com a natureza dos objetos, ou sinais observados, da seguinte forma:

1. A acuidade visual aumenta com o nível de iluminamento, atingindo um máximo a níveis de iluminamento acima de 1.000 lx. (Para uma definição de iluminância e nível de iluminamento veja Capítulo 18).
2. A acuidade visual aumenta com o contraste entre o símbolo usado no teste e seu fundo imediato, e com a nitidez dos sinais ou caracteres.
3. A acuidade visual é maior para símbolos escuros sobre um fundo claro do que o contrário. (O fundo claro reduz o tamanho da pupila e reduz os erros de refração.)

4. A acuidade visual reduz com a idade. Isto é mostrado na Figura 17.5.

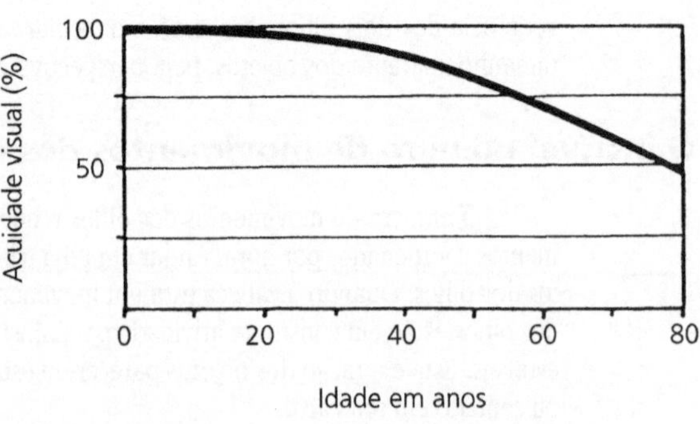

Figura 17.5 Com o aumento da idade, a acuidade diminui. Segundo Krueger e Müller-Limmroth (1979).

Sensibilidade a contraste

Sensibilidade a contraste é a capacidade do olho perceber uma pequena diferença em luminância. (Para o significado correto dos termos em iluminação, veja Capítulo 18.) A sensibilidade ao contraste nos permite apreciar nuances de sombras e de luz, tudo que pode ser decisivo para a percepção de formas. A sensibilidade a contraste é provavelmente mais importante na vida diária do que a acuidade visual, especialmente para muitos trabalhos de inspeção e controle de produto.

Para medir a sensibilidade a contraste, usa-se um procedimento onde se compara a luminância de um alvo padrão com o seu entorno.

Influências na sensibilidade a contrastes

A sensibilidade a contrastes segue as seguintes regras:

1. É maior para grandes áreas do que para pequenas.
2. É maior quando os limites são nítidos e reduz quando a mudança é gradual ou indefinida.
3. Aumenta com a luminância do entorno e é maior na faixa de 70 cd/m^2 e mais de 1.000 cd/m^2 (veja Capítulo 18).
4. Dentro desta faixa de luminância, o contraste corresponde a cerca de 2% da luminância do entorno.
5. É maior quando as partes externas do campo visual são mais escuras do que o centro, e mais fraca no contraste reverso.

A Figura 17.6 mostra os resultados de experimentos realizados, em 1937, por Luckiesh e Moss. Aumentando o nível de iluminamento de 10 lx para 1.000 lx, a acuidade visual aumenta de 100 para 170% e a sensibilidade a contraste até 450%. Ao mesmo tempo, os investigadores registraram uma redução da tensão muscular (medida como a pressão contínua de um dedo sobre uma tecla) e na freqüência de piscagem das pálpebras. Isto foi interpretado como uma redução da tensão nervosa, em decorrência de uma melhor iluminação.

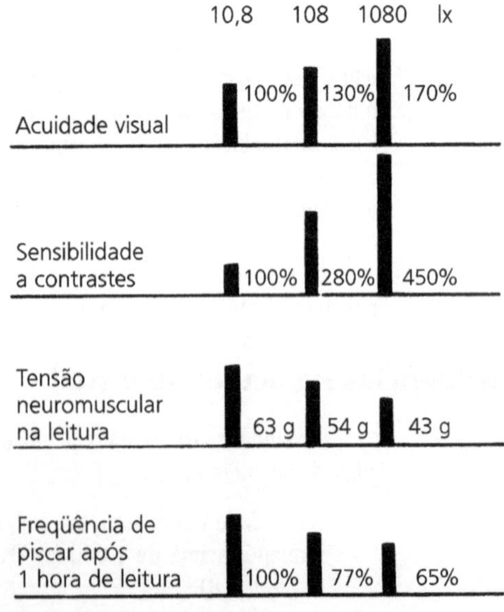

Figura 17.6 Efeito da intensidade de iluminação sobre a acuidade visual, sensibilidade a contrastes, tensão nervosa e freqüência de piscar. Segundo Luckiesh e Moss (1937).

Velocidade de percepção

A velocidade de percepção é definida como o intervalo de tempo entre o aparecimento do sinal visual e sua percepção consciente no cérebro. A velocidade de percepção é comumente medida pela técnica de taquistoscopia. Neste procedimento, uma série de palavras é apresentada para os sujeitos em teste por um breve período de tempo. O tempo mínimo de visualização para a percepção correta é medido e utilizado como parâmetro. A velocidade de percepção medida por este procedimento é, sem dúvida, uma função dos mecanismos neural e mental no cérebro.

A velocidade de percepção aumenta com a melhoria da iluminação, assim como pelo aumento do contraste de luminância entre um objeto (ou sinal) e seu entorno. Isto significa que iluminação, acuidade visual, sensibilidade a contraste e velocidade de percepção estão bastante relacionadas entre si.

A velocidade de percepção pode ser vital no transporte. Precisamos apenas pensar em um avião voando à velocidade do som, e em tudo que pode acontecer durante um tempo de percepção de 1,2 s. A velocidade de percepção é também um fator importante na leitura.

FISIOLOGIA DA LEITURA

Sacadas

Existe uma diferença entre leitura, que é a tomada de informação, e busca, que é a localização da informação desejada. Em ambas atividades, os olhos movem-se ao longo de uma linha, em pulos rápidos e não de forma contínua. Estes pulos são chamados *sacadas*. Eles são tão rápidos que nenhuma informação útil pode ser captada durante sua ocorrência. Entre os pulos, os olhos estão parados e fixos no alvo, que é projetado através do olho. Apenas na fóvea e na área adjacente a visão detalhada é suficientemente precisa para o reconhecimento de um impresso normal.

Três formas de sacadas de leitura são importantes: *as sacadas de leitura que correm para a direita*, as *sacadas de correção* e as *sacadas de linha correndo para a esquerda*.

As *sacadas de leitura para a direita*, ao longo de uma linha, cobrem, em cada pulo, uma área de cerca de 8 ± 4 letras. Ocasionalmente, pequenas sacadas para a esquerda podem ocorrer, as chamadas *sacadas de correção*. As *sacadas de linha* iniciam logo antes de chegar ao fim de uma linha e pulam para o início da próxima linha.

Bouma (1980) estudou as sacadas e fixações do olho em sujeitos que estavam lendo. A Figura 17.7 mostra a sucessão de sacadas e fixações durante a leitura de um texto em holandês. Todos os tipos de sacadas podem ser diferentes para textos e sujeitos diferentes .

Reconhecimento de caractere

Bouma observou que os olhos param entre sacadas, na maioria das vezes entre 120 e 300 ms. Durante estas pausas, os caracteres são reconhecidos na fóvea e parafóvea. Para um reconhecimento rápido é importante que os caracteres sejam *aceitáveis*, *identificáveis* e *distinguíveis*.

A *aceitabilidade* é o grau em que os caracteres correspondem a um "modelo interno", que o leitor tem a respeito deles. Este é o processo fundamental de leitura.

A *identificabilidade* requer detalhes de letras que devem ser desenhados claramente.

A *distinguibilidade* significa que cada caractere tem um desenho tão específico, que não ocorre confusão. A extensão de letras descendentes (tais como p e q) e ascendentes (b ou d) é importante para uma boa distinção.

Campo visual de leitura

A fóvea e área adjacente na retina capta a informação visual de uma parcela muito pequena de toda a superfície impressa, o chamado *campo visual de leitura*. Este campo é maior para palavras do que para números, porque o conhecimento suficiente sobre o mundo permite o reconhecimento de toda a palavra

Figura 17.7 Sacadas e fixações de olhos de uma pessoa teste, na leitura silenciosa de um texto holandês. Três tipos de sacadas são reconhecidas: círculos pretos = leitura para a direita; triângulos = correção; quadrados = linhas. Os números indicam a ordem de fixações em cada linha. Segundo Bouma (1980).

com a visão de apenas poucas letras. Em comparação, números permitem a captação de um campo muito pequeno, onde cada número tem que ser reconhecido separadamente durante uma única fixação.

Durante a leitura de um texto, os olhos fazem em torno de quatro fixações por segundo. Em textos bem impressos, a leitura visual pode atingir facilmente até 20 letras, cerca de oito, para a esquerda da fixação, e 12, para a direita. Os campos de visão se sobrepõem, o que quer dizer que palavras de um campo visual podem aparecer, no mínimo, duas vezes.

De acordo com Dubois-Poulsen (1967) as seguintes frações de tempo são normais:

Fixações entre sacadas	0,07-0,3 s
Sacadas de leitura para a direita	0,03 s
Sacadas de linha	0,12 s

Sacadas de linha

Sacadas de linha corretas requerem distâncias suficientemente grandes. As linhas acima e abaixo da linha de leitura vão interferir com o reconhecimento parafoveal da palavra, a não ser que as distâncias entre as linhas sejam suficientemente grandes. Se forem muito estreitas, o campo visual de leitura torna-se restrito, de forma que menos informação pode ser captada durante uma única pausa do olho. *Portanto, um campo visual de leitura grande exige um entrelinhamento suficiente.* De acordo com Bouma (1980), a área visual de leitura em torno da fixação, que é livre de interferências das duas linhas adjacentes, reduz em função da redução do entrelinhamento. Se o campo de leitura cobre 15 letras, a distância entre linhas deve ser igual a cinco vezes a altura dos caracteres, em caixa baixa; se o campo de visão é restrito a sete letras, o entrelinhamento deve ser igual a dois caracteres em caixa baixa. Bouma recomendou um entrelinhamento mínimo admissível de cerca de um trinta avos do comprimento da linha.

Como conseqüência, a distância entre linhas deve aumentar com o comprimento da linha. Para terminais de vídeo de computador parece ser vantajoso o uso de telas verticais já que isto irá requerer linhas mais curtas e entrelinhamentos menores.

Contraste e cor

De acordo com Timmers (1978) o reconhecimento parafoveal da palavra é criticamente dependente do contraste do caractere. Quanto menor o contraste, menor é o campo visual de leitura e menor a legibilidade. Efeitos similares foram observados em telas de computador com letras coloridas. Engel (1980) mostrou que letras coloridas e dígitos podem ser lidos quando muito próximos da fixação, embora a cor, em si, possa ser discernível bem longe da fixação. *Isto indica que a cor é um elemento de auxílio na busca visual, mas a leitura ocorre em um campo visual de leitura restrito.*

Se um leitor está familiarizado com o significado das cores, elas ajudam a localizar a informação desejada rapidamente, mas o reconhecimento da palavra ou símbolo depende da legibilidade dos caracteres, e não de sua cor.

CANSAÇO VISUAL

Cansaço visual excessivo pode ter dois grandes efeitos: cansar os olhos e aumentar a fadiga geral.

Fadiga visual

A fadiga visual compreende todos os sintomas que ocorrem após estresse excessivo em qualquer das funções do olho. Entre os mais importantes, estão o cansaço dos músculos ciliares da acomodação, por olhar muito de perto para vários objetos pequenos, e os efeitos de fortes contrastes na retina. A fadiga visual se manifesta como:

irritação dolorosa ("queimação" ou ardência), geralmente acompanhada por lacrimação, avermelhamento dos olhos e conjuntivite;
visão dupla;
dores de cabeça;
redução da força de acomodação e convergência;
redução da acuidade visual, da sensibilidade ao contraste e da velocidade de percepção.

Estes sintomas ocorrem, em especial, em trabalhos de muita precisão, leitura de textos impressos com má definição ou em telas de computador com baixa qualidade de definição, iluminação inadequada, exposição à luz piscante ou anomalias ópticas visuais do leitor. Pessoas mais velhas são, é claro, mais propensas à fadiga visual.

Obviamente, todos os tipos de trabalho visual podem contribuir para a fadiga geral, já que todo trabalho que exige movimentos mais rápidos e precisos dos olhos acarretará fortes demandas na percepção, concentração e controle motor. Portanto, sempre que os olhos são sobrecarregados por longos períodos, os sintomas de fadiga ocular (olhos inchados e dores de cabeça) irão se somar aos da fadiga geral.

Os efeitos da fadiga visual, na atividade profissional de uma pessoa, podem incluir:

perda de produtividade;
redução da qualidade;
mais erros;
aumento da freqüência de acidentes;
queixas e complicações visuais.

Freqüência de acidentes

Grandjean (1988) fez referência a um relatório da American National Safety Council, no qual os especialistas avaliaram que 5% de todos os acidentes industriais ocorriam por causa da má iluminação e, junto com a fadiga óptica que ela causa, contribuía para 20% de acidentes.

A experiência de uma indústria pesada americana (Allis Chalmers), no início dos anos 1950, deve ser mencionada como exemplo. Após o nível de iluminância de uma linha de montagem ter sido aumentado para 200 lx, houve uma queda de 32% na freqüência de acidentes. Além da iluminação, as paredes e o teto foram pintados de cores claras, para reduzir o contraste e gerar uma iluminação mais uniforme, e a freqüência de acidentes caiu outros 16,5%. Estudos similares no Reino Unido e França mostraram reduções drásticas na freqüência de acidentes quando as condições de iluminação melhoraram, especialmente em estaleiros, fundições, grandes linhas de montagem e oficinas mecânicas.

Iluminação e produtividade

Existem vários relatórios sobre o aumento da produtividade após a melhoria das condições de iluminação. Estes aumentos são parcialmente um efeito direto (através de acesso visual mais rápido do trabalho) e parcialmente indireto (através da redução da fadiga). McCormick e Sanders (1987) geraram uma tabela sumarizando os resultados de 15 estudos em indústrias, todos mostrando um aumento de produtividade, variando na faixa de 4 a 35%, após aumentar o nível de iluminamento. O nível original era muito baixo, no entanto, menos de 100 lx. Mas os autores fizeram restrições, por causa da existência de outros fatores não controlados que estavam presentes nestas situações.

Um levantamento interessante, em uma indústria de fiação de algodão americana, mostrou uma melhoria na produtividade quando o nível de iluminamento geral foi aumentado. Quando o nível de iluminamento aumentou de 170 para 340 lx, a produção subiu em 5%, enquanto, simultaneamente, a quantidade de produtos rejeitados foi bastante reduzida. Como resultado, o custo total caiu em 24,5%. Este resultado encorajou a gerência a aumentar o nível de iluminamento ainda mais, para 750 lx, quando a produção aumentou para 10,5% acima do nível normal, e a redução de perdas reduziu os custos em quase 40%.

Resultados similares foram obtidos no Reino Unido, França, Alemanha e outros países, sempre mostrando aumentos em produtividade, redução de produtos com defeito e menos acidentes, quando o nível de iluminamento foi aumentado.

Fadiga visual dos operadores de computador

A expansão dos computadores, nas décadas recentes, foi acompanhada por queixas de muitos operadores de computador, em relação à fadiga visual. Pesquisas sistemáticas foram realizadas em vários países. O livro de Grandjean de 1987, *Ergonomics in Computerized Offices,* traz uma revisão geral dos resultados encontrados até meados de 1980. A maioria dos estudos mostraram um aumento da incidência de desconforto visual, junto com os sintomas de fadiga visual citados acima. Alguns estudos, no entanto, não confirmam estes resultados, já que a freqüência de queixas entre operadores de computador não excedeu significativamente a dos grupos controle. Os resultados controversos podem ser explicados, até um certo ponto, pela seleção do grupo controle. As queixas de desconforto visual podem ser freqüentes em grupos controle ocupados em trabalho de escritório estressante, mas raramente ocorrem em grupos controle ocupados com o trabalho tradicional de escritório.

Correlatos do desconforto visual

Alguns estudos revelaram relações significativas entre as características fotométricas das telas de computador e sintomas de desconforto visual. Piscagem da tela, razão de contraste excessivo entre a luminância da tela e o entorno, reflexos na tela e pouca legibilidade estão relacionados com um aumento da incidência de queixas de desconforto visual. Estes achados levaram à conclusão de que a nitidez dos caracteres, contrastes de luminância, estabilidade, piscagem do caractere, reflexos na tela e o desenho geométrico dos caracteres podem reduzir a legibilidade e produzir fadiga visual ocasional. Brauninger *et al.* (1984) mediram as características fotométricas de um grande número de telas, de diferentes modelos e fabricantes, e descobriram que muitos têm um projeto ruim.

Vamos nos restringir aqui a sumarizar as recomendações ergonômicas mais importantes:

Luminâncias e contrastes recomendados

As telas devem ter caracteres escuros sobre um fundo claro. Uma razão de contraste de luminância entre o fundo e os caracteres na ordem de 1:6, é suficiente para uma boa legibilidade.

Sem cintilação

A tela não deve ter cintilação (*flickering*) aparente para os operadores. Como regra geral, é recomendável uma taxa de renovação (*refresh rate*) de 80 a 100 Hz, com uma depreciação de fósforo de aproximadamente 10 ms.

Nitidez do caractere

Os caracteres devem mostrar bordas nítidas; nenhuma zona borrada deve ser percebida. Se uma borda borrada é menor do que 0,3 mm, parece que os caracteres têm borda nítida.

Pouca nitidez geralmente ocorre por causa de um instrumento de foco ruim, uma luminância de caractere que é ajustada muito alta ou equipamentos anti-reflexivos não adequados.

Estabilidade do caractere

O controle eletrônico do canhão de elétrons deve garantir boa estabilidade do caractere. Nem flutuações nem tremores devem ser percebidos pelos operadores.

Reflexos na superfície da tela

Reflexos na tela, que chegam aos olhos do operador, devem ser eliminados. O melhor é eliminar as fontes de reflexo, tais como luminárias, janelas com muita claridade, até a roupa branca do operador, ou virando a superfície da tela de forma que não apareçam reflexos visíveis.

Se estas ações falham, os reflexos na tela devem ser reduzidos. Todas as tecnologias anti-reflexivas disponíveis no mercado, hoje em dia, têm desvantagens. Algumas estão associadas com a redução da nitidez e com um fundo de tela excessivamente escuro, outras sujam facilmente. Se a eficiência e as desvantagens forem consideradas, deve-se dar preferência aos procedimentos de aplicação de uma película de um quarto de onda e de tornar áspera a superfície do monitor (processo corrosivo).

Tamanhos de caracteres e fontes

A faixa de tamanho apropriado de caracteres nas telas de computador é de 16 a 25 min de ângulo visual. Isto significa que 3 mm é uma altura adequada para caracteres, a uma distância visual de 500 mm, e 4,3 mm, a 700 mm. Os seguintes tamanhos são recomendados:

Altura das letras maiúsculas	3-4,3 mm
Largura dos caracteres	75% da altura
Distância entre caracteres	25% da altura
Espaço entre linhas	100-150% da altura

Os espaços entre píxels não devem ser visíveis. Portanto, uma matriz de 7 × 9 oferece uma legibilidade melhor do que uma 5 × 5.

Estão disponíveis um número de fontes que são fáceis de ler na tela do computador. Elas consistem em um desenho de caractere e arranjos que são simples, claros e sem "decorações"; exemplos de bons tipos de fontes são a Helvética, New York e outras, em que a "função determina a forma".

Caracteres escuros *versus* claros

As telas com carateres escuros sobre um fundo claro oferecem as seguintes vantagens: condições de leitura similar aos textos impressos, menor diferença de contraste com o ambiente visual e menos reflexos na tela. A grande desvantagem é um aumento do risco de cintilação. Portanto, é recomendável uma taxa de renovação (ou freqüência de varredura vertical) de 90 Hz e um tempo de decaimento do fósforo de aproximadamente 10 ms, para atingir 10% da luminância.

RESUMO

O sistema visual humano é bem compreendido. Suas limitações são conhecidas e podem ser melhoradas, por exemplo, pelo uso de lentes corretivas ou objetos visuais bem desenhados, tais como um texto impresso ou as telas de computador.

CAPÍTULO 18

Princípios ergonômicos da iluminação

MEDIÇÃO DE ILUMINAÇÃO E FONTES DE LUZ

Para entender o que segue depois, é importante definir alguns termos importantes no campo da iluminação (cores são discutidas no Capítulo 21).

Iluminância

Iluminância é a quantidade de luz incidindo sobre uma superfície. A luz pode vir do sol, luminárias de uma sala ou qualquer outra fonte. A unidade de medida é o lux, definido como

1 lux (lx) = 1 lumem (lm) por metro quadrado, o lumem sendo a unidade do fluxo luminoso.

Uma antiga unidade utilizada no mundo de língua inglesa foi o *footcandle* (ft c). Um lux é aproximadamente igual a 0,1 *footcandle*.

O olho humano responde a uma ampla faixa de níveis de iluminamento, de poucos lux, em uma sala escura, a centenas de milhares de lux, sob o sol do meio-dia. Os níveis de iluminamento em ambiente aberto variam entre 2.000 e 100.000 lx durante o dia, ao passo que, à noite, os níveis de luz artificial entre 50 e 500 lx são normais.

Luminância

Luminância é a quantidade de luz refletida ou emitida de uma superfície. A unidade de medida é a candela por metro quadrado (cd/m^2).

Nos Estados Unidos, os termos *millilambert* (mL) e *footlambert* (ft L) ainda são usados para medir luminância. Um *millilambert* é a quantidade de luz emitida de uma superfície, a uma freqüência de 0,001 lm/cm^2. Um *footlambert* é a quantidade de luz emitida por uma superfície refletiva iluminada por uma *footcandle*.

A luz que vemos nas superfícies das paredes, móveis e outros objetos depende da propriedade de absorção ou, ao contrário, de reflexão da superfície (veja a seguir). A luminância das luminárias, por outro lado, é uma medida exata da luz que elas emitem.

Alguns exemplos ilustram a luminância aproximada de alguns objetos comuns em um escritório, com um nível de iluminamento de 300 lx.

Superfície da janela	1.000-4.000 cd/m^2
Papel branco sobre a mesa	70-80 cd/m^2

Superfície da mesa	40-60 cd/m^2
Fundo claro de uma tela de computador	70 cd/m^2
Fundo escuro de uma tela de computador	4 cd/m^2

Uma lâmpada fluorescente de 65 watts tem uma luminância de 10.000 cd/m^2.

Reflectância

Várias superfícies absorvem diferentes quantidades de luz incidente: uma superfície escura absorve e, portanto, reflete menos do que uma superfície clara. Isto pode ser medido e comparado pela razão entre as quantidades de luz refletida e incidente. *É geralmente expressa como reflectância, a percentagem da luz refletida pela luz incidente.* Com a luminância em cd/m^2 e a iluminância em lx, a fórmula é a seguinte:

$$\text{Reflectância (\%)} = \frac{\text{luminância}}{\text{iluminância}} \times \pi \times 100$$

Um exemplo simples é: se uma superfície de uma mesa tem uma reflectância de 70%, e a luz incidente tem uma iluminância de 400 lx, a luminância da mesa será 70% de $400/\pi = 89$ cd/m^2.

Claridade e penumbra

Os estímulos, que fisicamente são iguais, são percebidos por pessoas diferentes de maneiras diferentes. Isto se aplica aos sons, tato e cores. Com relação à iluminação, os chamados correlatos psicofísicos são "claridade", para grandes quantidades de luz incidindo na retina, e "penumbra", para pouca luz incidente.

Iluminação direta e indireta

Entre as várias tecnologias de iluminação, uma é a distinção entre a iluminação direta e indireta.

A iluminação direta significa que a superfície é iluminada por raios de luz que chegam direto de uma dada fonte. Por exemplo, uma luminária pode projetar 90% de sua luz em direção à superfície da mesa, na forma de um cone de luz. Tal luminária "de trabalho" pode gerar alto nível de luminância local e sombras atrás de objetos que estão sob o facho de luz. Luminância excessiva tende a produzir ofuscamento, que é difícil de tolerar se existem sombras escuras adjacentes a partes claras, o que acaba por gerar ofuscamento relativo, conforme discutido no Capítulo 17.

Sistemas de *iluminação direta* podem ser recomendados em dois casos: ou quando a iluminância geral é alta o suficiente para evitar ofuscamento "relativo" ou quando é necessário aceitar tal contraste de iluminação, a fim de gerar luminância suficiente em uma parte específica do posto de trabalho. Nas estações de trabalho com computador, tal iluminação é usada quando a iluminância é insuficiente para permitir a leitura de documentos pouco legíveis. (Veja a seguir mais informação sobre iluminação para postos de computador.)

Sistemas de *iluminação indireta* jogam 90% ou mais do fluxo luminoso para o teto e paredes, que refletem a luz de volta para a sala. Para eficiência energética, isto exige que o teto e paredes sejam pintados em cores claras. A iluminação indireta gera uma luz difusa (não direta) e praticamente nenhuma sombra. Em geral, ela pode gerar um alto nível de iluminamento com um baixo risco de ofuscamento, mas, em escritórios com computador, os tetos e as paredes claras podem gerar reflexos nas telas, e gerar ofuscamento relativo.

A combinação de iluminação direta e indireta é amplamente utilizada. Geralmente, as luminárias têm uma cobertura translúcida, e cerca de 40 a 50% da luz irradia para o teto e paredes, enquanto o resto é diretamente direcionado para baixo. Este tipo de luminária gera apenas sombras moderadas com bordas difusas. Toda a sala, incluindo os móveis e prateleiras colocadas nas paredes, é equanimente iluminada.

Globos opalescentes e luzes radiantes similares iluminam em todas as direções e geram sombras moderadas. Porque eles emitem muito luminância, podem causar ofuscamento e, portanto, não devem ser usados em salas de trabalho. Eles são adequados para locais de armazenagem, corredores, salas de entrada, vestíbulos, lavatórios, etc.

Fontes de luz

As fontes de luz elétricas correntemente em uso são, em geral, de dois tipos: *luminárias de bulbo candescentes (filamento comum) e incandescentes (tais como fluorescente ou outro tipo de gás).*

Lâmpadas de filamento

A luz de lâmpadas de filamento é relativamente rica em raios vermelhos e amarelos. Em termos de energia, são bastante ineficientes, porque cerca de metade da energia elétrica é convertida em calor, que pode se tornar um problema de temperatura no local de trabalho. Por outro lado, a sua aura morna gera uma atmosfera agradável.

Luz incandescente

A iluminação incandescente é produzida passando a eletricidade por um gás (argônio ou neon) ou pelo vapor de um metal (tal como o mercúrio). Este procedimento converte a eletricidade em luz muito mais eficientemente do que um filamento aquecido. O interior do tubo pode ser coberto por uma substância fluorescente que converte os raios ultravioletas da descarga em luz visível, cuja cor pode ser controlada pela composição química do material fluorescente. Os tubos fluorescentes têm uma série de vantagens:

Alta produção de luz e longa vida.
Baixa luminância, quando adequadamente protegidos.
Capacidade de se equiparar à luz do dia ou, ao menos, a uma luz agradável e levemente colorida.

As luminárias fluorescentes têm várias desvantagens. Como elas operam em corrente alternada, os tubos fluorescentes produzem pulsações (ou *flickering*) a uma freqüência de 100 Hz, na Europa, e 120 Hz nos Estados Unidos. *Isto está acima da freqüência de fusão normal, a assim chamada freqüência crítica de fusão do olho humano* (mencionada em mais detalhes no Capítulo 11), mas pode ser notado como um efeito estroboscópico sobre objetos em movimento. Além disso, tubos velhos ou defeituosos geralmente desenvolvem um pulso de luz lento e visível.

Pulsos de luz

Pulsos de luz têm efeitos adversos no olho, principalmente por causa da superexposição repetitiva da retina. Um luz pulsando é extremamente irritante e causa desconforto visual.

Quando a iluminação fluorescente foi introduzida pela primeira vez, em larga escala, nos escritórios europeus, uma série de reclamações quanto à irritação dos olhos e cansaço visual foram registradas. Assumindo que a oscilação da lâmpada fluorescente era a causa do desconforto visual, foi criado um equipamento com fases alternadas, para produzir uma luz quase constante. Parece que as reclamações pararam nos escritórios onde foram instaladas as luminárias com fase alternada.

Um estudo de Collins (1956) revelou outro aspecto interessante dos tubos fluorescentes. Em alguns modelos, Collins registrou pequenas flutuações de 50 ciclos/s, sobrepostas no ciclo principal de 100 Hz. Estas oscilações sub-harmônicas de 50 Hz advinham de uma ação de retificação parcial na descarga, por causa de emissões assimétricas dos eletrodos. Pequenas quantidades de sub-harmônicas mostraram-se perceptíveis pelos sujeitos e Collins presumiu que estes tubos, por serem muito comuns, podiam explicar as queixas que estavam surgindo com relação à iluminação fluorescente.

Tubos fluorescentes de fase alternada

Os escritórios não devem ser iluminados com apenas um tubo fluorescente, mas sempre com dois ou mais tubos de fase alternada, que gera uma luminância quase constante.

A Figura 18.1 mostra registros da oscilação de luminância dos tubos fluorescentes. Isto ilustra os efeitos da alternância de fase, que gera uma luminância quase constante.

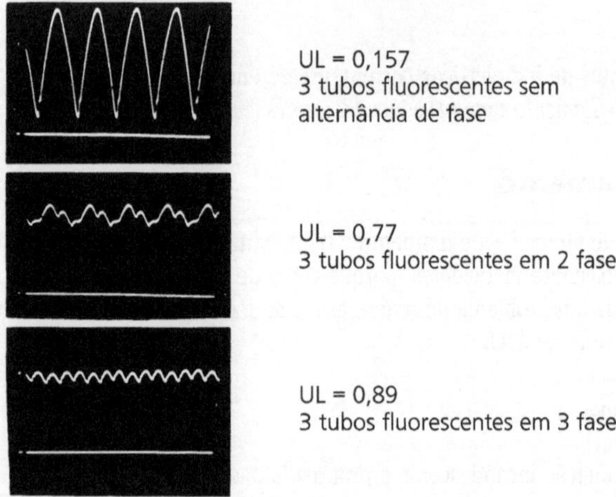

Figura 18.1 O efeito de diferentes arranjos de tubos fluorescentes em uma luminária sobre a uniformidade da luz. As curvas correspondem a cintilações invisíveis registradas com uma fotocélula; as linhas horizontais representam o ponto zero da intensidade da luz.

É óbvio que um equipamento apropriado vai evitar as desvantagens dos tubos fluorescentes, de forma que suas vantagens possam ser plenamente utilizadas.

REQUISITOS FISIOLÓGICOS DA ILUMINAÇÃO ARTIFICIAL

Para conforto visual, e bom desempenho óptico, as seguintes condições devem ser atingidas:

nível de luminância adequado;
equilíbrio espacial das luminâncias das superfícies;
uniformidade temporal da iluminação;
eliminação de ofuscamento com luzes apropriadas.

Os requisitos fisiológicos desses quatro itens são tão válidos para a luz artificial quanto para a luz natural do dia, mas, como os problemas práticos são um pouco diferentes, os requisitos para a luz artificial serão considerados primeiro.

Níveis de luminância e iluminância

Décadas atrás, os níveis de iluminância de 50 a 100 lx eram geralmente recomendados para oficinas e escritórios. Desde então, os índices aumentaram e, hoje, níveis entre 500 e 2.000 lx são bastante comuns. A atitude geral em relação à iluminação tem sido "quanto mais, melhor". Isto não é necessariamente verdadeiro, no entanto, especialmente para escritórios.

Primeiro, não é o nível de iluminância que conta; de fato, o que percebemos e o que nos ajuda a "ver" é a luminância.

Se as recomendações de 1972 forem comparadas, nota-se que a American Illuminating Engineering Society (IES) prescreve níveis significativamente mais altos do que a norma DIN alemã. Alguns exemplos são dados na Tabela 18.1.

Tabela 18.1 Comparação entre as normas alemãs (DIN 5035, 1972) e americanas (IES, 1972) recomendadas para intensidades de iluminamento, em lx

	DIN	IES
Linha de montagem grosseira	250	320
Linha de montagem de precisão	1.000	5.400
Linha de montagem de muita precisão	1.500	10.800
Trabalho grosseiro em máquina-ferramenta	250	540
Trabalho fino em máquina-ferramenta	500	5.400
Trabalho de muita precisão em máquina-ferramenta	1.000	10.800
Desenho técnico	1.000	2.200
Contabilidade, trabalho de escritório	500	1.600

Desvantagens de níveis muito altos de iluminamento

Um estudo de 1971, feito por Nemecek e Grandjean, em escritórios abertos, mostrou que um nível muito alto de iluminância é geralmente inadequado na prática. Níveis acima de 1.000 lx aumentam o risco de reflexos, fortes sombras e contrastes excessivos. No estudo, 23% dos 519 empregados se queixaram de reflexos ou ofuscamento nocivos.

Outra observação interessante, no mesmo estudo, foi a significativa incidência de mais problemas visuais em escritórios que tinham níveis de iluminância acima de 1.000 lx. Todos os empregados preferiram níveis de iluminância entre 400 e 800 lx.

Obviamente, seria ir muito longe interpretar estes resultados como a existência de uma relação causal direta entre o nível de iluminância e problemas visuais, mas existem boas razões para acreditar que escritórios abertos bastante claros pode gerar reflexos, ofuscamento, fortes contrastes de sombras, ofuscamento relativo, e que eles possivelmente contribuem para os problemas registrados. No entanto, estes resultados conflitam com vários estudos realizados em salas de teste bem iluminadas, onde os níveis preferidos de iluminância foram de 1.000 a 4.000 lx. As reflectâncias do entorno, cuidadosamente projetadas, podem ser a razão dos resultados contraditórios.

Os valores na Tabela 18.2 podem ser recomendados, como uma base, para comparação de salas para diferentes tipos de trabalho.

Tabela 18.2 Exemplos de níveis de iluminação adequados em ambiente de trabalho

Tipo de trabalho	Exemplos	Iluminância recomendada (lx)
Geral	Depósito	80-170
Precisão moderada	Empacotando; expedição;	200-250
	Montagem simples; enrolando arame grosso em bobinas; trabalho em bancada de carpinteiro; virando; furando; moendo; trabalho de serralheria	250-300
Trabalho fino	Lendo; escrevendo; guarda-livros; técnico de laboratório; montagem de equipamentos delicados; enrolando arame fino; trabalho de marcenaria com máquina; trabalho delicado em máquinas operatrizes	500-700
Trabalho muito fino a trabalho de precisão	Desenho técnico; prova de cor; ajuste e teste de equipamentos elétricos; montagem de eletrônicos delicados; relojoaria; cerzimento invisível	1.000-2.000

Se uma forte iluminação é necessária, o melhor é utilizar luminárias de trabalho individuais, mas sempre em combinação com uma iluminação geral, para evitar criar muito contraste. As recomendações são:

luminária	iluminamento geral
500 lx	150 lx
1.000 lx	300 lx

Especificações para os níveis de iluminância não podem ser mais do que recomendações gerais, e outras circunstâncias devem ser levadas em consideração em qualquer situação em particular. Por exemplo:

a reflectância (cor e material) dos materiais de trabalho e do entorno;
a extensão da diferença para a luz natural;
se é necessário usar iluminação artificial durante o dia;
a idade do pessoal.

Equilíbrio espacial das luminâncias das superfícies

A distribuição das luminâncias de grandes superfícies no ambiente visual é de crucial importância tanto para o conforto visual quanto para a visibilidade. Em geral, quão maior a razão de mudança ou diferença entre níveis de luminância, maior a perda em conforto e visibilidade.

Como expressar o contraste de luminância

Embora haja várias maneiras de definir luminâncias relativas, o procedimento mais comum é simplesmente especificar a razão de duas luminâncias que existem entre duas superfícies, lado a lado, e que têm um limite definido entre elas. O *contraste de luminância* (*C*) é calculado pela seguinte fórmula:

$$C = (L_{max} - L_{min}) \cdot (L_{max})^{-1}$$

No caso especial de um objeto (tal como uma letra impressa ou um caractere na tela do computador) sobre um fundo:

$$C = (L_O - L_B) \cdot (L_B)^{-1}$$

onde L_O = luminância do alvo e L_B = luminância do fundo.

Idade

Em 1968, os Blackwells determinaram o contraste necessário para satisfazer pessoas de diferentes idades. Quando o grupo de idade de 20 a 25 anos foi considerado como uma unidade (1), então, para as pessoas mais velhas, os fatores de multiplicação eram aproximadamente:

40 anos de idade	1,2
50 anos de idade	1,6
65 anos de idade	2,7

Contrastes fortes ("ofuscamento")

Contrastes fortes de luminância entre grandes superfícies localizadas no ambiente visual reduzem o conforto e a visibilidade, mas o grau de aceitação da razão entre contrastes depende de circunstâncias específicas. Vários fatores estão envolvidos, tais como idade da pessoa, tamanho da fonte de ofuscamento, sua distância da linha de visão do observador e a intensidade da iluminação geral da sala. Além disso, os resultados dos experimentos também variam, se o que está sendo medido é o desempenho visual quantitativo ou o desconforto visual subjetivo.

O estudo pioneiro de Guth

Em 1958, Guth observou uma redução da sensibilidade de contraste e um aumento na freqüência de piscagem dos olhos dos sujeitos quando a área central do campo visual foi cinco vezes mais clara ou mais escura do que a área adjacente. A Figura 18.2 mostra os resultados deste estudo.

De acordo com esses experimentos, as razões entre contrastes relativos de 1:5, no meio do campo visual, prejudicava a eficiência do olho assim como o conforto visual. Se as áreas adjacentes são mais claras do que a área central, as perturbações mostraram-se maiores do que no caso oposto.

Dois tipos de ofuscamento no trabalho

Existem dois tipos de ofuscamento que podem tornar o trabalho visual difícil ou impossível. *Ofuscamento direto* ocorre quando se olha diretamente para a fonte de luz (o sol, faróis de um carro, luminária de trabalho). *Ofuscamento indireto* é aquele refletido pela superfície, atingindo os olhos (os faróis de um carro refletidos no espelho retrovisor, uma luminária de trabalho ou uma janela refletida na tela do computador). Ambos tipos podem ser evitados por meio de medidas ergonômicas apropriadas.

Regras gerais

As seguintes regras gerais são bastante aceitas para prevenir o ofuscamento:

1. Todos os objetos e superfícies mais importantes no campo visual devem ter aparentemente luminâncias iguais.
2. As superfícies no meio do campo visual não devem ter um contraste de luminância de mais de 3:1 (Figura 18.3).
3. O contraste entre o meio do campo visual e a periferia não deve exceder 10:1 (Figura 18.3).
4. O campo de trabalho deve ser mais claro no meio e mais escuro em direção às margens.
5. Contraste excessivo é mais problemático se ocorre nos lados, ou abaixo, do campo visual do que no topo do campo visual.
6. As fontes de luz não devem contrastar com o fundo em mais de 20:1.
7. O máximo de contraste luminoso permissível dentro de todo o ambiente é de 40:1.

Na prática do dia-a-dia, estas recomendações são geralmente negligenciadas. Problemas de contraste no ambiente visual que podem ser facilmente evitados incluem:

- paredes brancas contrastantes com um chão escuro, móveis escuros ou máquinas de escritório pretas;

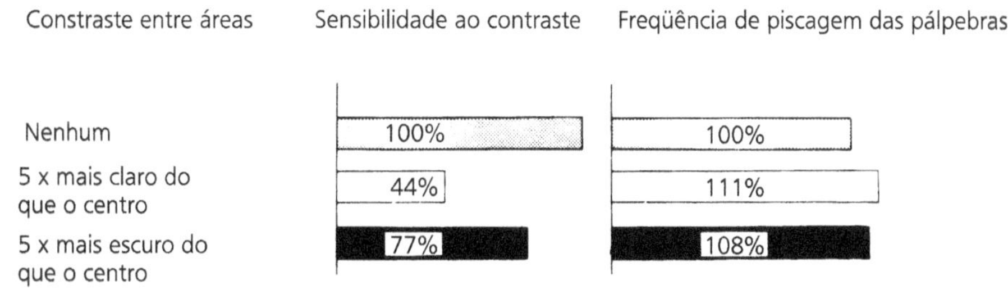

Figura 18.2 Efeitos fisiológicos das áreas contrastantes no meio do campo visual. O contraste é medido entre os 15% do campo visual central e a área imediatamente adjacente. De acordo com Guth (1958).

- superfícies de mesa refletoras;
- máquinas de escrever pretas sobre superfícies claras;
- partes de máquinas polidas e brilhantes;
- janela clara contrastando com as telas de computador.

A seleção de cor e material é muito importante para o *design* de paredes, móveis e objetos grandes em uma sala, por causa da variação de reflectância. As seguintes reflectâncias são recomendadas:

Teto	80-90%
Paredes	40-60%
Móveis	25-45%
Máquinas e equipamentos	30-50%
Piso	20-40%

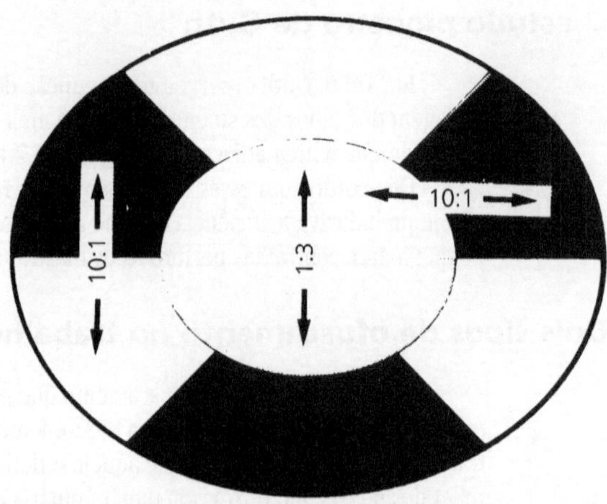

Figura 18.3 Os níveis permitidos de contrastes de luminâncias no campo visual. No campo central 3:1; no campo periférico 10:1; do campo central para o periférico 10:1.

Janelas

As janelas devem ser equipadas ou com persianas ajustáveis ou com cortinas translúcidas, de forma que o contraste excessivo possa ser evitado em dias de sol. Tanto o ofuscamento direto quanto o indireto podem ser evitados se os postos de trabalho estão em ângulo reto com a janela, conforme a Figura 18.4. Isto se aplica para salas de aula, de reunião, de conferência, bibliotecas, etc.

Alguns postos de trabalho onde se realiza trabalho visual delicado ilustra esta regra. A bancada geralmente é colocada perpendicular à janela, de forma que a claridade do dia chegue pela frente. Para evitar ofuscamento, o operador precisa dobrar tanto a cabeça para a frente, que fica quase horizontal, mantida sobre o topo do trabalho. Portanto, a iluminação frontal é geralmente a causa de posturas prejudiciais para o pescoço e o corpo.

Imaginação dos *designers*

Alguns *designers* surgem com idéias inovadoras com a intenção de tornar mais atrativo o mobiliário de escritório. Eles propõem máquinas escuras sobre uma mesa clara, ou mobiliário escuro próximo de paredes claras. Estes *designers* não se preocupam com os princípios ergonômicos ou equilíbrio entre as luminâncias das superfícies.

As instruções para os *designers* de postos de computador podem ser: *selecione cores de luminâncias similares para as diferentes superfícies, renuncie efeitos que chamam a atenção com contrastes de preto e branco, evite materiais reflexivos e dê preferência a tratamentos de superfície não polidas, inclusive para as cores.*

Recomendações específicas para os postos de trabalho com computador são dadas no final deste capítulo.

Uniformidade temporal da iluminação

Ainda mais perturbador do que o contraste estático no campo visual são as superfícies cujas luminâncias flutuam regularmente. Isto pode ocorrer se o trabalho requer que o operador olhe alternadamente para um objeto claro e um escuro, se objetos claros e escuros passam por uma esteira, se as partes móveis das máquinas são reflexivas ou se uma fonte de luz pisca.

Figura 18.4 Disposição correta e incorreta de um local de trabalho. Na figura à esquerda, a secretária tem a metade da superfície da janela em seu campo visual quando da leitura do texto; o contraste em relação a outras superfícies supera em muito a 10:1. À direita, a janela clara não está no campo visual da secretária; a diferença entre os contrastes de superfícies deverá obedecer a orientação da Figura 17.3.

Como já foi mencionado, a pupila e a retina do olho podem lidar com mudanças de luminância apenas após um certo tempo, de forma que as luminâncias flutuantes deixam os olhos ou subexpostos ou superexpostos pela maior parte do tempo. Portanto, tais condições de iluminação são particularmente constrangedoras. Pesquisas mostraram que se dois níveis de luminância na razão de 1:5 flutuam ritmicamente, o desempenho visual é reduzido tanto quanto se o nível de iluminamento tivesse sido reduzido de 1.000 lx para 30 lx.

Para evitar tanto quanto possível níveis flutuantes de luminância:

1. Cobrir máquinas móveis com um enclausuramento apropriado.
2. Equalize a luminância e cor ao longo do eixo prioritário de visão.
3. Tome as precauções mencionadas antes, para evitar fontes de luz piscantes.

ARRANJO APROPRIADO DAS LUMINÁRIAS

Evite ofuscamento com luminárias apropriadas

Arranjos inadequados de luminárias e de iluminação podem ser fontes de ofuscamento que tornam o ato de enxergar difícil e desconfortável. *Evitar o ofuscamento em uma sala é uma das considerações ergonômicas mais importantes no projeto de escritórios.*

A Figura 18.5 mostra os resultados da pesquisa clássica de Luckiesh e Moss (1937). Os sujeitos em teste realizavam uma tarefa com uma fonte de luz de 100 W que era movida cada vez mais próxima do eixo óptico, passo a passo. A *performance* foi gradualmente prejudicada.

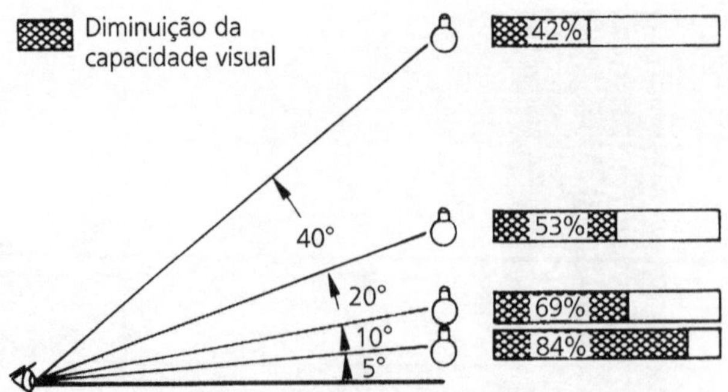

Figura 18.5 O efeito de fontes de ofuscamento na capacidade de visão. As barras escuras representam a diminuição da capacidade visual, em percentagem do valor normal sem fonte de ofuscamento. A capacidade de visão piora à medida que a fonte de ofuscamento se aproxima do eixo óptico. Segundo Luckiesh e Moss (1937).

Um exemplo ruim

A Figura 18.6 mostra um arranjo de luminárias muito ruim. Globos de lâmpadas opalescentes estão sendo utilizados em escritórios de desenho, onde a luz sempre incide no campo visual do desenhista. As imagens das luminárias também ficam refletidas no chão polido. O resultado são contrastes ofuscantes, excedendo bastante o contraste máximo de 10:1.

As seguintes recomendações devem ser consideradas, a fim de se chegar a um bom arranjo de luminárias e distribuição geral de luz apropriada.

1. Nenhuma fonte de luz deve aparecer no campo visual de nenhum trabalhador, durante as atividades de trabalho.

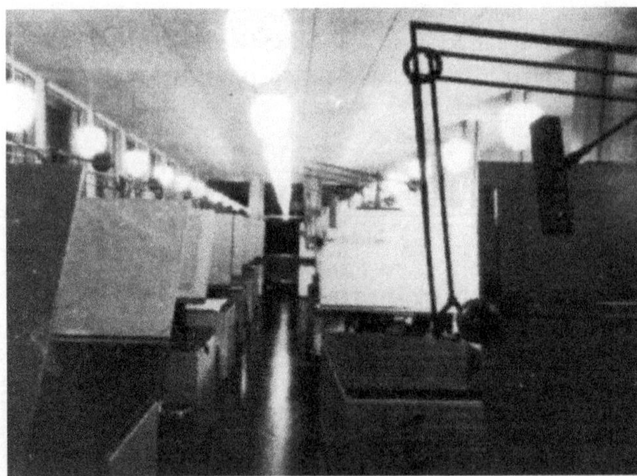

Figura 18.6 Ambiente luminoso desfavorável em uma sala de desenho. As luminárias diretas são fortes fontes de ofuscamento; o piso escuro forma um contraste muito forte com as superfícies de trabalho brancas (ofuscamento relativo); fortes reflexos no piso.

2. Todas as luminárias devem ter coberturas ou anteparos contra ofuscamento, para impedir que a luminância da fonte luminosa exceda 200 cd/m^2.
3. A linha do olho até a fonte de luz deve formar um ângulo maior do que 30° acima do horizonte (Figura 18.7). Se um ângulo menor não conseguir evitar o ofuscamento, por exemplo, em salas grandes, então a luminária deve ser melhor coberta.
4. Tubos de lâmpadas fluorescentes devem estar alinhados em ângulo reto com a linha de visão.
5. Geralmente é melhor usar mais luminárias, cada uma com pouca potência, do que poucas de muita potência.
6. Para evitar ofuscamento por reflexo, linhas imaginárias, conectando o posto de trabalho e as luminárias, não devem coincidir com nenhuma das direções em que o operador normalmente tem que olhar.
7. Nenhum reflexo gerando um contraste maior do que 10:1 deve estar dentro do campo visual (Figura 18.8).
8. Deve ser evitado o uso de cores e materiais reflexivos em máquinas, aparelhos, tampos de mesa, painéis, etc.

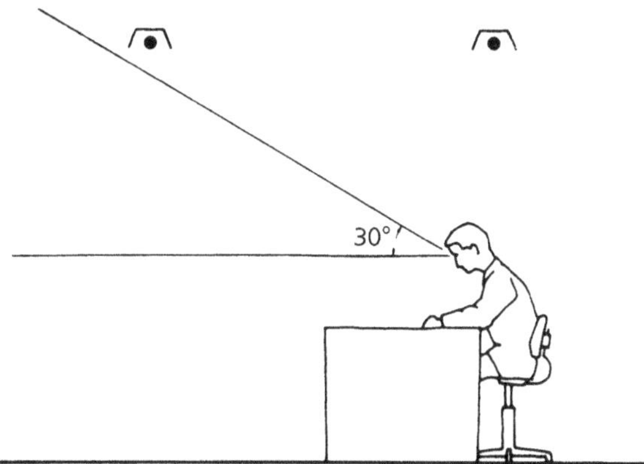

Figura 18.7 O ângulo entre a direção horizontal da visão e uma linha de ligação olho-luminária deveria ser maior que 30°.

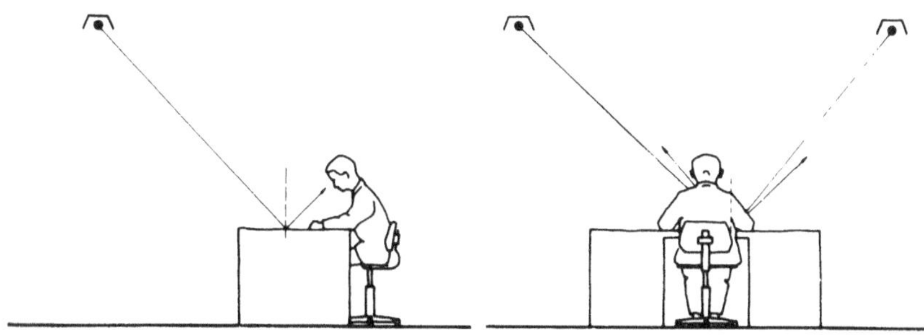

Figura 18.8 Disposição desfavorável das luminárias, à esquerda, e favorável, à direita. Esquerda: a luz refletida vai na direção do olhar, de modo que é possível o ofuscamento por reflexo direto. Direita: a luz refletida não atinge o olho; por isso, são evitados os ofuscamentos por reflexos.

ILUMINAÇÃO PARA TRABALHO DE PRECISÃO

Trabalho fino e delicado

Trabalho muito preciso, digamos, do tamanho de uma letra impressa normal até frações de milímetro, necessita iluminação especial para suplementar a iluminação geral. Exemplos de tal trabalho são os seguintes:

1. Teste de cor em trabalhos de química, fábrica de papel e indústria têxtil.
2. Trabalho delicado de montagem, ajuste e teste de equipamentos eletrônicos, relojoaria e engenharia de precisão.
3. Afiação, gravação, polimento e gravação de vidro.
4. Fiação, costura, tricotagem, impressão de cor, cerzimento invisível e controle de qualidade, na indústria têxtil.

Objetos muito pequenos podem requerer lentes de aumento e outros acessórios ópticos para viabilizar o trabalho.

Requisitos para boa visão

As seguintes considerações são importantes neste contexto:

1. O nível de iluminância do posto de trabalho.
2. A distribuição de superfícies claras dentro do campo visual.
3. O tamanho dos objetos a serem manuseados.
4. Quanta luz é refletida por estes objetos.
5. O contraste entre objetos e o entorno/fundo/sombras.
6. Quanto tempo está disponível para ver o que é necessário.
7. A idade da pessoa.

Conforme já mencionado, trabalho fino e delicado requer níveis de iluminamento entre 1.000 e 10.000 lx. Níveis tão altos de iluminamento são geralmente exigidos por trabalhadores que precisam se concentrar em pequenos objetos, e isto gera fortes contrastes e sombras para discernir contornos, pequenos detalhes e localizações exatas.

O princípio geral é que o trabalho que demanda muita acuidade visual (reconhecimento de formas e objetos muito pequenos) e sensibilidade de contraste (por exemplo, controle de cor ou padrão em tecidos, leitura de filmes de raio X) exige altos níveis de iluminamento, geralmente com luz direta. Os valores das Tabelas 18.1 e 18.2 fornecem algumas diretrizes.

Luzes muito intensas podem ser problemáticas

Em certas ocasiões, no entanto, a iluminação pode ser muito intensa e prejudicial. Reflexos de superfícies polidas podem dificultar a visão. Além disso, detalhes estruturais em materiais ou irregularidades na superfície de folhas de metal ou vidro, por exemplo, podem ser vistos mais facilmente com iluminação direta, mas moderada, do que em ambientes superiluminados.

Contrastes em trabalhos delicados

Em contraste com grandes superfícies, objetos muito pequenos são melhor vistos com contrastes fortes. Marcas ou objetos escuros sobre um fundo branco são mais fáceis de ver do que objetos claros sobre um fundo escuro. Por esta razão, quando trabalhando com objetos muito pequenos, geralmente é melhor não ter o trabalho iluminado pelo lado, mas, sim, pela frente, porque a parte posterior do objeto está na sombra e o objeto salta da superfície clara e reflexiva.

Iluminação frontal

A incidência da luz e as sombras podem fazer uma grande diferença para o reconhecimento de objetos e a interpretação da estrutura da sua superfície.

Uma luz muito difusa, sem sombras, faz tudo parecer plano e sem detalhes, enquanto que a iluminação que gera sombras torna os objetos mais óbvios e discerníveis.

No entanto, luzes muito diretas podem gerar ofuscamento. Isto leva à conclusão de que para um trabalho muito delicado, nem uma luz completamente difusa, nem uma luz totalmente direcional é adequada. Por exemplo, durante o controle de áreas irregulares e manchas de ferrugem, em peças de metal, a tarefa visual é mais fácil com uma luminária que seja meio difusa, em comparação com uma que forneça luz direta. A Figura 18.9 mostra o posto de trabalho, esquematicamente.

Diferentes tipos de luminárias e arranjos para trabalhos de precisão devem ser sempre testados com trabalhadores experientes. Muitos tipos de trabalho de precisão apresentam problemas de visibilidade, que não podem ser resolvidos por métodos estereotipados.

Recomendações gerais para trabalho de precisão

Apesar desta ressalva, pode-se formular alguns princípios gerais, que são especialmente válidos para trabalhos de montagem de precisão ou tarefas mecânicas delicadas:

1. Use luz frontal.
2. Proteja as luminárias, para que não sejam diretamente visíveis.
3. As luminárias devem ter vidro canelado ou fosco, para gerar luz parcialmente difusa.
4. A superfície difusa deve ser ampla e profunda, para fornecer uma iluminação na bancada de trabalho o mais uniforme possível.
5. A fonte de luz deve emitir de uma grande superfície.
6. Deve-se dar preferência aos tubos de luz fluorescentes, ao invés de lâmpadas de filamento, já que estas últimas geram mais calor.

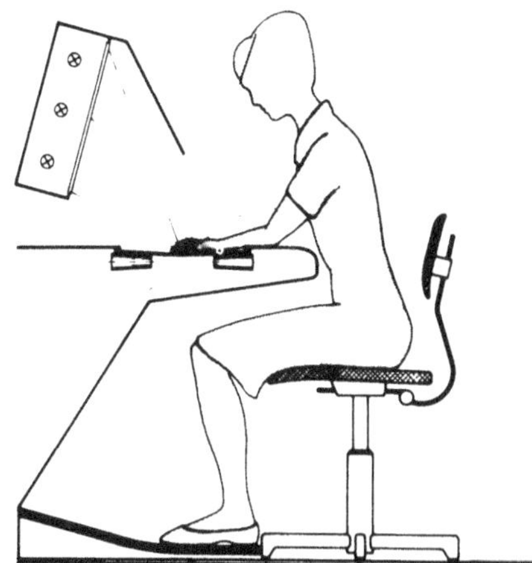

Figura 18.9 Representação de um local de trabalho no qual são examinadas peças metálicas e descartadas as defeituosas. A luz vem de uma luminária com lâmpadas fluorescentes, em fases alternadas, com uma grande superfície refletora de luz, uma placa de vidro difusora da luz, uma proteção para evitar a vista direta e a incidência frontal da luz. Com isto, as peças defeituosas são mais facilmente identificadas.

ILUMINAÇÃO NOS ESCRITÓRIOS COMPUTADORIZADOS

Níveis de iluminamento para estações de computador

As recomendações gerais para os níveis de iluminamento não são válidas para escritórios com postos de trabalho com computador. Um operador de computador que está olhando alternadamente para uma tela escura e um documento claro está exposto a contrastes muito grandes de luminância. Veremos, nas próximas páginas, que a razão de contraste entre a tela e o documento fonte não deve exceder 10:1, o que implica que o nível de iluminamento sobre o documento deve ser mantido baixo. Por outro lado, no entanto, a tarefa de leitura requer que o documento fonte seja bem iluminado. Esta situação conflitante requer um compromisso. Assim, não é surpresa que a avaliação dos níveis ótimos de iluminamento seja uma questão controversa.

Níveis de iluminamento preferidos

Em escritórios computadorizados, é comum notar que os tubos de uma lâmpada fluorescente foram removidos ou trocados pelos operadores. Quando questionados, eles não conseguem dar uma razão específica para tal, mas comentam que um nível de iluminamento menor é mais conveniente.

Algumas pesquisas foram feitas sobre as condições de iluminação preferidas em estações de trabalho com computador. Shahnavaz (1982) realizou um estudo de campo em uma central de informações telefônicas sueca. Os operadores podiam ajustar o nível de iluminamento da mesa de trabalho. Os níveis de iluminamento médio preferidos no catálogo telefônico foram 322 lx, durante o dia, e 214 lx, para o turno da noite, com níveis similares na mesa e teclado.

Um estudo na Alemanha, realizado por Benz *et al.* (1983), revelou que 40% dos operadores de computador preferiram níveis entre 200 e 400 lx, enquanto 45%, níveis entre 400 e 600 lx.

Durante um estudo com 38 operadores de CAD *(computer-aided design)*, van der Heiden *et al.* (1984) notaram que um número de luminárias foram desligadas, reduzindo o nível médio de iluminamento para 120 lx.

Níveis de iluminamento recomendados

Estes estudos e muitos outros que se seguiram deixaram claro que a iluminação ambiente em escritórios tradicionais, geralmente, não é adequada para os postos computadorizados. O iluminamento em escritórios computadorizados deve ser reduzido para um nível compatível com o contraste luminoso adequado para o trabalho com computador. Tais níveis estão na ordem de 200 lx, mas isto geralmente faz com que o escritório pareça escuro. Além disso, 200 lx é, na maioria dos casos, inadequado para a leitura de documentos em papel.

Deve-se enfatizar que não é prudente recomendar apenas um valor, já que as condições de trabalho podem diferir de um trabalho para outro. Por exemplo, Läubli *et al.* (1981) observaram, em um estudo de campo, que os operadores de entrada de dados tendiam a preferir níveis de iluminamento mais altos do que aqueles envolvidos com atividades de conversação.

A experiência geral, assim como vários estudos de campo, levam às recomendações da Tabela 18.3.

Luminâncias das superfícies em postos de trabalho com computador

As superfícies no campo visual e entorno de um operador de computador são a tela, moldura e cobertura do monitor, mesa, teclado, documentos-fonte e outros elementos do ambiente imediato, tais como paredes, janelas, teto e mobília.

Os contrastes entre as luminâncias das superfícies nas antigas estações de computador, que geralmente tinham caracteres claros sobre um fundo escuro, eram geralmente excessivos, similar ao contraste entre uma tela escura e um documento em papel branco.

A Figura 18.10 ilustra um exemplo de um arranjo de posto de trabalho muito ruim: infelizmente, esta condição não é uma exceção.

Tabela 18.3 Níveis de iluminamento recomendados para estações de computador. Os valores de lx referem-se a medidas tomadas no plano horizontal

Condições de trabalho	Nível de iluminância (lx)
Tarefas comuns com documentos bem impressos	300
Tarefas comuns com documentos pouco legíveis	400-500
Tarefas de entrada de dados	500-700

3:1 ou 10:1?

De acordo com as recomendações gerais, a razão de contraste entre um fundo escuro de tela e uma fonte bem iluminada de documento-fonte, não deve exceder 1:3. É óbvio que esta recomendação não pode ser seguida na maioria das estações computadorizadas que têm caracteres claros sobre um fundo escuro. Haubner e

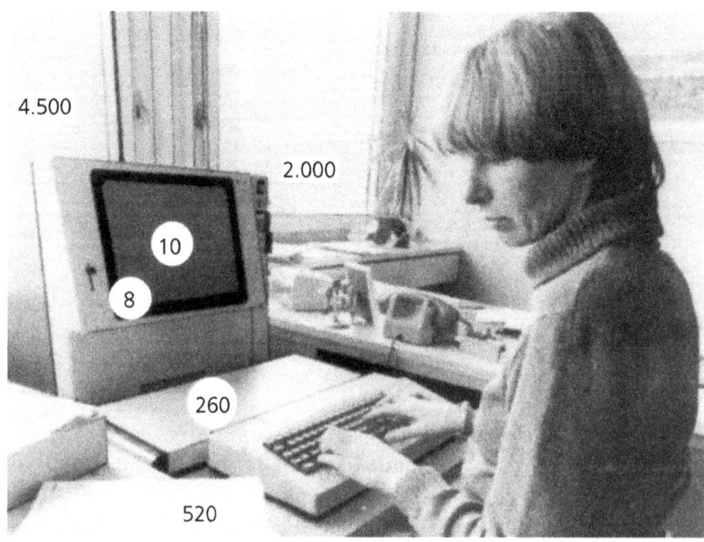

Figura 18.10 Grandes contrastes de brilhos em um local de trabalho com monitores. Os números dentro dos círculos fornecem as luminâncias medidas em cd/m². O contraste entre o fundo do monitor e os documentos é de 1:50 e o contraste entre o fundo do monitor e a janela é de 1:450.

Kokoschka (1983) observaram que a performance não diminuía até contrastes de luminância de 1:20, entre tela e documento-fonte. Rupp (1981) chamou a atenção de que o contraste entre caracteres claros e documento-fonte deve ser mais importante do que o contraste entre fundo de tela e o documento-fonte.

Uma solução: caracteres escuros sobre fundo claro

O problema de contraste é resolvido, ou ao menos tornado menos severo, se um operador usa uma tela de computador que mostra caracteres escuros sobre um fundo claro, ao invés das telas do tipo claro-sobre-escuro, do final dos anos 1970. O chamado vídeo reverso tem a vantagem adicional de gerar menos ofuscamento por reflexo, porque a tela clara não age tanto como um espelho, como no caso do fundo escuro.

Embora todos os problemas das diferenças temporal e espacial das luminâncias das superfícies, no ambiente visual dos operadores de computador, não tenham sido resolvidos, é realista e razoável fazer as seguintes proposições. *O contraste de luminância entre a tela e o documento-fonte deve estar entre 1:3 e 1:10. A mesma faixa de contraste de luminância se aplica aos caracteres escuros sobre uma tela de monitor clara, sendo as razões de 1:5 a 1:7, as preferidas.*

Estas recomendações estão na Figura 18.11, em termos de valores de reflectância. A ilustração mostra um dos antigos monitores com fundo escuro: com os monitores de fundo claro, é mais fácil evitar as reflectâncias na tela.

Contrastes com telas claras

A maioria dos monitores modernos têm caracteres escuros sobre fundo claro, variando entre 50 e 100 cd/m². É óbvio que telas tão claras não geram o problema de contraste excessivo com o documento-fonte ou outras superfícies claras no campo visual, o que é, sem dúvida, um mérito.

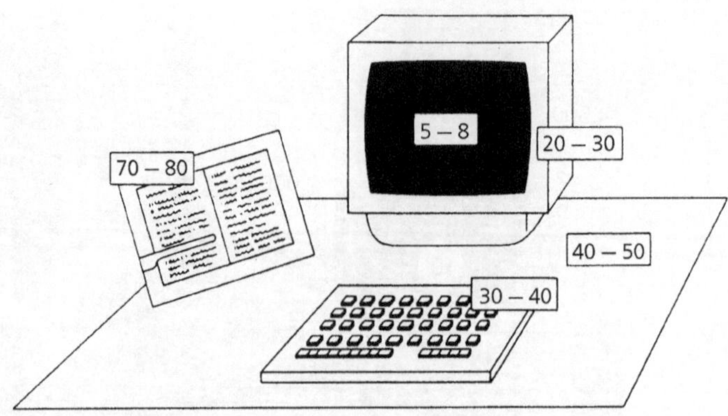

Figura 18.11 Reflectâncias recomendadas para estações de trabalho computadorizadas com uma tela escura e um ambiente claro. Reflectância é a percentagem de luz refletida de um fluxo luminoso incidindo em uma superfície.

Reflexos nas superfícies da tela

A superfície de uma tela de vidro reflete cerca de 4% da luz incidente; isto é suficiente para refletir imagens dos arredores do escritório, tais como as luzes, o teclado ou a imagem do operador, particularmente se ele estiver usando roupas claras.

Primeiro, o objeto é refletido na superfície da tela; isto produz uma imagem-espelho. Depois, o objeto é refletido pela camada de fósforo, produzindo um reflexo difuso. A Figura 18.12 mostra um exemplo comum de uma janela refletida na tela escura.

... produzem ofuscamento ou perturbação

Refexos claros podem ser fonte de ofuscamento: os reflexos de imagens, no mínimo, incomodam. Eles interferem com os mecanismos de foco; o olho é forçado a focar alternadamente no texto e na imagem

Figura 18.12 O reflexo de uma janela na superfície de um monitor se sobrepõe ao texto e coloca uma cobertura de luz na tela.

refletida. Eles também interferem com o ajuste de contraste e sensibilidade do sistema visual (o funcionamento da visão humana foi discutido no Capítulo 17). Portanto, os reflexos na tela do computador são uma fonte de fadiga visual e distração. Reflexos claros na tela são, geralmente, a principal queixa dos operadores.

Posicionamento das estações de computador

A medida ergonômica mais eficiente é o posicionamento adequado da tela, em relação às luzes, janelas e outras fontes de luz. Muitos outros procedimentos, tais como o ajuste do ângulo da tela e o uso de dispositivos anti-reflexivos na tela são discutidos em publicações especializadas, incluindo o livro de 1997 de Grandjean, *Ergonomics in Computerized Offices,* ou o de Kroemer *et al.* (1994), *Ergonomics Book*.

Se a fonte de luz está atrás do operador de computador, pode ser facilmente refletida na tela e causar ofuscamento por reflexo. Se a fonte está na frente, pode causar ofuscamento direto. Estas condições estão ilustradas na Figura 18.13

...em relação às luminárias

Luminárias diretamente acima do operador podem esconder os caracteres, com reflexos gerados na camada de fósforo. Portanto, é preferível instalar as luminárias em paralelo e em um dos lados do plano medial do operador.

... e em relação às janelas

Nos escritórios, as janelas têm um papel de fornecer muita luz: uma janela em frente ao operador perturba, pelo ofuscamento direto; quando atrás dele, produz ofuscamento por reflexo. Por esta razão, as estações devem ser dispostas em ângulo reto com a janela. Em escritórios com apenas uma ou duas paredes de janelas paralelas, isto é uma medida de proteção eficiente. A Figura 18.14 mostra tal arranjo.

Coberturas de janelas

Em escritórios com duas ou mais paredes de janelas, algum tipo de cobertura de janela deve ser usada. As janelas devem ser cobertas também à noite, porque os reflexos das luzes interiores do escritório podem causar ofuscamento. Dois tipos de coberturas de janelas podem ser usados:

Mini-persianas. Tanto verticais como horizontais, podem ser usadas. Sua finalidade é ocluir a janela, em um dia claro, e absorver a luz das fontes interiores, à noite.

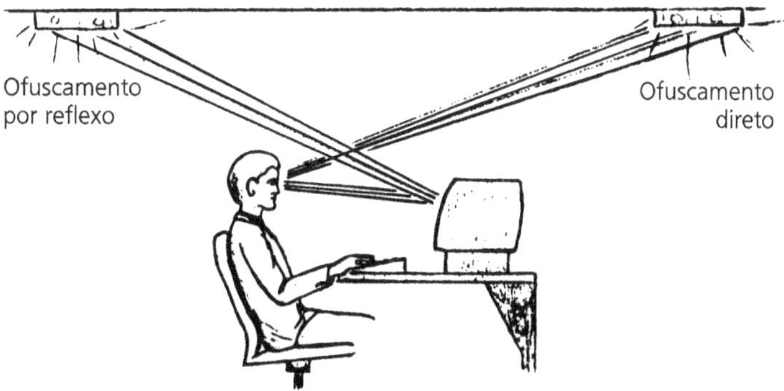

Figura 18.13 Fontes luminosas atrás do operador de monitores provocam reflexos; fontes luminosas na frente do operador são fontes de ofuscamento direto.

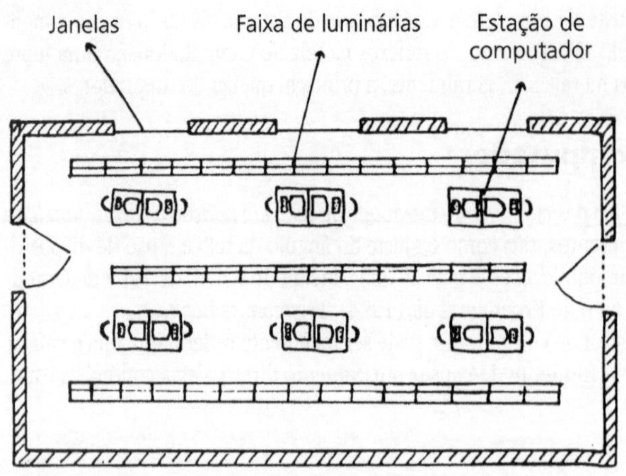

Figura 18.14 Plano de um leiaute de escritório com uma parede com janelas. As estações de computador devem estar dispostas em ângulo reto com a janela.

Cortinas. Elas são especialmente eficientes se elas também são usadas para controlar o fluxo de calor para dentro ou para fora da janela. A preferência deve ser dada a materiais de baixa reflectância, de 50%. As cortinas só podem ser completamente abertas ou fechadas, enquanto as persianas podem ser parcialmente fechadas.

Finalmente, existe a possibilidade de colocação de telas intermediárias entre a estação de computador e as janelas. Tal tela não deve ter reflectância maior do que 50%.

Luminárias apropriadas

As melhores luminárias para escritórios com computador não são as mesmas do escritório tradicional. As luminárias que geram uma grande parte de luz horizontal devem ser evitadas, já que estas iluminam a tela vertical, gerando reflexos. É recomendável luminárias que geram uma luz confinada, principalmente para baixo (ou para cima, veja a seguir), tais como persiana, espelho curvado ou escudos prismados. O ângulo do fluxo luminoso não deve exceder 45° com a vertical. Luminárias adequadas e bem arranjadas são mostradas na Figura 18.15. Tais luminárias não geram ofuscamento direto ou por reflexo, desde que a tela e o teclado estejam em uma área de sombra.

Iluminação indireta

Alguns engenheiros de iluminação sugerem suspender as luminárias abaixo do teto para que elas emitam a maior parte da luz para cima. Lâmpadas emitindo toda a luz para cima, no teto, e para a parte superior das paredes também são usadas em alguns escritórios. Estes sistemas de iluminação podem produzir um efeito estético agradável, mas têm a desvantagem de apresentarem tetos e paredes claras, o que, por outro lado, pode causar reflexos indesejados na tela.

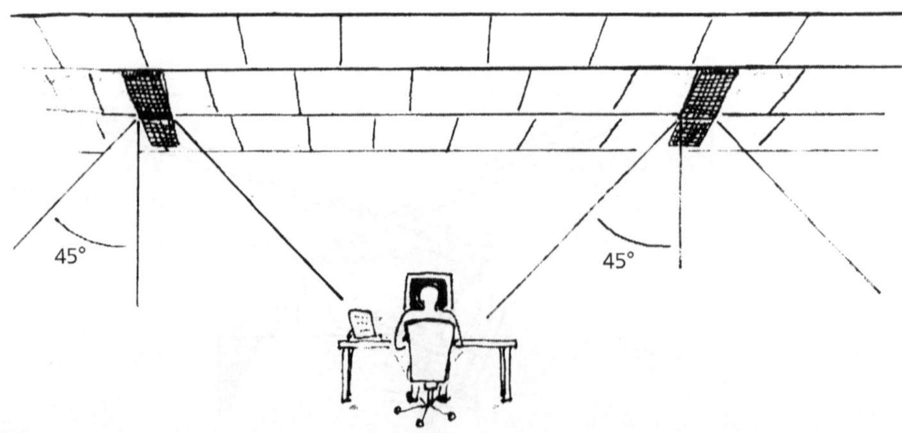

Figura 18.15 Iluminação no teto com escudos prismados que geram luz confinada em um ângulo de 45° com a vertical.

Luminária de trabalho

Se existe um nível geral baixo de iluminamento, iluminação suplementar pode ser fornecida para algumas tarefas visuais, tais como leitura de documentos. É importante que a luminária de trabalho fique confinada à área alvo, para que não brilhe nos olhos das pessoas que trabalham na sala escurecida. Luminárias tipo *spot* podem ser eficientes, mas, para evitar ofuscamento direto ou indireto, as luminárias de trabalho devem ser cuidadosamente escolhidas e arranjadas.

RESUMO

Fornecer boa iluminação é uma tarefa teoricamente bem compreendida, que pode ser tecnicamente bem feita, embora requeira algum esforço por parte do engenheiro.

CAPÍTULO 19

Ruído e vibração

Percepção do som

Os processos fisiológicos da percepção do som são essencialmente os mesmos já discutidos para a percepção visual. No caso da audição, o ouvido interno (ao invés do olho) provê a "interface", onde as ondas sonoras são convertidas em impulsos nervosos ao longo do nervo auditivo. *A percepção do som é a integração e interpretação destes impulsos sensoriais no cérebro, mais precisamente no córtex auditivo.*

PERCEPÇÃO DO SOM

A percepção do som não é apenas a reprodução fiel de toda a banda de freqüências "tocadas" no cérebro. Este fato é especialmente importante na reação das pessoas ao ruído, que varia muito de pessoa para pessoa. O que é ruído, para você, pode ser música para outra pessoa. Outro exemplo da variação da percepção é a avaliação da altura em relação à freqüência do som. Um som de tonalidade baixa parece menos alto do que um som agudo, embora o conteúdo de energia possa ser o mesmo.

Sons

Qualquer movimento mecânico repentino gera flutuações na pressão do ar, que se dissipam como ondas, da mesma forma que ocorrem ondas quando se mexe a água. Enquanto que estas variações de pressão ocorrem com uma freqüência e intensidade regulares, o ouvido humano reage à elas como sons. A extensão da variação da pressão determina a pressão do som, e isto determina a intensidade da sensação.

A pressão do som é subjetivamente percebida como altura.

A freqüência de um tom é o número de flutuações de pressão, ou vibrações, por segundo, expressa em Hertz (Hz). A maioria dos sons contém uma mistura de tons de diferentes freqüências; se as freqüências altas predominam, percebemos como um som de tonalidade alta e vice-versa.

A freqüência é subjetivamente percebida como *tonalidade.*

O decibel

A unidade física da pressão do som é o micropascal (μPa). O som mais fraco que o ouvido saudável de uma pessoa pode detectar está em torno de 20 μPa. Esta onda de pressão de 20 μPa é tão baixa que faz com que a membrana do ouvido interno sobre uma deflexão menor do que o diâmetro de um átomo. No entanto, o ouvido também pode tolerar pressões sonoras um milhão de vezes mais altas. A faixa de audição compreende todo som, desde o murmúrio de um riacho até o ruído de um avião a jato.

Para acomodar uma faixa tão grande em uma escala prática, foi introduzida uma unidade logarítmica, o decibel (dB).

A escala de decibel usa o limiar de audição de 20 μPa como uma referência de pressão. Cada vez que a pressão do som em micropascal é multiplicada por 10, 20 dB são acrescidos ao nível de decibel, de forma que 200 μPa correspondem a 20 dB. Um decibel é a menor mudança que o ouvido pode distinguir; um aumento de 6 dB é o dobro do nível de pressão sonora, embora um aumento de 10 dB é necessário para dobrar a altura do som.

As pressões sonoras são registradas logaritmicamente usando o nível da pressão sonora (NPS), de acordo com a fórmula:

$$SPL_{dB} = 20\log_{10} \frac{P_x}{P_o}$$

onde SPL_{dB} = nível de pressão sonora em dB; P_x = pressão sonora em μPa; P_O = pressão sonora mais baixa que os humanos podem detectar, fixada internacionalmente em 20 μPa.

Tonalidade e altura

Conforme já mencionado, a altura de um som depende bastante da sua tonalidade. O ouvido humano jovem é sensível a sons na faixa de freqüência de 16 a 20.000 Hz, que varre quase nove oitavas. Sons abaixo de 16 Hz (infra-som) são percebidos como vibrações; acima de 20.000 Hz (ultra-som) o ser humano não consegue percebê-los, mas os cães e outros animais, sim. *Sons de tonalidade baixa parecem menos altos do que os de tonalidade alta.* Isto é claramente mostrado na curva do limiar de audição para diferentes freqüências, a curva mais baixa na Figura 19.1. Ela mostra que a maior sensibilidade da audição humana está na faixa de 2.000 a 5.000 Hz. É de interesse notar que grande parte da fala humana está entre 300 e 700 Hz: a maioria das vogais estão abaixo de 1.000 Hz, mas as consoantes chegam a 10.000 Hz, especialmente se elas são sibilantes.

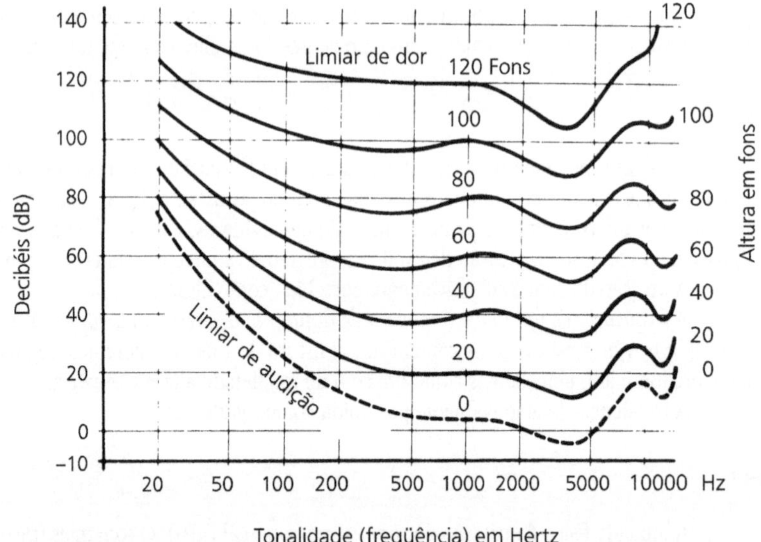

Figura 19.1 As curvas de mesma altura (curvas "fon") dependem do nível sonoro (em decibéis) e da freqüência (em Hz). A curva mais baixa corresponde ao limiar da audição, compreendido como aquele nível sonoro mais baixo ainda audível. De acordo com Robinson e Dadson (1957).

Curvas de mesma altura

Desde 1933, Fletcher e Munson plotaram curvas de mesma altura em relação à pressão sonora e freqüência. Para este propósito, eles consideraram uma base de 1.000 Hz. Em tons de freqüência mais alta e mais baixa eles determinaram as pressões sonoras necessárias para dar aos sujeitos da pesquisa a impressão de mesma altura. Desta forma, eles obtiveram curvas de mesma altura. Robinson e Dadson (1957) avançaram nos estudos e seus resultados (incorporados em uma norma ISO, desde 1957) são mostrados na Figura 19.1. Note que os valores de "fon" são os mesmos da pressão sonora em decibéis na freqüência de referência de 1.000 Hz.

Estas curvas de mesma altura (curvas "fon") são válidas apenas para tons puros; elas não correspondem a impressões subjetivas de altura, se o som inclui muitas freqüências diferentes. Já que quase todos os ruídos, e muitos sinais sonoros, são uma mistura de freqüências, o uso de valores de fon como medida de altura tornou-se obsoleto. No entanto, estas curvas de mesma altura ainda têm valor para avaliar os efeitos de diferentes faixas de freqüência no ouvido humano.

Nível de ruído ponderado

Hoje em dia, a medida de altura é feita pelos níveis sonoros ponderados. Nível sonoro ponderado é essencialmente um processo de filtragem de energia sonora nas freqüências mais altas e mais baixas, onde a sensibilidade é menor, de acordo com as curvas de mesma altura. Portanto, a pressão sonora tem pouca importância nestas faixas de freqüência. O termo "nível ponderado de som (ou ruído)" tem uma derivação similar. A Figura 19.2 mostra três curvas ponderadas em decibéis, (A), (B) e (C), que estão correntemente em uso.

A curva de nível ponderado de som em dB (A) é geralmente a mais usada, porque vários estudos em psicologia mostraram que *os níveis sonoros medidos em dB (A) fornecem uma boa avaliação da percepção subjetiva do som (ou ruído)*.

Outras unidades de medição que são úteis em circunstâncias específicas serão discutidas mais tarde.

Órgãos da audição

A sensação da audição é produzida quando as ondas sonoras passam através da passagem auditiva externa do canal auditivo, depois através do ouvido médio, e finalmente pelo ouvido interno, onde a energia da pressão sonora é convertida em impulsos nervosos. Estes passam pelo nervo auditivo até o cérebro, onde o som é "ouvido".

Os componentes mais importantes dos órgãos da audição são mostrados na Figura 19.3. As ondas sonoras fazem com que o tambor (membrana do tímpano) vibre, e estas vibrações são transmitidas pelos ossos auditivos (ossículos: martelo, estribo e bigorna) até a membrana que cobre a "janela oval" do ouvido interno. Aqui, fluidos transmitem as vibrações ao longo da cóclea e de volta para a membrana, que fecha a

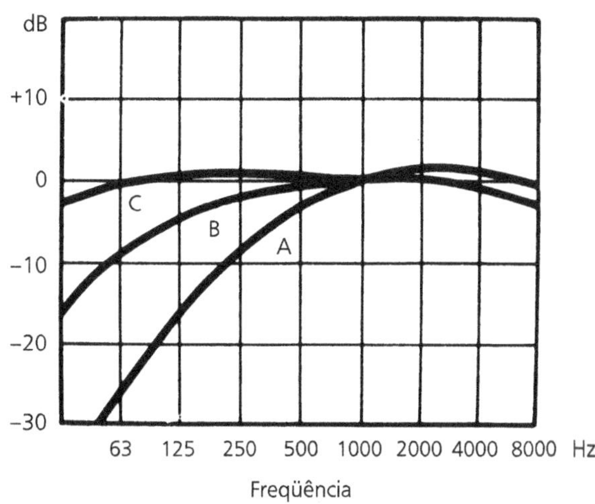

Figura 19.2 Curvas mostrando a relação entre db (A), db (B) e db (C). As curvas mostram quanta energia acústica é filtrada em cada faixa de freqüência.

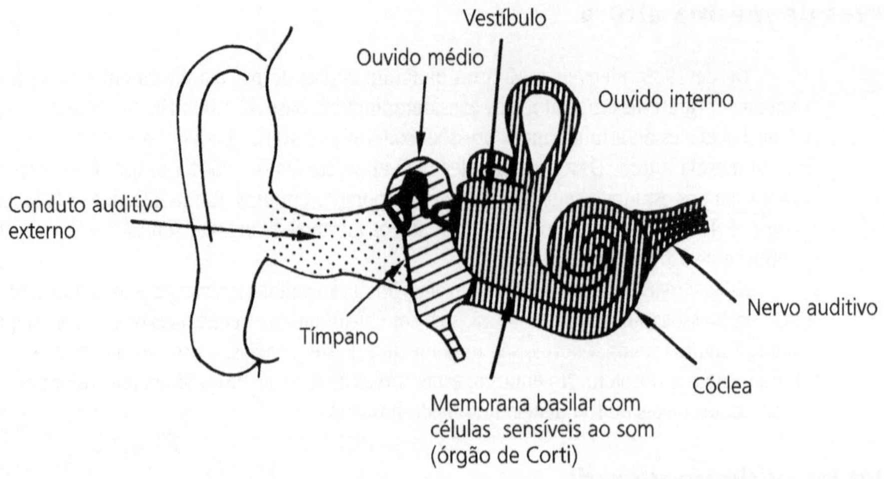

Figura 19.3 Representação da anatomia do aparelho auditivo. A parte hachurada corresponde ao ouvido interno, no qual a cóclea serve para a recepção de sons, enquanto que acima está o fundo do órgão de percepção da aceleração e do equilíbrio (o vestíbulo).

"janela oval". A chamada membrana basilar divide longitudinalmente a cóclea em duas câmaras e contém os *órgãos de Corti*, com suas células sensíveis ao som. Estes são os órgãos que convertem a pressão das ondas em impulsos nervosos. Cada célula é sensível a uma faixa particular de freqüências e passa seu estímulo a uma única fibra nervosa, que o transmite para o cérebro.

A membrana basilar tem um comprimento de cerca de 30 mm. As células sensitivas da cóclea próximas à entrada (junto à janela oval) respondem a altas freqüências, enquanto aquelas no ápex da cóclea são estimuladas por sons de baixa freqüência. Movimentos da membrana da janela oval criam uma série de ondas ao longo da cóclea, e a distância da janela ao topo de cada onda (comprimento de onda) é uma função de sua freqüência. Notas altas geram ondas curtas, com seus topos próximos ao início da cóclea; notas baixas geram ondas mais longas, com suas cristas mais próximas ao ápex da cóclea. Portanto, o ponto onde a membrana basilar recebe pressão máxima depende da freqüência do som.

Este fenômeno pode ser comparado com a quebra das ondas no *surf*; ondas curtas (altas freqüências) "quebram cedo", no começo da cóclea, enquanto ondas mais longas (baixas freqüências) viajam mais tempo antes de quebrar. Desta forma, o ouvido interno faz um tipo de "análise de freqüência" das ondas sonoras e transmite informações ao cérebro de todos os componentes de freqüências, gerando o som. O córtex cerebral integra novamente estes componentes, de forma que tomamos consciência apenas do todo, e não de suas partes constituintes.

Vias auditivas

Os impulsos nervosos gerados pelas ondas sonoras viajam pelo nervo auditivo até o cérebro, entrando na medula e passando por duas sinapses ou conexões nervosas para a esfera auditiva do córtex cerebral. Aqui, estão localizados os impulsos nervosos, como se a cóclea do ouvido estivesse espalhada por todo o córtex cerebral. Aqui é onde o cérebro integra estes impulsos em uma impressão de som. A Figura 19.4 mostra esquematicamente esta via auditiva.

Deve ser enfatizado que a audição consciente é um fenômeno do cérebro, mais precisamente do córtex cerebral. O ouvido interno e a via auditiva não são mais do que um mecanismo de transmissão, a "interface" entre o som atmosférico e a percepção consciente do cérebro.

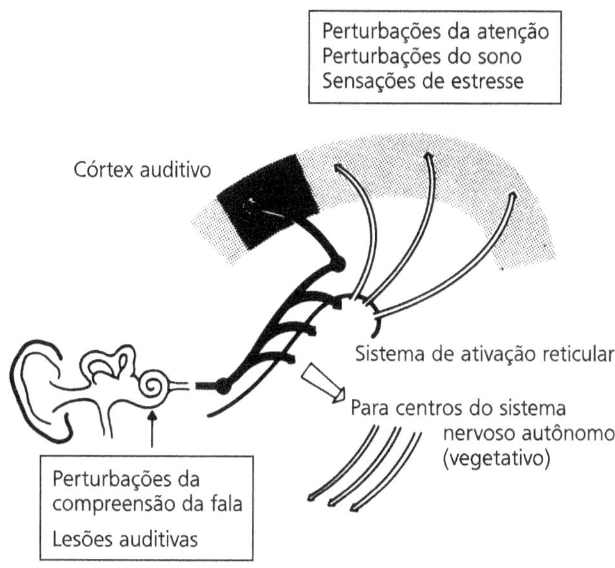

Figura 19.4 Representação da via auditiva (setas pretas), e as vias colaterais (setas brancas), que levam a manifestações secundárias do ruído.

Efeitos colaterais

A Figura 19.4 também mostra que, entre as duas sinapses, mencionadas anteriormente, as fibras nervosas dirigem-se para o sistema de ativação reticular. Daqui, as fibras vão para toda a esfera consciente do córtex cerebral, de forma que a excitação do sistema pelos sinais acústicos pode induzir o alarme por toda a consciência do indivíduo, atrapalhando o sono, reduzindo a concentração, quando acordado, e produzindo outros sintomas de sofrimento. Este tipo de "alarme" tem um papel biologicamente importante de alertar a pessoa, dando a oportunidade de interpretar o som e reagir de acordo. Como exemplo, considere um pedestre, andando despreocupado e pensativo por uma estrada no campo, e o ruído de um motor de carro é cada vez mais alto. Inicialmente, o pedestre não está consciente do ruído, mas quando ele atinge um certo nível, o sistema reticular de ativação é excitado e envia um sinal ao cérebro. O pedestre é imediatamente alertado, de modo que possa:

1. Tomar consciência do som.
2. Interpretá-lo.
3. Sair do caminho do carro.

A audição é um sistema de alarme

A audição tem duas funções principais:

1. Transmitir informação específica como *uma base para a comunicação entre indivíduos*. Esta função é bastante desenvolvida nos seres humanos.
2. Como um sistema de alarme, ativando as vias secundárias até o cérebro, *ela tem um papel essencial para acordar, aumentar o estado de alerta e, finalmente, de alarme.*

A função de alarme do sentido da audição pode ser usada como uma vantagem no planejamento de sistemas de transporte e na indústria. Ela é essencial para o reconhecimento rápido de situações perigosas, tanto na supervisão de um painel de controle ou de máquinas, dirigindo uma locomotiva ou pilotando um avião. Para este fim, uma combinação de sinais acústicos e visuais é necessário. Geralmente, os sinais acústicos servem para alertar o cérebro, e os visuais transmitem a informação necessária.

RUÍDO

Definição

A definição mais simples é que o *ruído é qualquer som indesejado*. Na prática, chama-se "som", quando não é desagradável, e "ruído", quando perturba. Esta definição é particularmente boa quando aplicada em relação ao ruído no trabalho. Geralmente, mas não sempre, ruído é "alto", ou seja, de alto nível de pressão sonora.

Medição da quantidade de ruído

A *quantidade de ruído* pode ser medida em unidades físicas, considerando todos os fatores acústicos durante um certo período de tempo. Várias pesquisas mostraram que o *nível de ruído* não é o único fator envolvido, mas que a freqüência em que o ruído ocorre e outras variáveis contribuem para a carga total de ruído.

Esses estudos resultaram no desenvolvimento de unidades de medidas que combinam vários componentes relativos ao ruído em uma quantidade, de forma que seja possível caracterizar a carga de ruído em um determinado ponto, por meio de um único dado.

Duas unidades são importantes para avaliar a questão do ruído no local de trabalho:

1. O nível equivalente de ruído contínuo (nível de ruído contínuo).
2. O nível de freqüência acumulada.

O nível de ruído equivalente

O *nível equivalente de ruído contínuo (L_{eq}) expressa o nível médio de energia sonora durante um dado período de tempo (o nível de energia)*. Esta quantidade é uma integração de todos os níveis sonoros que variam durante este tempo, e compara o efeito perturbador dos ruídos flutuantes com um ruído contínuo de intensidade constante.

O nível de freqüência acumulada

O nível de freqüência acumulada é medido com um indicador de nível sonoro e um contador de freqüência, operando sobre um dado período de tempo. As unidades comumente usadas na medição de som incluem:

1. L_{50} *(nível médio de ruído)*. "L_{50} = 60 dB" significa que o nível de 60 dB foi alcançado ou excedido durante 50% do tempo relevante.
2. L_1 *(nível do pico de ruído)*. "L_1 = 70 dB" significa que o nível de 70 dB foi alcançado ou excedido durante 1% do tempo.

Estes dois níveis, L_{50} e L_1, estão relacionados com o nível de ruído equivalente por meio da seguinte aproximação:

$$L_{eq} = L_{50} + 0{,}43\,(L_1 - L_{50}) \simeq \frac{L_{50} + L_1}{2}$$

Fontes de ruído

Um ruído perturbador pode ser tanto *externo*, vindo de fora do prédio, quanto *interno*, gerado dentro do prédio. As fontes mais importantes de ruído externo são o tráfego, indústria e vizinhança.

As fontes mais importantes de ruído interno em fábricas são as máquinas, motores, ar comprimido, máquinas de moagem, máquinas de estampagem, teares, serras e outras peças de máquinas ruidosas. Além disso, um escritório tem seu próprio ruído interno que vem dos telefones, máquinas de escrever e teclados de computador, impressoras e pessoas andando e falando.

Ruído de rua

O ruído externo é um fator de perturbação nos escritórios, salas de conferência, escolas e em casa. A Tabela 19.1 lista alguns níveis de ruído esperados em uma rodovia.

Ruído industrial

O ruído interno em fábricas é bastante variável. Pode ser contínuo ou intermitente, e pode soar como um estrondo, ruído de fala, chocalho e assobio. A Tabela 19.2 mostra alguns níveis de picos que podem ser alcançados.

Tabela 19.1 O nível de ruído do trânsito das ruas em equivalente L_{eq} em dB (A). Medidas tomada atrás de uma janela fechada. Com janela aberta, o nível de ruído na sala é apenas de 5 a 10 dB (A) menor do que o medido do lado de fora

	L_{eq} em dB (A)	
Densidade de tráfego	**Dia**	**Noite**
Intenso (rua principal, com cruzamento)	65-75	55-65
Médio	60-65	50-55
Fraco (rua de bairro)	50-55	40-45

Tabela 19.2 Níveis de picos de ruído industrial em dB (A)

Local ou fonte de ruído	Nível de ruído em dB (A)
Tiro de espingarda, bancada de prova de motores	130
Perfuratriz pneumática	120
Broca de ar comprimido	115 a 120
Peneira por vibração, motosserra, rebitadora a ar comprimido, fresa elétrica, martelo pneumático	105 a 115
Moinhos, teares, serras circulares, sala de caldeiras, máquinas de puncionar, tecelagens	100 a 105
Motores elétricos, rotativas, trefiladoras, serrarias, tipografias, enchimento de garrafas em cervejaria	90 a 95
Máquinas ferramenta (sem carga)	80
Motor de avião a jato	120

Para avaliar a extensão do dano de ouvir um ruído é necessário considerar o nível médio de L_{eq} durante as oito horas da jornada. De acordo com a ISO TC43 (1971), a medição deve ser feita em dB (A) e o nível equivalente de ruído contínuo (L_{eq}) calculado para ruído intermitente.

A Tabela 19.3 fornece alguns exemplos de L_{eq} para uma jornada de oito horas diárias.

Ruído em escritório

Trabalhos que exigem concentração mental ou em que a compreensão da linguagem é importante, são ocupações "sensíveis ao ruído", e mesmo que o nível de ruído seja comparativamente baixo pode ser perturbador.

Os níveis de ruído esperados em escritórios estão listados na Tabela 19.4.

O nível de pico de ruído L_1 está na zona entre 56 e 65 dB (A), que é de 4 a 8 dB (A) acima do nível médio de ruído L_{50}.

Nemecek e Grandjean (1971) estudaram os problemas de ruído em 15 grandes escritórios, em 1970, uma época pré-computadores. Os resultados mostraram níveis de ruído equivalente, L_{eq}, de 52 a 62 dB (A) com níveis de picos de ruído, L_1, de 56 a 65 dB (A). Eles concluíram que os grandes escritórios são bastante ruidosos.

Emissão de ruído das máquinas de escritório

O advento dos computadores trouxe um número de máquinas adicionais para o escritório: impressoras, *plotters*, calculadoras, etc. A Tabela 19.5 apresenta as emissões de ruído de algumas máquinas de escritório.

Tabela 19.3 Nível sonoro equivalente L_{eq} em dB (A) em diversos locais de trabalho. Os valores correspondem ao nível de ruído permanente em 8 horas

Local, setor, máquina	L_{eq} em dB (A)
Na fábrica de mangueiras	
Na retorcedeira final	95
Na sala da retorcedeira	90
No tear circular	95
Na tecelagem	95
Na indústria de bebidas	
Na máquina de agitação	95
Instalação de lavagem, inspeção visual	100
Na máquina de fechar	100
Na máquina enchedeira de latas	90

Tabela 19.4 Níveis de ruídos usuais nos escritórios

Tipo do escritório	Nível de ruído L_{eq} em dB (A)
Escritórios pequenos muito silenciosos	40-45
Escritórios grandes, silenciosos	46-52
Escritórios grandes, barulhentos	53-60

Tabela 19.5 Emissões de ruído aproximadas de máquinas de escritório. Medição feita no nível da cabeça dos operadores

Máquina	Emissão de ruído em dB (A)
Impressoras matriciais e de esfera	
Ruído básico	73-75
Níveis de pico	80-82
Impressora matricial com cobertura	
Níveis de pico	61-62
Impressora jato de tinta	
Ruído básico	57-59
Níveis de pico	60-62
Impressora a laser	Ruído não mensurável
Ventilador de resfriamento de monitores	30-60
Antiga máquina de escrever	aprox. 70
Máquinas de escrever eletrônicas modernas	aprox. 60
Duas máquinas de escrever eletrônicas, frente a frente	68-73
Máquinas copiadoras	55-70

Impressoras matriciais e de esfera são uma tortura

Impressoras matriciais e de esfera produzem um alto nível de ruído. Os seus níveis de pico, que são muito repetitivos, interferem bastante na comunicação falada e são muito perturbadores, particularmente para aqueles que não usufruem delas. Existem meios simples de reduzir o ruído: proteções abafam o ruído em 20 dB (A); infelizmente, muitos empregados não gostam de abrir e fechar a cobertura, a não ser que seja feito um grande número de impressos durante um longo tempo. Onde várias impressoras são usadas, deve-se considerar a localização delas em uma sala separada. Os painéis que são usados para separar as unidades em grandes escritórios reduzem a emissão de som em poucos decibéis; eles não são suficientes para abafar fontes de ruído que excedem 70 dB.

Impressoras jato de tinta e a *laser* são máquinas praticamente sem ruído e consideradas um grande avanço em relação às suas predecessoras.

O computador em si não é ruidoso, mas seu sistema de refrigeração e teclado são

O computador em si é silencioso, mas muitos têm ventiladores internos para resfriar a unidade do calor gerado pelos TRC (tubos de raios catódicos) do monitor de vídeo. Enquanto o nível de ruído do ventilador está abaixo de 40 dB (A), ele dificilmente é notado, mas quando excede 50 dB (A), ele se torna irritante. Os computadores pessoais, instalados em um espaço silencioso, geralmente geram problema de ruído.

As máquinas de escrever modernas, assim como os teclados dos computadores, não devem produzir ruído excessivo, mas muitos o fazem e são fontes de reclamações. As máquinas de copiar modernas, ou máquinas de fax, também estão na categoria de produtores de ruído.

PROBLEMAS DE AUDIÇÃO POR RUÍDOS

Perda auditiva

A estimulação forte e repetitiva por um som intenso pode gerar a perda auditiva, que é apenas temporária no início, mas depois de "ensurdecer", repetidamente, pode gerar um dano permanente. Isto é denominado *perda auditiva induzida por ruído* (*PAIR*), que geralmente ocorre pela degeneração lenta, mas progressiva, das células sensíveis ao som do ouvido interno. Quanto mais intenso e repetitivo é o ruído, quanto maior é o dano para a audição. O ruído que consiste predominantemente de altas freqüências é mais danoso do que os de baixa freqüência. Por exemplo, um tiro ou uma explosão pode danificar imediatamente as células da cóclea.

A sensibilidade ao ruído varia bastante de uma pessoa para outra. Algumas que são particularmente sensíveis podem sofrer perda auditiva permanente em apenas alguns meses, enquanto pessoas menos sensíveis podem mostrar os primeiros sintomas somente depois de muitos anos de exposição. PAIR geralmente inicia com freqüências acima de 4.000 Hz e se estende gradualmente para as freqüências mais baixas. No início, a pessoa não está ciente e só gradualmente começa a notar perda de audição, quando envolve as freqüências mais baixas. A surdez por ruído é progressiva e, em geral, combina com a perda auditiva que advém naturalmente com o envelhecimento: PAIR é geralmente confundida com a perda precoce por envelhecimento. Na maioria dos países industrializados, a surdez por ruído é um dos problemas ocupacionais da vida de trabalho.

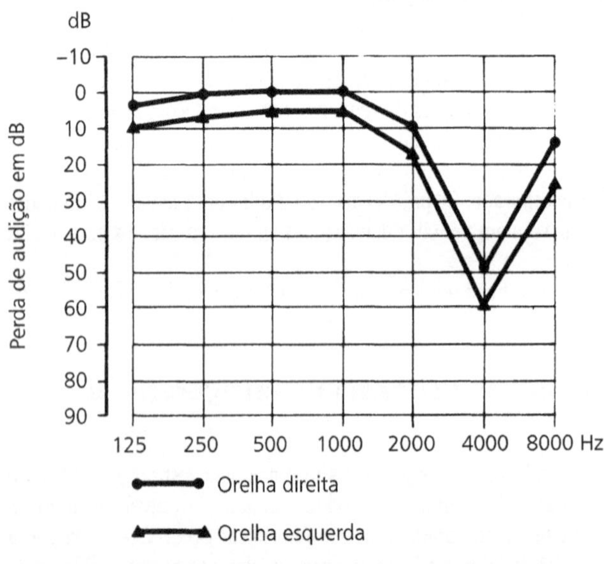

Figura 19.5 Audiograma de tons puros mostrando dano pelo ruído. A linha zero representa o limiar normal de audição. A perda de 50 a 60 dB a 4.000 Hz é característica de danos auditivos por ruído.

Audiometria

A capacidade de audição de uma pessoa ou a extensão da perda auditiva é medida pela chamada audiometria de tons puros, que determina o limiar de audição de tons puros de várias freqüências. O resultado é registrado em um audiograma que mostra, em decibéis, o quanto o limiar de audição foi elevado para cada freqüência. Tal audiograma de perda auditiva é mostrado na Figura 19.5. Ele mostra uma redução da capacidade de audição em torno de 4.000 Hz, aparentemente causada pela exposição a um som prejudicial a esta freqüência.

Perda temporária de audição

Depois da exposição a um som intenso, geralmente experencia-se uma perda temporária de audição, já mencionada acima. Este fenômeno é caracterizado pela *volta ao normal da audição*, após a *mudança temporária do limiar*. Existe uma relação estreita entre a *mudança temporária* e *permanente do limiar*, sendo o último denominado "surdez", que deve ser especificada em relação às faixas de freqüência:

1. Som de 80 a 90 dB causam mudanças de apenas 8 a 10 dB no limiar de audição, mas se a intensidade aumenta para 100 dB, o limiar sobe bem mais.
2. A mudança temporária no limiar de audibilidade é proporcional à duração do ruído. Por exemplo, um som de 100 dB de 10 minutos de duração produz uma mudança de 16 dB e, após 100 minutos, uma mudança de 32 dB.
3. O tempo para que a audição volte ao normal também é proporcional à intensidade e duração da exposição ao som. O tempo de restituição é aproximadamente 10% maior do que a duração do ruído.

Perda auditiva em função da idade

O limiar permanente de audição aumenta progressivamente com a idade, com a perda de audição sendo maior para as freqüências mais altas, e mais pronunciada no homem do que na mulher. Considerando uma freqüência de 3.000 Hz como padrão, a perda média de audição esperada para as várias idades é:

50 anos	10 dB
60 anos	25 dB
70 anos	35 dB

O audiograma da perda auditiva em função da idade difere daquele em função da exposição ao ruído (Figura 19.5), já que a perda auditiva aumenta progressivamente quando a freqüência é aumentada, de forma que a freqüência mais alta, ainda audível, mostra a maior mudança no limiar. A queda na curva de 4.000 Hz, característica na exposição ao ruído, no ocidente, não ocorre nos casos de surdez pela idade.

Os trabalhadores mais velhos geralmente mostram os efeitos combinados de surdez pela idade e por ruído, e pode ser difícil distinguir entre as duas.

O risco da perda auditiva

Com base nas evidências das comparações entre a exposição ao ruído e a freqüência de problemas de audição, é possível estimar o risco de perda auditiva em fábricas ruidosas. A International Standards Organisation (ISO) tem várias publicações sobre o risco em relação à idade, duração da exposição e intensidade do ruído. Um resumo simplificado de textos extraídos da ISO TC43 (1971) é mostrado na Tabela 19.6.

A tabela de dados mostra que o risco de problemas aumenta tanto com a intensidade do som quanto com a duração da exposição, *os problemas maiores estando aproximadamente acima de 90 dB (A).*

Tabela 19.6 O risco de danos à audição, expresso como percentagem da força de trabalho. Os valores percentuais indicados aumentam várias unidades com a idade

	Duração da exposição em anos		
L_{eq} em dB (A)	5%	10%	20%
80	0	0	0
90	4	10	16
100	12	29	42
110	26	55	78

Os trabalhadores em fábricas geralmente estão expostos a ruídos que variam muito, e foi mostrado que interrupções, ou períodos de calma relativa, reduzem o risco de perda auditiva.

Para avaliar a extensão de tal risco, deve ser calculado o nível equivalente de ruído durante um período de oito horas de trabalho. A relação entre a duração da exposição e a intensidade do som para gerar o mesmo grau de risco é a seguinte:

Horas	*dB (A)*
8	90
6	92
3	97
1,5	102
0,5	110

Para evitar danos auditivos, Grandjean (1988) *propôs como limite de L_{eq}, para uma jornada de oito horas, um valor que não exceda 85 dB (A).* A maioria dos limites em uso hoje em dia se aproxima disto, embora eles sejam mais precisamente definidos e formulados pelas legislações nacionais e regionais.

EFEITOS FISIOLÓGICOS E PSICOLÓGICOS DO RUÍDO

A Figura 19.4 mostra os tratos auditivos e como eles estão relacionados com as estruturas de ativação e de sensibilidade ao alarme do cérebro. No início deste capítulo, foram discutidos os efeitos primários e secundários do som. O ruído pode resultar em:

alteração do estado de alerta;
perturbação do sono;
perturbação.

O ruído pode afetar os centros autônomos e produzir os chamados *efeitos vegetativos* nos órgãos internos. Finalmente, um problema especial do ruído é que ele torna *difícil de entender o que as pessoas dizem*. O aspecto ergonômico destes vários problemas serão discutidos a seguir.

Entendimento da fala

Todos sabemos pela própria experiência que a sensibilidade do ouvido a um som particular — digamos, a voz de um colega — torna-se cada vez menor com o aumento do ruído ambiente. A capacidade de identificar um som em particular, em meio a outros, depende do limiar de audição, que aumenta linearmente com a intensidade do som até 80 dB. No que concerne à fala humana, no entanto, não é suficiente ouvir os tons puros. A "mensagem" — o conteúdo e significado — precisa não só ser ouvida, mas entendida e isto requer uma capacidade especial de discriminação no ouvido. Um fator crítico é a audição correta das consoantes, que são sons mais macios do que as vogais, porque são faladas com menos energia e são, portanto, mais facilmente mascaradas pelo som ambiente.

Para testar a inteligibilidade da fala, pode-se simplesmente usar a compreensão das *sílabas* como critério. Um palestrante "padrão" profere uma sucessão de sílabas "padrão" sem sentido, e a proporção de sílabas corretamente entendidas é registrada. Foi mostrado que um entendimento considerável de sentenças e seu significado é possível sem o entendimento da todas as sílabas, separadamente. A Figura 19.6 mostra a razão entre a compreensão das sílabas (S) e das sentenças (W).

O gráfico mostra que com uma compreensão silábica de apenas 20% das sentenças (S-0,20), ainda é possível entender quase 80% das sentenças; se metade das sílabas são compreendidas, então cerca de 95% das sentenças são inteligíveis.

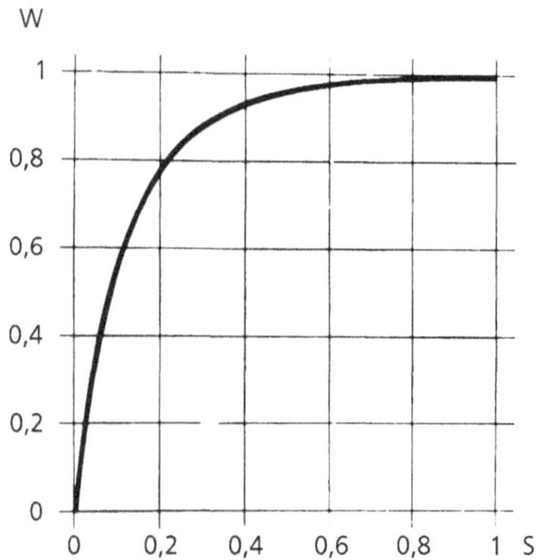

Figura 19.6 Compreensão de sílabas (S) e compreensão da frase ou de seu sentido (W). Ambas medidas correspondem à fração decimal do número total de sílabas ou frases apresentadas.

A compreensão da fala em uma sala de trabalho depende amplamente da altura da voz do palestrante e do nível do ruído de fundo. A Figura 19.7 mostra a relação entre a compreensão das sílabas (S), nível de ruído ambiente (N) e nível da voz (P), nas linhas inteiras. Além do mais, as linhas pontilhadas juntam pontos onde há as mesmas diferenças entre a pressão sonora do ruído e a pressão sonora da fala: P – N = 20,10,0 e –10 dB, respectivamente. É aparente, pelo gráfico, que a compreensão de 40 a 56% de uma sílaba é possível enquanto P – N = 10 dB. De acordo com a Figura 19.6, isto significa 93 a 97% de compreensão de sentenças ou sentido. *A experiência mostra que este nível de compreensão é bom o suficiente para a maioria das fábricas e escritórios e, portanto, a compreensão da fala é considerada intacta enquanto o nível de ruído de fundo é, ao menos, 10 dB abaixo do nível da voz do palestrante.*

Se, no entanto, estamos preocupados com a troca da informação verbal, em um assunto que não nos é familiar, com novas palavras difíceis, então um nível mais alto de inteligibilidade de sílabas é necessário. Já foi demonstrado que nestas circunstâncias a compreensão das sílabas deve ser de 80%, e isto requer uma diferença de 20 dB entre os níveis de pressão da voz e o ruído de fundo (Figura 19.7).

Existem outros testes mais complexos para avaliar a inteligibilidade da comunicação pela voz. Eles incluem medições e cálculos que levam ao Índice de Articulação (IA) ou ao Nível de Interferência da Fala (NIF) ou do Critério de Ruído Preferido (CRP). Mais informação sobre estas técnicas podem ser obtidas em publicações especializadas, tais como as listadas no livro *Ergonomics*, de Kroemer *et al.* (1994).

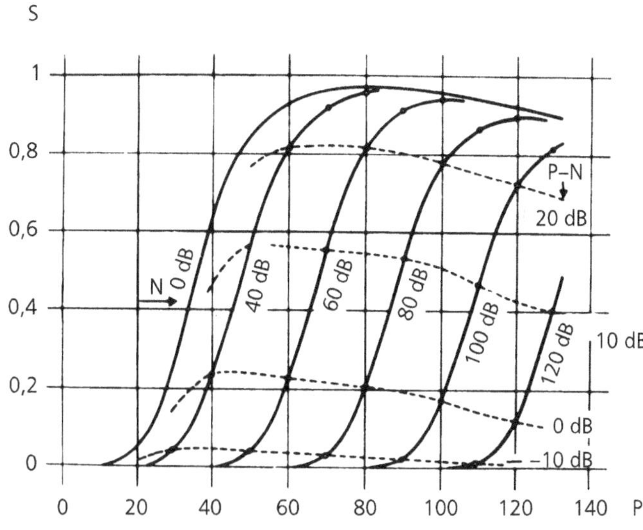

Figura 19.7 A compreensão de sílabas (S) em relação à pressão sonora (P) da voz e o nível de ruído (N) da sala. As linhas pontilhadas ligam todos os pontos no qual P – N é 20, 10, 0 ou –10 dB.

Pressão do som da fala sob ruído

A voz normal, em interiores, a uma distância de 1 m, opera nos seguintes níveis de pressão em dB:

Conversação	60-65
Palestrante em uma conferência	65-75
Aula	70-80
Grito alto	80-85

Considerando uma comunicação vocal a uma distância de 1 a 65 m e 70 dB, que deve ser entendida claramente e sem esforço, o nível de ruído de fundo não deve exceder 55 a 60 dB. Se a comunicação verbal é mais complexa e difícil de compreender, por exemplo, porque contém palavras estranhas ou nomes não familiares, então o ruído de fundo não deve exceder 45 a 50 dB.

Se os escritórios ou as salas de trabalho com estes requisitos estão situados próximos a rodovias com tráfego moderado ou pesado, então um ruído de fundo de 60 dB pode ser excedido, especialmente no verão quando as janelas estão abertas. Nestas circunstâncias, os níveis de ruído de 70 a 75 dB geralmente são alcançados em escritórios. Um efeito colateral desejável do ar condicionado é que permite que as janelas fiquem fechadas, evitando o ruído externo.

Efeitos no desempenho

A exposição ao ruído tem pouco efeito no trabalho manual, mas todos sabemos pela experiência que a concentração mental, o pensamento e a reflexão são mais difíceis em um ambiente ruidoso do que em um silencioso. Muitos exemplos da vida diária mostram que o ruído dificulta o desempenho e a produtividade nestas tarefas. É interessante, no entanto, que o que parece ser verdade na vida diária só é confirmado em parte pelos experimentos e estudos de campo. A pesquisa sobre os efeitos do ruído no desempenho tanto mental quanto psicomotor obteve resultados contraditórios: *o ruído pode até melhorar o desempenho, mas geralmente faz ela piorar.*

Melhorando o desempenho

O ruído pode ser positivamente estimulante nas condições certas. O desempenho *pode* ser melhorado se o trabalho é enfadonho; talvez isto também se aplique à *performance* mental e concentração em situações em que haja muitas outras distrações, que podem ser mascaradas por um ruído dominante.

Piorando o desempenho

No entanto, estes exemplos de melhoria de desempenho devem ser comparados com as pesquisas que mostram a *performance* afetada negativamente pelo ruído. Por exemplo, Broadbent (1957, 1958b) e Jerison (1959) observaram um declínio no desempenho durante testes de vigilância contínua.

A NASA (1989) compilou os efeitos de diferentes tipos de ruído (por freqüência, duração e origem) no desempenho humano. Kroemer *et al.* (1994) resumiu estes resultados em uma tabela que é apresentada na Tabela 19.7.

Sintetizando, pode-se dizer que os efeitos negativos do ruído sobre o desempenho são:

1. O ruído sempre interfere nas atividades mentais complexas, assim como nas atividades que exigem muita precisão e nas que exigem interpretação de informação.
2. O ruído pode tornar mais difícil o aprendizado de certos tipos de destreza.
3. Ruídos descontínuos e altos níveis de ruído (em regra, acima de 90 dB) podem atrapalhar o desempenho mental.

Tabela 19.7 Efeitos do ruído no desempenho humano e alteração temporária do limiar (ATL) de audição. Sob permissão de Kroemer *et al.* (1994)

Condições de exposição			
NPS (dB)	**Espectro**	**Duração**	**Efeitos no desempenho**
155		8 h; 100 impulsos	ATL 2 min após a exposição
120	Amplo		Redução do equilíbrio sobre um trilho fino
110	Ruído de máquina	8 h	Fadiga crônica
105	Ruído de motor de avião		Redução da acuidade visual, acuidade estereoscópica, acomodação do ponto próximo
100	Fala		Sobrecarga de audição por sobrecarga da fala
90	Amplo	Contínuo	Redução da vigilância; alteração dos processos de pensamento; interferência com o trabalho mental
90	Amplo		Redução do desempenho em tarefas de múltipla escolha e de reação em série
85	$\frac{1}{3}$-Oitava a 16 kHz	Contínuo	Fadiga, náusea, dor de cabeça
75	Ruído de fundo na espaçonave	10-30 dias	Redução de desempenho do astronauta
70	4.000 Hz		ATL 2 min após exposição

Fonte: Adaptado de NASA (1989).

Estudos de campo

Os efeitos do ruído foram estudados em condições industriais. Wisner (1967a) reportou as seguintes experiências:

1. Em uma fábrica de máquinas, uma redução de 25 dB no nível de ruído resultou na redução de 50% dos itens rejeitados.
2. Em uma fábrica de montagem, uma redução de 20 dB no nível de ruído aumentou a produção em cerca de 30%.
3. Em um setor de digitação, uma redução de 25 dB no nível de ruído foi acompanhada por uma redução de 30% dos erros de digitação.

Tais resultados devem ser sempre interpretados com cautela. O próprio Wisner alerta que a criação de uma nova situação (menos ruído) na fábrica pode ter um efeito psicológico nos trabalhadores, que tendem a melhorar o desempenho (na literatura da psicologia isto foi denominado *efeito Hawthorne*).

Efeitos do ruído nos escritórios

Um exemplo interessante foi revelado durante os estudos de Nemecek e Grandjean (1971), em 15 escritórios abertos. O nível de ruído foi medido em cada um dos escritórios e, ao mesmo tempo, 411 trabalhadores foram questionados sobre suas experiências e opiniões. Cerca de oito mil medições de nível de ruído geraram valores médios (L_{50}) entre 38 e 57 dB (A), e níveis de pico de ruído (L_1) entre 49 e 65 dB (A). A distribuição das respostas à questão "Que tipos de ruído atrapalham você?" é mostrada graficamente na Figura 19.8.

É claro que "fala" e "conversa" é o tipo de ruído que mais gera reclamações. Muitos dos entrevistados acrescentaram que não é a altura da conversa que perturba, mas o conteúdo.

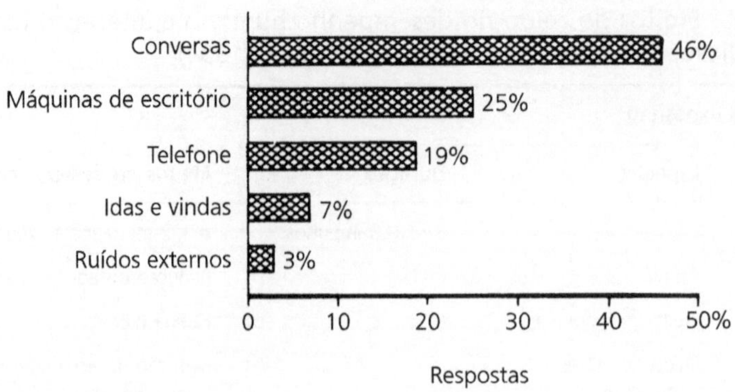

Figura 19.8 Distribuição de freqüência das respostas à pergunta sobre as fontes sonoras (411 entrevistados, alguns mencionaram mais de uma fonte. Isso resultou em 762 respostas = 100%). Segundo Nemecek e Grandjean (1971).

Estas indicações foram confirmadas pelos resultados das correlações calculadas entre nível de ruído e incidência da avaliação do ruído como "muito perturbador". Realmente, nenhuma correlação pode ser encontrada entre os níveis de ruído e perturbação do trabalho. Será que isto quer dizer que a perturbação devido ao ruído do escritório é quase independente dos níveis medidos de ruído?

O conteúdo da informação de uma conversa distrai

Estes resultados levaram à suspeita de que a *conversa entre as pessoas pode causar distração, não tanto pela altura da conversa, mas pelo seu conteúdo.*

A conversa de outras pessoas, que geralmente não é muito alta, pode ser mascarada pelo ruído de fundo geral causado pelo pessoal, manuseio de papel, pelo andar das pessoas, digitação, máquinas de escritório e ventilação da sala. Pode-se concluir que um certo nível médio de ruído, que cobre as conversas dos outros, será bastante apreciado pela maioria dos funcionários de escritório. Isto é a razão de em alguns grandes escritórios abertos instalarem aparelhos que produzem um ruído de fundo regular e constante, denominado "condicionador de som" ou "ruído branco", que mascaram as conversas.

Estresse fisiológico em função do ruído

Vários estudos em fisiologia mostraram que a exposição ao ruído produz:

aumento da pressão sangüínea;
aceleração da freqüência cardíaca;
contração dos vasos sangüíneos da pele;
aumento do metabolismo;
redução da velocidade de disgestão;
aumento da tensão muscular.

Estas reações são sintomáticas do "estado de alarme" mental, gerado pelo aumento da estimulação do sistema nervoso autônomo. São, na verdade, um mecanismo de defesa que prepara o corpo todo para enfrentar um perigo potencial, ficando pronto para a luta, fuga ou defesa. Não se deve esquecer que, em todo o reino animal, o sentido da audição é principalmente um sistema de alarme e esta função básica ainda persiste no organismo humano.

Efeito de acordar

É essencial para a manutenção da boa saúde que os estresses do dia sejam alternados com os poderes restauradores do sono (veja Capítulo 16).

O sentido da audição é o mais eficaz despertador do sono. Quando as pálpebras estão fechadas, os estímulos ópticos são excluídos, enquanto o sentido da audição é apenas ligeiramente abafado durante o sono. Ele ainda mantém sua função primária de sistema de alarme.

A experiência mostra que sons familiares são menos capazes de acordar alguém dormindo do que os sons não familiares. As pessoas que vivem próximo a uma estrada de ferro não acordam com a passagem de um trem, enquanto uma mãe ansiosa acorda com a tosse ou a respiração diferente de um filho. Obviamente, o cérebro humano pode "sintonizar" com certos sons e reagir a eles despertando, enquanto ignora outros, mas tem pouca defesa contra sons imprevisíveis, em que nem a natureza nem seu momento de ocorrência podem ser previstos. Tais ruídos têm um grande poder de despertar.

Um ruído pode tanto despertar completamente as pessoas quanto deixá-las em uma condição de semiconsciência. Isto é particularmente comum de acontecer se o ruído é repetido. Já que o sono leve não é tão repousante quanto o sono profundo, ele não é desejável e, portanto, ruídos intermitentes podem deteriorar a qualidade do sono, mesmo que o sujeito não acorde completamente.

Ruído e sono

Os efeitos do ruído na duração e qualidade do sono, sob condições experimentais, têm sido estudados em detalhe com o auxílio do eletroencefalograma. Os estudos até agora mostraram que um ambiente ruidoso:

reduz o tempo total de sono;
reduz a quantidade de sono profundo;
aumenta o tempo acordado, ou em sono leve;
aumenta o número de reações de acordar;
prolonga o tempo de adormecer.

Perturbação

A experiência diária nos ensina que muitos ruídos têm efeitos emocionais nas pessoas. Os sons despertam sentimentos e sensações, e estes são bastante subjetivos. Eles são considerados entre os efeitos psicológicos do ruído. Nem todos os ruídos ou sons são um incômodo. Os sons naturais, tais como o farfalhar das folhas ou o murmúrio de um riacho, são agradáveis. Certos ruídos (tais como o "branco" ou o "rosa", dependendo de sua freqüência no espectro) também podem ser agradáveis, se mascaram outros sons que são desagradáveis. Por outro lado, existem vários tipos de ruído, ou situações ruidosas, que as pessoas consideram como sendo subjetivamente desagradáveis e perturbadores. A natureza e extensão do incômodo depende de um número de fatores subjetivos e objetivos, sendo os mais importantes os seguintes:

1. Quão mais alto o ruído, e quanto mais altas freqüências ele contém, mais pessoas são afetadas por ele.
2. Ruídos não familiares e intermitentes geram mais problemas do que os ruídos familiares e contínuos.
3. Um fator decisivo é a experiência prévia da pessoa com o ruído. Um ruído que sempre perturba o sono, que gera ansiedade ou que interfere com o que a pessoa está fazendo é particularmente perturbador.
4. A atitude de uma pessoa em relação à fonte de ruído é, muitas vezes, de especial importância. Motociclistas, trabalhadores, crianças ou músicos não são perturbados pelo ruído gerado por suas próprias atividades, enquanto uma pessoa que não participa da atividade é perturbada numa extensão que depende do quanto ela desgosta do som produzido, da situação em que ele é gerado ou da pessoa que causa o ruído.
5. A extensão da perturbação pelo ruído geralmente depende do que a pessoa afetada está fazendo e em que hora do dia ele ocorre. Em casa, uma pessoa é menos perturbada pelo ruído contínuo do

tráfego e sons chegando dos vizinhos, durante todo o dia, do que uma pessoa, durante uma breve pausa do meio-dia, que está tentando descansar e relaxar. O ruído de papéis perturba uma aula, enquanto que não seria percebido na rua.

A aversão e até as reações de raiva geradas pelo ruído são muito importantes, tendo em vista serem comuns. Elas precisam ser consideradas junto com suas ameaças diretas, como razões decisivas para desenvolver técnicas de combate ao ruído e gerar regras legais e administrativas sobre o ruído.

Acostumando-se ao ruído

Ainda não está claro até que ponto as pessoas se acostumam com o ruído. A experiência mostra que deve haver um certo grau de adaptação em certas ocasiões, embora em outras, ou não há adaptação ou, até o contrário, há um aumento à sensibilidade do ruído. Estes fenômenos sempre dependem de tantas circunstâncias objetivas externas e de tantos fatores subjetivos internos, que não é possível generalizar.

Ruído e saúde

Os processos recuperativos após um dia de trabalho, que são essenciais à saúde, ocorrem durante a noite de sono, pausas de todos os tipos, interrupções do trabalho e o tempo de lazer de uma pessoa.

Se os efeitos irritantes do ruído no sistema nervoso autônomo não se restringem à jornada de trabalho, mas se extendem para as horas de repouso e sono, isto então pode alterar o equilíbrio entre o estresse e a recuperação. O ruído então torna-se um fator causal da fadiga crônica, com todos os efeitos adversos sobre o bem-estar, eficiência e incidência de doenças (veja Capítulo 11).

De acordo com a definição da World Health Organisation (WHO), "Saúde é um estado de bem-estar físico e mental". Aceita esta definição, é preciso considerar entre os problemas de saúde, não apenas perda auditiva induzida pelo ruído, tanto temporária quanto permanente, mas também os distúrbios no sono devido ao ruído, a recuperação protelada e a repetição diária do fardo psicológico e emocional do ruído.

PROTEÇÃO CONTRA O RUÍDO

Recomendações para o ruído de escritório

Com base na experiência geral, assim como em estudos, pode-se propor as recomendações da Tabela 19.8, quanto ao ruído de escritório. Recomenda-se que o ruído em escritórios com mais de 5 a 10 ocupantes não deve ser maior que as faixas apresentadas. De fato, também não deve ser mais baixo, porque um nível de "ruído de fundo" ajuda a mascarar os sons que, por si só, atrapalham e aborrecem. Para escritórios com uma ou duas pessoas, os valores recomendados podem ser considerados como o limite superior desejável, mas níveis menores de ruído, certamente, são mais favoráveis. A experiência indica que o nível desejável ruído de fundo é naturalmente alcançado em escritórios grandes de, pelo menos, 1.000 m^2, com mais de 80 pessoas.

A faixa recomendada do nível equivalente de ruído L_{eq} de 54 a 59 dB (A) mascara, até certo ponto, as conversas e ligações telefônicas dos outros, enquanto a comunicação verbal entre dois empregados não é perturbada. Isto é confirmado pelos resultados da pesquisa de Cakir *et al.* (1983), que encontraram que a menor prevalência de perturbações pelo ruído, em grandes escritórios computadorizados, ocorreu com um ruído de fundo entre 48 e 55 dB (A). Abaixo e acima desta faixa, a incidência de reclamações foi claramente maior.

Ruído nas fábricas

O ruído nas fábricas e outros lugares pode ser minorado da seguinte forma:

1. Planejando uma condição "sem ruído".

Tabela 19.8 Recomendações para níveis de ruído em grandes escritórios. O nível de som não deve ser nem menor nem maior do que as faixas estabelecidas

Medição de ruído	Faixa desejável em dB (A)
Nível de ruído equivalente, L_{eq}	54-59
Nível médio de ruído, L_{50} (aprox. ruído de fundo)	50-55
Níveis de pico de ruído, L_1	60-65

2. Reduzindo o ruído na fonte.
3. Interferindo na propagação do ruído.
4. Proteção individual ao ruído.

Planejando uma condição "sem ruído"

Não gerar ruído é a melhor forma de combater o ruído. O passo mais importante é planejar para evitar o ruído. A tarefa primária da engenharia é selecionar máquinas e tecnologias que não produzam ruídos inaceitáveis. Isto se aplica a escritórios, onde impressoras ruidosas, ventiladores ou teclados devem ser considerados na fase de planejamento. Este princípio de evitar a geração de ruído também se aplica a fábricas de montagem, onde ferramentas manuais que produzem ruído precisam ser usadas (tais como cortadores pneumáticos, rebitadeiras mecânicas ou enroladoras de fio). Esta abordagem também se aplica à manufatura, cujo projeto deve dar preferência a máquinas e processos silenciosos, e não ruidosos: os motores devem ser abafados, matrizes com tinidos eliminadas, martelamento e rebitação substituídos por encaixe e colagem. É claro que a idéia de evitar a geração do ruído se aplica ao tráfego, onde são necessários silenciadores em caminhões, ônibus, carros e motocicletas, assim como é necessário minimizar o ruído da decolagem de aviões nas pistas.

A maneira mais efetiva de prevenir o ruído é combatê-lo na fonte. *Eliminar os sons desnecessários* é uma importante tarefa da engenharia. Mas certos trabalhos e peças de máquinas são ruidosos por natureza, porque superfícies duras ficam em contacto. Às vezes, este ruído pode ser reduzido pela substituição do material por outro mais macio, como borracha ou feltro. Pela mesma razão, os veículos de transporte ficam mais silenciosos com rodas de borracha do que de metal. Todas as formas de transmissão devem ser examinadas para saber se estão em boas condições, já que componentes velhos e desgastados geram ruído desnecessário. Correias transportadoras feitas de borracha, couro ou de tiras de tecido são mais silenciosas do que uma série de rodas dentadas. Correias dentadas sobre rodas dentadas são as mais silenciosas de todas, especialmente se as rodas dentadas são feitas em material sintético.

Combatendo a propagação do ruído

O segundo mais importante passo na batalha contra a propagação do ruído é a seleção de material de construção e o planejamento das subdivisões em um prédio. *A proteção ao ruído deve ser um item primordial na lista de tarefas dos arquitetos e engenheiros.*

O nível de ruído diminui com o quadrado da distância da sua fonte, de forma que é vantajoso localizar os escritórios, e qualquer lugar onde o trabalho é sobretudo mental, o mais longe possível da fonte de ruído, por exemplo, do tráfego e maquinaria. Se a fábrica em si é ruidosa, as seções mais ruidosas devem ficar longe daquelas onde o trabalho exige concentração e precisão; salas intermediárias, usadas para embalagem e estocagem podem servir como "anteparos".

Quando planejar a divisão entre duas salas, considerar os efeitos das paredes, portas, janelas e postigos. A Tabela 19.9 fornece alguns exemplos.

Tabela 19.9 Efeito de absorção de som de vários elementos de construção

Elemento	Efeito de atenuação em dB (A)	Notas
Portas simples	21-29	Conversa claramente inteligível*
Portas duplas	30-39	Conversa alta ainda inteligível*
Portas pesadas especiais	40-46	Conversa alta ainda audível*
Janela, vidro simples	20-24	
Janela, vidro duplo	24-28	
Vidro duplo com forração de feltro	30-34	
Parede divisória, tijolo de 6-12 cm	37-42	
Parede divisória, tijolo de 25-38 cm	50-55	
Parede dupla, tijolo de 2 x 12 cm	60-65	

*No outro lado das portas

O ruído de discos oscilantes pode ser reduzido tornando-os mais rígidos, colocando pesos, curvando-os ou utilizando matérias não-ressonantes. Maquinaria em movimento e motores em operação não apenas disseminam ondas sonoras, mas também vibração pela estrutura do prédio. Tais vibrações, e os ruídos secundários que são gerados por ressonância, pode ser um problema para todo o prédio. Por esta razão, as máquinas muito pesadas devem ser instaladas sobre estruturas de concreto ou ferro. Se necessário, podem ser instaladas sobre estruturas de concreto, com camadas de material isolante. Estas camadas de material isolante podem ser de molas de aço, borracha, feltro ou cortiça, dependendo do peso da máquina.

Enclausurando a fonte de ruído

Uma forma efetiva de reduzir a propagação do som é o enclausuramento da fonte. Uma caixa com um bom material isolante pode reduzir a propagação do ruído em 20 ou 30 dB. A parede interna da caixa deve ser forrada com materiais absorventes, devendo a parede ser tão pesada e estanque ao ar quanto possível. A caixa deve cobrir hermeticamente toda a fonte de ruído. É claro que algumas aberturas são usualmente necessárias para a passagem de fios ou para os controles da máquina; tais aberturas prejudicam as qualidades acústicas do contenedor e, portanto, pode-se estipular como regra geral que a área total de aberturas não deve exceder 10% da área total da caixa. Deve-se colocar portas e painéis deslizantes para permitir o controle e a manutenção da máquina.

Absorção do som em uma sala

Quando todas as possibilidades de abafamento do som na fonte e por enclausuramento forem esgotadas, é possível, nas devidas circunstâncias, utilizar mais proteção a partir da cobertura de paredes e tetos com material absorvente. *Painéis absorventes (placas acústica) absorvem parte do som e, portanto, reduzem a reflexão de ruído (efeito de eco) na sala.*

Placas acústicas têm sido principalmente utilizadas em escritórios com área superior a 50 m^2, gerando uma redução de som de 5 dB ou até 10 dB. Por outro lado, os efeitos da instalação de painéis acústicos em oficinas ruidosas, salas de máquinas e fábricas nem sempre surtem o efeito esperado. Deve ser lembrado que quando uma pessoa trabalha próximo à fonte de ruído, ela é afetada principalmente pelo som irradiando diretamente da fonte, sendo o som refletido de pouca importância. Cobrir as paredes e teto com painéis acústicos trará algum benefício apenas se a pessoa estiver a muitos metros de distância da fonte de ruído.

Protetores pessoais de ouvido

Se o planejamento e os meios técnicos falharam, no que tange à redução de ruído a um nível seguro abaixo de L_{eq} = 85 dB (A), e se a pessoa precisa trabalhar neste meio ruidoso, então, o último recurso é a utilização de protetores individuais de ouvido.

Os seguintes equipamentos de proteção passiva podem ser considerados:

protetores auriculares (tampão) de inserção no canal auditivo;
protetores auriculares que bloqueiam a passagem do ouvido externo;
protetores auriculares (concha) que cobrem todo o ouvido externo;
capacetes a prova de som que cobrem a cabeça, inclusive os ouvidos.

Além disso, tecnologia de protetores ativos está disponível, conforme discutido abaixo.

Tampões de ouvido

Um tampão simples de algodão ou cera inserido profundamente em cada canal auditivo é um antigo dispositivo que é usado com sucesso; hoje em dia, existem no mercado muitos tampões fabricados em material sintético. *Usados adequadamente, os tampões podem reduzir em até 30 dB o nível de ruído dentro do ouvido.* Todos os tipos de tampões têm a desvantagem de precisarem ser inseridos cuidadosa e corretamente, para que forneçam proteção suficiente.

Conchas

Os protetores que cobrem todo o ouvido externo (conchas) fornecem boa proteção e, se corretamente colocados, podem reduzir os níveis de ruído em até 40 dB, se a freqüência está entre 1 e 8 kHz, conforme demonstrado por Robinson e Casali (1995). A almofada de vedação deve ficar justa no ouvido, mas não deve exercer pressão no ouvido externo. A Figura 19.9 mostra os efeitos do uso da concha. O gráfico mostra que o ruído de uma serra circular, com freqüências entre 500 e 8.000 Hz, é reduzido no tímpano, em cerca de 40 dB.

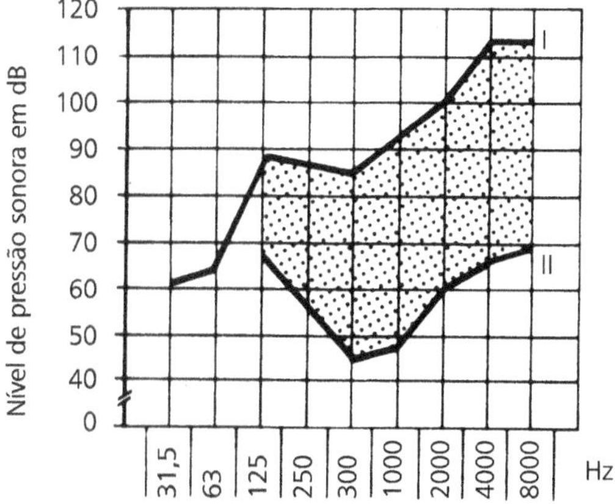

Figura 19.9 O efeito protetor dos protetores auriculares nas imediações de uma serra circular para perfis de metal leve. I: Espectro do ruído no ouvido desprotegido. II: Espectro sonoro dentro do protetor de ouvidos.

Problemas com os protetores auriculares

Infelizmente, muitos trabalhadores fazem objeção a qualquer tipo de protetor auricular. A maior reclamação é quanto ao "isolamento acústico"; eles temem perder alguma informação vital do ambiente. Isto geralmente não ocorre em ambientes acima de 85 dB (A), e os trabalhadores aprendem rapidamente a ouvir um ao outro e os sons importantes do ambiente de trabalho. O uso de protetores auriculares deve ser encorajado para o interesse dos próprios trabalhadores.

Uma recomendação geral é usar protetores tipo tampão para níveis de ruído de 85 a 100 dB (A) e conchas (talvez até em combinação com os tampões) para níveis de ruído acima de 100 dB (A).

No entanto, abaixo de 80 dB (A), ou se a pessoa já tem alguma deficiência auditiva, a capacidade de comunicação pode ficar reduzida com os protetores convencionais (Casali e Berger, 1996). Estes protetores "passivos" não conseguem diferenciar entre as freqüências ou energias sonoras e, portanto, não melhoram a razão crítica entre sinal e ruído. De fato, eles geralmente atenuam mais as altas freqüências do que as baixas freqüências, o que reduz a força sonora dos fonemas, e, portanto, dificultam a percepção das consoantes, que são especialmente importantes na fala.

Protetores "ativos"

Os novos tampões, conchas ou capacetes podem incorporar componentes eletrônicos que percebem o som do meio ambiente ou o som que penetrou no protetor auricular. Para reduzir tal som, o componente gera uma onda exatamente oposta (mudança de 180° na fase), de mesma amplitude, que cancela o som chegando ao ouvido. A tecnologia atual funciona particularmente bem para ruídos abaixo de 120 dB, conforme reportado por Casali e Berger (1996).

Além disso, um som específico (tais como o da fala ou sinais de alarme) pode ser seletivamente amplificado, salientando a informação acústica particularmente importante. Outra possibilidade é enviar mensagens — ou música — aos ouvidos da pessoa que utiliza tal equipamento, tornando-o "ativo", ao reduzir o ruído indesejado e aumentar o som desejado.

Exames médicos

A proteção em seu sentido mais amplo inclui medidas de supervisão médica (audiométrica) que são exigidas para ambientes ruidosos, em vários países. O objetivo dos testes audiométricos periódicos é detectar o dano por ruído de imediato, como uma base para definição de medidas de proteção contra o ruído e para a introdução de proteção individual nas fábricas.

VIBRAÇÕES

Oscilações das partes do corpo

Vibrações são oscilações da massa em função de um ponto fixo. No corpo humano, elas são produzidas por movimentos periódicos regulares ou irregulares de uma ferramenta ou veículo, ou outro mecanismo em contacto com o ser humano, que desloca o corpo de sua posição de repouso. O som é uma vibração que afeta nossas células auditivas. "Vibrações mecânicas" são uma preocupação, já que causam mudanças na posição dos membros do corpo e órgãos importantes.

Se o corpo humano fosse uma estrutura de massa rígida em translação, todas as partes teriam o mesmo movimento em rotação, e diferentes partes mover-se-iam em deslocamentos angulares diferentes. No entanto, o corpo não é rígido e diferentes segmentos do corpo oscilam de maneira diferente. A natureza das vibrações e seus efeitos sobre as pessoas foram descritos em detalhe por Dupuis (1974), Griffin (1990), Guignard (1985), Kroemer *et al.* (1994), Kuorinka e Forcier (1995), Putz-Anderson (1988) e Wasserman (1987). A International Standards Organisation tentou colocar a informação nas normas ISO 2631 e 7962.

Um pouco de física

Os sete seguintes fatos físicos são importantes para o entendimento do que segue:

1. *Ponto de aplicação no corpo.* Três pontos, por onde as vibrações entram no corpo, são ergonomicamente significativos: as nádegas e possivelmente os pés (quando dirigindo ou andando em um veículo) e as mãos (quando operando ferramentas vibratórias ou uma máquina).
2. *Direção de aplicação.* A direção da oscilação é importante. Para a maior parte do corpo, a direção está no sentido vertical (da cabeça aos pés). Para a mão e o braço, é aproximadamente perpendicular à linha que passa pela mão e braço.

3. *Freqüência das oscilações.* A extensão dos efeitos biomecânicos e geralmente patológicos das vibrações é dependente da freqüência. As freqüências particularmente importantes são aquelas na faixa das freqüências naturais do corpo e, assim, causam ressonância (veja item 6). Geralmente distingue-se uma faixa baixa e alta de freqüência. As vibrações dos veículos motores pertencem à faixa baixa, aquelas das ferramentas motorizadas à faixa alta de freqüências.
4. *Aceleração das oscilações.* Dentro da faixa de freqüência que é fisiologicamente importante, a aceleração das oscilações é geralmente tomada como medida da carga vibracional. Uma referência comumente usada é a aceleração pelo efeito da gravidade ($g = 9{,}8\ m/s^2$).
5. *Duração do efeito.* O efeito das vibrações depende muito da sua duração. Seus efeitos danosos aumentam rapidamente com o tempo transcorrido.
6. *Ressonância.* Todo o sistema mecânico, que possui as propriedades elementares de massa e elasticidade, é capaz de oscilar. Cada sistema tem sua própria freqüência natural, com a qual ele vibra após estimulação. Quão mais próxima a freqüência da força excitadora chega à freqüência natural do sistema excitado, maior será a amplitude das oscilações forçadas. Quando a amplitude das oscilações forçadas excede a da força excitadora, diz-se que o sistema está em ressonância.
7. *Amortecimento.* As oscilações de qualquer sistema estão sujeitas a amortecimento, que reduz suas amplitudes. Por exemplo, quando se está de pé, quaisquer vibrações verticais transmitidas pelos pés são rapidamente amortecidas pelas pernas. As freqüências acima de 30 Hz são particularmente bem amortecidas pelos tecidos do corpo; portanto, para uma freqüência de indução de 35 Hz, a amplitude de oscilação é reduzida a 1/2 nas mãos, a 1/3 nos cotovelos e a 1/10 nos ombros.

Características oscilatórias do corpo humano

Em freqüências acima de 2 Hz, o corpo humano não vibra como uma massa única, com uma freqüência natural; ao contrário, ele reage a oscilações induzidas, como um conjunto de massas ligadas. Estudos mostraram que as freqüências naturais são diferentes, em diferentes partes. Por exemplo, o corpo de uma pessoa sentada reage a vibrações verticais da seguinte forma:

3-4 Hz	forte ressonância nas vértebras cervicais
3-6 Hz	ressonância no estômago
4 Hz	pico de ressonância nas vértebras lombares
4-5 Hz	ressonância nas mãos (difícil de efetuar os movimentos desejados)
4-6 Hz	ressonância no coração
5 Hz	ressonância muito forte na cintura escapular (até o dobro de aumento de deslocamento)
5-20 Hz	ressonância na laringe (a voz muda)
5-30 Hz	ressonância na cabeça
10-18 Hz	ressonância na bexiga (urgência de urinar)
20-70 Hz	ressonância no globo ocular (difícil de enxergar)
100-200 Hz	ressonância no maxilar

Nos anos recentes, vários estudos foram realizados sobre os efeitos das vibrações lineares e rotacionais induzidas em diferentes direções e em vários pontos de aplicação, com vários tipos de forças, deslocamentos e acelerações. Sendo o corpo humano um sistema biomecânico tão complexo, os resultados são diversos e complicados — Griffin (1990) descreveu isto em detalhes e com uma boa dose de humor. Aqui, pode-se apenas dizer que as freqüências naturais das menores partes do corpo, tais como grupos de músculos, olhos, etc., estão nas faixas de freqüência mais altas. Portanto, a operação de máquinas com freqüências acima de 30 Hz são capazes de gerar ressonância nos dedos, mãos e braços. Por outro lado, o efeito de amortecimento dos tecidos do corpo é maior para estas freqüências mais altas e tendem a confiná-las à vizinhança do ponto de aplicação.

Vibrações no posto de trabalho

Até o momento, as vibrações experienciadas no trabalho foram medidas principalmente em relação à maquinaria utilizada em construção, tratores, caminhões e carros. Os estudos em vários veículos motores revelaram que a *aceleração das oscilações verticais estão entre 0,5 e 5 m/s²*, com os valores mais altos registrados nas máquinas de movimentação de terra e tratores. A operação de ferramentas motorizadas envolve altos níveis de vibração nas mãos e nos punhos, sendo alguns exemplos resumidos na Tabela 19.10.

Efeitos fisiológicos

As vibrações afetam seriamente a percepção visual e desempenho psicomotor e musculatura, com efeito menor nos sistemas circulatório, respiratório e nervoso.

As vibrações parecem gerar reflexos musculares que têm uma função de proteção, fazendo contrair o músculo distendido. A atividade reflexa dos músculos também explica o aumento de consumo de energia, freqüência cardíaca e respiratória, geralmente observados nas pessoas expostas a fortes vibrações. Estes efeitos vibracionais no metabolismo, circulação e respiração são pequenos e de pouca significância. No entanto, a oclusão reflexa dos músculos esfincterianos em torno dos vasos sangüíneos pode reduzir a circulação sangüínea no segmento do corpo afligido, discutido a seguir como "dedos brancos".

Poder da visão

O efeito adverso das vibrações sobre a visão é da maior importância, porque afeta a eficiência dos motoristas de tratores, caminhões, máquinas de construção e outros veículos, e aumenta o risco de acidentes. A acuidade visual é pobre e a imagem do campo visual fica turva e tremida.

A visão não é afetada por vibrações de menos de 2 Hz. As aberrações ópticas mensuráveis aparecem a partir de 4 Hz, e são maiores na faixa de 10 a 30 Hz. Com uma vibração de 50 Hz e uma aceleração oscilatória de 2 m/s², a acuidade visual é reduzida à metade, de acordo com Guignard (1985).

Precisão

Uma vibração forte prejudica a performance em vários testes psicomotores. De forma simplificada, pode-se dizer que *a vibração prejudica a percepção visual, o processamento mental da informação e o desempenho em testes de motricidade e de precisão.*

Tabela 19.10 Vibrações em ferramentas motorizadas portáteis. Aceleração efetiva = raiz quadrada do valor médio da aceleração em várias amplitudes. Os valores são válidos para oscilações na direção do braço; oscilações perpendiculares são geralmente maiores

	Aceleração efetiva em m/s²		
Tipo de ferramenta	Nos dedos	No punho	
Motosserra	17,5	1,1	120
Perfuratriz de solo	21	3,5	110
Serra de ar comprimido	–	9,9	–
Cultivador de duas rodas	3	2,8	82

Fonte: Dupuis (1974).

Testes de direção

Os seguintes efeitos psicofisiológicos das vibrações são particularmente evidentes em todos os testes de direção simulada:

1. Na faixa de 2 a 16 Hz (especialmente em torno de 4 Hz) a eficiência na direção é prejudicada e os efeitos aumentam com o aumento da aceleração das oscilações.
2. Os erros de direção aumentam quando o assento está sujeito a acelerações na ordem de 0,5 m/s^2.
3. Quando as acelerações atingem 2,5 m/s^2, o número de erros torna-se tão grande que tais vibrações podem ser consideradas como perigosas.

Este consenso quanto aos efeitos fisiológicos das vibrações apontam para a conclusão de que as oscilações mecânicas podem reduzir a eficiência e, em muitas situações, podem levar ao risco de erros e acidentes.

Vibrações como um transtorno

As vibrações são subjetivamente percebidas como uma imposição e um fardo, as impressões variando entre um transtorno menor até um transtorno insuportável. A extensão do transtorno depende, em primeira instância, da freqüência de indução, da aceleração das oscilações e da duração da exposição. As fontes do transtorno são os efeitos fisiológicos e as ressonâncias geradas em várias partes do corpo. A Figura 19.10 mostra os resultados de uma investigação de Chaney (1964) com sujeitos sentados; as curvas mostram as sensações subjetivas de igual intensidade, em relação à freqüência e aceleração da oscilação.

A partir destes e muitos outros resultados, pode-se chegar às seguintes conclusões, a respeito das oscilações verticais aplicadas a pessoas sentadas:

1. A sensibilidade subjetiva mais intensa está na faixa de freqüência entre 4-8 Hz.
2. O limiar médio de intensidade "muito severa" ocorre a uma aceleração de 1 g (cerca de 10 m/s^2).
3. Com acelerações de 1,5 g (cerca de 15 m/s^2), as vibrações tornam-se perigosas e intoleráveis.

Testes similares com sujeitos em pé mostraram que, devido ao efeito de amortecimento nas pernas, já mencionado anteriormente, as curvas ficam em níveis mais altos para as mesmas sensações subjetivas. O limiar de intensidade "muito severa" ocorre em torno de 0,2-0,3 g, mais altos do que aqueles em voluntários sentados.

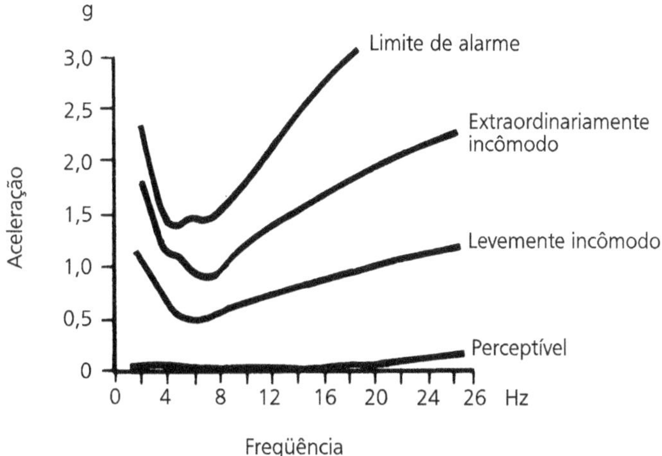

Figura 19.10 Curvas de mesma sensação subjetiva de pessoas em teste na posição sentada, em relação à freqüência e aceleração das vibrações. Segundo Chaney (1964).

Queixas

As queixas quanto aos efeitos no bem-estar e na saúde, além do incômodo gerado pelas vibrações, variam grandemente, mas algumas queixas são dependentes da freqüência. As queixas mais comuns são:

1. Interferência com a respiração, especialmente severa sob vibrações de 1 a 4 Hz.
2. Dores no peito e abdome, reações musculares, tremor do maxilar e desconforto severo, principalmente sob 4 a 10 Hz.
3. Dor nas costas, particularmente sob 8 a 12 Hz.
4. Tensão muscular, dores de cabeça, perturbação da visão, dor na garganta, perturbação da fala, irritação nos instestinos e bexiga, a freqüências entre 10 a 20 Hz.

Além disso, deve-se notar o enjôo no mar e viagens, com náusea e vômito, que ocorre a baixas oscilações de 0,2 a 0,7 Hz, com o maior efeito a 0,3 Hz.

Danos à saúde

A exposição de uma pessoa a vibrações no posto de trabalho pode, se repetido diariamente, levar a mudanças mórbidas nos órgãos afetados. Os efeitos são diferentes nas partes do corpo mais sujeitas à vibração. Oscilações verticais experienciadas de pé ou sentado, por causa da vibração vinda de baixo (p. ex., em um veículo), podem causar mudanças degenerativas na coluna, enquanto as vibrações de ferramentas motorizadas e manipulações repetidas afetam principalmente as mãos e braços.

Problemas na coluna

Tratoristas de vários países mostraram sofrer de um acúmulo de problemas nos discos e artrite na coluna, assim como uma incidência acima da média de problemas intestinais, na próstrata e hemorróidas.

O acometimento acumulativo de danos à coluna entre trabalhadores submetidos a oscilações verticais de alto nível leva à suposição de que vibrações fortes e prolongadas causam desgaste excessivo dos discos intervertebrais e juntas.

Problemas nas mãos e braços

Trabalhadores que usam ferramentas motorizadas durante anos (p. ex., motosserras ou martelos pneumáticos) podem ter problemas nas mãos e braços, com a freqüência da vibração como um fator decisivo.

Artrite

Ferramentas com uma freqüência de vibração abaixo de 40 Hz, por exemplo, um martelo pneumático pesado, podem causar sintomas degenerativos nos ossos, articulações e tendões das mãos e braços, levando à artrite do punho, cotovelo e, ocasionalmente, do ombro.

Atrofia

Os efeitos nos ossos podem levar à atrofia, que, em casos raros, podem envolver uma perda tão grande de cálcio que o risco de fratura aumenta substancialmente. Em alguns países, as possíveis conseqüências do uso do martelo pneumático são classificadas como doença ocupacional.

Dedos brancos

Ferramentas motorizadas com freqüências entre 40 e 300 Hz geralmente têm uma amplitude de oscilação muito pequena (0,2-5 mm) e suas vibrações são rapidamente amortecidas nos tecidos. Tais vibrações podem ter efeitos danosos nos vasos sangüíneos e nervos das mãos, resultando na "morte" de um ou mais dedos. Geralmente, o dedo médio é o mais acometido, tornando-se branco ou azulado, frio e sem sensação. Após algum tempo, o dedo fica rosa de novo e dolorido. A causa é a condição espasmódica dos vasos sangüíneos, conhecida como doença de Raynaud.

Estes sintomas também foram observados entre mineiros usando um perfurador pneumático com uma freqüência mais alta de vibração, assim como entre trabalhadores florestais usando motosserras com freqüências entre 50 e 200 Hz.

Os "dedos mortos" geralmente aparecem seis meses após o início do trabalho com a ferramenta vibradora, sendo o frio um fator importante para desencadear o problema. A doença de Raynaud é mais comum nos países nórdicos do que nos de latitudes mais quentes. Pode-se considerar que o frio torna os vasos sangüíneos mais sensíveis às vibrações e mais suscetíveis à constrição dos vasos.

Em usuários de ferramentas motorizadas com freqüências ainda mais altas também são observadas perturbações da circulação e perda da sensibilidade. Um exemplo de tais ferramentas é a máquina de polimento, operando de 300 a 1.000 Hz, que causa inchaços doloridos e perda da sensibilidade das mãos. Estes sintomas geralmente não desaparecem quando o trabalho encerra.

Distúrbios por esforços repetitivos

Desde os anos 1930, datilógrafos, e depois operadores de teclados de perfuração de cartão e operadores de caixa, e, desde os anos 1970, operadores de computador têm se queixado de problemas nas mãos e punhos, que são similares àqueles induzidos por ferramentas vibratórias. A operação freqüente das teclas pode agir como vibrações induzidas pelas pontas dos dedos, com efeitos biomecânicos similares. Kroemer (1989) e Kroemer *et al.* (1994), Kuorinka e Forcier (1995) e Putz-Anderson (1988) discutiram estes traumas cumulativos em mais detalhe.

Valores limites

Em vários países, atenção vem sendo dada para o estabelecimento de limites para a exposição humana às vibrações. Em geral, pode-se concluir que a vibração se torna intolerável nas seguintes circunstâncias:

Abaixo de 2 Hz	a acelerações de 3-4 g
Entre 4 e 14 Hz	a acelerações de 1,2-3,2 g
Acima de 14 Hz	a acelerações de 5-9 g

As normas ISO 2631 e 7962 tentam prover alguma informação normatizada. Suas recomendações para avaliação das oscilações verticais são mostradas de forma simplificada na Figura 19.11. A norma ISO distingue três critérios que correspondem a três níveis de valores limites:

1. *O critério de conforto* (limite de conforto reduzido). Aplica-se principalmente a veículos e à indústria automobilística.
2. *O critério da manutenção da eficiência* (limite da fadiga-redução da proficiência). Um fator decisivo neste critério é a eficiência no trabalho (proficiência). Aplica-se a tratores, maquinaria da construção e veículos pesados. Estes valores limitantes são mostrados na Figura 19.11.
3. *O critério da segurança* (limite de exposição). A proteção contra danos à saúde é o critério.

Iniciando com o critério "eficiência" (Figura 19.11), os outros dois podem ser derivados conforme a seguir:

O critério do conforto pode ser derivado dividindo a aceleração por 3,15.
O critério da segurança pode ser derivado multiplicando a aceleração por 2.

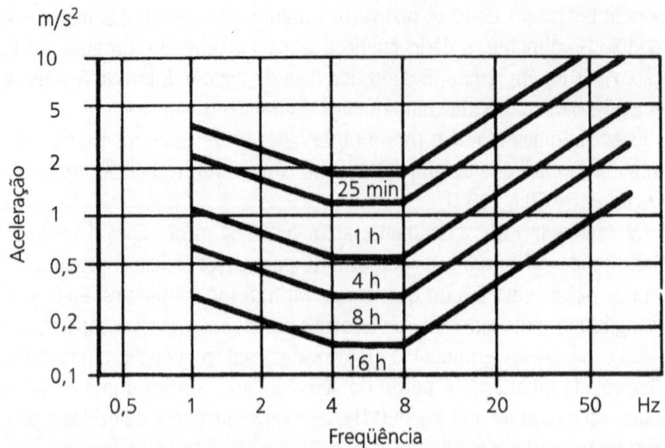

Figura 19.11 Limitações baseadas em proficiência para oscilações verticais. "Limite da fadiga-redução da proficiência" para tempos de exposição de 25 min a 16 h. Para o cálculo dos valores "segurança" e "conforto", veja o texto. Observe as escalas exponenciais. Segundo ISO 2631 (1974).

Recomendações

Veículos

Do ponto de vista da ergonomia, os tratores, veículos pesados e maquinaria de construção, com freqüências geralmente entre 2 e 5 Hz e operando por oito horas no dia, exige um limite de aceleração oscilatória de 0,3-0,45 m/s^2. Estes limites são geralmente excedidos, mas tecnicamente podem ser alcançados pela conjugação do uso de uma melhor suspensão do eixo dos veículos e de melhores assentos para o motorista e passageiros.

Ferramentas manuais

O mesmo, em princípio, se aplica às ferramentas manuais. Elementos de amortecimento na própria ferramenta, e mais ainda entre a ferramenta e a pega, podem reduzir consideravelmente a vibração. A pega em si pode ser amortecida usando-se material flexível. Mais melhorias podem ser obtidas pelo uso de luvas grossas e evitando o trabalho em condições de muito frio.

Eliminação da vibração

Com sensores de alta velocidade, computadores e vibradores disponíveis, algumas vibrações de alta freqüência, mas de baixa amplitude, podem ser eliminadas pela compensação imediata por uma vibração exatamente oposta, de forma similar ao "cancelamento ativo de ruído", mencionado anteriormente. Isto "apaga" virtualmente os efeitos da vibração original.

RESUMO

Vibrações mecânicas e acústicas seguem as mesmas leis da física, mas ou as sentimos ou as ouvimos. As vibrações mecânicas são na maioria um transtorno, ou até mesmo uma ameaça à saúde; o ruído pode ter os mesmos efeitos, mas um som adequado é uma fonte de informação, e até de prazer.

CAPÍTULO 20

Clima de interiores

Componentes climáticos

O termo "clima" se aplica às condições físicas do ambiente onde vivemos e trabalhamos. Seus componentes principais são:

temperatura do ar;
temperatura das superfícies no entorno;
umidade do ar;
movimento do ar;
qualidade do ar.

As técnicas de medição destas variáveis físicas foram descritas em detalhes por Mairiaux e Malchaire (1995) e Olesen e Madsen (1995).

TERMORREGULAÇÃO NOS SERES HUMANOS

Temperatura do corpo

A temperatura do corpo humano não é uniformemente distribuída, como muitas vezes se pensa. Uma temperatura constante, que flutua um pouco em torno de 37 °C, só é encontrada no interior do cérebro, coração e órgãos abdominais. Esta é a chamada temperatura central. Uma temperatura central constante é um pré-requisito para o funcionamento normal das funções vitais mais importantes, e quaisquer desvios grandes ou prolongados são incompatíveis com a vida de um animal de sangue quente. Ao contrário, as temperaturas nos músculos, nos membros e, acima de tudo, na pele, mostra grandes variações. Esta é a chamada temperatura periférica. Dependendo da necessidade do corpo, ela conserva ou dissipa o calor.

Pele fria no frio

A regra é que a energia sempre flui do mais quente para o mais frio. Quando o ar ao redor está frio e se o corpo quer evitar a perda de calor, a circulação do sangue para a pele é reduzida, fazendo a pele parecer pálida e baixando sua temperatura, de forma que há uma perda pequena de calor.

Pele quente no calor

Se o corpo precisa perder calor, então a pele é bem suprida com sangue, para perder um alto gradiente de temperatura para o exterior. Em ambientes quentes, a tarefa geralmente é de dissipar o calor; então, a pele será mantida tão quente quanto possível, trazendo o sangue "quente" para bem próximo da superfície. Isto ajuda a evaporar o suor, o meio mais importante do corpo dissipar o calor.

Esta capacidade de controlar a troca de calor com o ambiente variável, pela adaptação da temperatura da pele, permite aos seres humanos tolerar um déficit de calor temporário, que pode ser da ordem de 1.000 kJ para todo o corpo. Os músculos também mostram flutuações consideráveis de temperatura, ficando vários graus mais quentes durante um esforço pesado do que quando em repouso.

Processos de controle

Os mecanismos de controle por todo o corpo, que são necessários para a manutenção de uma temperatura central constante, são mostrados na Figura 20.1. O centro de controle de calor está localizado no tronco cerebral mesencéfalo. Ele dirige a regulação térmica do corpo, de forma semelhante a um termostato em uma sala.

As células nervosas do centro de controle do calor recebem informações sobre as temperaturas em todo o corpo. O centro de controle envia os impulsos necessários para dirigir e controlar os mecanismos de regulação, principalmente do sistema circulatório, que mantém a temperatura central constante. Desta forma, são controladas a produção de calor do corpo, sua difusão pelo sistema circulatório e a perda de calor pela secreção do suor na pele, permitindo o funcionamento do sistema de termorregulação.

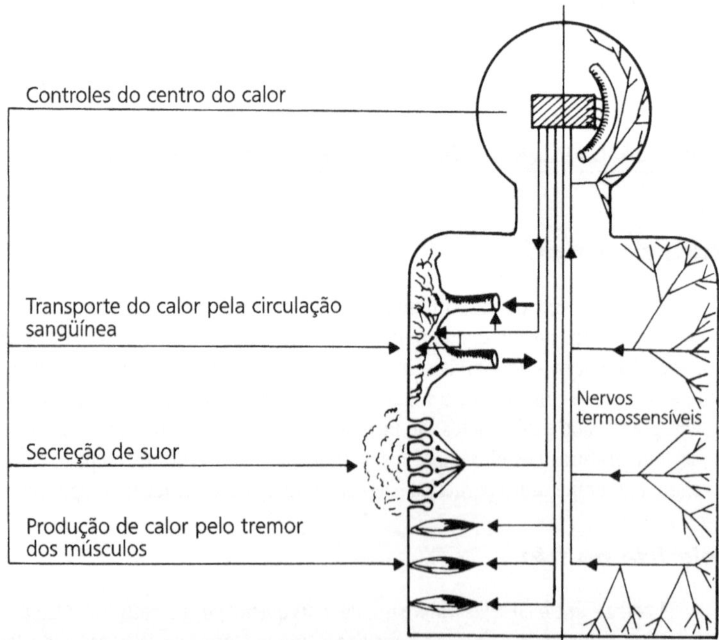

Figura 20.1 Representação do controle fisiológico do equilíbrio térmico do corpo. O centro do calor localizado no tronco cerebral (medula) regula o fluxo sangüíneo através dos capilares da pele, assim como pela produção de suor. Estes dois mecanismos ajustam o equilíbrio térmico do corpo em função das condições externas e internas.

Transporte de calor pelo sangue

O item de termorregulação mais importante é a função do sangue no transporte de calor. O sangue absorve o calor, especialmente dos capilares, dos tecidos mais quentes, e o dissipa para resfriar o tecido. Desta forma, o sangue consegue transportar o calor do interior do corpo para áreas da pele, que são resfriadas pelo ambiente mais frio; ao contrário, se há necessidade de absorver calor do meio externo, o calor pode ser transportado da pele para o interior, por exemplo, quando queremos nos aquecer sob o sol ou pelo fogo. *A chave para o controle da temperatura do corpo é a circulação sangüínea, particularmente através da pele.*

Secreção do suor

O segundo mecanismo de regulação dirigido pelo centro de controle de calor é a secreção do suor pela pele. Este, também, está sob controle nervoso. A sudorese é um meio muito eficiente de perder energia corporal para o meio externo, porque cerca de 2,4 kJ são necessários para evaporar 1 cm^3, tudo retirado do reservatório de excesso de calor.

Tremores musculares

O terceiro mecanismo de regulação é o aumento do ritmo de produção de calor pelo corpo, um processo que é colocado em ação sempre que o corpo é submetido a um resfriamento excessivo. Esse aumento da produção de calor metabólico ocorre especialmente pela atividade dos músculos. Todos conhecem os movimentos musculares rápidos, denominados "tiritação".

Troca de calor

Conforme explicado no Capítulo 1, o corpo converte energia química em energia mecânica e calor. O corpo usa este calor para manter uma temperatura central constante e dissipar qualquer excesso de calor para o meio ambiente.

Existe, portanto, uma troca constante de calor entre o corpo e o meio ambiente, que é regulada por controle fisiológico seguindo as leis da física. Quatro processos estão envolvidos na troca de calor:

1. Condução
2. Convecção
3. Evaporação
4. Radiação

Condução de calor

A troca de calor por condução depende primeiro e, principalmente, da condutividade dos objetos e materiais em contato com a pele. Qualquer pessoa que toque diferentes materiais, na mesma sala, pode perceber isto. Por exemplo, primeiro segure uma peça de metal, depois uma de madeira. O metal parece mais frio porque ele conduz o calor para longe do corpo; a madeira parece mais quente porque sua condutividade é menor. A condutividade de calor tem importância prática para a seleção de piso, mobiliário e partes de máquinas que têm que ser tocadas (botões de controle, etc.). Portanto, para evitar a perda de calor do corpo, *os postos de trabalho devem ter um piso com bom isolamento (p. ex., cortiça, linóleo ou madeira), enquanto bancadas, partes de máquinas (particularmente alças e controles) e ferramentas devem ser protegidas com feltro, couro, madeira ou outro material de baixa condutividade térmica.*

Convecção

Se a troca de calor é com gás (ar) ou fluido (água), o processo é chamado de convecção, em vez de condução. A troca de calor por convecção depende, primeiramente, da diferença na temperatura entre a pele e o ar ambiente, e da extensão do movimento do ar. Sob circunstâncias normais, a convecção é responsável por cerca de 30% do total de troca de calor do corpo.

Evaporação pelo suor

Perda de calor pelo suor ocorre continuamente, porque algum suor na pele sempre evapora, consumindo calor. Como foi discutido antes, esta evaporação é especialmente importante, e claramente percebida, em um ambiente quente. Sob condições normais, cada pessoa evapora cerca de um litro por dia (perspiração insensível) e dissipa cerca de um quarto da perda diária de calor.

Se, no entanto, a temperatura do meio ambiente excede os limites de conforto, então a pele quente começa uma sudorese reflexa, com um aumento brusco do ritmo de perda de calor.

A extensão da perda de calor por evaporação depende da área da pele, pela qual o suor pode evaporar, e da diferença da pressão de vapor da água entre o ar próximo à pele e o restante do ar ambiente. Portanto, *a umidade relativa do ar do entorno é um fator importante, assim como o movimento do ar.* O movimento do ar substitui as camadas de ar úmidas (e aquecidas) próximas à pele, aumentando o gradiente de pressão de vapor de água e da temperatura, resfriando a pele por convecção.

Radiação do calor

Os corpos quentes irradiam ondas eletromagnéticas de comprimento de onda relativamente longas, que são absorvidas por outros corpos (objetos e superfícies) e convertidas em calor. Isto é chamado de radiação infravermelha de calor radiante, que não depende de nenhum meio material para sua transmissão, ao contrário da troca de calor por condução ou convecção. Tal troca de calor por radiação ocorre entre o corpo humano e o entorno (paredes, objetos inanimados, outras pessoas), em ambas as direções, todo o tempo. Ao contrário da condução ou convecção, a radiação do calor é dificilmente afetada pela temperatura, umidade ou movimento do ar; ela depende principalmente da diferença de temperatura da pele e superfícies adjacentes. Em países de clima temperado, os objetos no entorno e as superfícies são geralmente mais frias que a pele humana e, portanto, o corpo humano perde uma quantidade considerável de calor radiante durante o dia. Ao contrário, pode-se ganhar muito calor do sol, de uma fornalha ou de uma fogueira.

A perda de calor por radiação não é notável enquanto a quantidade não é excessiva, mas pode se tornar desconfortável quando a pessoa está de pé, próxima a uma parede fria ou a uma janela grande, mesmo que a temperatura do ar seja alta o suficiente. Nestas circunstâncias, a perda de calor pode ser considerável, porque o fator decisivo não é a temperatura do ar, mas a diferença de temperatura entre a pele e a superfície fria adjacente.

A quantidade de perda de calor radiante durante um dia, por uma pessoa completamente vestida, varia muito, de acordo com as circunstâncias. Excluindo o alto verão, a perda diária em climas temperados é 40 a 60% do calor total dissipado do corpo.

Equilíbrio geral de calor

A Figura 20.2 mostra três das principais maneiras pelas quais o corpo humano troca calor com o meio. Para sumarizar, pode-se dizer que os seguintes quatro fatores físicos são decisivos:

1. Temperatura do ar, para troca de calor por convecção.
2. Movimento do ar, para convecção.
3. Temperaturas das superfícies adjacentes (paredes, teto, piso, máquinas), para troca de calor por radiação.
4. Umidade relativa do ar, para a perda de calor por evaporação de suor.

Com temperaturas ambientais das paredes ou do ar acima de 25°C, o corpo humano vestido dificilmente consegue perder calor por covecção ou radiação, e a sudorese é o único mecanismo de compensação que resta. Portanto, a dissipação do calor por evaporação do suor aumenta bastante quanto mais quente for o ambiente.

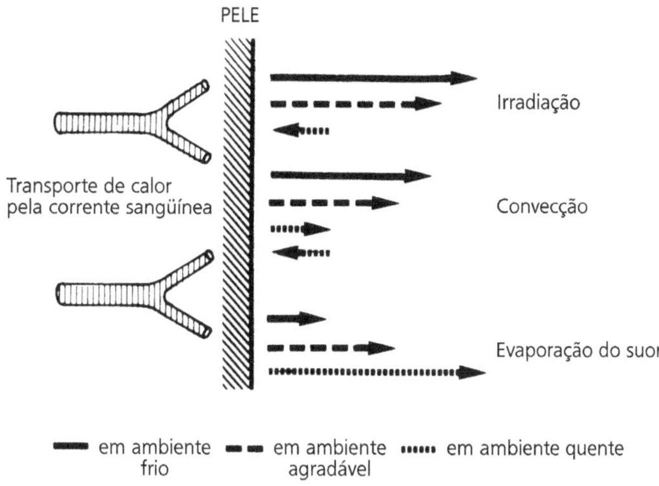

Figura 20.2 Representação das trocas de calor entre o corpo humano e seu ambiente. O comprimento das flechas correspondem, em grosseira aproximação, às transferências de calor para cada uma das vias sob condições diferentes.

CONFORTO

Princípios fisiológicos do conforto

Uma pessoa dificilmente nota o clima do interior de uma sala enquanto ele é "normal", mas quanto mais ele desvia de um padrão de conforto, tanto mais ele atrai a atenção.

A sensação de desconforto pode aumentar de um simples desconforto até a dor, de acordo com a extensão em que o equilíbrio de calor é perturbado. O desconforto é um sistema biológico prático em todos os animais de sangue quente, que os estimula a tomar as medidas necessárias para restaurar o equilíbrio de calor. Um animal pode apenas reagir, procurando outro lugar que não seja nem tão quente nem tão frio, e pode aumentar ou reduzir o metabolismo, alterando o nível de atividade muscular, mas o ser humano tem a vantagem do uso de roupas, além de poder modificar o meio ambiente por meio de tecnologia.

Efeitos colaterais do desconforto

O desconforto gera alterações funcionais que podem afetar todo o corpo. O superaquecimento gera cansaço e sonolência, redução do desempenho físico e aumento de erros. A redução da atividade faz o corpo produzir menos calor internamente.

Ao contrário, super-resfriamento gera superatividade, que reduz o estado de alerta e concentração, particularmente nas atividades mentais. Neste caso, a estimulação para uma maior atividade gera a produção de mais calor interno.

Portanto, a manutenção de um clima confortável é essencial para o bem-estar e desempenho em eficiência máxima.

Zonas de temperatura em termos fisiológicos

Se um sujeito em teste é colocado em uma câmara climática e exposto a diferentes temperaturas, pode-se encontrar uma faixa de temperatura em que a troca de calor do corpo está em estado de equilíbrio.

Isto é chamado de *zona de regulação vasomotora*, ou *zona de conforto*, porque dentro desta faixa o equilíbrio de calor é mantido, principalmente, pela regulação do fluxo de sangue entre as partes do corpo. Para uma pessoa vestida e descansada, no inverno, esta zona fica entre 20 e 23°C.

Se existe um pequeno excesso de calor (interno ou externo) acima deste nível de conforto, ele é compensado pelo aquecimento das partes periféricas do corpo e pelo aumento da transpiração. Esta é a *zona de controle evaporativo*. Se, no entanto, o calor continua a aumentar e excede um certo limite, *limite de tolerância*, a temperatura aumenta rápida e abruptamente, e em pouco tempo pode levar à morte por choque térmico.

As temperaturas abaixo da zona de regulação vasomotora são caracterizadas por um balanço negativo de calor para o corpo, já que mais calor está sendo perdido do que gerado internamente. Esta é a *zona de resfriamento* do corpo. De início, o resfriamento fica restrito às partes periféricas do corpo, que podem tolerar um déficit de calor por um tempo, mas hipotermia extrema leva à morte.

O equilíbrio de calor nestas três zonas é mostrado na Figura 20.3, na forma de diagrama.

Faixas confortáveis de temperatura

Se os sujeitos em teste são solicitados a dizer quando se sentem realmente confortáveis, a faixa é comparativamente estreita, de apenas 2 ou 3°C. Obviamente, as pessoas sentem-se confortáveis apenas quando o sistema de regulação vasomotora não fica sobrecarregado, que é quando a circulação sangüínea para a pele é sujeita a flutuações normais. Por outro lado, um balanço negativo ou positivo (ou seja, tanto o déficit quanto a acumulação de calor no corpo) é percebido como um desconforto.

A faixa de temperatura em que uma pessoa sente-se confortável é muito variável. Isto depende primeiramente da quantidade de roupa que está sendo usada, e depois, da quantidade de esforço físico que está sendo realizado. Outros fatores como alimento, época do ano, hora do dia, tamanho do corpo, idade, sexo e hábitos também são importantes.

Quatro fatores climáticos e o conforto

As impressões das pessoas quanto ao conforto são influenciadas pelos mesmos quatro fatores climáticos que determinam a troca de calor, de forma que eles serão repetidos aqui:

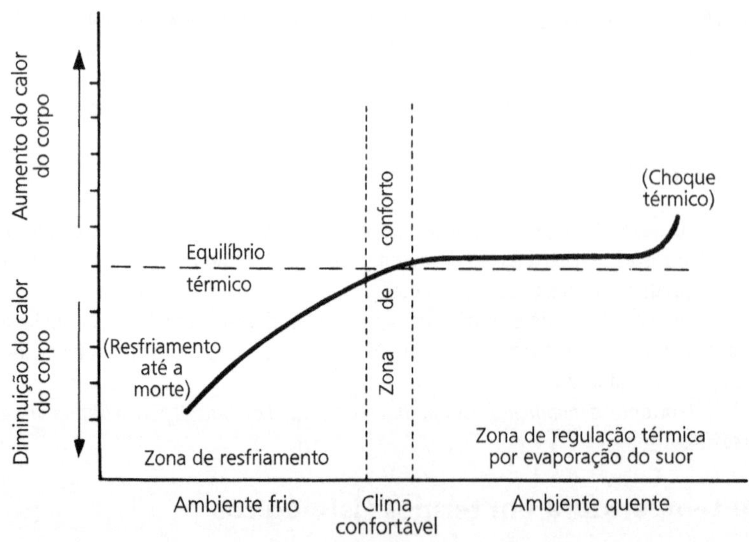

Figura 20.3 Balanço de calor do corpo entre sobrecargas extremas de frio e calor.

temperatura do ar;
as temperaturas das superfícies adjacentes;
umidade do ar;
movimentos do ar.

Cada fator contribui para um "equilíbrio" climático, e os pesquisadores tentaram encontrar uma unidade "objetiva" de medição que considerasse todos eles. Um exemplo é a chamada "sensação térmica", que considera o ritmo de resfriamento de superfícies de corpos despidos como um índice de desconforto, mas esta abordagem funciona apenas em certas condições de um ambiente frio. Portanto, os pesquisadores passaram cada vez mais a adotar as impressões subjetivas dos sujeitos em teste, como medida do grau de conforto ou desconforto em um ambiente térmico, resultando no conceito de *temperaturas efetivas*.

Temperaturas efetivas

Houghten e Yaglou (1923) foram os primeiros a investigar combinações de temperatura e umidade do ar que vão resultar na mesma temperatura efetiva. Os sujeitos em teste foram colocados em uma câmara climática com ar parado, a uma dada temperatura, e com 100% de umidade relativa. Eles foram solicitados a anotar suas impressões quanto à temperatura e lembrar delas. A umidade relativa foi então reduzida e a temperatura variada até que os sujeitos sentissem a mesma sensação daquela com 100% de umidade. Esta é a *temperatura efetiva* percebida. A estas investigações seguiram-se outras em que foram analisados os efeitos das temperaturas das superfícies adjacentes e o movimento do ar na temperatura efetiva. As investigações permitiram a formulação de "índices de conforto" e "zonas de conforto", que podem ser lidos a partir dos nomogramas que relacionam três ou quatro dos fatores climáticos listados anteriormente. É preciso fazer referência aos experimentos de Fanger (1972), que compilou uma equação de conforto com base nas relações de troca entre os quatro fatores climáticos, a quantidade de roupa e a atividade física. Conforme esperado, esta equação é muito complexa. Fanger resumiu os resultados mais importantes em 28 diagramas, mostrando curvas de grau de conforto, em relação a vários fatores. Uma análise mais profunda destes fatores foge do escopo deste capítulo, mas Eissing, em 1995, compilou os resultados mais importantes. Vamos nos limitar a algumas relações de troca entre os fatores climáticos já citados, que são essenciais para a avaliação do clima em interiores.

Qual é o efeito, sobre as *temperaturas efetivas*, produzido pelas várias combinações da temperatura do ar e temperatura das superfícies adjacentes, temperatura do ar e umidade relativa, e temperatura do ar e movimento do ar?

Temperatura do ar e temperatura das superfícies adjacentes

Pesquisas em fisiologia mostraram que a temperatura efetiva (percebida) é, essencialmente, a média das temperaturas do ar e superfícies adjacentes, expressa pela fórmula:

$$\text{Temperatura efetiva} = \frac{T_A + T_S}{2}$$

onde T_A = temperatura média do ar e T_S = temperatura média das superfícies adjacentes.

É importante, para o conforto, que a diferença entre T_A e T_S seja pequena. As grandes áreas frias de paredes ou janelas são particularmente desconfortáveis, mesmo que a temperatura do ar seja adequada. *Uma boa regra é que a temperatura média das áreas adjacentes não difira da temperatura do ar em mais de 2 ou 3°C, para mais ou para menos.*

Temperatura e umidade do ar

O efeito da umidade atmosférica foi proeminente na pesquisa de Houghten e Yaglou (1923); trabalhos mais recentes de Koch *et al.* (1960) e Nevins *et al.* (1966) mostraram que, após a permanência prolongada em uma mesma sala, a impressão da temperatura é pouco afetada pela umidade do ar. As seguintes combinações de umidade relativa (UR, em percentagem) e a temperatura do ar produzem temperaturas efetivas iguais:

70% UR e 20°C
50% UR e 20,5°C
30% UR e 21°C

Dentro da faixa de 30 a 70%, a umidade relativa tem pouca influência na temperatura efetiva. Pode-se considerar que, entre 18 e 24°C, a umidade relativa pode flutuar entre 30 e 70%, sem gerar desconforto térmico. O limite em que a sensação de abafamento inicia fica nos seguintes pares de dados:

80% UR e 18°C
60% UR e 24°C

Se a umidade relativa fica abaixo de 30%, o ar se torna muito seco, conforme será discutido mais tarde.

Temperatura e movimento do ar

O terceiro fator que influencia a temperatura efetiva é o movimento do ar. Yaglou *et al.* (1936) realizaram experimentos para determinar os pares de temperatura do ar e movimento do ar que se combinam para gerar a mesma temperatura efetiva de 20° C. Os resultados são mostrados na Tabela 20.1.

Fanger (1972) mostrou que os movimentos do ar de mais de 0,5 m/s são desagradáveis mesmo quando o ar é quente e que o desconforto depende da direção do ar e das partes do corpo expostas a ele:

1. *As correntes de ar vindas de trás são mais incômodas do que aquelas vindas da frente.*
2. *O pescoço e os pés são especialmente sensíveis a correntes de ar.*
3. *Uma corrente de ar fria é mais desagradável do que uma quente.*

Com base na experiência geral, pode-se dizer que as pessoas sentadas consideram desagradável um movimento de ar a mais de 0,2 m/s. Ocasionalmente, quando da realização de um trabalho de muita precisão, que mantém o operador parado por longos períodos, até movimentos do ar de 0,1 m/s podem ser desagradáveis. Ao contrário, o trabalho de pé, especialmente se ele envolve muito esforço físico, pode ser realizado sem incômodo com movimentações de ar de até 0,5 m/s.

Tabela 20.1 Combinações de movimento do ar e temperatura que resultam na temperatura efetiva de 20°C. As duas colunas mostram as temperaturas de bulbo seco e bulbo úmido. A temperatura de bulbo úmido é a leitura fornecida por um termômetro com seu bulbo imerso em água. Sua leitura é menor do que a temperatura do ar devido ao aumento da evaporação

Movimento do ar (m/s)	Bulbo seco (°C)	Bulbo úmido (°C:100% RH)
0	20	20,3
0,5	21	21,3
1	22	22,2
1,5	22,8	23
2	23,5	23,8

Fonte: De acordo com Yaglou *et al.* (1936).

SECURA DO AR

Nos climas temperados, a secura do ar é um problema principalmente no inverno, devido ao aquecimento no trabalho e em casa. Por muitos anos, a tendência foi preferir temperaturas internas cada vez mais altas, durante a época do ano em que os prédios são aquecidos, o que gera baixa umidade relativa.

A equipe de pesquisa de Grandjean realizou testes aleatórios em vários escritórios, tanto no inverno quanto no verão, para medir a umidade relativa do ar. Os resultados, reportados em 1988, são mostrados na Figura 20.4.

Efeitos médicos

A maioria dos especialistas em ouvido, nariz e garganta consideram que a tendência atual por um ar muito seco em salas aquecidas causa um aumento na incidência de doenças respiratórias e irritação crônica das passagens nasal e brônquica. Eles geralmente notam uma escamação das membranas mucosas dos dutos de ar, que obstruem o fluxo de muco pelos tratos ciliares, resultando em uma diminuição da resistência à infecção. Estes efeitos do ar seco são mostrados na Figura 20.5.

Estas observações podem ser sumarizadas dizendo que as umidades relativas de 40 a 50% em salas aquecidas são desejáveis para o conforto e abaixo de 30% tornam-se anti-higiênicas, porque afetam adversamente as membranas mucosas do nariz e garganta.

Deve-se mencionar que a maioria dos umidificadores vendidos comercialmente são inadequados. Como um guia geral, uma sala de trabalho, com um volume de 100 m^3, requer um mínimo de 1 litro de água por hora.

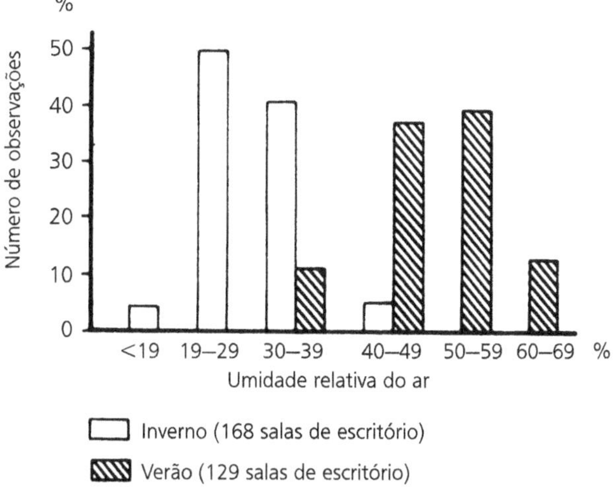

Figura 20.4 Umidade relativa do ar no verão e no inverno. As amostras de inverno foram tomadas em 168 escritórios sem ar-condicionado. As amostras de verão foram tomadas em 60 escritórios com e 69 sem ar-condicionado. Conforme Grandjean (1988).

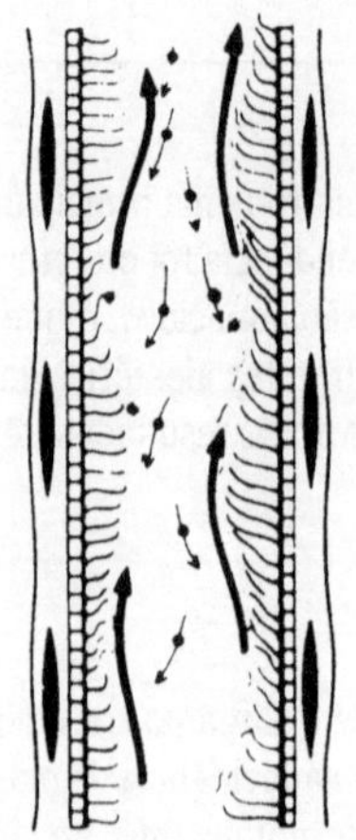

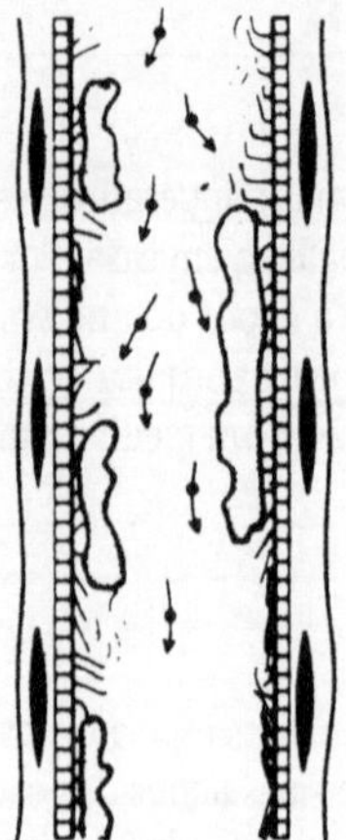

Passagem normal de ar

Partículas de poeira aderem ao muco e são removidas junto com ele pelo epitélio ciliado

Passagem de ar ressecada

O muco coagula em pedaços aos quais as partículas de poeira não aderem

Figura 20.5 Diagrama mostrando os efeitos do ar seco na capacidade de auto-limpeza das membranas mucosas da garganta. Esquerda: a membrana mucosa normal com um epitélio ciliado que livra a membrana de partículas contaminantes. Direita: o epitélio ciliado está ressecado e partes dele não são mais visíveis. O muco se agrupa em pedaços e não mais se livra das partículas de poeira.

ESTUDOS DE CAMPO SOBRE CLIMA DE INTERIORES

Já foi mencionado que existe uma variação individual considerável sobre o que as pessoas consideram como uma temperatura confortável, e os estudos de campo enfatizam isto. A Figura 20.6 mostra os resultados de McConnell e Spiegelman (1940), que registraram os pareceres de 745 trabalhadores de escritório quanto à temperatura, em Nova York.

O resultado mais interessante foi a ampla faixa de respostas individuais. A 24°C, apenas 65% dos questionados consideraram a temperatura confortável, os outros consideraram-na ou muito quente ou muito fria. Grandjean (1973) realizou um estudo no inverno de 1964/1965 quando mediu a temperatura em 168 escritórios sem ar-condicionado e, ao mesmo tempo, questionou 410 empregados (140 homens e 270 mulheres) quanto às suas impressões sobre a temperatura. Os resultados são mostrados graficamente na Figura 20.7.

As temperaturas eram altas, variando entre 22 e 24°C, na maior parte do tempo. A resposta "confortável" tornou-se menos freqüente à medida que a temperatura aumentava, até que foi considerada "muito quente". Houve muitas respostas "confortável", quando a temperatura era apenas 21°C.

Estudos similares de Grandjean *et al.* foram realizados no verão de 1966 e de 1967. Esta pesquisa compreendeu 311 escritórios, 122 deles com ar-condicionado e 189, sem. Um total de 1.191 empregados foram questionados, e os resultados sumarizados estão na Figura 20.8.

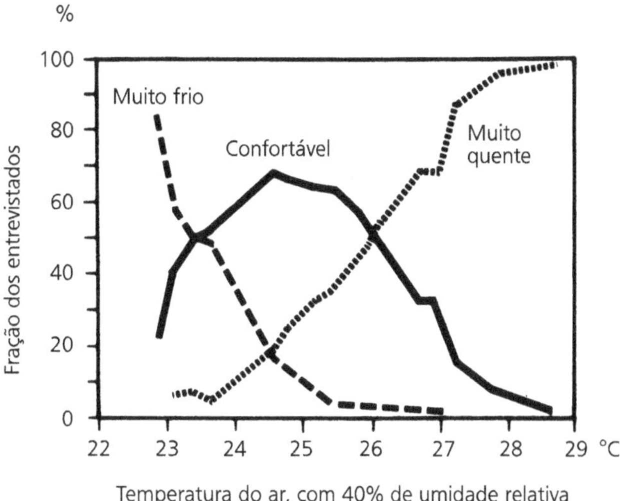

Figura 20.6 Como 745 trabalhadores de escritório de Nova York, no verão de 1940, reagiram à temperatura do ar. De acordo com McConnell e Spiegelman (1940).

Nos escritórios sem ar-condicionado, as temperaturas variaram entre 20 e 27°C; nos escritórios com ar-condicionado, o limite superior foi geralmente 24°C. Como pode-se ver no diagrama, as temperaturas acima de 24°C foram avaliadas como "muito quente" pela maioria das pessoas, uma observação similar à feita na pesquisa de McConnell e Spiegelman (1940), nos escritórios com ar-condicionado, nos Estados Unidos. Portanto, pode-se concluir que, *no verão, as temperaturas das salas são confortáveis desde que não excedam 24°C.*

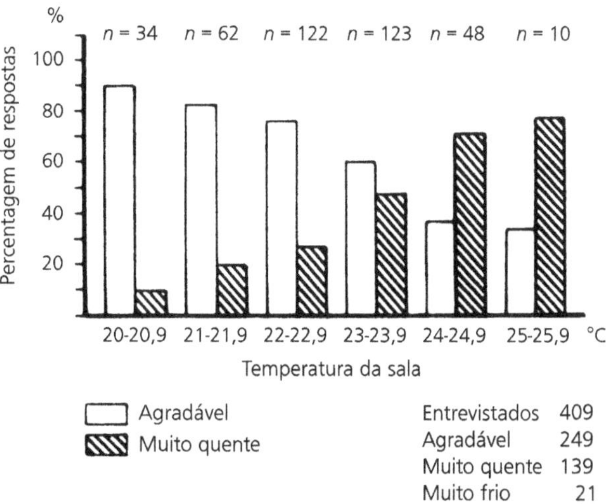

Figura 20.7 Levantamento sobre a sensação térmica de 409 funcionários de escritório. Amostragem no inverno 1964/1965. *n* = número de entrevistados e sua respectiva avaliação da temperatura. A pergunta feita foi: "Você acha o clima da sala hoje: agradável, muito quente ou muito frio?". Segundo Grandjean (1973).

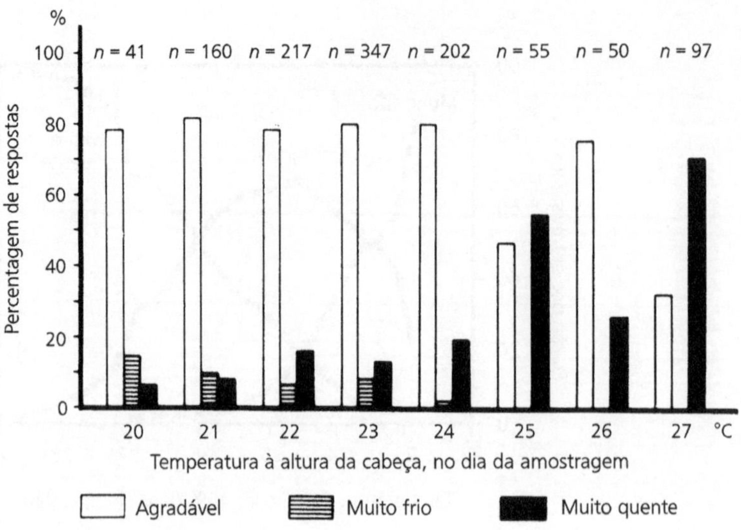

Figura 20.8 Levantamento da sensação térmica nos verões de 1966 e 1967. *n* = número de entrevistados e suas respectivas observações de temperatura. A pergunta colocada foi: "Você hoje acha o clima da sala: agradável, muito quente ou muito frio?". Segundo Grandjean (1973).

RECOMENDAÇÕES PARA O CONFORTO TÉRMICO EM INTERIORES

Trabalho sedentário em escritório

As seguintes recomendações podem ser aplicadas ao trabalho sedentário que envolve pouco ou nenhum esforço manual:

1. *A temperatura do ar,* no inverno, deve estar entre 20 e 21°C e, no verão, entre 20 e 24°C.
2. *As temperaturas das superfícies dos objetos adjacentes* devem estar na mesma temperatura do ar — não mais de 2 ou 3°C de diferença. Nenhuma superfície (p. ex., a parede externa da sala) deve ser mais do que 4°C mais fria do que o ar dentro da sala.
3. *A umidade relativa do ar na sala* não deve cair a menos de 30% no inverno, para não gerar problemas de ressecamento no trato respiratório. No verão, a umidade relativa natural geralmente flutua entre 40 e 60% e é considerada confortável.
4. *A movimentação* do ar na região entre a cabeça e os joelhos não deve exceder 0,2 m/s.

Deve-se ressaltar que as preferências quanto à temperatura do ar podem diferir ligeiramente de um país para outro, principalmente por causa das diferenças das roupas e dos hábitos. Por exemplo, é sabido que, no inverno, as temperaturas das salas são geralmente mais altas nos Estados Unidos e mais baixas no Reino Unido. Obviamente, as condições nas áreas tropicais serão muito diferentes.

Temperaturas do ar para trabalho físico

Com atividades físicas, a produção interna de calor aumenta muito. As considerações relevantes são mostradas na Figura 20.9.

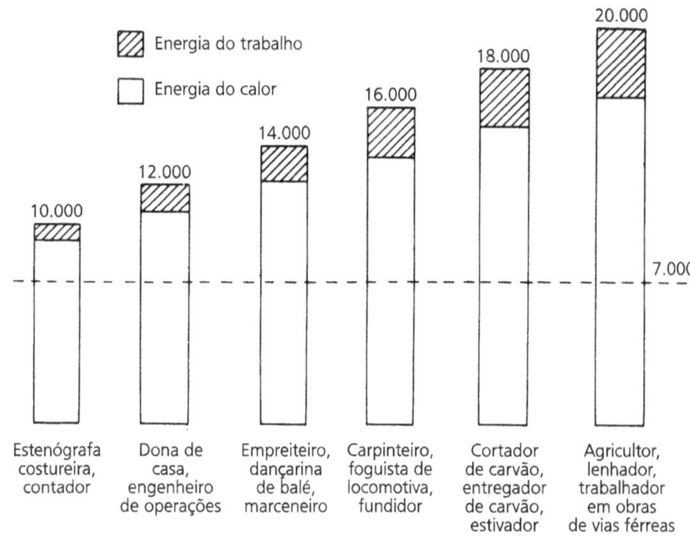

Figura 20.9 A produção de calor em diferentes tipos de atividades profissionais. A altura das barras e os números informam o consumo total de energia, em kJ, por 24 horas; a parte sombreada corresponde à energia de trabalho e a parte branca corresponde à produção de calor.

Tabela 20.2 Temperatura de salas recomendadas conforme o tipo de trabalho

Tipo de trabalho	Temperatura (°C)
Trabalho mental sentado	21
Trabalho manual leve sentado	19
Trabalho manual leve em pé	18
Trabalho manual pesado em pé	17
Trabalho muito pesado	15-16

Quanto mais ativa as pessoas são, tanto mais calor elas geram. Se elas têm que ficar confortáveis, a temperatura do ar na sala deve ser reduzida, de forma que seja mais fácil remover o calor em excesso. A uma umidade relativa de 50%, vários tipos de atividade requerem as temperaturas da sala listadas na Tabela 20.2.

CALOR NA INDÚSTRIA

Efeitos do calor

Desde que um clima quente não seja "desconfortável" (explicado em mais detalhes a seguir), nem um trabalho físico leve nem uma atividade mental tem seu desempenho afetado por um ambiente quente, como Ramsey (1995) concluiu em uma revisão de estudos. No entanto, quando a temperatura aumenta acima do nível de conforto, os problemas aparecem: primeiro, de ordem subjetiva e, depois, problemas físicos que prejudicam a eficiência do trabalhador. Condições extremamente quentes podem ameaçar seriamente a saúde. Alguns destes problemas e seus sintomas, na faixa entre uma temperatura confortável e o mais alto limite tolerável, são listados na Tabela 20.3.

Importância da sudorese

Vimos na Figura 20.3 que a faixa de temperaturas entre o nível confortável e o limite superior de tolerância, na ordem de 10 e 15°C, é a zona na qual a regulação do calor é alcançada pela evaporação do suor da pele. Quando a temperatura externa sobe, o corpo pode perder cada vez menos calor por convecção e radiação (devido ao baixo gradiente de temperatura), de forma que *a sudorese é o único meio por onde o calor pode ser perdido*. De fato, um dado ponto é logo alcançado, onde a convecção e a radiação transmitem o calor para dentro do corpo e este calor, junto com aquele produzido internamente, precisa ser perdido pela evaporação do suor.

Quando se trabalha sob altas temperaturas, a secreção e evaporação do suor são muito importantes para a preservação do equilíbrio fisiológico do calor.

Mecanismos para a adaptação fisiológica

Se a temperatura ambiente aumenta, os seguintes efeitos fisiológicos podem ser gerados:

1. Aumento da fadiga, com perda da eficiência tanto para as tarefas físicas quanto as mentais.
2. Aumento da freqüência cardíaca.
3. Aumento da pressão sangüínea.
4. Redução das atividades dos órgãos digestivos.
5. Leve aumento da temperatura central e aumento acirrado da temperatura periférica (a temperatura da pele pode aumentar de 32 para 36 a 37°C).
6. Aumento massivo do fluxo sangüíneo pela pele (de poucos mL/cm^3 de tecido da pele/min para 20-30 mL).
7. Aumento da produção de calor, que se torna abundante se a temperatura da pele chega a 34°C ou mais.

Tabela 20.3 Efeitos de desvios da temperatura de trabalho confortável

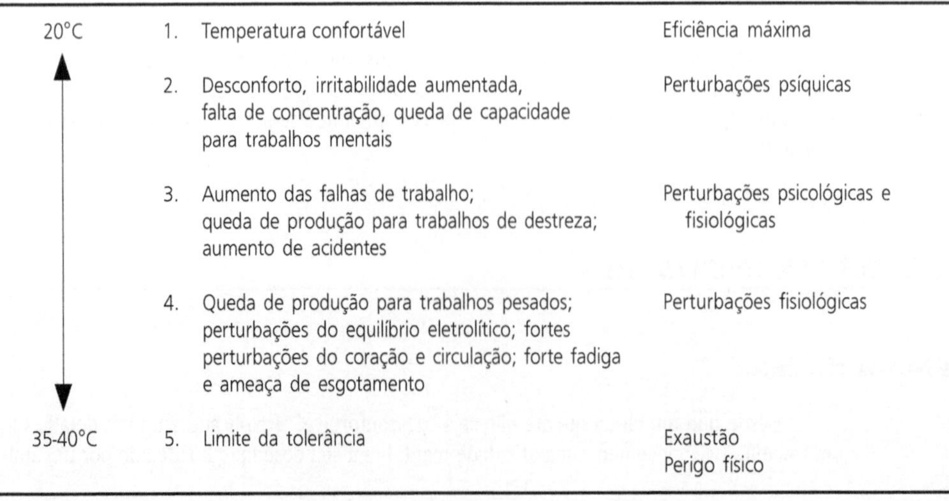

Temperatura		Efeito	Consequência
20°C	1.	Temperatura confortável	Eficiência máxima
↑	2.	Desconforto, irritabilidade aumentada, falta de concentração, queda de capacidade para trabalhos mentais	Perturbações psíquicas
	3.	Aumento das falhas de trabalho; queda de produção para trabalhos de destreza; aumento de acidentes	Perturbações psicológicas e fisiológicas
↓	4.	Queda de produção para trabalhos pesados; perturbações do equilíbrio eletrolítico; fortes perturbações do coração e circulação; forte fadiga e ameaça de esgotamento	Perturbações fisiológicas
35-40°C	5.	Limite da tolerância	Exaustão Perigo físico

O efeito destas mudanças de adaptação é claramente *transportar mais calor para a pele, por meio de um aumento do fluxo sangüíneo*. Este fluxo aumentado ocorre às expensas do suprimento de sangue para a musculatura (o que explica a redução da performance e da eficiência) e para os órgãos digestivos (que também reduzem suas atividades). Já que a regulação térmica é o problema, os outros sistemas precisam ficar em segundo plano: os músculos trabalham menos efetivamente e o estômago recusa comida (náusea).

De maneira similar, o coração e o sistema circulatório também se adaptam. O aumento da pressão sangüínea, junto com a dilatação dos vasos sangüíneos da pele (e a constrição simultânea dos vasos sangüíneos dos órgãos internos) e o aumento da ação de bombeamento do coração, contribuem para o aumento do fluxo sangüíneo a fim de transportar o calor para a pele. Se a temperatura da pele alcança 34°C, a ação reflexa do centro de calor produz um intenso fluxo de suor, que é expelido por cerca de 21 milhões de glândulas sudoríparas na pele humana.

Efeitos do superaquecimento

Se estas medidas de controle são insuficientes, então a temperatura central do corpo começa a subir, levando a uma acumulação de calor que pode ser fatal. As pesquisas clínicas mostraram que durante exercícios militares, temperaturas centrais de 39°C resultaram em parada cardíaca, seguida de morte, embora Robinson e Gerking (1947) tenham reportado que, com temperaturas retais de 39 a 40°C, o colapso térmico não era necessariamente fatal.

Colapso térmico

Quando o calor do corpo aumenta, os primeiros sintomas de alarme incluem uma sensação geral de mal-estar, redução do desempenho a despeito de muito esforço, pele avermelhada e um aumento da freqüência cardíaca com um pulso fraco. Estes sintomas são seguidos por forte dor de cabeça, tonturas, falta de ar, talvez vômito e cãibras musculares como resultado da perda de sal. O estágio final é a inconsciência, que pode resultar em morte em 24 horas, apesar do atendimento médico. A morte por insolação é realmente um caso especial de colapso térmico, em que o calor direto do sol na cabeça pode ser o fator decisivo.

A tendência ao colapso térmico é uma questão individual e varia muito de uma pessoa para outra. O risco é maior para uma pessoa gorda do que para uma magra e pode aumentar seis vezes se a pessoa tem um sobrepeso de 25 kg. Outros fatores envolvidos incluem a capacidade de adaptação ao calor, idade, ingestão de comida e particularmente a quantidade de exercício físico efetuado. O trabalho de Wyndham *et al.* (1953) deve ser referenciado aqui. Eles registraram mortes pelo calor entre mineiros sul-africanos trabalhando em temperaturas acima de 30° C, com 100% de umidade relativa; a 34,5°C a mortalidade foi uma em mil. Resultados similares foram registrados sobre colapso térmico não fatal. Mesmo com umidades relativas menores, o colapso térmico, às vezes, ocorre na população geral se a temperatura externa aumenta acima de 35°C.

Febre e esporte

É interessante notar que a temperatura central pode subir muito (41°C) durante uma febre, e até 39,5°C, em atividades de esporte extremo, sem provocar colapso por calor. Sob estas condições, o centro de calor consegue lidar com o aumento da temperatura central, preservando as funções vitais, durante a febre, e mantendo alta performance, durante o esporte. O colapso térmico é uma conseqüência do calor excessivo de fora do corpo, onde ele é passivamente acumulado. O cérebro parece ter algum tipo de mecanismo de proteção contra o acúmulo de calor gerado pelo corpo em si, mas que não opera contra uma fonte de calor externa.

Tolerância ao calor

A questão importante em qualquer problema sobre o trabalho sob calor excessivo é a carga de calor tolerável ou tolerância ao calor.

Sob o ponto de vista fisiológico, muitos autores concordam que *a temperatura retal não deve exceder um limite superior de 38°C*, e muitos autores compilaram índices de fatores climáticos que vão assegurar que este limite fisiológico não é excedido. Exemplos são Belding e Hatch (1955) e Dukes-Dobos (1976). Parsons revisou as normas internacionais de estresse por calor, em 1995. Já que muitos índices de carga de calor são muito complicados, considerando o movimento e temperatura do ar, umidade e calor radiante, pode-se adotar um sistema mais simples proposto por Wenzel (1964). Estes limites de tolerância ao calor são mostrados nas bandas sombreadas da Figura 20.10.

Limites práticos

Os limites na Figura 20.10 são válidos para homens jovens despidos que sejam fisicamente muito capazes e acostumados ao calor; portanto, eles não podem ser aplicados diretamente sob condições de trabalho na indústria. Não foram feitas investigações detalhadas sob condições de trabalho, mas pode-se assumir que as bandas curvas da Figura 20.10 devem ser movidas, ao menos, 5 a 10°C para a esquerda, de forma a serem aplicadas às condições de trabalho na indústria, e mais ainda para a esquerda, para trabalhadores mais velhos ou para tarefas que requerem o uso de roupas protetoras ou aparato de respiração. A Tabela 20.4 mostra os dados estimados para faixas de temperaturas aceitáveis para o trabalho durante o dia, que são aplicáveis a homens capazes e saudáveis usando roupa apropriada para o trabalho.

Se a carga de calor é maior do que a listada na Tabela 20.4, e não pode ser significativamente reduzida por medidas técnicas, então o *tempo de trabalho sob o calor deve ser reduzido*. Sugestões são dadas na Tabela 20.5.

Trabalhando sob calor radiante

Os valores limites mostrados na Figura 20.10 e Tabelas 20.4 e 20.5 aplicam-se a condições onde as superfícies no entorno estão aproximadamente à mesma temperatura que o ar. Eles não podem ser usados sem modificações para postos de trabalho que estejam expostos a muito calor radiante, como, por exemplo,

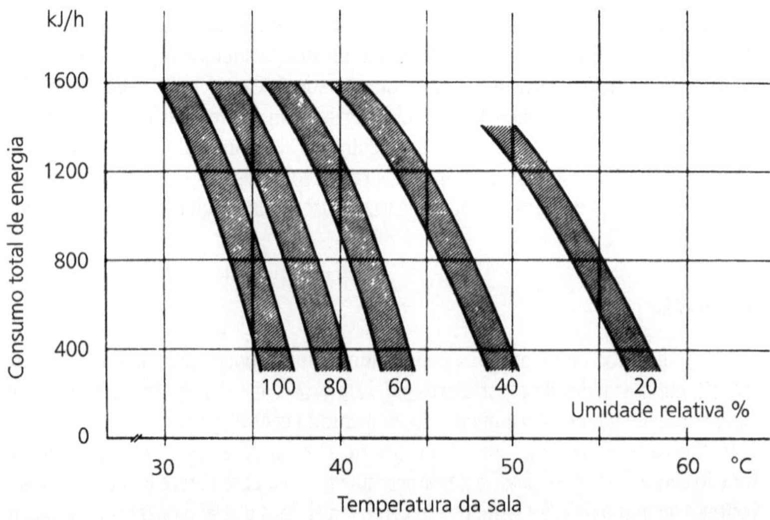

Figura 20.10 Valores limites de sobrecarga de calor, em relação ao trabalho físico (consumo de energia), à umidade relativa do ar e à temperatura do ar. Temperatura do ar quase idêntica à temperatura da radiação; movimentação do ar entre 0,1 e 0,9 m/s. Tempo de trabalho: 3 a 6 horas. Modificado de Wenzel (1964).

Tabela 20.4 Faixa de limites sugeridas para a sobrecarga de calor permissível para o trabalho diário

Consumo total de energia (kJ/h)	Exemplos	Limite superior da temperatura do ar (°C)	
		Temperatura efetiva	Temperatura com umidade relativa de 50%
1.600	Trabalho pesado; caminhar com 30 kg de carga	26-28	30,5-33
1.000	Trabalho médio; caminhar a 4 km/h	29-31	34-37
400	Trabalho leve, sentado	33-35	40-44

Tabela 20.5 Tempo de trabalho permitido em clima com alta umidade do ar, com um trabalho pesado de 1.900 kJ/h

Temperatura úmida (°C)	Tempo de trabalho permitido (min)
30	140
32	90
34	65
36	50
38	39
40	30
42	22

Nota: Entendemos por temperatura úmida a temperatura obtida em um termômetro de bulbo úmido, que é tão mais baixa quanto mais seco é o ar.
Fonte: Segundo McConnell e Yaglou (1925).

em frente a fornalhas. O calor radiante geralmente é medido com um *termômetro de globo*. Este geralmente consiste em uma esfera de cobre, de 150 mm de diâmetro, dentro do qual é inserido um termômetro de mercúrio. A superfície externa da esfera de cobre é pintada de preto para absorver a radiação e convertê-la em calor. *O termômetro de globo geralmente mostra um valor médio entre a temperatura do ar e a das superfícies no entorno.*

Vários métodos foram propostos para integrar os vários fatores da temperatura em um. Um deles é combinar as leituras dos termômetros de bulbo úmido e de globo, no IBUTG (índice de bulbo úmido e termômetro de globo). No ambiente interno, IBUTG = 0,7 (leitura do bulbo úmido) + 0,3 (leitura do termômetro de globo). Usando esta fórmula, os seguintes valores de IBUTG, para trabalho contínuo de trabalhadores aclimatados, foram propostos na norma ISO 7243:

Até um gasto metabólico de 117 W	IBUTG de 33°C
118 a 234 W	IBUTG de 30°C
235 a 360 W	IBUTG de 28°C
261 a 468 W	IBUTG de 25°C, sem movimento do ar
mais de 268 W	IBUTG de 23°C, sem movimento do ar

No entanto, Ramsey (1987) expressou algumas preocupações quanto à adequação do IBUTG para combinações de umidade muito alta e pouco movimento de ar.

Limites fisiológicos

Na prática, geralmente é muito difícil expressar exatamente a carga térmica e o grau de trabalho físico e, portanto, foram estudados meios fisiológicos para avaliá-los. Como já foi visto, a freqüência cardíaca, temperatura central (temperatura retal) e transpiração podem ser usadas com este propósito. Os limites superiores destes parâmetros para o trabalho sob o calor, em um dia inteiro de trabalho, são:

Freqüência cardíaca (média diária)	100-110 bats/min
Temperatura retal	38° C
Evaporação de suor	0,5 L/h

Aclimatização ao calor

A experiência mostra que leva algum tempo para se ficar acostumado ao trabalho sob condições de muito calor e apenas depois de várias semanas a performance se equipara à dos trabalhadores já adaptados ao calor. Isto é a verdadeira aclimatização do corpo ao calor, que procede segundo as seguintes etapas:

1. O corpo gradualmente aumenta a transpiração, perdendo mais e mais calor no processo. Um trabalhador adaptado ao calor pode perder dois litros de suor por hora e até seis litros em um dia de trabalho.
2. Como parte do processo de aclimatização, o suor fica mais diluído, com menor concentração de sais. As glândulas sudoríparas "aprendem" a conservar os sais, de forma que quantidades maiores de suor podem ser produzidas sem gerar um déficit de sal no corpo. Tal déficit pode levar a cãibras musculares e eventualmente à exaustão, e mesmo à morte.
3. Durante a aclimatização há uma perda de peso, que ajuda na perda de calor pela redução da gordura e reduz o consumo de energia.
4. À medida que a aclimatização continua, o trabalhador bebe mais líquidos para compensar a grande quantidade de água perdida pela sudorese.
5. O sistema sangüíneo e o coração também se adaptam para garantir o suprimento na performance aprimorada, após a aclimatização.

Após aclimatizada com o calor, a pessoa sente sede sempre que o corpo necessita mais líquido e tende a beber pequenas quantidades freqüentemente. A questão de que a pessoa deve ingerir mais sal é discutível. Bons resultados foram obtidos dando tabletes de sal ou comida rica em sal (carne, pão, etc.) para trabalhadores e tropas expostos a calor excessivo, durante muito trabalho físico. Geralmente, no entanto, a combinação de esforço muscular e do estresse térmico não é tão grande que requeira uma provisão adicional de sal. A maioria das dietas ocidentais são tão ricas em sal que fornecem sal o suficiente para reposição de qualquer perda por sudorese.

Recomendações

As seguintes recomendações servem para o trabalho sob condições de muito calor:

1. *Aclimatização ao calor é necessária*. Ela é melhor quando feita em estágios. Deve-se iniciar com exposição de apenas 50% do tempo de trabalho sob o calor e aumentar 10% em cada dia. O mesmo procedimento deve ser seguido quando a pessoa retorna ao trabalho, após uma doença ou afastamento por longo tempo.
2. *Quanto maior a carga de calor e maior o esforço físico realizado sob o calor, mais longas e mais freqüentes devem ser as pausas* (pausas para resfriamento). Se o limite da tolerância ao calor for excedido, a jornada de trabalho deve ser reduzida.
3. *Uma pessoa deve beber pequenas quantidades de líquido a intervalos freqüentes*; recomenda-se não mais de 0,25 litros de uma vez, e um copo a cada 10 ou 15 min.

4. Se forem necessárias grandes quantidades de líquido, é melhor *beber água*, e ocasionalmente chá ou café. Bebidas mornas ou quentes são absorvidas mais rapidamente pelo sistema digestivo do que bebidas frias.
5. Bebidas geladas, suco de frutas e bebidas alcoólicas não são recomendadas. Leite e bebidas à base de leite também não são adequadas para o trabalho sob calor, porque sobrecarregam os órgãos do sistema digestivo.
6. *A água para beber deve estar disponível e perto do posto de trabalho, de forma que se possa beber sempre que se queira.*
7. Onde o calor radiante é excessivo (p. ex., próximo a altos fornos), o trabalhador deve estar protegido com óculos especiais, vestimentas e equipamentos à prova de queimaduras nos olhos e pele.

Além destas medidas de precaução, deve-se esgotar todas as possibilidades de redução de impacto do calor sobre o trabalhador. Algumas medidas possíveis incluem a melhoria da ventilação, tanto natural quanto forçada, talvez a desidratação artificial do ar e telas de proteção contra calor radiante.

POLUIÇÃO DO AR E VENTILAÇÃO

Deterioração da qualidade do ar

Se há pessoas na sala, o ar deteriora-se de várias maneiras, mudando seu caráter pelos seguintes motivos:

- Excreção de odores.
- Formação de vapor d'água.
- Liberação de calor.
- Produção de dióxido de carbono.
- Poluição do ar, pela entrada de impurezas vindas do exterior ou geradas pelas atividades realizadas na sala.

Os primeiros quatro efeitos são produzidos pelo próprio ser humano. O último, poluição do ar, depende da situação do prédio, de que atividades estão sendo realizadas e se é permitido fumar. Entre as modificações do ar que têm origem humana, os odores da pele são os mais importantes, já que mesmo em concentrações muito baixas eles geram sentimentos de mal-estar, desconforto, repulsa e nojo. Estes odores são uma mistura de gases orgânicos e vapores, que não são tóxicos nas concentrações usualmente encontradas, mas que são indesejáveis pelos incômodos que causam. Quando a poluição do ar em uma sala é principalmente de origem humana, os odores pessoais são os mais ofensivos, bem mais do que as mudanças pelo dióxido de carbono e vapor de água. Uma recomendação para a quantidade de ar puro necessário, em uma sala povoada, é *30 m^2 de ar puro por pessoa, por hora,* sendo esta apenas uma estimativa geral.

A Figura 20.11 sumariza os resultados obtidos por Yaglou e colegas (1949), a partir de uma série de experimentos. Com base nestes resultados, pode-se fazer as recomendações listadas na Tabela 20.6.

Fumaça de cigarro no ambiente

Nos anos recentes, tem-se dado mais importância à fumaça de cigarro no ambiente (ou "secundária"). A preocupação deve-se principalmente pelo risco à saúde, mas tendo como base o dia-a-dia, ficar em um ambiente enfumaçado geralmente causa mal-estar e até irritações de olhos e garganta, tanto em salas de trabalho, como em veículos ou restaurantes. Já em 1984, Weber reportou os efeitos da fumaça de cigarro sobre sujeitos não fumantes, denominados *fumantes passivos*. Um estudo de campo com 472 empregados, em 44 salas de trabalho, revelou que 64% dos não-fumantes eram, às vezes, ou sempre, perturbados pela fumaça do cigarro no ambiente, enquanto 36% reportou irritação nos olhos, no trabalho. Aproximadamente um terço de todos os empregados qualificaram o ar no trabalho como ruim, em relação à fumaça. A medição de concentrações de monóxido de carbono em função do cigarro variou entre 0 e 6,5 ppm, com um valor médio de 1,1 ppm.

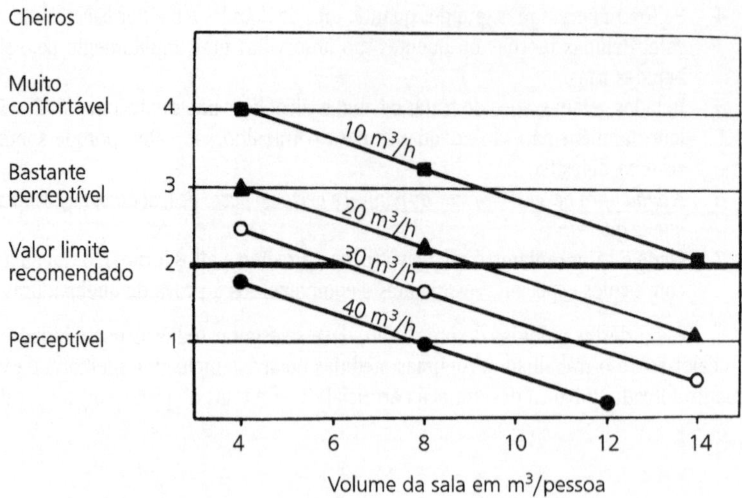

Figura 20.11 Linhas gerais para as necessidades de ar fresco de pessoas sentadas, em relação à quantidade de ar disponível para cada pessoa. Segundo Yaglou *et al.* (1949).

Tabela 20.6 Volumes de ar e de ar fresco recomendado por pessoa

Volume por pessoa (m^3)	Ar fresco por pessoa (m^3/h)	
	Mínimo	**Desejável**
5	35	50
10	20	40
15	10	30

Em um segundo passo, vários estudos experimentais foram realizados em uma câmara climática, onde os cigarros eram fumados por uma máquina de fumar. O grau de poluição devido à fumaça do tabaco foi avaliado pelas concentrações de monóxido de carbono e outros vários poluentes, tais como óxido nítrico, formaldeído, acroleína, partículas e nicotina. O grau de efeitos de irritação aguda e perturbação foi determinado, nos sujeitos expostos, por meio de questionários e medições da freqüência de piscagem do olho.

Os resultados revelaram que os efeitos de irritação eram mais pronunciados nos olhos, seguidos pelos efeitos no nariz e na garganta. As Figuras 20.12 e 20.13 ilustram os resultados obtidos pela freqüência de irritações e de piscagem dos olhos em pessoas expostas a diferentes concentrações de fumaça, mantidas constantes por aproximadamente uma hora.

É evidente que as irritações nos olhos, assim como a freqüência de piscagem, aumentam com o aumento das concentrações e duração da exposição. As incidências médias de sujeitos com irritações nos olhos são mostradas na Figura 20.14. Os resultados revelam claramente que há um aumento de fortes irritações nos olhos com níveis de fumaça de monóxido de carbono (CO) acima de 1,3 ppm. Weber (1984) concluiu que um possível limite para proteger as pessoas sadias, no seu meio ambiente cotidiano, contra os efeitos adversos da fumaça de cigarro, deve ficar em uma faixa de 1,5 a 2,0 ppm de CO. A concentração de 2,0 ppm de CO, por exemplo, é alcançada quando dois cigarros são fumados por hora, em uma sala de 80 m^3 com uma única troca de ar.

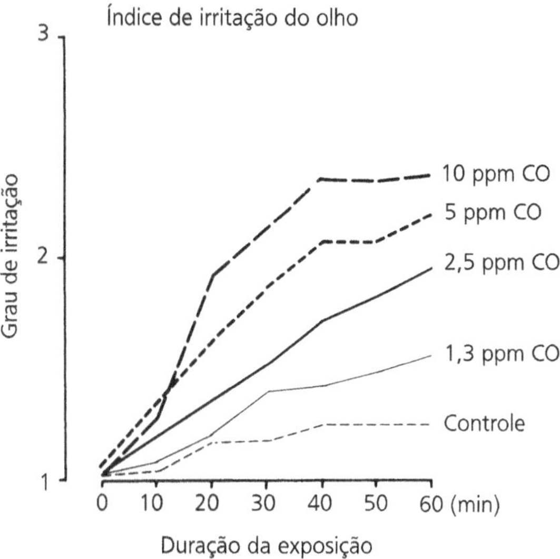

Figura 20.12 Sensação média da irritação do olho devido à fumaça de cigarro, em relação à concentração de fumaça e ao tempo de exposição. DCO = nível de CO durante a produção de fumaça menos o nível antes da produção de fumaça. 32 a 43 sujeitos. 0 min = medição antes da produção de fumaça. Período 0-5 min = aumento da concentração de fumaça. Período 6-60 min = concentração constante de fumça. Grau de irritação: 1 = sem irritação; 2 = pouca irritação; 3 = irritação moderada.

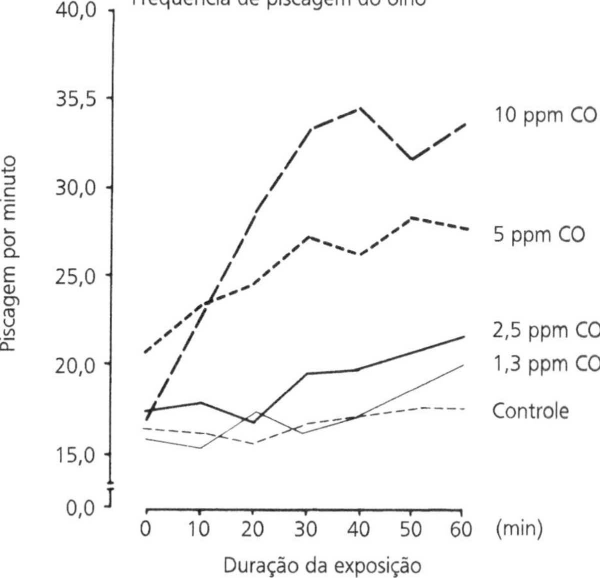

Figura 20.13 Média dos efeitos da fumaça de cigarro na piscagem do olho. CO = nível de CO durante a produção de fumaça menos o nível antes da produção. 32 a 43 sujeitos. O período 0 min = medição antes da produção de fumaça. O período 0-5 min = aumento da concentração de fumaça. O período 6-60 = concentração constante de fumaça.

Portanto, medidas para proteger os fumantes passivos são desejáveis quando o nível de CO alcança 1,5 ppm, e necessárias quando atinge 2,0 ppm. O limite inferior deve ser aplicado em locais de trabalho onde fumantes passivos não conseguem escapar à exposição, e o limite superior deve ser aplicado a restaurantes e outros lugares, onde as pessoas geralmente vão voluntariamente e por um curto período de tempo.

Suprimento de ar puro em salas de fumantes

Os cálculos mostram que é necessário *o suprimento de ar puro de 33 m³/h, por cigarro fumado, para manter a concentração de CO abaixo do limite superior proposto de 2,0 ppm; para o limite inferior, é necessário*

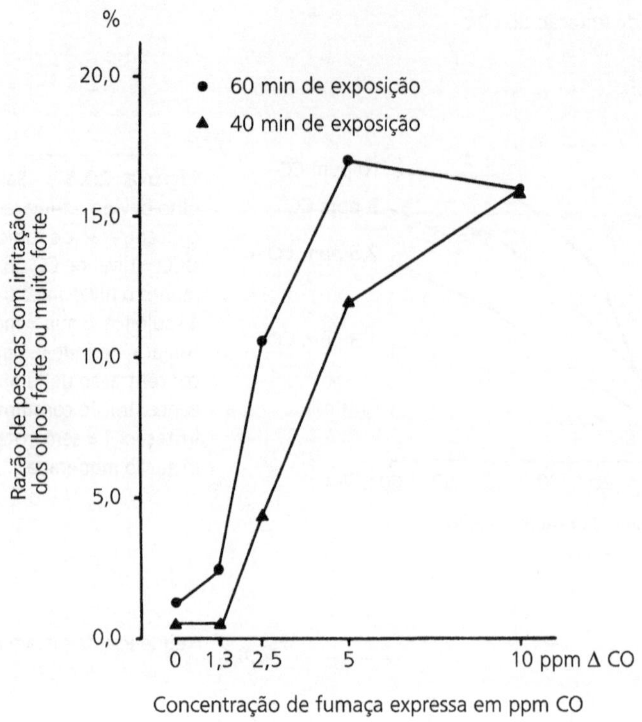

Figura 20.14 Percentagem de pessoas com irritação forte ou muito forte nos olhos em função do grau e da duração da exposição.

50 m³/h de ar puro, por cigarro fumado. Dependendo do número de pessoas presentes na sala, o fornecimento de ar puro de 25 a 45 m³/h/pessoa é necessário, para não exceder o limite superior. Em outras palavras, a ventilação deve ser duas a quatro vezes maior do que em uma sala onde ninguém fuma (onde é necessário apenas 12-15 m³/h/pessoa).

Medidas organizacionais

Aumentar a ventilação como medida de proteção aos fumantes passivos não é desejável, sob o ponto de vista energético e econômico. Portanto, sempre que possível, medidas organizacionais devem ser tomadas, tal como a separação em salas de fumantes e não-fumantes ou, ainda melhor sob todos os aspectos, a eliminação do fumo, ao invés do aumento do suprimento de ar puro.

Ventilação natural e forçada

Especialmente se há poluição interna, a localização do prédio e suas janelas são os fatores mais importantes na decisão quanto à necessidade de colocar qualquer forma de ventilação forçada ou condicionamento de ar. Se não é possível abrir as janelas para gerar um fluxo natural de ar, ou por causa do ruído de tráfego ou poluição do ar ambiental, então a ventilação artificial de algum tipo é essencial.

Janelas e clima interno

Os prédios modernos tendem a ter tetos baixos e mais áreas de janelas do que os prédios construídos há 50 anos ou mais. Estas mudanças têm efeitos importantes no clima interno. Os tetos mais baixos tornam ainda mais necessário a renovação do ar puro. Grandes áreas de janelas agem como superfícies de resfriamento, no inverno, e, entre a primavera e outono, deixam passar uma grande quantidade de calor para a sala. Isto é particularmente óbvio, se medidas objetivas de condutividade térmica (chamadas valores *K*) são usadas para avaliar o equilíbrio calorífico do prédio. As janelas dos prédios antigos ocupam 15 a 30% da superfície externa, embora elas sejam geralmente mais do que 50% da superfície, nos prédios modernos. Se assumirmos um valor *K* de uma janela como sendo 3,5, e que o de uma parede é 0,8, então, se a janela ocupa 50% das paredes externas, pode-se calcular que 82% da perda total de calor se dá pelas janelas, e apenas 18% pelas paredes e telhado.

Isto significa que neste prédio é perdido quatro vezes mais calor pelas janelas do que pelas paredes e telhado. Melhorar o isolamento térmico da janela é quatro vezes mais eficiente do que isolar paredes e telhado, e é altamente recomendável.

Os prédios modernos admitem mais luz e trazem os ocupantes para um contato mais próximo do mundo exterior, com o céu e com a natureza; ao mesmo tempo, trazem sérios problemas para o controle do clima interno e geram uma grande dissipação de energia.

RESUMO

Os efeitos do clima no bem-estar do ser humano é conhecido. Todos os componentes (temperaturas, umidades, movimento do ar) de nossos "microclimas" pessoais, assim como das vestimentas e carga de trabalho, são normalmente controláveis, tanto no ambiente interno quanto externo.

CAPÍTULO 21

Luz do dia, cor e música para um ambiente de trabalho agradável

LUZ DO DIA

A luz do dia é naturalmente preferível em relação à luz artificial para a maioria das pessoas, mas existem alguns problemas que serão brevemente discutidos.

Além de prover iluminação, a luz natural, penetrando na sala, estabelece um contato com o mundo exterior, dando uma visão do entorno e indicando a hora do dia e condições do tempo.

Como uma regra, é psicológica e fisiologicamente desejável que se tenha tanto mais luz e o melhor distribuída possível. Quanto maior o nível de luz natural, menor a necessidade de iluminação artificial, especialmente no inverno. Em um dia nublado de dezembro, em Zurique, na Suíça, a intensidade de luz natural no interior de um prédio chega a 500 lx apenas das 10 às 14h.

No interior de um prédio, os níveis de iluminação natural dependem principalmente da posição e tipo de janelas; a altura das janelas é decisiva para a penetração de luz na profundidade da sala.

Uma ressalva deve ser feita. As janelas largas e altas certamente ajudam a distribuir a luz natural dentro da sala, mas têm a desvantagem de admitir uma grande quantidade de calor do sol, especialmente no verão, se elas estão voltadas para o sul ou sudoeste. Além disso, no inverno, elas atuam como superfícies geladas, com um efeito adverso no clima da sala, conforme foi discutido no Capítulo 20. Janelas claras podem ser uma superfície de ofuscamento direto e indireto, conforme foi visto no Capítulo 18. O tamanho das janelas não deve ser decidido com base apenas na luz natural; deve haver um equilíbrio entre todos os prós e contras.

Recomendações

As seguintes regras dizem respeito à luz natural no ambiente interno:

1. Janelas altas são mais eficientes do que as largas, já que a luz penetra mais fundo na sala. A verga não deve ser mais profunda do que cerca de 300 mm.
2. O peitoril da janela deve ser da altura da mesa. Se a janela é mais baixa do que a mesa, é possível parecer fria no inverno e gerar ofuscamento, se a pessoa olhar para baixo, por exemplo, durante uma leitura.

3. A distância da janela até o posto de trabalho não deve ser maior do que duas vezes a altura da janela.
4. Para salas de trabalho, a área da janela deve ser cerca de um quinto da área do piso. Isto é apenas regra geral, que pode ser modificada de acordo com as circunstâncias.
5. O vidro deve transmitir muita luz. O vidro claro tem uma transparência de mais de 90%, enquanto o vidro jateado, o tijolo de vidro ou vidros especiais para isolamento de calor têm transparências de 70 a 30%.
6. São necessárias proteções efetivas contra o ofuscamento, especialmente do sol direto, e contra o calor radiante, transferido da e para a janela, para assegurar boa visibilidade e conforto no interior da sala. O método mais eficiente é um *brise-soleil* ou quebra-sol externo ajustável, tais como venezianas ou folhas de vedação. Persianas internas ou localizadas entre vidros duplos são um erro, porque garantem pouca proteção contra o calor radiante.

   Janelas com vidros absortivos bloqueiam o fluxo de calor em qualquer direção. No verão, armazenam o calor dentro da sala (efeito estufa) exigindo ar-condicionado. Geralmente reduzem o montante de luz transmitido, o que é indesejável no inverno. Varandas, beirais e outras projeções do prédio também criam problemas por cortar parte da luz em dias nublados. Em latitudes moderadas (tais como na Suíça), elas devem ser restritas às paredes do lado sul.
7. Cada janela deve receber luz direta do céu, e é desejável que uma porção do céu seja visível de cada posto de trabalho.
8. O prédio mais próximo deve ficar ao menos duas vezes mais distante do que sua própria altura, uma condição difícil de garantir nas cidades modernas.
9. Cores claras devem ser usadas tanto na sala quanto em qualquer pátio externo, para refletir o máximo de luz natural incidente possível.

Casas de vidro e fábricas sem janelas

A tendência na arquitetura moderna é aumentar a área de janelas dos novos prédios, às vezes terminando em uma casa de vidro. Como já foi mencionado, paredes de vidro ou áreas muito grandes de janelas irradiam calor para fora no inverno e admitem calor no verão. Por outro lado, elas admitem luz natural e permitem aos ocupantes ver mais do mundo exterior. Os problemas de regulagem do clima interno são difíceis e caros de resolver. No entanto, deve ser dito que novos desenvolvimentos em condutividade de janelas reduziram estes problemas consideravelmente.

Igualmente problemáticos são os prédios de fábricas que não têm nenhuma janela. Os argumentos em favor destes prédios são que eles podem ser uniformemente climatizados (por meio de ar-condicionado) e que a iluminação interna, sendo totalmente artificial, pode ser controlada por técnicas modernas. O isolamento mais completo das paredes reduz o custo do ar-condicionado. O argumento de oposição mais comum é que a ausência de janelas faz a pessoa se sentir "aprisionada" e "excluída", e que as pessoas precisam de algum contato com o mundo exterior quando estão trabalhando. Considerando que a validade destes argumentos ainda não foi provada, parece razoável avançar devagar com as práticas de construção que são não naturais e psicologicamente questionáveis. Providenciar ao menos algumas janelas parece ser adequado neste ínterim.

Aberturas zenitais e verticais

Aberturas zenitais e verticais nas paredes e portas geralmente são usadas em fábricas de apenas um andar, em *lofts*, sótãos e em outras salas com luz insuficiente. Os mais importantes painéis de passagem de luz pelo telhado são os seguintes:

1. *Telhados íngremes.* Se o eixo da clarabóia até o posto de trabalho não é maior do que a altura até a cumeeira, a iluminação é clara e bem distribuída. É particularmente bom se os postos de trabalho estão arranjados de forma que fiquem entre duas clarabóias a ângulos iguais, e portanto sejam iluminados dos dois lados.

2. *Clarabóias nas cumeeiras do telhado.* Isto possibilita que haja vidro acima do eixo longitudinal do prédio. É particularmente adequado para fábricas com pé direito alto, onde os trabalhadores no centro precisam da melhor iluminação.
3. *Telhados tipo mansarda.* Aqui as clarabóias são colocadas na parte inclinada do telhado, acima das janelas, dando um nível relativamente alto de luz natural ao longo das paredes afastadas. No entanto, aumentam o risco de ofuscamento e não provêem muita luz extra para as pessoas no meio da sala.
4. *Telhados em dentes de serra* (shed). Toda a área de trabalho tem vidro claro sobre ela, em painéis que geralmente faceiam o norte com muita inclinação, geralmente com um ângulo de 60°. A face oposta do zigue-zague é opaca, faceia o sul e têm uma inclinação de 30°. Este arranjo fornece os índices maiores e mais uniformes de luz e é especialmente recomendado para grandes fábricas.

COR NO ESPAÇO DE TRABALHO

Bases físicas

As cores visíveis do espectro cobrem certas faixas de ondas, em nanômetros (1 nm = 10^{-9}m = 1 milionésimo de mm).

Violeta	380-436
Azul	436-495
Verde	495-566
Amarelo	566-589
Laranja	589-627
Vermelho	627-780

As ondas eletromagnéticas maiores do que 780 nm são infravermelhas, percebidas como calor radiante; as ondas menores do que 380 nm são raios ultravioletas, que têm muita importância para a síntese da vitamina D no corpo e para o crescimento orgânico normal.

As cores que vemos aparecem porque a estrutura molecular da superfície dos objetos refletem apenas certos comprimentos de onda entre aqueles incidentes. Esta reflexão é o que vemos. Por exemplo, uma máquina pintada de verde absorve todas as luzes incidentes, à exceção da verde. Conforme discutido no Capítulo 17, os receptores de cor na retina são os cones, que são capazes de distinguir mais de 100 mil tonalidades de cor.

Cor refletida

Quando forem decididas as cores do espaço de trabalho e arredores, é necessário considerar a reflexão, conforme discutido no Capítulo 18. A Tabela 21.1 fornece alguns exemplos.

As cores no espaço de trabalho e arredores tem as seguintes funções:

1. Ordenação.
2. Indicar dispositivos de segurança.
3. Gerar contrastes que facilitam o trabalho.
4. Afetar psicologicamente as pessoas.

Ordenação

Setores de máquinas, salas, corredores e prédios podem ser codificados por cor. Isto facilita a manutenção do prédio, por exemplo, colocando itens em certas áreas, identificando tubulações que carregam diferentes fluidos, como combustíveis, guiando as pessoas ao seu destino, como mostrando aos pacientes seus caminhos nos hospitais, e mantendo o trabalho em geral em um plano ordenado.

Tabela 21.1 Graus de reflexão em percentual do fluxo luminoso incidente

Cor e material	Reflexão em %
Branco	100
Alumínio, papel branco	80-85
Marfim, amarelo-limão forte	0-75
Amarelo forte, ocre-claro, verde-claro, azul pastel, rosa-claro, tons cremes	60-65
Verde-limão, cinza-claro, rosa, laranja forte, cinza-azulado	50-55
Caliça, madeira clara, azul-celeste	40-45
Madeira de carvalho clara, concreto seco	30-35
Vermelho forte, verde-grama, madeira, verde-oliva, marrom	20-25
Azul escuro, vermelho púrpura, castanho, cinza ardósia, marrom-escuro	10-15
Preto	0

Cores de segurança

Se uma mesma cor é sempre usada para indicar um determinado perigo, ou solicitar o socorro em uma emergência, a associação correta e a reação a ela se torna automática. Esta prática é hoje usada em vários países de maneira uniforme, de acordo com as normas ISO.

Aqui são mostrados alguns códigos de cor:

1. O vermelho é a cor do "perigo": parar, proibido. O vermelho também é a cor de alerta para "fogo", usado nos extintores e equipamentos de combate ao incêndio.
2. O amarelo significa: perigo de colisão, atenção, alerta, risco de tropeço. Listas amarelas sobre fundo preto são geralmente usadas como cores de alerta nos transportes.
3. O verde significa: serviços de resgate, saída de segurança e "coisas estão em ordem". É usada para indicar todas as formas de equipamento de resgate e primeiros-socorros.
4. O azul não é na realidade uma cor de segurança, mas é usada para dar direções, avisos e indicações gerais.

Contrastes de cor em grandes áreas

Quando for necessário decidir sobre os contrastes de cor, as áreas grandes, como paredes e móveis, devem ser consideradas separadamente das áreas pequenas, tal como colocar um pouco de cor para atrair a atenção em botões, alças e alavancas.

As cores de áreas grandes devem ser escolhidas de forma que tenham reflectâncias similares (veja a Tabela 21.1 e Capítulo 18), de forma a obter contrastes de cor sem diferença de luminância. Evitar os contrastes de luminância em áreas grandes, muito próximas, é importante para assegurar boa acuidade visual. As áreas grandes e grandes objetos não devem ser cobertos por cores puras, nem com tinta fluorescente, já que isto causa sobrecarga na retina e leva à produção de pós-imagem. Portanto, paredes, divisórias, superfícies de mesa, etc., devem ser pintadas com cores pouco saturadas, com acabamento fosco.

É mais fácil ordenar os materiais de trabalho e selecionar os necessários se eles têm cores diferentes do entorno. Isto deve ser considerado quando o posto de trabalho é projetado, mas os contrastes desagradáveis em luminância e intensidade de cores devem ser evitados. Por exemplo, se os materiais de trabalho são de couro, madeira ou materiais similares de cor amarela ocre ou marrom, uma cor adequada para o fundo é o verde, verde-oliva ou azulado. Materiais azul-acinzentado tais como aço e outros metais aparecem sobre um fundo cor marfim ou bege-claro. A área ao redor da máquina ou da mesa de trabalho pode ser pintada em cores frias, neutras, variando de verde-amarelado a azul pastel.

Cores que atraem o olhar

As cores atraentes são pequenos pontos com cores altamente contrastantes que são usados para atrair a atenção, para "atrair o olhar". As cores são usadas deste modo na natureza: um morango vermelho em meio à folhagem verde, flores brilhantes que atraem insetos e outras criaturas pela sua cor contrastante. Por outro lado, a natureza também usa as cores para camuflagem. Animais indefesos geralmente têm cores neutras e confundem-se com o ambiente, de forma que se tornam quase invisíveis.

É uma boa idéia colocar alguns atrativos no local de trabalho, marcando elementos, tais como as alavancas, os botões de controle, etc. Se o atrativo é pequeno, não mais de alguns centímetros quadrados de área, eles devem contrastar bastante, não apenas em cor, mas em luminância. Os códigos por cores tornam os controles mais fáceis de achar, reduzindo o tempo de busca por eles e, portanto, reduzindo o desvio da atenção no trabalho em si.

O olho humano vê os maiores contrastes de cor entre o amarelo e o preto, porque o cérebro agrega os efeitos de cor e intensidade. No entanto, um dos grandes problemas no planejamento de cor, e especialmente no planejamento dos atrativos, é o excesso. Se existe muito estímulo visual em muitas cores diferentes, então todo o local de trabalho torna-se cansativo e distrativo. Cor não significa enfeite. O mais importante requisito fisiológico no uso da cor é a contenção, com três ou, no máximo, cinco atrativos para cada posto de trabalho. Isto se aplica, também, às cores em escolas, restaurantes, casas, em todos os lugares em que as pessoas descansam ou trabalham. Menos restrições são apropriadas em vitrines, *displays* em exibições, onde se quer estimular o cliente com atrativos.

Efeitos psicológicos

Como "efeitos psicológicos" da cor entende-se as ilusões de óptica e outros fenômenos que são alavancados pela cor.

Em parte, eles são causados por associações subconscientes a visões ou experiências prévias, e talvez por fatores hereditários. Eles influenciam o efeito mental e, portanto, o comportamento de uma pessoa. (Eventos em arte são fenômenos deste tipo. A pintura abstrata empenha-se em produzir tais efeitos pela cor e forma, que, para os "iniciados", são tão estimulantes emocionalmente quanto as pinturas realistas).

Os efeitos psicológicos podem ser induzidos, também, pelas cores em uma sala, despertando sentimentos de prazer ou desprazer. No entanto, já que muitas salas devem atender a funções particulares, suas cores não têm apenas conseqüências estéticas: seus efeitos fisiológicos e psicológicos também devem ser considerados. No entanto, há sempre uma ampla margem para considerações estéticas.

Efeitos particulares

Algumas cores têm efeitos psicológicos especiais, que são mais ou menos similares para pessoas de uma mesma cultura e criação, embora com grandes variações individuais. Os efeitos mais importantes dizem respeito à distância, temperatura e os pressupostos efeitos no estado mental. A Tabela 21.2 sumariza estes efeitos ilusórios das cores, conforme percebidos pela maioria de europeus e norte-americanos.

De uma maneira geral, todas as cores escuras são opressivas e fatigantes: elas absorvem a luz e são difíceis de manter limpas. Todas as cores claras são vibrantes, alegres e amigáveis. Elas espalham mais luz, iluminam a sala e encorajam a limpeza.

Cores em uma sala

Antes de iniciar o planejamento das cores em uma sala, é necessário considerar cuidadosamente suas funções e quem vai usar a sala. Após, é possível planejar suas cores em relação aos fatores psicológicos e fisiológicos.

Mantendo os efeitos principais já mencionados, deve ser feita uma cuidadosa análise do trabalho a ser realizado na sala. Por exemplo, ele tende a ser monótono ou faz grande exigência de concentração? Se o trabalho é monótono, é aconselhável incluir algumas áreas de cores excitantes, mas apenas em alguns

Tabela 21.2 Efeitos psicológicos das cores

Cor	Efeito de distância	Efeito de temperatura	Disposição psíquica
Azul	Distante	Frio	Tranqüilizante
Verde	Distante	Frio a neutro	Muito tranqüilizante
Vermelho	Próximo	Quente	Muito irritante e intranqüilizante
Laranja	Muito próximo	Muito quente	Estimulante
Amarelo	Próximo	Muito quente	Estimulante
Marrom	Muito próximo	Neutro	Tranqüilizante
Violeta	Muito próximo	Frio	Agressivo, intranqüilizante desestimulante

itens, tais como pilares ou colunas, uma porta ou uma divisória, mas não em áreas grandes, como nas paredes principais e teto.

Se o trabalho realizado na sala requer muita concentração, as cores devem ser escolhidas cuidadosamente, para evitar distrações desnecessárias e inquietação. Neste caso, as paredes, teto e outros elementos estruturais devem ser pintados em cores claras, que não atraem atenção.

Se a sala é muito grande, pode ser dividida visualmente pelo uso de cores diferentes, tornando a sala menos anônima.

Paredes e tetos pintados de amarelo, vermelho ou azul podem ser muito atrativos de uma primeira vez, mas com o passar do tempo podem se tornar uma carga para os olhos. Portanto, tais salas tornam-se desagradáveis após algum tempo.

Cores mais intensas podem ser usadas com segurança em salas que são usadas por curto período de tempo, por exemplo, entradas, corredores, lavatórios, salas de estocagem. Aqui, cores fortes podem ajudar a tornar a sala mais agradável.

MÚSICA E TRABALHO

Através dos tempos, a música vem sendo usada para aliviar o trabalho humano e existem muitas músicas de trabalho: as mais conhecidas são as que os soldados cantam enquanto marcham ou as músicas dos barqueiros do Volga. Todas as músicas deste tipo são melodiosas, com um ritmo bem marcado, e o efeito é estimular e motivar os cantores para um esforço maior com um certo ritmo.

Efeitos fisiológicos

Um estímulo acústico passa através do nervo auditivo para o sistema de ativação e traz toda a esfera consciente do córtex cerebral para um estado de prontidão para ação. Portanto, um ruído pode ter um efeito estimulante, especialmente em situações entediantes. Música extremamente rítmica, com variações marcadas em altura, afeta o cérebro de maneira similar, trazendo todo o organismo para o *status* de ação. O ruído também tem um efeito de distração, de forma que as atividades que exigem o raciocínio e a atenção são perturbadas. Pode-se esperar o mesmo para músicas animadas e rítmicas. De fato, a música é particularmente bem-vinda como fundo para trabalhos enfadonhos, repetitivos, mas seu efeito sobre o trabalho intelectual é incerto.

A extensão da distração e perturbação causada pela música depende bastante da sua natureza. Até um certo ponto, a distração pode ser minimizada escolhendo a música adequada.

Estudos na indústria

Com a intenção de melhorar as condições de trabalho e aumentar a produtividade, por muitas décadas a música tem sido usada para reduzir o tédio de certos trabalhos. Em 1946, Kerr questionou 666 trabalhadores em uma fábrica americana sobre como eles gostariam de distribuir a música durante o dia; seus trabalhos incluíam o enrolamento de bobinas, operação de prensas e montagem de válvulas de rádio. A grande maioria queria música contínua, durante todo o dia. Se fosse necessário restringir, então a maioria dos trabalhadores preferia uma série de 10 a 16 períodos de música, igualmente distribuídos durante o dia. O meio da manhã e da tarde eram os períodos onde a música era melhor recebida. Parece que os empregados mais jovens e mulheres gostavam mais de música do que os demais.

Grandjean (1988) reportou resultados similares em fábricas inglesas, francesas e suíças, as quais confirmaram os resultados de Kerr. Após a revisão de literatura mais recente sobre o assunto, Kroemer *et al.* (1994) chamaram a atenção de que os efeitos da "música no trabalho" dependem, decisivamente, mas de forma não previsível, do tipo de trabalho, do tipo de música, da hora do dia ou da noite, do período de tempo em que as músicas são tocadas e das características dos ouvintes.

Música de fundo

Originalmente, a música no trabalho era rítmica, com uma melodia clara. Os trabalhadores ouviam-na conscientemente e, às vezes, murmuravam a melodia. Mais recentemente, com início nos Estados Unidos, os escritórios administrativos, casas de comércio, sala de vendas, estações de trem, salas de espera, restaurantes e até salas residenciais foram equipadas com outro tipo de música: uma música persistente, mas calma, discreta, pouco perceptível, atuando no subconsciente. É conhecida como "música de fundo", concebida para envolver a pessoa com um som prazeiroso. Ela tem a vantagem de não ser distrativa e, portanto, ser adequada para trabalhos que exigem concentração, tais como projeto e planejamento. Além disso, ela ajuda a mascarar os sons indesejados.

Recomendações

Com base no que se sabe até o momento, a questão se a música no trabalho é boa ou não pode ser respondida conforme a seguir.

A música no trabalho pode ajudar a criar uma atmosfera prazeirosa e não obstrusiva, que estimula o trabalhador. Isto é particularmente verdade se o trabalho é entediante, ou repetitivo, ou faz poucas demandas de raciocínio ou atenção. A música é de menor ajuda em oficinas grandes e ruidosas, ou em trabalhos nos quais a atenção é essencial.

Quando a música selecionada não é do tipo calma, de fundo, mas agitada ou excitante, ela atrai atenção ou "o ouvir de perto" e deve ser tocada apenas durante parte da jornada. Um período curto de música excitante pode iniciar a jornada, o qual deve finalizar com melodias amistosas e festivas; o resto da jornada de trabalho pode ter quatro períodos de 30 minutos cada de música leve. O compasso não deve ser nem muito vagaroso nem muito rápido, causando irritação. Se bem escolhidas, as músicas atrativas e movimentadas podem interromper o trabalho contínuo e estimular a atividade emocional e física. No entanto, se deve haver, ou não, e qual música escolher, é difícil de predizer; é importante que as pessoas envolvidas participem da decisão, seleção e apresentação das músicas.

RESUMO

Entre as condições que nos fazem contentes e ativos estão a luz natural, cores e música. Todos somos influenciados de maneiras similares por estas condições, embora de maneira muito pessoal. Recomendações ergonômicas estão disponíveis para ajudar a tornar nosso ambiente de trabalho mais prazeiroso.

Referências

AANONSEN, A. (1964). *Shiftwork and Health.* Norwegian Monographs on Medical Science. Oslo: Universitets Forgalet.

ABRAMSON, N. (1963). *Information Theory and Coding.* New York: McGraw-Hill.

AKERBLOM, B. (1948). *Standing and Sitting Posture.* Stockholm, Sweden: Nordiska Bokhandeln.

ANDERSSON, B. J. G. and ORTENGREN, R. (1974a). Lumbar disc pressure and myoelectric back muscle activity during sitting. 1. Studies on an office chair. *Scandinavian Journal of Rehabilitation Medicine,* 3, 115-21. The same author with colleagues also in *Scandinavian Journal of Rehabilitation Medicine,* 3, 104-14 (1974b), 3, 122-7 (1974), 3, 128-35 (1974).

AYOUB, M. M. and MITAL, A. (1989). *Manual Materials Handling.* London: Taylor & Francis.

BARNES, R. M. (1936). An Investigation of Some Hand Motions Used in Factory Work. University of Iowa, Iowa City, Studies in Engineering, Bulletin 6.

BARNES, R. M. (1949). *Motion and Time Study* (3rd Edn). New York: John Wiley.

BASCHERA, P. and GRANDJEAN, E. (1979). Effects of repetitive tasks with different degrees of complexity on CFF and subjective state. *Ergonomics,* 22, 377-85.

BASMAJIAN, J. V. and DeLUCA, C. J. (1985). *Muscles Alive* (5th Edn.) Baltimore, MD: Williams & Wilkins.

BELDING, H. S. and HATCH, T. F. (1955). Index for evaluating heat stress in terms of resulting physiological strains. *Heating, Piping and Air Conditioning,* 27, 129-35.

BENDIX, T. and HAGBERG, M. (1984). Trunk posture and load on the trapezius muscle whilst sitting at sloping desks. *Ergonomics,* 27, 873-82.

BENZ, C., GROB, R. and HAUBNER, P. (1983) Designing VDU workplaces. Deutsche Ausgabe: Gestaltung von Bildschirm-Arbeitsplätzen. Cologne: Verlag TÜV Rheinland Köln.

BILLS, A. G. (1931). Blocking: a new principle of mental fatigue. *American Journal of Psychology,* 43, 230-9.

BJERNER, B., HOLM, A. and SWENSSON, A. (1955). Diurnal variation in mental performance. *British Journal of Industrial Medicine, 12,* 103-10.

BLACKWELL, H. R. and BLACKWELL, O. M. (1968). The effect of illumination quantity upon the performance of different visual tasks. *Illuminating Engineering,* 63, 143-52.

BLUM, M. L. and NAYLOR, J. C. (1968). *Industrial Psychology.* New York: Harper and Row.

BOFF, K. R., and LINCOLN, J. E. (Eds.) (1988). *Engineering Data Compendium: Human Perception and Performance.* Wright-Patterson AFB, OH: Armstrong Aeropsace Medical Research Laboratory.

BOOFF, K. R., KAUFMAN, L. and THOMAS, J. P. (Eds.) (1986). *Handbook of Perception and Human Performance.* New York: John Wiley & Sons.

BONVALLET, M., DELL, P. and HIEBEL, G. (1954). Tonus sympathique et activité électrique corticale. *Journal of Electroencephalography and Clinical Neurophysiology,* 6, 119-25.

BOUISSET, S. and MONOD, H. (1962). Etude d'un travail musculaire léger. 1. Zone de moindre dépense energétique. *Archives Internationale du Physiologie et Biochimie,* 70, 259-72.

BOUISSET, S., LAVILLE, A. and MONOD, H. (1964). Recherches physiologiques sur l'économie des mouvements. *Ergonomics,* 7, 61-7.

BOUMA, H. (1980). Visual reading processes and the quality of text displays. In Grandjean, E. and Vigliani, E. (Eds.) *Ergonomic Aspects of Visual Display Terminals.* London: Taylor & Francis.

BRÄUNINGER, U., GRANDJEAN, E., VAN DER HEIDEN, G., NISHIYAMA, K. and GIERER, R. (1984). Lighting characteristics of VDTs from an ergonomic point of view. In Grandjean E. (Ed.) *Ergonomics and Health in Modern Offices.* London: Taylor & Francis.

BRITISH HEALTH AND SAFETY EXECUTIVE (1992). *Manual Handling.* Sheffield, UK.

BROADBENT, D. E. (1957). Effects of noise on behaviour. In Harris, C. M. (Ed.) *Handbook of Noise Control.* New York: McGraw-Hill.

BROADBENT, D. E. (1958a). *Perception and Communication.* London: Pergamon Press.

BROADBENT, D. E. (1958b). Effect of noise on an intellectual task. *Journal of the Acoustical Society of America,* 30, 824-7.

BROUHA, L. (1967). *Physiology In lndustry* (2nd Edn) Oxford: Pergamon Press.

BROWN, J. S. and SLATER-HAMMEL, A. T. (1949). Discrete movements in the horizontal plane. *Journal of Experimental Psychology,* 39, 84-95.

BROWN, J. S., KNAUFT, E. B. and ROSENBAUM, G. (1948). The accuracy of positioning reactions as a function of their direction and extent. *American Journal of Psychology,* 61, 167-82.

BRUNDKE, M. (1973). Langzeitmessungen der Pulsfrequenz und Möglichkeiten der Aussage über die Arbeitsbeanspruchung. In *Pulsfrequenz und Arbeitsuntersuchungen, Schriftenreihe Arbeitswissenschaft und Praxis,* Band 28. Berlin: Beuth-Vertrieb.

BUESEN, J. (1984). Product development of an ergonomic keyboard. Proceedings of Ergodesign 84, *Behaviour and Information Technology*, 3, 387-90.

CAKIR, A., REUTER, H. J., VON SCHMUDE, L. and ARMBRUSTER, A. (1978). *Anpassung von Bildschirmarbeitspläntzen an die physische und psychische Funktionsweise des Menschen, Bundesministerium für Arbeit und Sozialordnung,* Bonn: Referat Presse.

CALDWELL, L. S. (1959). *The effect of the special position of a control on the strength of six linear hand movements,* Report No. 411. Fort Knox, KY: US Army Medical Research Laboratory.

CAPLAN, R. D., COBB, S., FRENCH, J. R., HARRISON, R. V. and PINNEAU, S. R. (1980). *Job Demands and Worker Health: Main Effects and Occupational Differences.* Ann Arbor: Institute for Social Research, University of Michigan.

CARAYON, P. (1993). Job design and job stress in office workers. *Ergonomics,* 36, 463-77.

CASALI, J. G. and BERGER, E. H. (1996). Technology advancements in hearing protection circa 1995: Active noise reduction, frequency/amplitude-sensitivity, and uniform attenuation. *American Industrial Hygiene Association Journal,* 57, 175-85.

CHAFFIN, D. B. (1969). A computerized biomechanical model: development of and use in studying gross body actions. *Journal of Biomechanics,* 2, 429-41.

CHAFFIN, D. B. (1973). Localized muscle fatigue - definition and measurement. *Journal of Occupational Medicine,* 15, 346-54.

CHAFFIN, D. B. and ANDERSSON G. B. J. (1991). *Occupational Biomechanics.* (7th Edn). New York: John Wiley & Sons.

CHANEY, R. E. (1964). Subjective reaction to wholebody vibration. Boeing Company, *Human Factors Technical Report D3, 64-74,* Wichita, Kansas.

CHAPANIS, A. (Ed.) (1975). *Ethnic Variables in Human Factors Engineering,* Baltimore, MD: Johns Hopkins Univerity Press.

CHRISTENSEN, E. H. (1964). L'Homme au Travail. Sécurité, Hygiène et Médecine du Travail, Series No. 4. Geneva: Bureau International du Travail.

CLARKE, H. H., ELKINS, E. C., MARTIN, G. M. and WAKIM, K. G. (1950). Relationship between body position and the application of muscle power to movements of joints. *Archive of Physical Medicine,* 31, 81-89.

COLLINS, J. B. (1956). The role of a sub-harmonic in the wave-form of light from a fluorescent lamp in causing complaints of flicker. *Ophthalmologica,* 131, 377-87.

COSTA, G. (1996). The impact of shift and night work on health. *Applied Ergonomics,* 27, 9-16.

COSTA, G. LIEVORE, F., CASALETTI, G., GAFFURI, E. and FOLKARD, S. (1989). Circadian characteristics influencing inter-individual differences in tolerance and adjustment to shiftwork. *Ergonomics,* 32 (4), 373-85.

COURTNEY, A. J. (1984). Hand anthropometry of Hong Kong Chinese females compared to other ethnic groups. *Ergonomics,* 27, 116980.

COX, T. (1985). The nature and measurement of stress. *Ergonomics,* 28, 1155-63.

CUSHMAN, W. H. and ROSENBERG, D. J. (1991). *Human Factors in Product Design.* Amsterdam: Elsevier.

DAMON, A., STOUDT, H. W. and McFARLAND, R. A. (1966). *The Human Body in Equipment Design.* Cambridge, MA: Harvard University Press.

DAVIES, D. R. and TUNE G. S. (1970). *Human Vigilance Performance.* London: Staples Press.

DAVIS, P. R. and STUBBS, D. A. (1977a). Safe levels of manual forces for young males. *Applied Ergonomics, 8,* 141-50.

DAVIS, P. R. and STUBBS, D. A. (1977b). A method of establishing safe handling forces in working situations. *Report of the International Symposium on Safety in Manual Materials Handling.* Cincinnati, OH: National Institute of Occupational Safety and Health.

DICKINSON, C. E. (1995). Proposed manual handling international and European standards. *Applied Ergonomics, 26,* 265-70.

DRURY, C. G. and FRANCHER, M. (1985). Evaluation of a forwardsloping chair. *Applied Ergonomics, 16,* 41-7.

DUBOIS-POULSEN A. (1967). Notions de physiologie ergonomique de l'appareil visuel. In Scherrer, J. (Ed.) *Physiologie du Travail,* Tome 2. Paris: Masson, pp. 114-83.

DUKES-DOBOS, F. N. (1976). Rationale and provisions of the work practices standard for work in hot environments as recommended by NIOSH. In Horvath, S. M. and Jensen, R. C. (Eds.) *Standards for Occupational Exposures to Hot Environments,* US Dept. Health, Education and Welfare, NIOSH, No. 76-100, Cincinnati, OH.

DUPUIS, H. (1974). Mechanische Schwingungen, sowie: Messung und Bewertung von Schwingungen und Stössen. In Schmidtke, H. (Ed.) *Ergonomie,* Band 2. Munich: Hanser, pp. 211-36.

DURNIN, J. V. G. A. and PASSMORE, R. (1967). *Energy, Work and Leisure.* London: Heinemann Educational.

EASTMAN, M. C. and KAMON, E. (1976). Posture and subjective evaluation at flat and slanted desks. *Human Factors, 18,* 15-26.

EGLI, R., GRANDJEAN, E. and TURRIAN, H. (1943). Arbeitsphysiologische Untersuchungen an Hackgeräten. *Arbeitsphysiologie, 15,* 231-4.

EISSING, G. (1995). Climate assessment indices. *Ergonomics, 38,* 4757.

ELIAS, R. and CAIL, F. (1983). Exigences visuelles et fatigue dans deux types de tâches infomatisées. *Le Travail Humain, 46,* 81-92.

ELLIS, D. S. (1951). Speed of manipulative performance as a function of worksurface height. *Journal of Applied Psychology, 35,* 289-96.

ENGEL, F. L. (1980). Information selection from visual display units. In Grandjean, E. and Vigliani, E. (Eds.) *Ergonomic Aspects of Visual Display Terminals.* London: Taylor & Francis.

FANGER, P. O. (1972). *Thermal Comfort.* New York: McGraw-Hill.

FLETCHER and MUNSON, W. A. (1933). Loudness, its definition, measurement and calculation. *Journal of the Acoustical Society of America, 5,* 82-108.

FLUEGEL, B., GREIL, H. and SOMMER, K. (1986). *Anthropologischer Atlas.* Berlin: Tribüne.

FOLKARD, S. and MONK, T. H. (Eds) (1985). *Hours of Work,* Chichester: John Wiley & Sons.

FRANKEL, V. H. and BURNSTEIN, A. H. (1970). *Orthopaedic Biomechanics,* Philadelphia, PA: Lea & Febiger.

FRANKENHÄUSER, M. (1974). *Man in Technological Society: Stress, Adaptation and Tolerance Limits.* Report from the Psychological Laboratories, University of Stockholm, Suppl. 26.

FRANKENHAÜSER, M., NORDHEDEN, B., MYRSTEN, A. L. and POST, B. (1971). Psychophysical reactions to understimulation and overstimulation. *Acta Psychologica,* 35, 298-308.

FRASER, T. M. (1980). *Ergonomic principles in the design of hand tools.* Occupational Safety and Health Series No. 44. Geneva, Switzerland: International Labour Office.

FREIVALDS, A. (1987). The ergonomics of tools. *International Reviews of Ergonomics,* 1, 43-75.

FRIEDMANN, G. (1959). *Grenzen der Arbeitsteilung.* Frankfurt: Europäische Verlagsanstalt.

FRY, G. A. and KING, V. M. (1975). The pupillary response and discomfort glare. *Journal of the IES,* 307-24.

GARRETT, J. W. and KENNEDY, K. W. (1971). *A Collation of Anthropometry* (AMRL TR 68-1). Wright-Patterson AFB, OH: Aerospace Medical Research Laboratories.

GIERER, R., MARTIN, E., BASCHERA, P. and GRANDJEAN, E. (1981). Ein neues Gerät zur Bestimmung der Flimmerverschmelzungs frequenz. *Zeitschrift für Arbeitswissenschaft,* 35, 45-7.

GORDON, C. C., CHURCHILL, T., CLAUSER, C. E., BRADTMILLER, B., MCCONVILLE, J. T., TEBBETTS, I. and WALKER, R. A. (1989). *1988 Anthropometric Survey of US Army Personnel: Summary Statistics Interim Report* (Technical Report NATICK/TR 89-027). Natick, MA: US Army Natick Research, Development and Engineering Center.

GRAF, O. (1954). Studien über Fliessarbeitsprobleme an einer praxisnahen Experimentieranlage. *Forschungsbericht d. Wirtschaftsund Verkehrsministerium Nordrhein-Westfalen,* Nos 114 and 115. Cologne: Westdeutscher Verlag.

GRANDJEAN, E. (1959). Physiologische Untersuchungen über die nervöse Ermüdung bei Telephonistinnen und Büroangestellten. *Internationale Zeitschrift Angewandte Physiologie,* 17, 400-18.

GRANDJEAN, E. (1973). *Ergonomics of the Home.* London: Taylor & Francis.

GRANDJEAN, E. (1987). *Ergonomics in Computerized Offices.* London: Taylor & Francis.

GRANDJEAN, E. (1988). Fitting the task to the man. (4th Edn). London: Taylor & Francis.

GRANDJEAN, E. and BURANDT, H. U. (1962). Das Sitzverhalten von Büroangestellten. *Industrielle Organisation,* 31, 243-50.

GRANDJEAN, E., EGLI, R., RHINER, A. and STEINLIN. H. (1952). Der menschliche Energieverbrauch der gebrãuchlichsten Waldsägen. *Helvetica Physiologie et Pharmacologie Acta,* 10, 342-8.

GRANDJEAN, E., BÖNI, A. and KRETSCHMAR, H. (1967). Entwicklung eines Ruhesesselprofils für gesunde und rückenkranke Menschen. *Wohnungsmedizin*, 5, 51-6.

GRANDJEAN, E., HÜNTING, W., WOTZKA, G. and SCHÄRER, R. (1973). An ergonomic investigation of multipurpose chairs. *Human Factors*, 15, 247-55.

GRANDJEAN, E., NAKASEKO, M., HÜNTING, W. and LÄUBLI, T. (1981). Ergonomische Untersuchungen zur Entwicklung einer neuen Tastatur für Büromaschinen. *Zeitschrift der Arbeitswissenschaft*, 35, 221-6.

GRANDJEAN, E., HÜNTING, W. and PIDERMANN, M. (1983). VDT workstation design: preferred settings and their effects. *Human Factors*, 25, 161-75.

GREINER, T. M. (1991). *Hand Anthropometry of US Army Personnel* (Technical Report TR 92/011). Natick, MA: US Army Natick Research, Development and Engineering Center.

GRIFFIN, M. J. (1990). *Handbook of Human Vibration*. San Diego, CA: Academic Press.

GUIGNARD, J. C. (1985). Vibration. In Crally, L. V. and Cralley, L. J. (Eds). *Patty's Industrial Hygiene and Toxicology*. New York: John Wiley & Sons, pp. 635-724.

GUTH, S. K. (1958). Light and comfort. *Industrial Medicine and Surgery*, 27, 570-4.

HAERMAE, M. (1996). Ageing, physical fitness and shiftwork tolerance. *Applied Ergonomics*, 27, 25-9.

HAGBERG, M. (1982). Arbetsrelaterade besvär i halsrygg och skuldra. *Swedish Work Environment Fund*, Report, Stockholm.

HAGGARD, H. W. and GREENBERG, L. A. (1935). *Diet and Physical Efficiency*. New Haven, CT: Yale University Press.

HARRIS, W., MACKIE, R. R. *et al.* (1972). *A Study of the Relationship among Fatigue, Hours of Service and Safety of Operations of Truck and Bus Drivers*. Report No. 1727-2, Santa Barbara, Goleta, CA 93017: Human Factor Research Inc.

HARRISON, R. V. (1978). Person-environment fit and job stress. In Cooper, C. and Payne, R. (Eds.) *Stress at Work*. New York: John Wiley.

HASHIMOTO, K. (1969). Physiological features of monotony manifested under high speed driving situations. In *Proceedings of the 16th International Congress of Occupational Health, Tokyo*, 85-8 Railway Labour Science Institute, Japan National Railways.

HAUBNER, P. and KOKOSCHKA, S. (1983). *Visual Display Units Characteristics of Performance. International Commission on Illumination (CIE)*, 20th Session in Amsterdam, 52 Bd. Paris, France: Malesherbes.

VAN DER HEIDEN, G. and KRÜGER, H. (1984). *Evaluation of Ergonomic Features of the Computer Vision Instaview Graphics Terminal*. Report of the Department of Ergonomics. Zürich: Swiss Federal Institute of Technology.

VAN DER HEIDEN, G., BRÄUNINGER, U. and GRANDJEAN, E. (1984). Ergonomic studies on computer aided-design. In Grandjean, E. (Ed.) *Ergonomics and Health in Modern Offices*. London: Taylor & Francis.

DEN HERTOG, F. J. and KERKHOFF, W. H. C. (1974). Vom Fliessband zur selbständigen Gruppe. *Industrielle Organisation*, 43, 21-4.

HESS, W. R. (1948). *Die funktionelle Organisation des vegetativen Nervensystems*. Basel: Schwabe.

HETTINGER, T. (1960). Muskelkraft bei Männern und Frauen. *Zentralblatt Arbeit und Wissenschaft*, 14, 79-84.

HETTINGER, T. (1970). *Angewandte Ergonomie*. Frechen, Germany: Bartmann.

HETTINGER, T. and MÜLLER, E. A. (1953). Der Einfluss des Schuhgewichtes auf den Energieumsatz beim Gehen und Lastentragen. *Arbeitsphysiologie*, 15, 33-40.

HEUER, H. and OWENS, D. A. (1989). Vertical gaze direction and the resting posture of the eyes. *Perception, 18*, 353-77.

HILGENDORF, L. (1966). Information input and response time. *Ergonomics, 9*, 31-7.

HILL, J. H. and CHERNIKOFF, R. (1965). Altimeter Display Evaluation: Final Report USN. *NEL Report 6242*, Jan. 26.

HILL, S. G. and KROEMER, K. (1986). Preferred declination of the line of sight angle. *Ergonomics, 29*, 1129-34.

HORNE, J. A. (1988). *Why We Sleep - The Functions of Sleep in Humans and Other Mammals*. Oxford, UK: Oxford University Press.

HORT, E. (1984). A new concept in chair design. *Proceedings of Ergodesign 84, Behaviour and Information Technology, 3*, 359-62.

HOUGHTEN, F. C. and YAGLOU, C. P. (1923). Determining lines of equal comfort. *ASHVE Transactions, 29*, 163-71.

HOYOS, C. (1974). *Kompatibilität in Ergonomie Band 2*, Schmidtke, H. (Ed.). Munich: Hanser.

HÜNTING, W. and GRANDJEAN, E. (1976). Sitzverhalten und subjektives Wohlbefinden auf schwenkbaren und fixierten Formsitzen. *Arbeitswissenschaft, 30*, 161-4.

HÜNTING, W., NEMECEK, J. and GRANDJEAN, E. (1974). Die physische Belastung von Arbeitern an der Gesenkschmiede. *Sozial- und Präventivmedizin, 19*, 275-8.

HÜNTING, W., NAKASEKO, M., GIERER, R. and GRANDJEAN, E. (1982). Ergonomische Gestaltung von alphanumerischen Tastaturen. *Sozial- und Präventivmedizin, 27*, 251-2.

ILLUMINATING ENGINEERING SOCIETY (1972). *IES Lighting Handbook* (5th Edn). New York.

IMRHAN, S. N., NGUYEN, M. T. and NUYEN, N. N. (1993). Hand Anthropometry of Americans of Vietnamese Origin. *International Journal of Industrial. Ergonomics 12,* 281-7.

INTERNATIONAL ORGANIZATION FOR STANDARDIZATION TC 43 (1971). *Assessment of Noise-Exposure during Work for Hearing Conversation Purposes.* Geneva.

INTERNATIONAL ORGANIZATION FOR STANDARDIZATION 2631 (1974). *Guide for the Evaluation of Human Exposure to Whole-Body Vibration.* Geneva.

INTERNATIONAL ORGANZATION FOR STANDARDIZATION (1989). Hot Environments. Standard 7243. Geneva, Switzerland.

JASCHINSKI-KRUZA, W. (1991). Eyestrain in VDU users: viewing distance and the resting position of ocular muscles. *Human Factors, 33,* 69-83.

JASPER, H. (1974). Quoted from W. F. Ganong: Lehrbuch der Medizinischen Physiologie, Deutsche Ausgabe. Berlin: Springer Verlag.

JENKINS, W. O. (1947). The tactual discrimination of shapes for coding aircraft type controls. In Fitts, P. M. (Ed.) *Psychological Research on Equipment Design.* Army Air Force, Aviation Psychology Program, Report 19.

JERISON, H. J. (1959). Effects of noise on human performance. *Journal of Applied Psychology, 43,* 96-101.

JERISON, H. J. and PICKETT, R. M. (1964). Vigilance: the importance of the elicited observing rate. *Science, 143,* 970-1.

JOHANSSON, G. (1984). In Cohen, B. G. F. (Ed.) *Human Aspects in Office Automation,* Elsevier Series in Office Automation, Vol. 1 New York: Elsevier.

JOHANSSON, G. and ARONSSON, G. (1980). *Stress Reactions in Computerized Administrative Work.* Report from the Department of Psychology, University of Stockholm, Suppl. 50, November.

JOHANSSON, G., ARONSSON, G. and LINDSTRÖM, B. O. (1976). *Social, Psychological and Neuroendocrine Stress Reactions in Highly Mechanized Work.* Report from the Psychological Laboratories, University of Stockholm, No. 488.

JORNA, J. C., MOHAGEG, M. F. and SNYDER, H. L. (1989). Performance, perceived safety, and comfort of the alternating tread stair. *Applied Ergonomics, 20,* 26-32.

JÜRGENS, H. W., ALINE, I. A. and PIEPER, G. (1990). *International Data on Anthropometry* (Occupational Safety and Health Series No. 65). Geneva: International Labour Office.

KALSBECK, J. W. H. (1971). Sinus arrhythmia and the dual task method in measuring mental load. In Singleton, W. T., Fox, J. G. and Whitfield, D. (Eds.) *Measurement of Man at Work.* London: Taylor & Francis.

KARRASCH, K. and MÜLLER, E. A. (1951). Das Verhalten der Pulsfrequenz in der Erholungsperiode nach körperlicher Arbeit. *Arbeitsphysiologie, 14,* 369-82.

KEEGAN, J. J. (1953). Alterations of the lumbar curve related to posture and seating. *Journal of Bone and Joint Surgery, 35,* 567-89.

KELLY, D. L. (1971). *Kinesiology: Fundamentals of Motion Description.* Englewood Cliffs, NJ: Prentice Hall.

KERR, W. A. (1946). Worker attitudes toward scheduling of industrial music. *Journal of Applied Psychology, 30,* 575-8.

KLOCKENBERG, E. A. (1926). *Rationalisierung der Schreibmaschine und ihrer Bedienung.* Berlin: Springer.

KNAUTH, P. (1996) Designing better shift systems. *Applied Ergonomics,* 27, 39--44.

KOCH, K. W., JENNINGS, B. H. and HUMPHREYS, C. H: (1960). Is humidity important in the temperature comfort range? *ASHRAE Transactions, 66,* 63-8.

KOGI, K. (1991). Job content and working time: the scope of joint change. *Ergonomics, 34,* 757-773.

KOGI, K. (1996). Improving shift workers' health and tolerance to shiftwork: recent advances. *Applied Ergonomics,* 27, 5-8.

KRÄMER, J. (1973). *Biomechanische Veränderungen im lumbalen Bewegungssegment.* Stuttgart: Hippokrates.

KROEMER, K. H. E. (1964). Uber den Einfluss der räumlichen Lage von Tastenfeldern auf die Leistung an Schreibmaschinen. *Internationale Zeitschrift für Angewandte Physiologie einschl. Arbeitsphysiologie,* 20, 240-51.

KROEMER, K. H. E. (1965a). Uber die ergonomische Bedeutung der räumlichen Lage kreisbogenförmiger Bewegungsbahnen von Betätigungsteilen. Dissertation, Fakultat für Maschinenwesen. Hannover: Technische Hochschule.

KROEMER, K. H. E. (1965b). Vergleich einer normalen mit einer 'K-Tastatur'. *Internationale Zeitschrift für Angewandte Physiologie einschl. Arbeitsphysiologie,* 20, 453-64.

KROEMER, K. H. E. (1971). Foot operation of controls. *Ergonomics, 14,* 333-9.

KROEMER, K. H. E. (1972). Human engineering the keyboard. *Human Factors,* 14, 51-63.

KROEMER, K. H. E. (1989). Cumulative trauma disorders: their recognition and ergonomic measures to avoid them. *Applied Ergonomics,* 20, 274-80.

KROEMER, K. H. E. (1995). Alternative keyboards and alternatives to keyboards. In Greco, A., Molteni, G., Occhipinti, E. and Piccolo, B. (Eds) *Work with Display Units '94.* Amsterdam: North Holland, pp. 277-82.

KROEMER, K. H. E. (1997). *Ergonomic design of material handling systems.* Boca Raton, FL: CRC Press.

KROEMER, K. H. E., SNOOK, S. H., MEADOWS, S. K. and DEUTSCH, S. (Eds.) (1988). *Ergonomic Models of Anthropometry, Human Biomechanics, and Operator-Equipment Interfaces.* Washington, DC: National Academy Press.

KROEMER, K. H. E., KROEMER, H. B., and KROEMER-ELBERT, K. E. (1994). *Ergonomics: How to Design for Ease and Efficiency.* Englewood Cliffs, NJ: Prentice Hall.

KROEMER, K. H. E., KROEMER, H. J. and KROEMER-ELBERT, K. E. (1997). *Engineering Physiology: Bases of Human Factors/Ergonomics.* (3rd Edn). New York: Van Nostrand Reinhold.

KRUEGER, H. (1984). Zur Ergonomie von Balans-Sitzelementen im Hinblick auf ihre Verwendbarkeit ais reguläre Arbeitsstühle. Report of the Department of Ergonomics, 8092 Zürich: Swiss Federal Institute of Technology.

KRUEGER, H. and HESSEN, J. (1982). Objective kontinuierliche Messung der Refraktion des Auges. *Biomedizinische Technik,* 27, 142-7.

KRUEGER, H. and MÜLLER-LIMMROTH, W. (1979). Arbeiten mit dem Bildschirm-aber richtig! 8.000 Munich 40: Bayerisches Staatsministerium für Arbeit und Sozialordnung.

KUORINKA, I. and FORCIER, L. (Eds) (1995). *Work-related Musculoskeletal Disorders (WMSDs): A Reference Book for Prevention.* London: Taylor & Francis.

LÄUBLI, T. (1981). Das arbeitsbedingte cervicobrachiale Überiastungssyndrom. Thesis, Medical Faculty, University of Zurich.

LÄUBLI, T. and GRANDJEAN, E. (1984). The magic of control groups in VDT field studies. In Grandjean, E. (Ed.). *Ergonomics and Health in Modern Offices.* London: Taylor & Francis.

LÄUBLI, T., HÜNTING, W. and GRANDJEAN, E. (1981). Postural and visual loads at VDT workplaces, Part 2: Lighting conditions and visual impairments. *Ergonomics,* 24, 933-44.

LÄUBLI, T., SENN, E., FASSER, W., MION H., CARLO, T. and ZEIER, H. (1986). Klinische Befunde und subjektive Klagen über Beschwerden im Bewegungsapparat. *Sozial- und Präventivmedizin,* 31 (2).

LAZARUS, R. S. (1977). Cognitive and coping processes in emotion. In Monat, A. and Lazarus, R. S. (Eds.) *Stress and Coping., New York: Columbia University Press.*

LECRET, F. (1976). *La Fatigue du Conducteur. Cahier d'etude de l'Organisme National de Sécurité Routière* (ONSER) Bulletin No. 38, Paris.

LEHMANN, G. (1962). *Praktische Arbeitsphysiolgie* (2nd Edn). Stuttgart: Thieme Verlag.

LEHMANN, G. and STIER, F. (1961). Mensch und Gerät. *Handbuch der gesamten Arbeitsmedizin. Vol.* 1. Berlin: Urban und Schwarzenberg, pp. 718-88.

LEPLAT, J. (1968). Attention et incertitude dans les travaux de surveillance et d'inspection. *Sciences du Comportement,* No. 6, Paris: Dunod.

LEVI, L. (1975). *Emotions-Their Parameters and Measurement.* New York: Raven Press.

LILLE, F. (1967). Le Sommeil de jour d'un groupe de travailleurs de nuit. *Le Travail Humain,* 30, 85-97.

LIND, A. R. and McNICOL, G. W. (1968). Cardiovascular responses to holding and carrying weight by hand and by shoulder harness. *Journal of Applied Physiology,* 25, 261-7.

LUCKIESH, H. and MOSS, F. K. (1937). *The Science of Seeing.* New York: Van Nostrand.

LUEDER R. and NORO, K. (Eds). (1995). *Hard Facts about Soft Machines: The Ergonomics of Seating.* London: Taylor & Francis.

LUNDERVOLD, A. (1951). Electromyographic investigations of position and manner of working in typewriting. *Acta Physiologica Scandinavia, 84,* 171-83.

LUNDERVOLD, A. (1958). Electromyographic investigations during typewriting. *Ergonomics,* 1, 226-33.

MACKAY, C., COX, T., BURROWS, G. and LAZZERINI, T. (1978). An inventory for the measurement of self reported stress and arousal. *British Journal of Social and Clinical Psychology, 17,* 283-4.

MACKWORTH, J. F. (1969). *Vigilance and Habituation.* Harmondsworth: Penguin Books.

MACKWORTH, N. H. (1950). *Research on the Measurement of Human Performance.* London: HMSO.

MAEDA, K., HORIGUCHI, S. and HOSOKAWA, M. (1982). History of the studies on occupational cervicobrachial disorder in Japan and remaining problems. *Journal of Human Ergology,* 11, 17-29.

MAIRIAUX, P. and MALCHAIRE, J. (1995). Comparison and validation of heat stress indices in experimental studies. *Ergonomics,* 32 (1), 58-72.

MALCHAIRE, J. (1995). Methodology of investigation of hot working conditions in the field. *Ergonomics, 38 (1),* 73-85.

MALHOTRA, M. S. and SENGUPTA, J. (1965). Carrying of school bags by children. *Ergonomics, 8,* 55-60.

MANDAL, A. C. (1984). What is the correct height of furniture? In Grandjean, E. (Ed.) *Ergonomics and Health in Modern Offices.* London: Taylor & Francis.

MARIC, D. (1977). *L'Aménagement du Temps de Travail.* Geneva: Bureau International du Travail.

MARRAS, W. S., KING, A. I. and JOYNT, R. L. (1984). Measurements of loads on the lumbar spine under isometric and isokinetic conditions. *Spine, 9,* 176-88.

MARRAS, W. S. and MIRKA, G. A. (1989). Trunk strength during asymmetric trunk motion. *Human Factors, 31,* 667-77.

MARRAS, W. S., LAVENDER, S. A., LEURGANS, S. E., FATHALLAH, F. A., FERGUSON, S. A., ALLREAD, G. A. and RAJULU, S. L. (1995). Biomechanical risk factors for occupationally related low back disorders. *Ergonomics, 38,* 377-410.

MARTIN, E. and WEBER, A. (1976). Wirkungen eintönig-repetitiver Tätigkeiten auf das subjektive Befinden und die Flimmerverschmelzungsfrequenz. *Arbeitswissenschaft,* 30, 183-7.

McCONNELL, W. J. and SPIEGELMAN, M. (1940). Reactions of 745 clerks to summer air conditioning. *Heating, Piping, Air Conditioning, 12,* 317-22.

McCONNELL, W. J. and YAGLOU, C. P. (1925). Work tests conducted in atmospheres of high temperatures and various humidities in still and moving air. *Journal of the American Society of Heating and Ventilation Engineers,* 31, 217-21.

McCORMICK, E. J. and SANDERS, M. (1987). *Human Factors in Engineering* (5th Edn). New York: McGraw-Hill.

McFARLAND, R. A. (1946). *Human Factors in Air Transport Design.* New York: McGraw-Hill.

McGRATH, J. E. (1976). Stress and behaviour in organisations. In *Handbook of Industrial and Organisational Psychology.* Chicago, IL: Rand McNally.

McMILLAN, G. R., BEEVIS, D., SALAS, E., STRUB, M. H., SUTTON, R. and VAN BREDA, L. (Eds.) (1989). *Application of Human Performance Models to System Design.* New York: Plenum.

MITAL, A., NICHOLSON, A. S. and AYOUB, M. M. (1993). *A Guide to Manual Materials Handling.* London: Taylor & Francis.

MOLBECH, S. (1963). Average percentage force at repeated maximal isometric muscle contractions at different frequencies. *Communications of the Danish National Association for Infantile Paralysis, 16.*

MONOD, H. (1967). La dépense energétique chez l'homme. In Scherrer, J. (Ed.) *Physiologie du Travail.* Paris: Masson.

MOTT, P. E., MANN, C., McLOUGHLIN, C. and WARWICK, P. (1965). *Shiftwork: The Social, Psychological and Physical Consequences.* Ann Arbor, MI: University of Michigan Press.

MÜLLER, E. A. (1961). Die physische Ermüdung. In *Handbuch der gesamten Arbeitsmedizin,* Band 1. Berlin: Urban & Schwarzenberg.

MÜLLER-LIMMROTH, W. (1973). Sinnesorgane. In Schmidtke, H. (Ed.) *Ergonomie Vol.* 1, Munich: Hanser.

NACHEMSON, A. (1974). Lumbal intradiscal pressure. Results from *in vitro* and *in vivo* experiments with some clinical implications. 7. *Wissenchaftliche Konferenz. Deutscher Naturforscher and Aerzte.* Berlin: Springer.

NACHEMSON, A. and ELFSTRÖM, G. (1970). Intravital dynamic pressure measurements in lumbar discs. *Scandinavian Journal of Rehabilitation Medicine, Suppl. 1.*

NAKASEKO, M., GRANDJEAN E., HÜNTING, W. and GIERER, R. (1985). Studies on ergonomically designed alphanumeric keyboards. *Human Factors, 27,* 175-87.

NASA (1989). *Man-System Integration Standard* (NASA Standard 3.000, Revision A). Houston, TX: LBJ Space Center SP34-89-230.

NATIONAL INSTITUTE FOR OCCUPATIONAL SAFETY AND HEALTH (1981). *Work Practices Guide for Manual Lifting.* Cincinnati, OH.

NEMECEK, J. and GRANDJEAN, E. (1971). Das Grossraumbüro in arbeits-physiologischer Sicht. *Industrielle Organisation,* 40, 233-43.

NEMECEK, J. and GRANDJEAN, E. (1975). Etude ergonomique d'un travail pénible dans l'industrie textile. *Le Travail Humain, 38,* 167-74.

NEUMANN, J. and TIMPE, K. P. (1970). Arbeitsgestaltung. *Psychophysiologische Probleme bei Ueberwachungs- und Steuerungstätigkeiten.* Berlin: VEB Deutscher Verlag der Wissenschaften.

NEVINS, R. G., ROHLES, F. H., SPRINGER, W. and FEYERHERM, A. M. (1966). A temperature-humidity chart of thermal comfort of seated persons. *ASHRAE Journal, 8,* 55-61.

NISHIYAMA, K., NAKASEKO, M. and UEHATA, T. (1984). Health aspects of VDT operators in the newspaper industry. In Grandjean, E. (Ed.) *Ergonomics and Health in Modern Offices.* London: Taylor & Francis.

NORTHRUP, H. R. (1965). *Hours of Work.* New York: Harper and Row.

NORWEGIAN MONOGRAPHS ON MEDICAL SCIENCE (1964). OSLO: Universitets forlaget.

OEZKAYA, N. and NORDIN, M. (1991). *Fundamentals of Biomechanics.* New York: Van Nostrand Reinhold.

O'HANLON, J. F. (1971). *Heart Rate Variability: A New Index of Drivers' Alertness/Fatigue.* Report No., 1812-1. Santa Barbara, CA: Human Factors Research Inc.

O'HANLON, J. F., ROYAL, J. W. and BEATTY, J. (1975). *EEG Theta Regulation and Radar Monitoring Performance in a Controlled Field Experiment.* Report No. 1738. Santa Barbara, CA: Human Factors Research Inc.

OLESEN, B. W. and MADSEN, T. L. (1995). Measurement of the physical parameters of the thermal environment. *Ergonomics, 38,* 138-53.

PARSONS, K. C. (1995). International heat stress standards: A review. *Ergonomics, 38,* 6-22.

PEACOCK, B. and KARWOWSKI, W. (Eds) (1993). *Automotive Ergonomics.* London: Taylor & Francis.

PEARSON, R. G. and BYARS, G. E. (1956). *The Development and Validation of a Cheeklist for Measuring Subjective Fatigue.* Report 5 (-115. Randolph AFB, TX: School of Aviation Medicine, USAF.

PHEASANT, S. (1986). *Bodyspace: Anthropometry, Ergonomics and Design.* London: Taylor & Francis.

PHEASANT, S. (1996). *Bodyspace: Anthropometry, Ergonomics and the Design of Work* (2nd Edn). London: Taylor & Francis.

PROCEEDINGS OF THE INTERNATIONAL CONFERENCE ON ENHANCING THE QUALITY OF WORKING LIFE (1972). Harriman, New York: Arden House.

PROKOP, O. and PROKOP, L. (1955). Ermüdung und Einschlafen am Steuer. *Deutsche Zeitschrift für gerichtliche Medizin,* 44, 343-50.

PUTZ-ANDERSON, V. (Ed.) (1988). *Cumulative Trauma Disorders: A Manual for Musculoskeletal Diseases of the Upper Limbs.* London: Taylor & Francis.

RAMSEY, J. D. (1987). Practical evaluation of hot working arcas. *Professional Safety,* 42-8.

RAMSEY, J. D. (1995). Task performance in heat: A review. *Ergonomics, 38,* 154-65.

REY, P. and REY, J. P. (1965). Effect of an intermittent light stimulation on the critical fusion frequency. *Ergonomics, 8,* 173-80.

ROBINSON, G. S. and CASALI, J. G. (1995). Audibility of reverse alarms under hearing protectors for normal and hearing-impaired users. *Ergonomics,* 38, 2281-99.

ROBINSON, D. W. and DADSON, R. S. (1957). Threshold of hearing and equal-loudness relations for pure tones and the loudness function. *Journal of the Acoustical Society of America,* 29, 1284-8.

ROBINSON, G. and GERKING, S. D. (1947). The thermal balance of men working in severe heat. *American Journal of Physiology,* 149, 102-8.

ROEBUCK, J. A. (1995). *Anthropometric Methods. Designing to Fit the Human Body.* Santa Monica, CA: Human Factors and Ergonomics Society.

ROHMERT, W. (1960). Statische Haltearbeit des Menschen. Special issue of REFA-Nachrichten.

ROHMERT, W. (1966). Maximalkräfte von Männern im Bewegungsraum der Arme und Beine. *Forschungsberichte des Landes NordrheinWestfalen No.* 1616. Cologne: Westdeutscher Verlag.

ROHMERT, W. and HETTINGER, T. (1965). Ergebnisse achtstündiger Untersuchungen am Kurbel- und Fahrradergometer. In Hill, J. H. and Chernikoff, R. (Eds.) *Altimeter Display Evaluation: Final Report.* USN, NEL Report 6242, Jan 26.

ROHMERT, W. and JENIK, P. (1972). *Maximalkräfte von frauen im Bewegungsraum der arme und beine.* (Series Arbeitswissenschaft und Praxis). Berlin: Beuth.

ROHMERT, W., RUTENFRANZ, J. and ULICH, E. (1971). *Das Anlernen sensumotorischer Fertigkeiten.* Frankfurt. Europäische Verlagsanstalt.

ROSEMEYER, B. (1971). Elektromyographische untersuchungen der Rücken-und Schultermuskulatur im stehen und sitzen unter berücksichtigung der haltung des autofahrers. *Archiv orthopaedische UnfallChirurgie,* 69, 59-70.

RUPP, B. A. (1981). Visual display standards: a review of issues. *Proceedings of the Society for Information Display,* 22, 63-72.

RUTENFRANZ, J. and KNAUTH, P. (1976). Rhythmusphysiologie und Schichtarbeit. Vienna: Sensenverlag, .

RYAN, A. H. and WARNER, M. (1936). The effect of automobile driving on the reactions of the driver. *American Journal of Physiology,* 48, 403-9.

SAITO, H., KISHIDA, K., ENDO, Y. and SAITO, M. (1972). Studies on bottle inspection task. *Journal of Science of Labour,* 48, 475-525.

SALVENDY, G. (1984). Research issues in the ergonomics, behavioural, organizational and management aspects of office automation. In Cohen, B. G. F. (Ed.) *Human Aspects in Office Automation.* New York: Elsevier.

SANDERS, M. S. and McCORMICK, E. J. (1993). Human factors in engineering and design. (7th Edn). New York: McGraw-Hill.

SAUTER, S. L. (1984). Predictors of strain in VDT users and traditional office workers. In Grandjean, E. (Ed.) *Ergonomics and Health in Modern Offices.* London: Taylor & Francis.

SAUTER, S. L., GOTTLIEB, M. S., JONES, K. C., DODSON, V. N. and ROHRER, K. M. (1983). Job and health implications of VDT use: Initial results of the Wisconsin-NIOSH study. *Communications of the A CM,* 26, 284-94.

SCHERRER, J. (1967). Physiologie Musculaire. In Scherrer, J. (Ed.) *Physiologie du Travail.* Paris: Masson.

SCHOLZ, H. (1963). Die physische arbeitsbelastung der giessereiarbeiter. Forschungsbericht des Landes Nordrhein-Westfalen No. 1185. Cologne: Verlag.

SCHMIDTKE, H. (1973). *Ergonomie,* Band 1. Munich: Hanser.

SCHMIDTKE, H. (1974). *Ergonomie,* Band 2. Munich: Hanser.

SCHMIDTKE, H. (Ed.) (1981). *Lehrbuch der Ergonomie.* Munich: Hanser.

SCHMIDTKE, H. and STIER, F. (1960). Der Aufbau komplexer Bewegungsabläufe aus Elementarbewegungen. *Forschungsbericht des Landes Nordrhein-Westfalen,* No. 822. Cologne: Westdeutscher Verlag.

SCHOBERTH, H. (1962). *Sitzhaltung - Sitzschaden - Stzmöbel.* Berlin: Springer.

SELYE, H. (1978). *The Stress of Life.* New York: McGraw-Hill.

SHACKEL, B. (1974). *Applied Ergonomics Handbook.* Reprints from Applied Ergonomics Vols 1 and 2. Guildford: IPC Science and Technology Press.

SHAHNAVAZ, H. (1982). Lighting conditions and workplace dimensions of VDU operators. *Ergonomics,* 25, 1165-73.

SHANNON, C. E. and WEAVER, W. (1949). *The Mathematical Theory of Communication.* Urbana, Ill: University of Illinois Press.

SHUTE, S. J. and STARR, S. J. (1984). Effects of adjustable furniture on VDT users. *Human Factors,* 26, 157-70.

SLEIGHT, R. B. (1948). The effect of instrument dial shape on legibility. *Journal of Applied Psychology,* 32, 170-88.

SMITH, M. J., STAMMERJOHN, L. W., COHEN, B. G. F. and LALICH, N. R. (1980). Job stress in video display operations. In Grandjean, E. and Vigliani, E. (Eds.) *Ergonomic Aspects of Visual Display Terminals.* London: Taylor & Francis.

SMITH, M. J., COHEN, B. C. F., STAMMERJOHN, L. W. and HAPP, A. (1981). An investigation of health complaints and job stress in video display operations. *Human Factors,* 23, 387-99.

SNOOK, S. H. and CIRIELLO, V. M. (1991). The design of manual handling tasks: revised tables of maximum acceptable weights and forces. *Ergonomics,* 34, 1197-213.

SODERBERC, G. L. (Ed.) (1992). *Selected Topics in Surface Electromyography for Use in the Occupational Setting: Expert Perspectives.* (DDHS-NIOSH Publication 91-100). Washington, DC: US Department of Health and Human Services.

SWINK, J. R. (1966). Intersensory comparisons of reaction time using an electropulse tactile stimulus. *Human Factors, 8,* 143-5.

TAYLOR, C. L. (1954). The biomechanics of the normal end of the amputated upper extremity. In Kloptleg and Wilson, (Eds.) *Human Limbs and Their Substitutes.* New York: McGraw Hill, pp. 169-221.

TEPAS, D. I. and MAHAN, R. P. (1989). The many meanings of sleep. *Work and Stress,* 3, 93-102.

THIBERG, S. (1965-70). *Anatomy for Planners, Parts* I-IV Statens Institut für Byggnadsforskning. In Grandjean, E. (1988). *Fitting the task to the man* (4th Edn). London: Taylor & Francis.

THIIS-EVENSON, E. (1958). Shiftwork and health. *Industrial Medicine,* 27, 493-7.

TICHAUER, E. R. (1968). Potential of biomechanics for solving specific hazard problems. *Conference of the American Society of Safety Engineers, pp.* 149-87, Park Ridge, 11: ASSE.

TICHAUER, E. R. (1973). *The Biomechanical Basis of Ergonomics.* New York: Wiley.

TICHAUER, E. R. (1975). *Occupational Biomechanics* (Rehabilitation Monograph No. 51). Center for Safety: New York University.

TICHAUER, E. R. (1976). Biomechanics sustains occupational safety and health. *Industrial Engineering, 27,* 46-56.

TIMMERS, H. (1978). An effect of contrast on legibility of printed text. *IPO Annual Progress Report,* No. 13, 64-7.

VAN COTT, H. P. and KINKADE, R. G. (Eds.) (1972). *Human Engineering Guide to Equipment Design* (Rev. Edn). Washington, DC: US Government Printing Office.

VERNON, M. H. (1921). *Industrial Fatigue and Efficiency.* New York: Dutton.

WAKIM, K. G., GERTEN, J. W., ELKINS, E. C. and MARTIN, G. M. (1950). Objective recording of muscle strength. *Archives of Physical Medicine, 31,* 90-9.

WARGO, M. J. (1967). Human operator response speed, frequency and flexibility: a review and analysis. *Human Factors, 9,* 221-38.

WARRICK, M. J., KIBLER, A. W. and TOPMILLER, D. A. (1965). Response time to unexpected stimuli. *Human Factors, 9,* 81-6.

WASSERMAN, D. E. (1987). *Human Aspects of Occupational Vibrations.* Amsterdam: Elsevier.

WEBER, A. (1984). Irritating and annoying effects of passive smoking. In Grandjean, E. (Ed.) *Ergonomics and Health in Modern Offices.* London: Taylor & Francis.

WEBER, A., JERMINI, C. and GRANDJEAN, E. (1973). Beziehung zwischen objektiven und subjektiven Messmethoden bei experiment erzeugter Ermüdung. *Zeitschrift für Präventivmedizin, 18,* 27983.

VAN WELY, P. (1970). Design and disease. *Applied Ergonomics, 1,* 262-9.

WENZEL, H. G. (1964). Möglichkeiten und Probleme der Beurteilung von Hitzebelastungen des Menschen. *Arbeitswissenschaft, 3,* 7383.

WILSON, J. R. and CORLETT, E. N. (Eds). (1995). *Evaluation of Human Work* (2nd Edn). London: Taylor & Francis.

WIRTHS, W. (1976). Ist eine Zwischenverpflegung während der Arbeitszeit ernährungsphysiologisch notwendig? In *Ernährungspädagogisches Colloquium,* Bericht 10. Bonn: Mühlenstelle.

WISNER, A. (1967a). Audition et Bruits. In Scherrer, J. (Ed.), *Physiologie du Travail, Vol.* 2. Paris: Masson.

WISNER, A. (1967b). Effets des vibrations sur l'homme. In Scherrer, J. (Ed.) *Physiologie du Travail, Vol.* 2. Paris: Masson.

WOODSON, W. E., TILLMAN, B. and TILLMAN, P. (1991). *Human Factors Design Handbook* (2nd EM). New York: McGraw-Hill.

WYATT, S. and MARRIOTT, R. (1956). A study of attitudes to factory work. *MRC Special Report Series,* 292, London.

WYNDHAM, C. H. *et al.* (1953). Examination of heat stress indices. *Archives of Industrial Hygiene and Occupational Medicine, 7,* 221-33.

YAGLOU, C. P., RILEY, E. C. and COGGINS, D. I. (1936). Ventilation requirements, *ASHVE Transactions,* 42, 133-58.

YAGLOU, C. P., RILEY, E. C. and COGGINS, D. I. (1949). *Ventilation Requirements and the Science of Clothing.* Philadelphia, PA: Saunders.

YAMAGUCHI, Y., UMEZAWA, F. and JSHINADA, Y. (1972). Sltting posture: an electromyographic study on healthy and notalgic people. *Journal of the Japanese Orthopedics Association,* 46, 51-6.

YLLÖ, A. (1962). The biotechnology *of* card-punching. *Ergonomics, 5,* 75-9.

ZEIER, H. and BÄTTIG, K. (1977). Psychovegetative Belastung und Aufmerksamkeitsspannung von Fahrzeuglenkern auf Autobahnabschnitten mit und ohne Geschwindigkeitsbegrenzung. *Zeitschrift für Verkehrssicherheit,* 23, 1.

ZIPP, P., HAIDER, E., HALPERN, N. and ROHMERT, W. (1983). Keyboard design through physiological strain measurements. *Applied Ergonomics,* 14, 117-22.

Índice

D

U

KROEMER E GRANDJEAN

Laserfilme
Em 21/10/04

Páginas brancas e fotolitos

6, 28, 34, 60, 67, 78, 79, 80, 102, 116, 124, 128, 140, 186, 214, 234, 238, 239, 240, 245, 246, 250, 302, 310,